Lo mejor de
Italia

Para conocer
la esencia del país

Edición escrita y documentada por

Abigail Blasi, Cristian Bonetto, Kerry Christiani, Gregor Clark, Duncan Garwood, Paula Hardy, Virginia Maxwell, Brendan Sainsbury, Helena Smith, Donna Wheeler

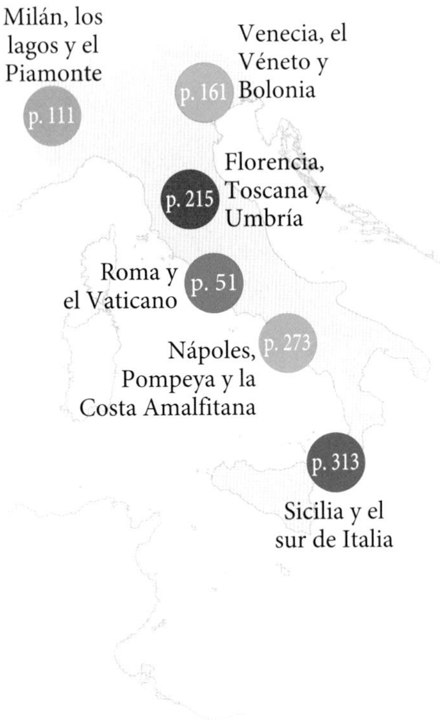

Venecia, el Véneto y Bolonia

Imprescindible....................164

- Venecia legendaria
- Palazzo Ducale
- Basílica de San Marcos
- Gallerie dell'Accademia
- El Quadrilatero de Bolonia

Florencia, Toscana y Umbría

Imprescindible....................218

- Duomo, Florencia
- Asís sagrada
- David, Galleria dell'Accademia
- San Gimignano
- Catedral de Orvieto

Roma y el Vaticano

Imprescindible.......................54

- Panteón
- Coliseo
- Museo e Galleria Borghese
- Museos Vaticanos
- Basílica de San Pedro

Milán, los lagos y el Piamonte

Imprescindible.....................114

- Cinque Terre
- Duomo de Milán
- Lago de Como
- Eataly de Turín
- 'La última cena' de Leonardo Da Vinci

Nápoles, Pompeya y la Costa Amalfitana

Imprescindible....................27

- Llenarse de alegría en Positano
- 'Pizza' en el centro histórico
- Grotta Azzurra
- Museo Archeologico Nazionale
- Ruinas de Pompeya

Sicilia
el sur de Italia

Sumario

Puesta a punto

En ruta

Sumario

En ruta

De cerca

Guía práctica

Bienvenidos a Italia

Italia rebosa encanto y esplendor. Es un país sorprendente, animado y muy nervioso, como un auténtico genio.

Todo su territorio está bendecido por la naturaleza. Italia es una combinación de montañas escarpadas, playas luminosas, ciudades montañosas y el azul profundo del Mediterráneo. Está repleta de obras maestras del arte universal: Leonardo, Miguel Ángel, Rafael, Verdi y Puccini dejaron su huella aquí, entre otros. Posee 49 sitios considerados Patrimonio Mundial por la Unesco, con evocadoras ruinas esperando a ser exploradas. Posee ciudades exquisitas como Florencia, Venecia y Roma, por nombrar algunas, y hermosas ciudades y pueblos como Lucca, Positano, Ravello y Orvieto.

El pueblo italiano es amable, ingenioso y especialmente agraciado. Aunque Italia pueda parecer un conjunto de regiones, comparte el amor por las celebraciones, sobre todo si hay comida de por medio. Las fiestas tienen lugar durante todo el año, por lo que no hace falta esperar al Carnaval de Venecia o a celebrar otra victoria en el Mundial de Fútbol.

Sin olvidar la comida y el vino... Muchos locales aseguran (en ocasiones con razón) que su cocina es la mejor del mundo. Gracias a los antiguos volcanes y a una disposición geográfica excepcionalmente soleada, siempre hay alguna especialidad de temporada llena de sabor, servida sobre la mejor pasta o *risotto* que se probará en la vida. Las batallas entre ciudades-Estado, donde antaño lucharon ejércitos, ahora las entablan los *pizzaioli* ('pizzeros') por el correcto grosor de la masa. Conviene no hacer que los napolitanos y romanos discutan; es mejor comer y sonreír.

Italia conserva muy bien sus milenios de turbulenta historia. Las ciudades romanas como Pompeya, Herculano u Ostia Antica están tan bien conservadas por las capas de barro o cenizas volcánicas que no parece que tengan más de 2000 años. Pero también se ven guiños al futuro, gracias a las vanguardistas exposiciones de diseño y los deslumbrantes museos de arte contemporáneo.

"Italia rebosa encanto y esplendor"

Góndolas, Venecia (p. 170).

Italia

AUSTRIA
SUIZA
ESLOVENIA
HUNGRÍA
CROACIA
BOSNIA-HERZEGOVINA
SERBIA
MONTENEGRO
LIUBLIANA
ZAGREB
SARAJEVO
PODGORICA
Dubrovnik
Rijeka
200 km
0
ALTITUD
2500m
2000m
1500m
1000m
500m
300m
100m
0
Merano
Alpes de Siusi
Parco Nazionale dello Stelvio
Valle de Sole
Bolzano
Tolmezzo
Tarvisio
CARNIA
Dolomitas
Udine
Gorizia
Valtellina
Trento
Pordenone
Palmanova
Lago de Como
Rovereto
Lignano
Grado
Trieste
Valtournenche
Courmayeur
Aosta
Valsesia
Bérgamo
Brescia
Lago de Garda
Vicenza
Parco Nazionale del Gran Paradiso
Lago de Orta
Verona
Padua
Venice
Milán
Cremona
Modane
Mantua
VÉNETO
Turín
Via Lattea
Briançon
Bra
Po
Panaro
Reno
Taro
Delta del Po
PIAMONTE
Tanaro
Génova
EMILIA-ROMAÑA
Bolonia
Rávena
Garfagnana
SAN MARINO
Parco Nazionale delle Cinque Terre
Riviera di Levante
Riviera di Ponente
LIGURIA
Florencia
Pesaro
Lucca
Golfo de Génova
Niza
Arno
Urbino
Ancona
Pisa
CHIANTI
Parco Del Conero
San Gimignano
Gubbio
Macerata
Gorgona
Volterra
Siena
Arezzo
Mar Adriático
Asís
Capraia
Massa Marittima
Perugia
UMBRÍA
Ascoli Piceno
TOSCANA
Todi
Spoleto
Orvieto
Mar de Liguria
Elba
Pianosa
Pescara
Viterbo
LACIO
Chieti
Islas Tremiti
Montecristo
Vasto
Termoli
Córcega
(FRANCIA)
Civitavecchia
ROMA
Sulmona
Promontorio del Gargano
Tivoli
Scanno
MOLISE
Ajaccio
ABRUZOS
Isernia
Campobasso
Parco Nazionale d'Abruzzo, Lazio e Molise
Santa Teresa di Gallura
Palau
Golfo de Gaeta
Nápoles
Monte Vesubio (1281m)
APULIA
Valle de Itria
Stintino
Olbia
Ponza
Ischia
Sorrento
Pompeya
Potenza
Matera
43°N
42°N
41°N
1
2
4
5
6
7
8
9
10
13
16
17
18
19
20
21
22
23
24

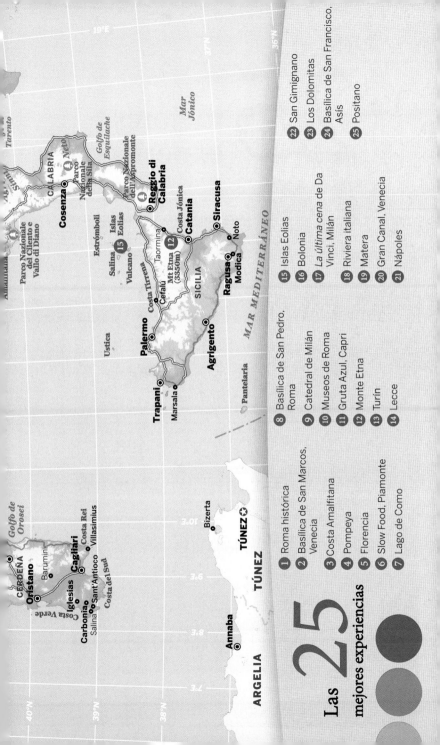

Las 25 mejores experiencias

1. Roma histórica
2. Basílica de San Marcos, Venecia
3. Costa Amalfitana
4. Pompeya
5. Florencia
6. Slow Food, Piamonte
7. Lago de Como
8. Basílica de San Pedro, Roma
9. Catedral de Milán
10. Museos de Roma
11. Gruta Azul, Capri
12. Monte Etna
13. Turín
14. Lecce
15. Islas Eolias
16. Bolonia
17. *La última cena* de Da Vinci, Milán
18. Riviera italiana
19. Matera
20. Gran Canal, Venecia
21. Nápoles
22. San Gimignano
23. Los Dolomitas
24. Basílica de San Francisco, Asís
25. Positano

Las 25 mejores experiencias

Roma histórica

La que antaño fue *caput mundi* (capital del mundo), se convirtió en la primera superpotencia de Europa occidental y luego en centro espiritual de la cristiandad, y ahora alberga más de 2500 años de valioso arte y arquitectura europeos. Con el Panteón (p. 75), el Coliseo (p. 70), la Capilla Sixtina de Miguel Ángel (p. 85) y el controvertido Caravaggio, hay demasiado que ver en una sola visita. Es mejor lanzar una moneda en la Fontana di Trevi (p. 77) y prometer regresar. Abajo: Coliseo

1

2

Basílica de San Marcos, Venecia

Al entrar por los portales de San Marcos (p. 175), se puede imaginar lo que debió sentir ur campesino medieval al ver por primera vez aquellas cúpulas con brillantes mosaicos de or Al contemplar los millones de minúsculas teselas formando una única imagen celestial, cu quier avance en la imaginación humana desde el s. XII parece comparativamente menor.

Costa amalfitana

Con sus aromáticos campos de limoneros, acantilados sembrados de flores, ciudades colgantes de color pastel y barcos pesqueros, la Costa Amalfitana (p. 306) reclama la corona de ser la costa más bella de la península. Las estrellas de Hollywood y los visitantes insisten en que la franja de Sorrento a Positano es la menos explotada y la más bella. Abajo: Ravello (p. 309)

3

Lo mejor

Puntos de interés subterráneos

CATACUMBAS DE SAN CALIXTO
Ciudad subterránea de la Roma de los muertos, papas y pobres (p. 83).

MATERA
Ciudad de casas, hoteles e iglesias excavadas en la roca de un barranco (p. 347).

BASÍLICA DE SAN PEDRO
Si se reserva, se puede seguir el túnel hasta la tumba de san Pedro, bajo la basílica (p. 86).

NÁPOLES SUBTERRÁNEA
Antiguo laberinto napolitano de acueductos, pasajes y cisternas (p. 301).

Ruinas de Pompeya

El viajero se sentirá atraído por la catástrofe y los vestigios de las ruinas de Pompeya (p. 302), próspera ciudad romana atrapada para la eternidad en su agonía mortal hace 2000 años. Al pasear por las calles romanas, el foro cubierto de hierba bordeado de columnas, el prostíbulo de la ciudad, el teatro con más de 5000 asientos y los frescos de la Villa de los Misterios, se recuerda el relato de Plinio el Joven: "Volvieron las tinieblas y otra vez la espesa y densa ceniza. De cuando en cuando, nos levantábamos para sacudirnos; de lo contrario nos hubiera cubierto y ahogado con su peso".

4

Lo mejor

Destinos de compras

MILÁN

La moda de la calle compite con las pasarelas de la Semana de la Moda que define el estilo italiano (p. 131).

FLORENCIA

Exquisita papelería florentina, artículos de piel, vinos excepcionales y velas aromatizadas (p. 241).

VENECIA

Modernas piezas artesanales, desde anillos de papel marmolado a arañas de cristal de Murano (p. 197).

ROMA

Los artesanos crean artículos hechos a medida, desde bolsos a tallas de mármol (p. 104).

5

Florencia renacentista

La región más romántica del corazón de Italia. Desde la cúpula de la catedral de Brunelleschi (p. 228) a los frescos de la capilla Brancacci (p. 235) de Masaccio, Florencia alberga "la mayor concentración mundial de obras de arte de prestigio universal", según la Unesco. Además de museos famosos y del inmaculado paisaje urbano, ofrece un maravilloso abanico de delicias regionales. Arriba: Catedral

Slow Food' del Piamonte

6

El Piamonte ofrece un menú asombroso. Si se compara el estómago humano con la magnitud de Eataly (p. 151), la fábrica de Turín convertida en un escaparate del *Slow Food*, el viajero se desesperará ante la gran oferta de degustación. Para una experiencia gastronómica más relajada, ir de excursión a Bra, pequeña ciudad del Piamonte, cuna del *Slow Food*.

7

Lago de Como

El resplandeciente lago de Como (p. 135), en los Alpes réticos, es el más espectacular de los lagos lombardos. En sus magníficas villas modernistas se alojan estrellas de cine y jeques árabes. Rodeado por una vegetación exuberante, el lago alberga los jardines paisajísticos de Villa Serbelloni, Villa Carlotta y Villa Banbianello, con toques rosados de camelias, azaleas y rododendros en abril y mayo. Arriba: Bellagio (p. 139)

Basílica de San Pedro, Roma

Ante el reto de cómo construir un santuario adecuado para el apóstol san Pedro, fundador de la Iglesia, y dejar espacio para todos los fieles en su interior, Miguel Ángel ingenió una solución novedosa. En lugar de descansar la cúpula de la basílica (p. 86) directamente sobre pilares angulares, la elevó por encima de pares de columnas separadas de tal forma que permiten que la luz inunde el interior. La basílica se alza sobre la tumba de san Pedro, pero la cúpula añade gloria infinita.

8

Lo mejor

Arquitectura increíble

ALBEROBELLO
Casas hechas de piedra en seco que parecen pastelillos glaseados (p. 346).

BIENAL DE VENECIA
Los años pares, los antiguos astilleros del Arsenale de Venecia se convierten en la plataforma de lanzamiento de la arquitectura vanguardista (p. 187).

FERIA DE MILÁN
Massimiliano Fuksas eclipsa la mayor feria de diseño de Italia con pabellones parecidos a velas de cristal hinchadas al viento (p. 131).

LA TORRE INCLINADA
La escalera de la torre inclinada de Pisa aún da más vértigo bajo la luz de la luna (p. 244).

Duomo, Milán

La catedral de Milán (p. 121), cuya construcción duró seis siglos, es el broche de oro del gótico internacional y un monumento a la determinación milanesa. El mármol de Candoglia fue transportado desde los muelles de la periferia por un sistema de canales con esclusas hidráulicas diseñadas por Leonardo da Vinci. Cuando el Renacimiento reemplazó al gótico, Milán continuó con su singular monumento.

Lo mejor

Museos de arte moderno

PUNTA DELLA DOGANA
Provocadoras obras de arte llenan los antiguos almacenes venecianos remodelados por el arquitecto Tadao Ando (p. 183).

MUSEO D'ARTE CONTEMPORANEA
Arte innovador en Turín, desde *arte povera* a base de materiales reciclados hasta videoarte realizado ex profeso (p. 150).

MADRE
Las obras de este museo de arte contemporáneo napolitano van desde el *kitsch Wild Boy and Puppy* de Jeff Koons hasta el napolitano *Spirits* de Rebecca Horn (p. 286).

GALLERIA NAZIONALE D'ARTE MODERNA
Fantástico arte moderno italiano e internacional expuesto en un edificio *belle epóque* (p. 87).

9

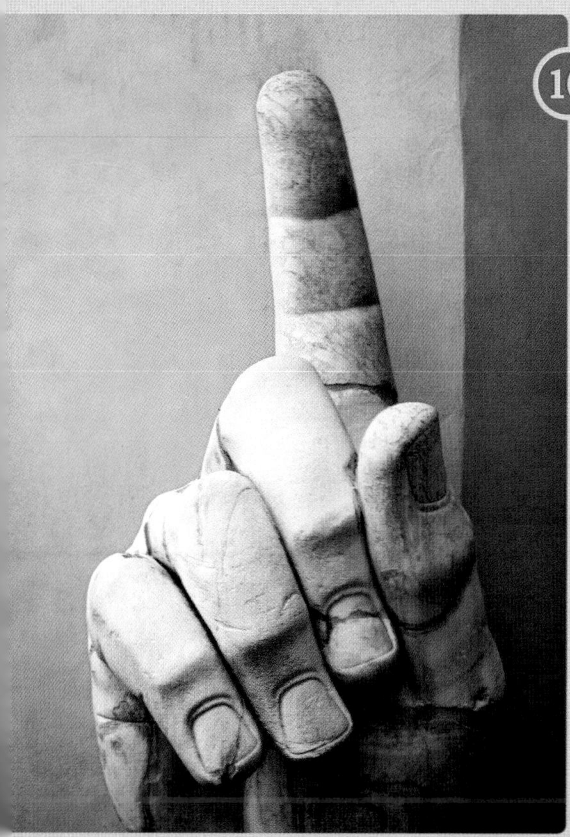

10 Museos de Roma

En la historia del arte se nombran los movimientos como el clásico, renacentista, manierista, barroco, futurista o metafísico, todos ellos forjados en Italia por un firmamento de artistas como Giotto, Da Vinci, Miguel Ángel, Boticelli, Bernini, Caravaggio, Carracci, Boccioni, Balla y De Chirico. Lo mejor de ellos está en los Museos Vaticanos (p. 85), la Galería Borghese (p. 88), los Museos Capitolinos (p. 68) y la Gallerie Nazionale d'Arte Antica (p. 77) Izda.: mano de la estatua del emperador Constantino II, Museos Capitolinos.

11 Grotta Azzurra, Capri

El agua de esta cueva marina de la isla de Capri realmente destella un azul etéreo. Al entrar por la boca de la cueva en bote de remos se experimenta un efecto óptico que ningún parque de diversiones puede reproducir. No es de extrañar que los romanos construyesen un santuario para aplacar al espíritu del agua que lo habitaba: la Grotta Azzurra (cueva azul; p. 297) hechiza a quien entra en ella.

HAUKE DRESSLER/GETTY IMAGES ©

12

Monte Etna

Conocido por los griegos como "la columna que sujeta el cielo", el Etna (p. 336) es el volcán más grande de Europa y uno de los más activos del mundo. Los antiguos creían que el gigante Tifone vivía en su cráter e iluminaba el cielo con su pirotecnia. Se eleva 3323 m sob la costa jónica y desde 1987 sus laderas forman parte del Parco Naturale dell'Etna, que con prende bosques alpinos y la imponente cumbre negra del Etna.

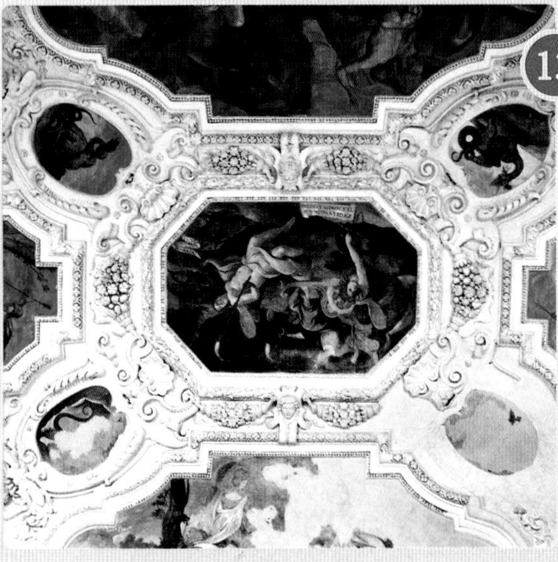

13

Esplendor de los Saboya en Turín

Como los Medicis de Florencia y los Borghese d Roma, los Saboya de Turín tenían gusto por los palaci extravagantes. El Reggia di Venaria Reale (p. 147), castillo de caza del duque Carlo Emanuele II, es una de las mayores residencias reales de Europa. La ingen restauración de este castil Patrimonio Mundial incluy la conservación de 14 000 de estucos y 1 000 m² de frescos. Izda.: techo de Reg di Venaria Reale

Barroco de Lecce

El extravagante carácter barroco de muchas ciudades de Apulia se debe al barroco de Lecce, con figuras talladas en fachadas de arenisca con vides serpenteantes, gárgolas y extrañas figuras zoomórficas. La Basilica di Santa Croce (p. 348) de Lecce es la culminación de un estilo tan recargado que el marqués Grimaldi dijo que le recordaba la pesadilla de un lunático. Abajo: Basilica di Santa Croce

14

Lo mejor

Maravillas naturales

MONTE ETNA
Escalar las laderas del volcán más activo de Europa (p. 336).

CINQUE TERRE
Calas recónditas, acantilados rocosos, aguas turquesas, viñas escalonadas y huertos de limoneros en terrazas. (p. 156).

VILLA CARLOTTA
Glorietas de azahar y camelias perfuman un jardín de princesa prusiana en el lago de Como (p. 140).

VULCANO
Playas de arena oscura, baños termales de barro y manantiales burbujeantes de agua caliente bajo una isla volcánica (p. 332).

Lo mejor

Poblaciones de montaña

RAVELLO

Sus románticas puestas de sol en los acantilados distraen el retraimiento de los artistas (p. 309).

ORVIETO

Trufas, cerámica, vino blanco y apocalípticos augurios en una hermosa catedral rosa (p. 265).

MONTALCINO

Ciudad medieval en lo alto de viñedos, con degustaciones de Brunello en la bodega del castillo (p. 255).

URBINO

Elegantes palacios y magníficos frescos hacen que esta ciudad sobre una colina encarne el ideal renacentista (p. 260).

15

Islas Eolias

Estas hermosas islas volcánicas (p. 332) frente a la costa de Sicilia son impactantes. Con playas blancas bañadas por el azul y cálido Mediterráneo, que contrastan con paisajes de lava solidificada, las islas de Lipari, Vulcano, Salina, Panarea, Estrómboli, Alicudi y Filicudi son Patrimonio Mundial.

Parmesano y 'prosciutto' en Bolonia

16

No es casualidad que a Bolonia la llamen *la grassa* (la gorda). Muchas de las clásicas delicias italianas provienen de esta ciudad, desde la mortadela y los *tortellini* rellenos de carne a los *tagliatelle al ragù*. Se pueden comprar productos regionales en el Quadrilatero (p. 208), repleto de delicatesen, incluido el famoso vinagre balsámico de Módena, el queso *parmigiano reggiano* y el incomparable *prosciutto di Parma*.

THE BRIDGEMAN ART LIBRARY/GETTY IMAGES ©

17

La última cen de Da Vinci

En *La última cena* de D Vinci (p. 124) los apóstoles se alzan de sus sillas cuando Jesús les dice que uno de ellos le traicionará. Para realiz este mural, Da Vinci ap có pintura húmeda en una pared seca, en lug de aplicar la técnica m dieval en los frescos de húmedo sobre húmed La mezcla experiment resultó inestable, pero aunque descolorida, da cuenta de un genio indeleble.

Riviera italiana

La penitencia de los pecadores de los pueblos de las Cinque Terre (p. 156) –Monteroso, Vernazza, Corniglia, Manarola y Riomaggiore– consistía en una dura ascensión por el acantilado hasta el santuario. Si hoy se suben esos senderos a través de viñedos en terrazas y laderas cubiertas de macchia (matorrales) y se divisan sus divinas vistas, es difícil imaginar un castigo más benigno.

Abajo: Riomaggiore (p. 159)

18

Lo mejor

Zonas vinícolas y gastronómicas

BOLONIA

Santo Grial de la Italia gastronómica y cuna del *prosciutto di Parma, parmigiano reggiano* y el vinagre balsámico (p. 212).

PIAMONTE

Trufas, gorgonzola, chocolate y vino Barolo atraen a la sede del movimiento *Slow Food* (p. 150).

NÁPOLES Y ALREDEDORES

La auténtica *pizza* y la *mozzarella di bufala* se unen a los crujientes *sfogliatelle* (pasteles de ricota; p. 291).

SICILIA

Cocina con toques árabes, desde atún salvaje y *arancini Siciliani* (bolas de *risotto*), mazapán y *cannoli* rellenos de ricota (p. 322).

Lo mejor

Mercados callejeros

MERCATO DI BALLARÒ
Mercado siciliano con sabores y colores de un zoco oriental (p. 324).

PORTA PORTESE
El mercadillo de Roma ocupa varias manzanas; se venden gafas de sol, cómics e incluso fregaderos (p. 106).

MERCATO DI PORTA NOLANA
Los vendedores del mercado venden *mozzarella di bufala* con un coro de cantos (p. 283).

Ciudad de las cavernas, Matera

19

En las colinas de Basilicata, la ciudad de Matera (p. 347) bordea un enorme cañón. Las casas están construidas entre los riscos, encima de las cuevas y muchos hoteles ofrecen habitaciones en ellas, uno de los lugares más impresionantes de Italia donde alojarse. Mel Gibson la eligió para su película *La Pasión*.

RICHARD I'ANSON/GETTY IMAGES ©

20 Gran Canal, Venecia

Otras ciudades poseen majestuosos bulevares, pero el Gran Canal (p. 176) hace que cualquier otra vía parezca vulgar. La única forma de recorrer este brillante logro de la imaginación es dejarse llevar, del controvertido puente de Calatrava hasta el gótico Palazzo Ducale. Los edificios que lo bordean abarcan siglos y estilos arquitectónicos distintos, desde el gótico morisco al barroco posmoderno del s. XXI. Las góndolas amarradas a los postes rayados se balancean entre las olas al paso de los relucientes taxis acuáticos.

21 Vida callejera, Nápoles

No hay nada como despertarse con el sonido del mercado de Porta Nolana (p. 283) ¡Qué festival para los sentidos! Es una mezcla de bazar norteafricano y mercado europeo con vendedores de fruta que gritan en dialecto napolitano, cabezas de pez espada entre montones de plateadas sardinas, un irresistible aroma de cítricos y el cálido olor de las *sfogliatelle* recién horneadas. Dcha.: *Sfogliatelle*

22 San Gimignano

Hay pueblos medievales en todas las laderas toscanas, pero este es digno de admiración. Once torres construidas en el s. XIV se alzan en su diminuto caserío (p. 254). Siglos despué la ciudad ha tenido su recompensa: San Gimignano es Patrimonio Mundial y una de las pri cipales atracciones de la Toscana.

Los Dolomitas

Pocas montañas en el mundo pueden igualar la singularidad del granito rosado de los Dolomitas (p. 197). En primavera, sus dentadas cumbres se alzan entre bellas laderas de flores salvajes y los esquiadores surcan sus valles en invierno. Este minúsculo reducto del norte de Italia ha atraído a los montañeros más atrevidos del mundo.

23

Lo mejor

Representaciones de ópera

TEATRO ALLA SCALA
Los estrenos de Verdi establecen el nivel para los públicos más exigentes, que han puesto a prueba a tenores consagrados (p. 125).

LA ARENA DE VERONA
Las producciones épicas de este anfiteatro romano al aire libre son incomparables (p. 203).

LA FENICE
De Rossini a Stravinsky, este teatro dorado ha atraído a lo mejor del mundo (p. 196).

TEATRO SAN CARLO
El mayor teatro de ópera de Italia hace cantar a Nápoles (p. 293).

Frescos de Giotto, Asís

Durante los sombríos días de la peste negra, Giotto di Bondone pintó estos frescos naturalistas en la basílica de San Francisco, en Asís (p. 262). Mostrar el aspecto humano de la figuras espirituales desencadenó un renacimiento. Sus frescos inspiran tal devoción que, tras quedar destrozados por un terremoto en 1997, fueron reconstruidos a partir de miles de fragmentos.

24

Lo mejor

Playas

OTRANTO

Baia dei Turchi, de blancas arenas contra un fondo de pinos, cerca de Otranto en Apulia (p. 349).

BAGNI REGINA GIOVANNA

Para bucear con tubo entre las ruinas de una antigua villa romana (p. 295).

LA FONTELINA

Escapada a una playa de lujo en la isla de Capri (p. 298).

TAORMINA

Un teleférico conduce desde el acantilado a las calas llenas de botes de pesca (p. 337).

25

Positano

Es el *resort* más glamuroso y espléndido de la Costa Amalfitana. Los brillantes edificios de Positano (p. 307) se alzan sobre los destellos del Mediterráneo y una joya de playa que refleja todas las superficies, desde los barcos pesqueros a la cúpula de cerámica de Santa Maria Assunta.

Los mejores días en Italia

De Florencia a Roma

5 DÍAS

Maravillas Patrimonio Mundial

Italia posee 49 monumentos Patrimonio Mundial y otros 40 esperan confirmación. En este viaje se visitan algunos de los más famosos y se comprueba cuántos están en la lista personal de destinos favoritos.

1 1 Florencia (p. 224)

El centro histórico de Florencia, Patrimonio Mundial, está repleto de tesoros: los prodigios renacentistas del **Duomo** y su **baptisterio,** la **Basilica di Santa María Novella** y el **Palazzo Vecchio** están a la vista. Se visitan los monumentos, se dedica una tarde a los **Uffizi** y la mañana siguiente a la **Galleria dell'Accademia.**

FLORENCIA ➔ SAN GIMIGNANO

1¼ h 14 autobuses diarios. **1 h** SP1 a Poggibonsi y SR2 a RA3.

2 San Gimignano (p. 254)

El segundo día por la tarde, se va a San Gimignano, famosa por sus torres medievales, y se visita la Collegiata (basílica) de la ciudad, donde destacan los frescos del diablo hambriento de Di Bartolo (s. XIV). Luego se puede ir a comer a la Mandragola.

SAN GIMIGNANO ➔ SIENA

1- 1½ h 10 diarios lu-sa. **1-1½ h** RA3 (autopista Siena-Florencia).

Escalinata de la Piazza Spagna (p. 74), Roma.
RICHARD I'ANSON/GETTY IMAGES©

3 Siena (p. 248)

Empezar el tercer día con un cappuccino en la **Piazza del Campo** (Il Campo). Se sigue con el **Palazzo Pubblico** y los suelos de mármol cosmatesco del **Duomo** y se termina admirando su exterior desde una habitación del **Campo Regio Relais.**

SIENA ➔ ASÍS

2½-3 h Autobús diario a Perugia, después tren Perugia-Asís cada hora. **1-1½ h** SS326 a Perugia, después SS75 (salida Ospedalicchio).

4 Asís (p. 261)

El cuarto día se dedica a la ciudad natal de San Francisco. Su vida de se muestra con vivos colores en los frescos de Giotto de la **basílica de San Francisco.** Regresar a Roma a última hora de la tarde.

ASÍS ➔ ROMA

2-2½ h Trenes cada hora a Roma vía Foligno. **2½-3 h** SS75 a Perugia y A1 a Roma.

5 Roma (p. 60)

Explorar la antigua Roma por el **Panteón, la Piazza Navona,** el Coliseo y el **Vaticano.**

5 DÍAS

De Roma a Pompeya
Hitos de la antigua Roma

La Roma antigua no solo cayó; en Pompeya, quedó cubierta de ceniza volcánica, enterrada en lodo y pisoteada. Pero se han hallado objetos milenarios intactos, desde altares de templos hasta nóminas de burdeles.

1 1 Roma (p. 60)

Debe recorrerse como los antiguos romanos: se va al **Foro Romano** para ponerse al día y rezar por la paz, el matrimonio y el éxito en la política, sin olvidar imaginar el clamor de la multitud en el **Coliseo.** También se explora el *centro storico*: la teatralidad de la **Piazza Navona,** el impresionante **Panteón** y las obras de arte en todas sus iglesias.

ROMA ➔ OSTIA ANTICA

25 min Estación Porta San Polo, tren Ostia-Lido. **30 min** A12 a Fiumicino; salida Scavi.

2 Ostia Antica (p. 104)

El segundo día se sigue a los antiguos romanos hartos del tráfico de carruajes y se escapa a Ostia Antica. Los restos de este pueblo de veraneo de 2300 años quedaron sepultados por inundaciones medievales, pero los arqueólogos han desenterrado *spas* con cuadriláteros de lucha, restaurantes con su carta pintada al fresco e incluso letrinas sin puerta.

ROMA ➔ NÁPOLES

1¼-1¾ h 42 Trenes diarios Roma-Nápoles, incl. Frecciarossa (alta velocidad). **2-3 h** A1 al sur.

3 Nápoles (p. 282)

El tercer día hay que dirigirse a Nápoles. Bajo sus calles descansa la ciudad de los muertos de las **catacumbas,** y el **Museo Arqueológico Nacional** está lleno de antigüedades, desde mosaicos de Pompeya hasta listas ilustradas con los servicios que ofrecían los burdeles. El cuarto día se exploran los pasajes romanos secretos a la luz de las velas con **Napoli Sotterranea** y se cena en la legendaria **Pizzeria Gino Sorbillo.**

Ruinas de Pompeya (p. 302).

NÁPOLES ➔ POMPEYA

35 min Frecuentes y rápidos. **30 min** Cada 30 min. **45 min** A3 dirección sur.

4 Pompeya (p. 302)

El quinto día llega el momento de visitar las extraordinarias ruinas de Pompeya, que se recuperaba del terremoto del año 63 cuando el Vesubio entró en erupción y sepultó la ciudad. Hoy, su conservación permite ver cómo murieron sus habitantes –los vaciados en yeso de los adultos intentando proteger a sus hijos son especialmente conmovedores– pero también cómo vivieron, entre guerras y desastres.

POMPEYA ➔ HERCULANO

25 min Frecuentes de Pompeya a Herculano-Scavi y Nápoles. **30 min** A3 al norte.

5 Herculano (p. 301)

Prosigue la exploración al pasado. La erupción que sepultó a Pompeya causó aludes de lodo en Herculano, que quizá está mejor conservada. Los saqueadores se relajaron y dejaron decoración hogareña fosilizada, preciosos mosaicos y una estatua de Hércules orinando.

10 DÍAS

De Roma a Barolo 'Grand Tour' gastronómico

He aquí una aventura que transporta las papilas gustativas del capuchino de Roma a las delicatesen de Bolonia, del tinto de Verona al chocolate de Turín y del Slow Food de Bra a las trufas de Alba, para acabar con una copa insuperable en Barolo.

1 **Roma** (p. 60)

Pasar los primeros tres días en Roma. Después de la experiencia de visitar la **Capilla Sixtina** de Miguel Ángel, y la **cúpula de San Pedro**, se va al **Pizzarium** para degustar una *pizza gourmet.* Recorrer el **centro histórico** es una buena excusa para tomar un helado en **Il Gelato** o una copa en **Campo de' Fiori.**

ROMA ➔ BOLONIA

2¼-4 h Frecuentes trenes diarios Roma-Nápoles, incl. Frecciarossa (alta velocidad). **3¾ h** A1 al norte.

2 **Bolonia** (p. 205)

El cuarto día dirigirse a Bolonia. Curiosear en el **Quadrilatero,** cuyos pórticos medievales cobijan escaparates con deliciosas delicatesen; subir a una de las torres rojizas para tener unas buenas vistas y cenar exquisiteces en la sencilla aunque sublime **Osteria dell'Orsa.**

BOLONIA ➔ VERONA

1½ h Cada hora. **1½ h** A22 al norte.

3 **Verona** (p. 200)

El escenario donde Shakespeare ambientó su drama *Romeo y Julieta* favorece el romance, ayudado por los afamados vinos vénetos de la **Piazza delle Erbe.** El quinto día, se puede asistir a una ópera de verano al aire libre, en el antiguo teatro romano la **Arena de Verona**.

VERONA ➔ TURÍN

3-4 h Varios trenes diarios; cambio en Milán. **3-3½ h** A21 vía Piacenza para evitar Milán.

4 **Turín** (p. 146)

Se dedican dos días a sus excelentes **museos,** parando para reponerse en sus **históricos cafés.** Se pernocta en una fábrica de coches reconvertida, **Le Meridien Art + Tech,** antes de ir a **Eataly,** donde las degustaciones y los talleres culinarios sustituyen las comidas.

TURÍN ➔ BRA

45 min Cercanías frecuentes. **1 h** A6 al sur hasta Marene; salida SS231 este a Bra.

5 **Bra** (p. 151)

El siguiente día encaminarse a Bra, donde los artesanos hacen chocolates, quesos y elaboradas comidas con antiguas recetas. Se recomienda cenar en la **Osteria del Boccondivino,** encima del cuartel general del movimiento *Slow Food,* que nació aquí.

BRA ➔ ALBA

15-30 min Cercanías frecuentes. **30 min** E74 al este.

6 **Alba** (p. 151)

El noveno día, dirigirse a la cuna de las trufas italianas y de un célebre vino tinto. Se pueden visitar las tiendas y mercados locales o participar en **clases de cocina**, **circuitos de bodegas** y **excursiones en busca de trufas**.

ALBA ➔ BAROLO

20 min Trenes cada hora. **20 min** SP3 al sur.

7 **Barolo** (p. 151)

El circuito acaba con un día en este minúsculo pueblo donde se elaboran los mejores vinos de Italia para acompañar comidas. La **Enoteca Regionale** ofrece degustaciones económicas en las mazmorras de un castillo. El tinto homónimo marida a la perfección con la cocina local con trufas.

Barolo (p. 151).
PHILIP Y KAREN SMITH/GETTY IMAGES©

10 DÍAS

De Nápoles a las Islas Eolias Esplendor litoral

Acantilados vertiginosos, pueblos de pescadores color pastel, sabores mediterráneos empapados de sol: este viaje incorpora un litoral impresionante. La temporada alta en las playas es a finales de verano, pero en julio y agosto hay que reservar con antelación.

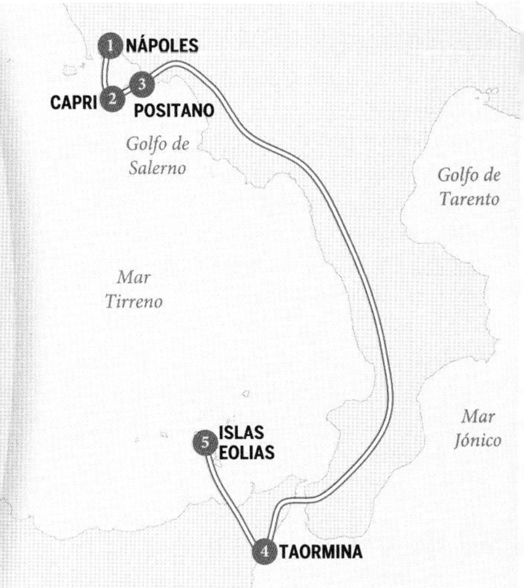

❶ Nápoles (p. 282)

La escapada costera comienza en la hiperactiva Nápoles, cuyo *centro storico* está repleto de esplendor barroco, desde la catedral a la **Certosa di San Martino** (apartada de la ciudad, con unas vistas sorprendentes), un incomparable **Museo Archaeologico Nazionale** y el modernísimo **MADRE**, museo de arte contemporáneo. Se puede viajar al monte **Vesubio** para maravillarse de la conservación de **Pompeya**, antes de entrar en la **Pizzeria Gino Sorbillo** y decidir si la *pizza* napolitana es la mejor del mundo.

NÁPOLES ➔ CAPRI

40-50 min Los ferries zarpan de Molo Beverello y algunos hidroplanos, de Mergellina.

❷ Capri (p. 296)

El día siguiente se toma un *ferry* desde Nápoles a la deslumbrante Capri. Tras visitar en barca la famosa e incandescente **Grotta Azzurra,** el viajero se puede dedicar a *la dolce vita* en **Piazza Umberto I.** Si se desea, se puede dedicarle más tiempo, para tomar un curso de buceo, subir en telesilla hasta lo alto del monte Solaro para ver el paisaje o explorar ruinas imperiales en **Villa Jovis.**

CAPRI ➔ POSITANO

30-40 min Hidroplanos directos en verano; vía Sorrento en otoño y primavera.

❸ Positano (p. 307)

El pueblo más fotogénico de la Costa Amalfitana posee pocos puntos de interés pero mucho encanto, buena excusa para curiosear las calles llenas de *boutiques* o tomar el sol en la **Spiaggia Grande** durante uno o dos dias.

/ulcano, Islas Eolias (p. 332).

POSITANO ➔ TAORMINA

10½ h *Ferry* nocturno desde Nápoles **1 h** Se vuela de Nápoles a Mesina o Catania, conexión a Taormina en tren. **6½ h** Tren de Nápoles a Taormina, *ferry* entre Villa San Giovanni y Mesina.

❹ Taormina (p. 337)

Para relajarse en este enclave favorito de la *jet set* de Sicilia. Se puede ir en barca de remos a **Isola Bella,** descansar en la playa o recorrer calles medievales donde venden cerámica local. En verano no hay que perderse los conciertos que se programan en su emblemático **teatro griego.**

TAORMINA ➔ ISLAS EOLIAS

3 h Tren a Milazzo, donde en verano hay *ferries* frecuentes a las Eolias.

❺ Islas Eolias (p. 332)

Se aconseja pasar un par de días en estas sensacionales islas, rodeadas de aguas cristalinas. **Lipari** posee un impresionante museo en su ciudadela; **Vulcano** ofrece aguas termales terapéuticas y playas de arena negra; y en **Salina,** verde y tapizada de flores, añaden alcaparras de cultivo local a la pasta.

2 SEMANAS

De Roma a Milán
Ciudades clásicas

Aunque explorar las riquezas de Italia puede costar toda una vida, dos semanas permiten un respetable atisbo a su sorprendente diversidad arquitectónica, artística, culinaria y geográfica. Hay que centrarse en los puntos más famosos y hacer alguna excursión rápida.

1 Roma (p. 60)

El primer día se exploran los puntos de interés obligatorios, como los **Foros Imperiales** y los **Museos Capitolinos,** y después se toma un aperitivo en **Salotto 42.** Al día siguiente se admiran los tesoros culturales del **Vaticano** antes de darse un rústico festín en el **Trastevere.** El tercer día se disfrutan las obras maestras del **Museo e Galleria Borghese** y se echa una moneda en la **Fontana di Trevi** para asegurarse el regreso.

ROMA ➡ FLORENCIA

1½-4 h 2-3 trenes cada hora **3 h** A1 al norte.

2 Florencia (p. 224)

Desde lo alto del **Duomo** se divisa al completo la ciudad, para después pasar la tarde en los **Uffizi.** A la mañana siguiente se saluda al *David* en la **Galleria dell'Accademia,** antes de ver las luminosas obras de Fra' Angelico en el **Museo di San Marco** y contemplar la puesta de sol tras el **Ponte Vecchio.**

FLORENCIA ➡ CHIANTI

1 h Autobuses cada hora Chianti-Greve. **40-60 min** SR222 al sur.

3 Chianti (p. 253)

Una excursión en bicicleta a las colinas de Chianti, alfombradas de viñedos, sirve pa descansar de la intensidad urbana hacien degustaciones de vino y empapándose de paisaje que besa el sol de la Toscana. De vuelta en Florencia, se cena en **L'Osteria Giovanni.**

FLORENCIA ➡ BOLONIA

35 min-1 h 2-3 trenes cada hora. **1½ h** A1 norte.

4 Bolonia (p. 205)

A la mañana siguiente se pone rumbo no hacia **Bolonia,** la ciudad de la comida, do admirar el arte y la arquitectura medieva de su **Piazza Maggiore** antes de ir a las t das de delicatesen del **Quadrilatero.** Par abrir el apetito antes de la cena, se pued subir a la **Torre degli Asinelli.**

BOLONIA ➡ VENECIA

1¼-2¼ h Trenes frecuentes, algunos vía Mestre. **20 min** A13 al norte hasta Tronchet aparcamiento municipal.

Chianti (p. 253), Toscana.
GLENN VAN DER KNIJFF/GETTY IMAGES ©

5 Venecia (p. 170)

El octavo día hay que dejarse empapar por esta maravilla. En la **plaza de San Marcos** se disfruta su esplendor arquitectónico, se recorren serpenteantes calles hasta el **puente de Rialto** y se degustan excepcionales cosechas del Véneto en **I Rusteghi.** Después de ver el arte moderno de la **Peggy Guggenheim Collection** y la **Punta della Dogana,** se continúa con las obras maestras de **I Frari** y la **Scuola Grande di San Rocco,** y se termina con un vaso de *prosecco* de **Campo San Giacomo dell'Orio.** Saliendo de la laguna se descubrirán el cristal de Murano, las coloridas casas de Burano y el refugio de Ernest Hemingway en Torcello, donde se puede pernoctar.

VENECIA ➔ VERONA

1¼-2¼ h Mínmo 3 trenes cada hora **1¾ h** A4 al oeste.

6 Verona (p. 200)

El 12º día se va al oeste, al escenario del *Romeo y Julieta* de Shakespeare, para enamorarse de sus hermosas iglesias, palacios y monumentos, como la románica **Basilica di San Zeno Maggiore.** Si se visita entre julio y septiembre, se impone asistir a una ópera en la **Arena Romana.**

VERONA ➔ MILÁN

1½-2 h Trenes cada 30 min **1¾-2 h** A4 al oeste.

7 Milán (p. 120)

La aventura finaliza en esta vibrante ciudad, que aglutina un disparatado **Duomo** gótico, la alta costura de la **Galleria Vittorio Emanuele II** y el legendario teatro de la ópera **Teatro alla Scala.** Obligado es reservar para ver **'La Última Cena'** de Leonardo da Vinci; o, si no, la **Pinacoteca di Brera** aporta una dosis cultural antes de dar un repaso al guardarropa en el feudo de las víctimas de la moda, el **Quadrilatero d'Oro.**

Mes a mes

Propuestas destacadas

Semana Santa, marzo/abril

Bienal de Venecia, junio/octubre

Estate Romana, junio-septiembre

Il Palio di Siena, julio y agosto

Temporada de trufas, noviembre

Enero

Regata della Befana

Venecia celebra la Epifanía el 6 de enero con una regata protagonizada por fornidos hombres vestidos de brujas buenas (*Befane*).

Febrero

Carnaval

Antes del Miércoles de Ceniza, muchas localidades celebran carnavales previos a la Cuaresma, con vestidos extravagantes, confeti y sorpresas festivas.

Mostra Mercato del Tartufo Nero

Feria de la trufa celebrada antes de la llegada de la primavera en la localidad gastronómica de Norcia, en Umbría. Miles de visitantes pasan por sus puestos probando trufas y otros productos típicos.

Marzo

Taste

Los sibaritas acuden en masa a la Taste de Florencia (www.pittimmagine.com), animada feria gastronómica que se celebra en la industrial-chic Stazione Leopolda.

Semana Santa

El Viernes Santo, el papa encabeza una procesión al Coliseo y el Domingo de Pascua da su bendición en la plaza de San Pedro, mientras en Florencia, los fuegos artificiales animan la Piazza del Duomo. Otras importantes procesiones tienen lugar en Procida y Sorrento (Campania), Taranto (Apulia) y Trapani (Sicilia).

Izda.: febrero Carnaval, Venecia.
RUTH EASTHAM & MAX PAOLI/GETTY IMAGES ©

Abril

Salone Internazionale del Mobile

La feria del mueble más prestigiosa del mundo (www.cosmit.it) se celebra cada año en Milán. En años alternos hay muestras de iluminación, accesorios, oficina, cocina y baño.

Settimana del Tulipano

En los jardines de Villa Taranto, en el lago Maggiore, florecen tulipanes y también brotan dalias y cornejos en uno de los jardines botánicos más bonitos de Europa.

VinItaly

Encajonada entre las regiones vinícolas de Valpolicella y Soave, Verona acoge la mayor feria de vino del mundo. Durante cuatro días, 4000 expositores internacionales ofrecen degustaciones, conferencias y seminarios.

Mayo

Processione dei Serpari

Una de las celebraciones más peculiares de Italia tiene lugar cada 1 de mayo en Cocullo (Abruzos). La estatua de Santo Domingo se cubre con serpientes vivas y se lleva en la procesión de los Encantadores de Serpientes.

Festa di San Gennaro

San Genaro de Nápoles tiene mucha experiencia en proteger a la ciudad de una erupción volcánica u otros desastres. Los creyentes se reúnen en la catedral para presenciar la licuefacción de la sangre del santo patrón. Si sucede, la ciudad está a salvo. El 19 de septiembre y el 16 de diciembre se repite el acto.

Ciclo di Rappresentazioni Classiche

Intrigas clásicas en un emplazamiento evocador, el Festival de Teatro Griego (www.indafondazione.org), celebrado entre mayo y junio, revive el anfiteatro del s. v a.C. de Siracusa con grandes representaciones de obras de teatro italianas.

Junio

Napoli Teatro Festival

En junio Nápoles acoge tres semanas de representaciones teatrales (www.napoli teatrofestival.it) en espacios convencionales e inusuales. El programa representa desde obras clásicas a piezas nuevas de autores locales e internacionales.

Bienal de Venecia

Se celebra cada dos años y es uno de los eventos artísticos más prestigiosos del mundo (p. 187). Hay exposiciones se celebran en distintos espacios de la ciudad de junio a octubre.

Ravello Festival

En lo alto de la costa amalfiana, Ravello atrae a artistas de fama mundial durante el verano (p. 310), con música y danza, exposiciones de películas y arte. Varios actos se celebran en los jardines de la Villa Rufola, entre junio y septiembre.

Spoleto Festival dei Due Mondi

En las colinas de Umbría se celebra, de finales de junio a mediados de julio, el Festival de Spoleto (p. 264), un acontecimiento artístico internacional que incluye música, teatro, danza y arte.

Estate Romana

Entre junio y finales de septiembre, Roma (p. 87) celebra actos culturales que la convierte en un escenario al aire libre.

Julio

Il Palio di Siena
La multitud enloquece con esta caótica carrera de caballos sin silla, en torno a la *piazza* de Siena. Antes hay un elegante desfile de trajes medievales. Se celebra el 2 de julio y el 16 de agosto.

Taormina Arte
Las antiguas ruinas y las noches de verano dibujan un atractivo escenario para Taormina Arte (www.taormina-arte.com), festival artístico celebrado en julio y agosto.

Agosto

Ferragosto
Después de Navidad y Pascua, Ferragosto, el 15 de agosto, es la festividad más importante de Italia. Se celebra la Asunción, pero antes de la cristiandad, los romanos ya honraban a sus dioses en la Feriae Augusti. Nápoles lo celebra con especial fervor.

Mostra Internazionale d'Arte Cinematografica
El Festival Internacional de Cine de Venecia (www.labiennale.org/en/cinema) es uno de los más prestigiosos del mundo, con estrenos de alfombra roja y *glamour* de *paparazzi*.

Septiembre

Regata Storica
El primer domingo de septiembre, gondoleros vestidos de época participan en la regata histórica de Venecia. Flotas de época seguidas de góndolas y competiciones de otras embarcaciones por el Gran Canal.

Festival delle Sagre
El segundo domingo de septiembre, más de 40 ayuntamientos de la provincia de Asti exhiben sus vinos y sus productos gastronómicos típicos en este festival (www.festivaldellesagre.it).

Couscous Fest
La ciudad siciliana de San Vito celebra el multiculturalismo a través de su famoso cuscús de pescado en esta fiesta de seis días a finales de septiembre (www.couscousfest.it), con concursos de cocina, degustaciones y actuaciones musicales en vivo.

Octubre

Romaeuropa Festival
De finales de septiembre a noviembre, los principales

artistas internacionales asisten a los estrenos de los festivales de teatro, ópera y danza de Roma (www.romaeuropa.net).

Salone Internazionale del Gusto

Organizado por el movimiento *Slow Food* del Piamonte, esta exposición gastronómica bienal (www.salonedelgusto.it) se celebra en Turín los años pares.

Noviembre

Ognissanti

El día de Todos los Santos, 1 de noviembre, se conmemora a los mártires y es fiesta nacional; el 2 de noviembre es el Día de Difuntos y se honra a los fallecidos.

Temporada de trufas

Noviembre es temporada de trufas, con ferias locales, actividades y música en las ciudades piamontesas de Alba (www.fieradeltartufo.org) y Asti; así como San Miniato y Acqualagna de la Toscana.

Temporada operística

Cuatro de los grandes teatros de la ópera del mundo están en Italia: Teatro alla Scala (p. 125) en Milán, La Fenice (p. 196) en Venecia, Teatro San Carlo (p. 293) en Nápoles y Teatro Massimo (p328) en Palermo. La temporada va de mediados de octubre a marzo.

Diciembre

Natale

Las semanas anteriores a Navidad están tachonadas de celebraciones religiosas. Las iglesias montan *presepi (pesebres)* y en la Piazza Navona de Roma se alza un mercado navideño durante todo el mes. En Nochebuena, el papa oficia una misa multitudinaria en la plaza de San Pedro.

Ext. Izda.: julio || Palio di Siena **Izda.: septiembre** Regata storica, Venecia.

Lo nuevo

En esta nueva edición de Lo mejor de Italia, nuestros autores presentan lo más novedoso, transformado, moderno y actual. A continuación, algunos de nuestros favoritos.

1 MUSEOS DE BOLONIA
Tres nuevos museos bajo el paraguas de *Genus Bononiae*. Museos en la ciudad, se combinan con itinerario libre para proteger el patrimonio cultural de la ciudad. El principal es el Museo della Storia di Bologna, ubicado en un *palazzo* medieval rediseñado por el arquitecto Mario Bellini, cuyas galerías interactivas narran la historia del turbulento pasado de Bolonia (p. 205)

2 PALAZETTO BRU ZANE, VENECIA
Restaurado y actualizado, el Palazetto Bru Zane del s. XVII ofrece conciertos de música romántica interpretados por los mejores talentos de Europa y el mundo entero (p. 196)

3 MUSEO NAZIONALE DELL'AUTOMOBILE, TURÍN
Tras una importante remodelación, en la actualidad presenta 200 vehículos, entre ellos un Peugeot de 1892 y un Ferrari 308 de 1980 (p. 150)

4 EATALY, ROMA
El emporio Eataly de Turín ha abierto un gran *outlet*. Este espacio donde comer, beber y comprar comida refleja la persistente tendencia romana por la *dolce vita* (p. 100)

5 TÚNEL BORBÓNICO, NÁPOLES
Revisitar el Nápoles de la realeza y la II Guerra Mundial en el restaurado túnel borbónico. Los circuitos guiados por este laberinto subterráneo van desde los paseos estándares a las aventuras espeleológicas (p. 289)

6 EXCURSIONES DE UN DÍA A VENECIA, VÉNETO
Sumergirse en la vida del Véneto con un circuito de tiendas. Arte, comida, vino o compras en Venecia y Padua, así como circuitos gastronómicos por el campo del Véneto (p. 186)

7 PALAZZO MARGHERITA, BERNALDA
Un trocito de Hollywood en el sur de Italia en el hotel-*boutique* de Francis Ford Coppola en Basilicata. La lujosa villa del s. XIX ha alojado a famosos como Justin Timberlake. (☎ 0835 54 90 60; www.coppolaresorts.com/palazzomargherita; Corso Umberto 64; st desde 360-1800€, desayuno y curso de cocina incl., estancia mínima 2 noches)

8 VILLA ROMANA DEL CASALE
Tras una gran restauración, los mosaicos de sus suelos vuelven a relucir entre las mayores antigüedades de Italia (p. 335)

Para inspirarse

Libros

- **Cristo se paró en Eboli** (1980) Agridulce relato de Carlo Levi sobre un médico disidente exiliado.
- **La historia** (1991) La guerra, la violencia sexual y la lucha de una madre definen esta novela de Elsa Morante.
- **El barón rampante** (1957) Metáfora de la Italia de posguerra, de Italo Calvino.
- **El nombre de la rosa** (1989) Novela negra medieval del gran Umberto Eco.
- **El ladrón de meriendas** (2000) Un inconformista policía en una novela de Andrea Camilleri.

Películas

- **La Dolce Vita** (1960) Hedonismo en la Roma de los años cincuenta, de Federico Fellini.
- **El cartero y Pablo Neruda** (1994) Massimo Troisi interpreta a un cartero adorable.
- **Gomorra** (2008) Denuncia de la mafia, basada en el superventas de Roberto Saviano.
- **Videocracy** (2009) Documental sobre la influencia de la televisión en la cultura italiana.
- **La Grande Bellezza** (2013) Película *fellinesca* de Paolo Sorrentino, que se adentra en la psique italiana moderna.

Música

- **Crêuza de mä** (Fabrizio de André) Poesía en dialecto genovés.
- **Mina** (Mina) La roquera más famosa de Italia.
- **Stato di Necessità** (Carmen Consoli) *Riffs* y letras emotivas de esta cantautora siciliana.
- **Suburb** ('A67) Grupo napolitano de *rock* de fusión que colabora con los activistas antimafia.

Webs

- **Delicious Italy** (www.deliciousitaly.com) Gastronomía, alimentos y vinos.
- **Ente Nazionale Italiano per il Turismo** (www.enit.it) Web de la Oficina Nacional de Turismo de Italia.
- **Turitalia.com** (www.turitalia.com) Información en español.
- **Lonely Planet** (lonelyplanet.com) Datos, foros y artículos.

ALAN BENSON/GETTY IMAGES ©

En un minuto

Esta lista aporta una percepción instantánea de Italia.

Leer *El gatopardo* (1972) La épica obra de Giuseppe di Lampedusa sobre el levantamiento independentista en Sicilia es el mayor superventas de Italia.

Ver *Ladrón de bicicletas* (1958) Conmovedor relato de Vittorio di Sica sobre un hombre honrado que intenta mantener a su hijo en la Roma de posguerra.

Oír *La Traviata* (1955) Maria Callas da vida a la mujer perdida de Verdi en la producción de La Scala de Luchino Visconti.

Entrar en www.tweetaly.com para información sobre arte, festivales, recetas y más.

Lo esencial

Moneda
Euro (€)

Idioma
Italiano

Visados
No son necesarios para estancias de menos de 90 días (o para ciudadanos de la UE).

Dinero
Cajeros automáticos fácilmente disponibles; Visa y MasterCard aceptadas ampliamente.

Teléfonos móviles
Italia usa GSM 900/1800, compatible con Europa. Las llamadas locales son más baratas con una tarjeta SIM local.

Wifi
Es difícil encontrar lugares con wifi y a menudo son de pago. Las ciudades más grandes tienen cafés o bares con wifi gratis.

Acceso a internet
En los cibercafés piden documentación. Las tarifas usuales son de 2-6 €/h.

Propinas
10% opcional por buen servicio.

Cuándo ir

Temporada alta (jul-ago)
- Colas en puntos de interés y carreteras; temporada de festivales.
- Precios altos en Navidad, Año Nuevo y Semana Santa.
- Fin dic-mar es temporada alta en Alpes y Dolomitas.

Temporada media (abr-jun y sep-oct)
- Buen precio en alojamiento, en especial en el sur.
- En primavera, flores y productos locales.
- En otoño, temperatura más cálida y vendimia.

Temporada baja (nov-mar)
- Precios bajos, hasta 30% menos que en temp. alta.
- Muchos puntos de interés y hoteles cierran en la costa y la montaña.
- Buena época para actividades culturales.

Antes de partir

Tres meses antes Conseguir vuelos baratos, reservar alojamiento se viaja en temporada alta y buscar clase

Un mes antes Buscar en internet actos o festivales durante estancia y reservar entrada

Una semana antes Si se toma medicación, pedir al médico u carta firmada y sellada que describa la enfermedad y el tratamien Escanear o fotocopiar documentos importantes (pasaporte, carné conducir), confirmar alojamiento y reservar restaurant

Presupuesto diario

Económico hasta 100 €

- Cama en dormitorio colectivo: 15-25 €
- Habitación doble en hotel económico 50-110 €
- *Pizza* y pasta 6-12 €

Precio medio 100-250 €

- Habitación doble en hotel 110-200 €
- Almuerzo y cena en restaurantes locales 25-50 €

Precio alto más de 250 €

- Habitación doble en hotel de 4-5 estrellas 200-450 €
- Cena en restaurante de lujo 50-150 €

Tipos de cambio

Argentina	1 ARS	0,09 €
Chile	100 CLP	0,13 €
Colombia	100 COP	0,03 €
EE UU	1 US$	0,73 €
México	10 MXN	0,56 €
Perú	1 PEN	0,26 €

Para actualizaciones, véase www.xe.com

Qué llevar

- **Ropa** Informal elegante; camisetas, pantalones cortos y sandalias desentonan en los bares y restaurantes de un país preocupado por la moda.
- **Documentos** Pasaporte o carné de identidad obligatorio en hoteles y cibercafés. Carné de conducir y documentos del automóvil si se conduce.
- **Seguro** Que cubra robo, cancelaciones y gastos médicos, y seguro de automóvil si se conduce.

Advertencias

- **Vestimenta apropiada** En lugares religiosos hay que cubrirse torso, hombros y muslos.
- **Robos** Controlar los objetos personales, en especial en lugares públicos abarrotados.
- **Fiestas oficiales** Muchos restaurantes y tiendas cierran al menos parte de agosto.

Cómo llegar

- **Aeropuerto Leonardo Da Vinci-Fiumicino (Roma)**

Tren Al centro de Roma cada 30 min de 6.38 a 23.38 (14 €)

Autobús nocturno Sale cada hora de 12.30 a 5.00 (5-7€)

Taxis tarifa 48 €; 45 min

- **Aeropuerto Malpensa de Milán**

Malpensa Express Al centro de Milán cada 30 min de 5.25 a 22.40

Malpensa Shuttle Del centro de Milán al aeropuerto cada 20 min de 3.45 a 12.30 (7 €)

Taxis tarifa 90 €; 50 min

- **Aeropuerto de Capodichino (Nápoles)**

Lanzadera Al centro de Nápoles cada 20 min de 6.30 a 23.40 (3 €)

Taxis tarifas 15-23 € al centro; 30-40 min

Cómo desplazarse

- **Avión** Para viajeros con poco tiempo.
- **Barco** *Ferries* e hidroplanos conectan las islas con el continente.
- **Autobús** Práctico para pueblos pequeños, la amplia red abarca rutas locales e interurbanas.
- **Automóvil** Para alquilar se requieren 25 años o más.
- **Tren** La amplia y barata red abarca desde interurbanos de alta velocidad hasta lentos regionales.

Dónde dormir

- **'Agriturismi'** Estancia en granjas, de rústicas y sencillas a lujosas con piscina.
- **B&B** Asequibles y populares, desde habitaciones en casas particulares hasta estudios independientes.
- **Conventos y monasterios** Tranquilidad y toque de queda definen los acomodos más espirituales de Italia.
- **Hoteles** Amplia gama de opciones: desde pensiones baratas hasta refugios de lujo.
- **'Pensioni'** Hoteles modestos a menor escala, normalmente familiares.
- **Alquiler de villas** Alojamiento independiente en pintorescas viviendas rurales.

EMENTIS·XIII·PONT·MAX·OPVS
OLVTVM A·DOM·MDCCLXII

Roma y el Vaticano

Cuando la alta cultura se encuentra con la calle, surge el romance. Roma tiene unas credenciales impresionantes: gobernó un imperio durante un milenio, aparece en decenas de películas clásicas, tiene obras maestras de arte como para llenar todas sus plazas y mantiene una cercana (aunque complicada) relación con el Papa.

Cuando se contempla esta ciudad en acción, florecen sus contrastes: curas con gafas de sol de diseño que pasean por el Vaticano conversando por el móvil; políticos que apartan sus corbatas de seda para disfrutar de un helado en plazas barrocas; jóvenes motoristas que lanzan besos al aire mientras circulan a toda velocidad por las avenidas adoquinadas. Con un apretado calendario de festivales de arte, eventos *underground* y reservas en legendarias *trattorias*, los romanos siempre llegan tarde a alguna cita fabulosa. Si el viajero se une a ellos, descubrirá por qué todos los caminos llevan a Roma.

Fontana di Trevi (p. 77).
RICHARD I'ANSON/GETTY IMAGES ©

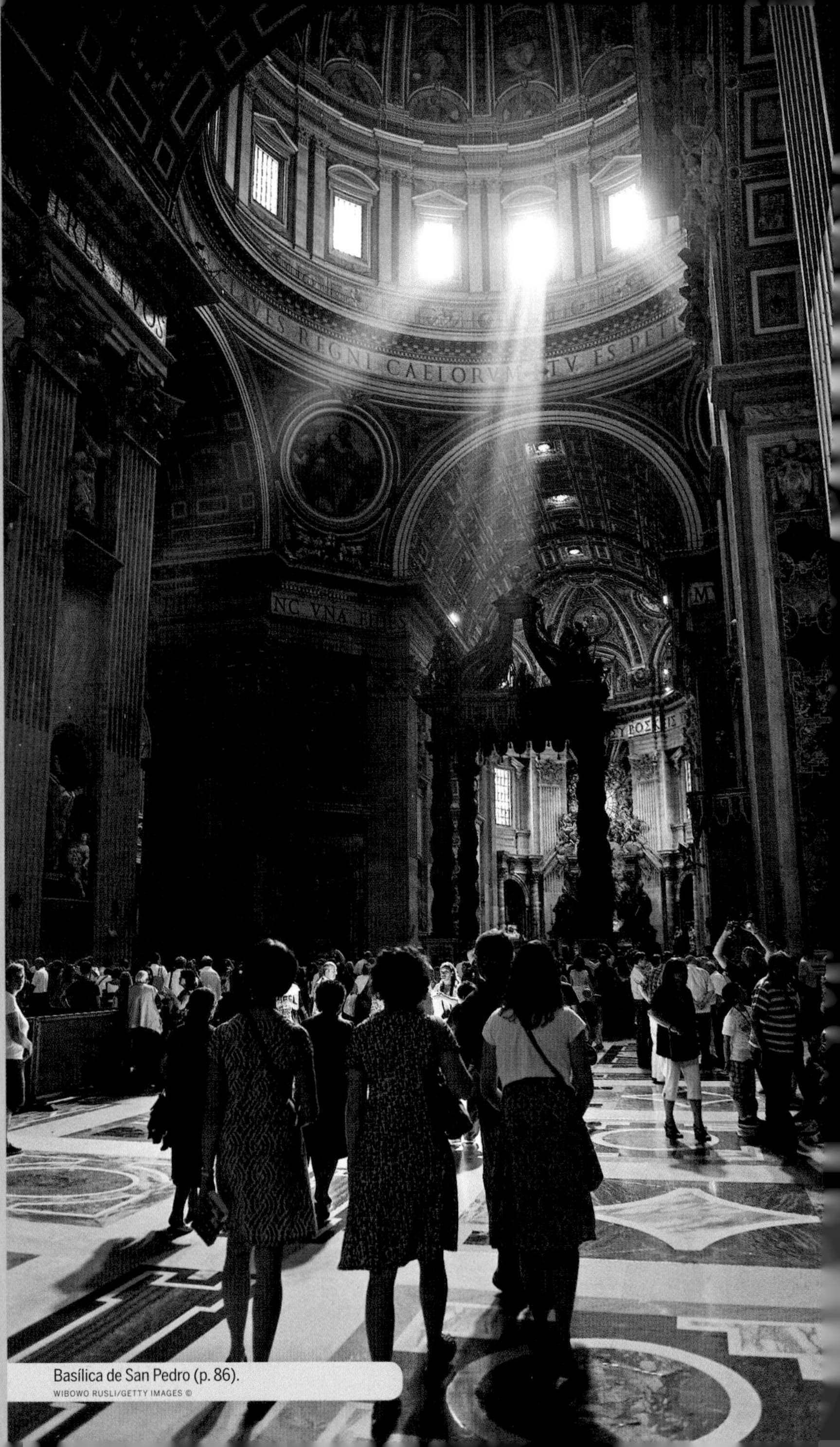

Basílica de San Pedro (p. 86).

Roma y el Vaticano

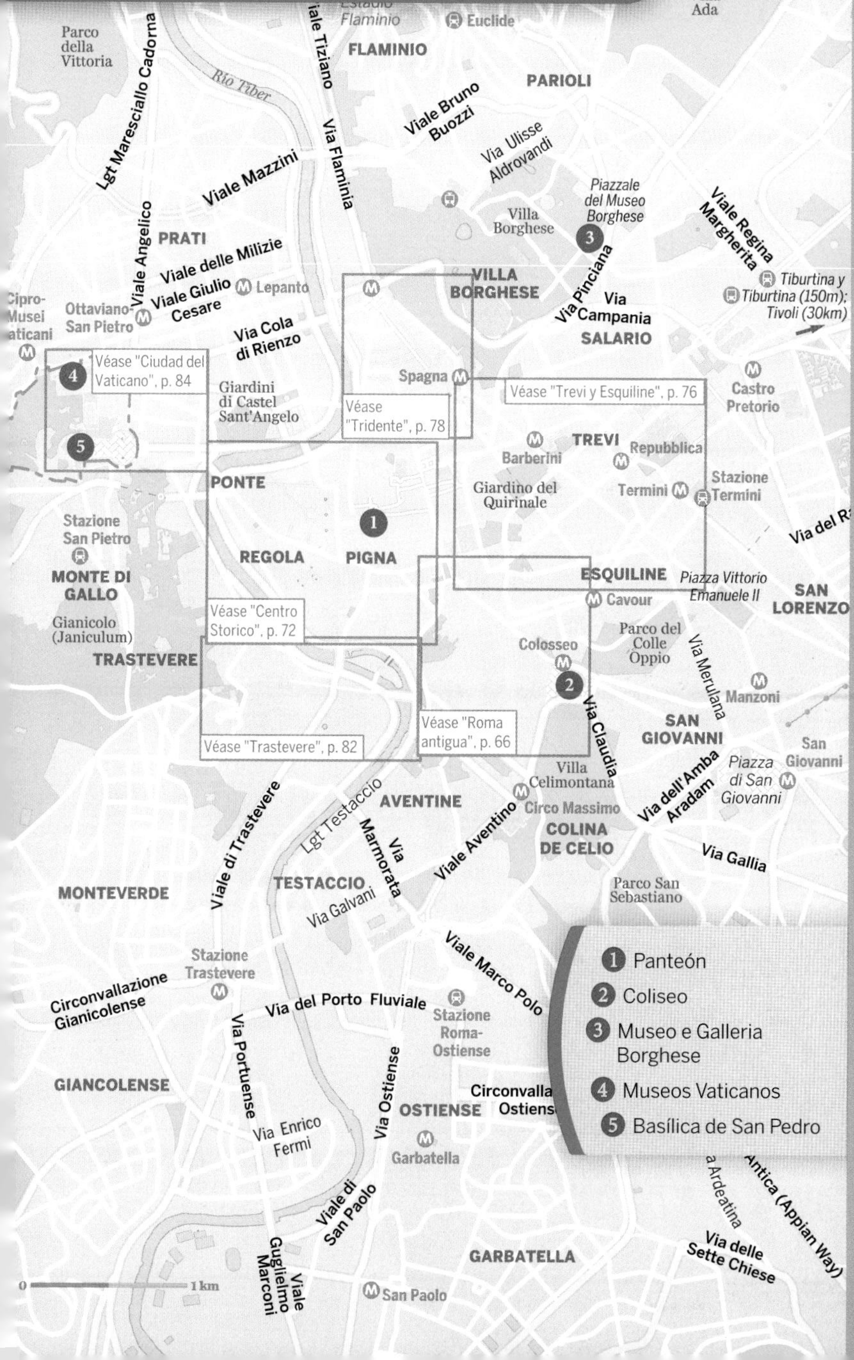

Imprescindible

Panteón

Con más de 2000 años de antigüedad, este templo romano está espléndidamente conser do. Fue consagrado como iglesia en el 608, lo que lo ha salvado de más de alguna tentativa de saqueo. Visitar el Panteón (p. 75) da la oportunidad de pasear por una antigua construcción romana. Su enorme cúpula sin pilares es la mayor del mundo de este tipo y está rematada con un audaz *oculus* en el techo que se abre al cielo.

1

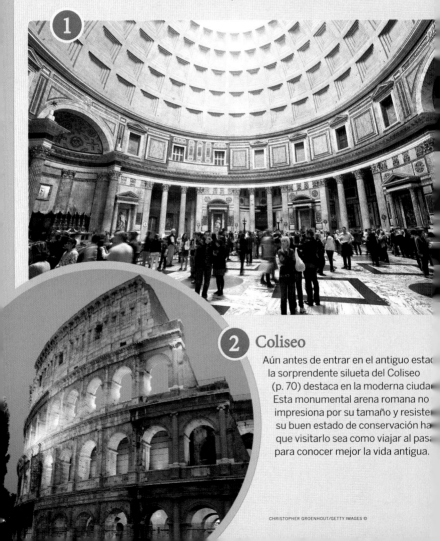

2 Coliseo

Aún antes de entrar en el antiguo estad la sorprendente silueta del Coliseo (p. 70) destaca en la moderna ciudad Esta monumental arena romana no impresiona por su tamaño y resisten su buen estado de conservación ha que visitarlo sea como viajar al pasa para conocer mejor la vida antigua.

DE AGOSTINI/A. DE GREGORIO/GETTY IMAGES ©

Museo e Galleria Borghese

3

Lo que hace tan especial al Museo e Galleria Borghese (p. 88) es contener numerosas obras de arte en un espacio relativamente compacto. El resultado es un recorrido menos pesado que los grandes museos y que adentra al visitante desde el período romano a los maestros de la edad de oro como Caravaggio, Bernini, Borromini, Tiziano y Canova, por nombrar algunos.

Dcha.: David de Gian Lorenzo Bernini

4

RICHARD I'ANSON/GETTY IMAGES ©

5

Museos Vaticanos

Puede que la modestia sea una virtud cardinal, pero en el palacio del Papa, que también alberga los fabulosos Museos Vaticanos (p. 85), tal virtud brilla por su ausencia. Es imprescindible visitar la Capilla Sixtina con el icónico techo de Miguel Ángel que representa a Dios dándole vida a Adán con un dedo; también es de visita obligada visitar las salas de Rafael y las valiosas pinturas del Renacimiento.

Basílica de San Pedro

El Vaticano será el Estado independiente más pequeño del mundo, pero su obra emblemática es digna de uno grande. San Pedro (p. 86) fue construida por los mejores arquitectos del Renacimiento y coronada por la cúpula de Miguel Ángel, que ofrece vistas sobre la plaza de columnatas de Bernini. En su interior se encuentran la conmovedora Pietá de Miguel Ángel, joyas papales de valor incalculable, el altar dorado de Bernini y una luz serena que entra por todos los ángulos.

Lo mejor de Roma y el Vaticano

Gratuito

- **Panteón** Pasear por su interior bajo la lluvia (p. 75).
- **Escalinata de la plaza de España** Observar el desfile de romanos presumidos por las calles de Roma (p. 74).
- **Museos Vaticanos** Contemplar sus ricos tesoros el último domingo del mes (p. 85).
- **Plaza de San Pedro** Recibir la bendición papal los domingos al mediodía (p. 87).

Panorámicas

- **Cúpula de San Pedro** Vistas sobre Roma y los jardines del Papa, gentileza de Miguel Ángel (p. 86).
- **Caffè Capitolino** Observar las bandadas de estorninos sobrevolando las cúpulas de Roma (p. 101).
- **Gianicolo** Ver cómo las agujas de las iglesias reflejan la dorada luz vespertina de Roma (p. 83).
- **Palatino** Contemplar el Foro Romano desde el monte más selecto de la antigua Roma (p. 63).
- **Il Vittoriano** Subir en ascensor para admirar el paisaje romano (p. 68).

Bebidas locales

- **Caffè Tazza d'Oro** Probar su *granita di caffè* (granizado de café), lo último en refrescos energizantes (p. 101).
- **Cavour 313** Se puede elegir entre 1200 vinos, incluido el preferido local, el blanco Est (p. 101).
- **Caffè Sant'Eustachio** Suave y cremoso *gran caffè* espresso (p. 102).
- **Bar San Calisto** *Cioccolato caldo con panna* (chocolate con nata montada, p. 103).

Clásicos modernos

- **Galleria Nazionale d'Arte Moderna** Obras maestras del s. xx, tanto italianas como internacionales (p. 87).
- **Auditorium Parco della Musica** Nuevas interpretaciones de sinfonías clásicas en el auditorio diseñado por Renzo Piano (p. 104).
- **Officina Profumo Farmaceutica di Santa Maria Novella** Cosmética orgánica hecha con antiguas fórmulas (p. 105).
- **Museo dell'Ara Pacis** Monumento de Augusto a la paz en el controvertido museo Richard Meier (p. 76).

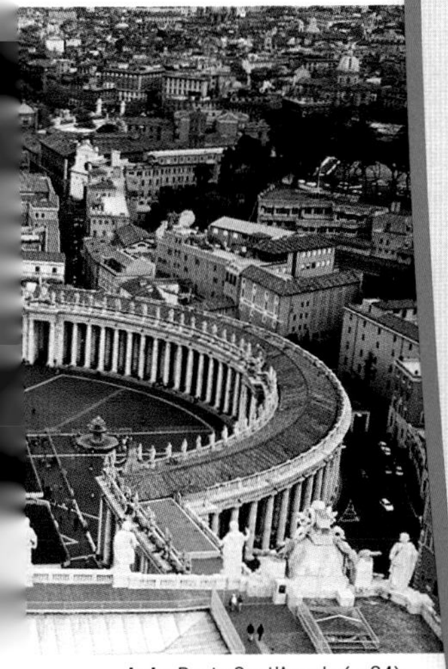

Izda: Ponte Sant'Angelo (p. 84); **Arriba:** plaza de San Pedro

Lo esencial

ESTADÍSTICAS

- **Población** 2,61 millones.

ANTES DE PARTIR

- **Un mes antes** Reservar un circuito por la tumba de san Pedro. Repasar el sitio web del Auditorium Parco della Musica (www.auditorium.com) para ver su programación.
- **Dos semanas antes** Reservar mesa en Glass Hostaria y para visitar los frescos del Palazzo Farnese.
- **Una semana antes** Comprar entradas en línea para los Museos Vaticanos y el Museo e Galleria Borghese; reservar el circuito guiado del Coliseo.
- **Dos días antes** Reservar mesa en L'Asino d'Oro.

WEBS

- **Roma Turismo** (www.turismoroma.it) La página oficial del Departamento de Turismo de Roma; también hay una oficina en el aeropuerto, cerca de la zona de llegadas.
- **Enjoy Rome** (www.enjoyrome.com) Oficina de turismo privada que organiza circuitos y publica la útil y gratuita guía Enjoy Rome.
- **Coopculture** (www.coopculture.it) Calendario de actividades culturales y entradas en línea para los espectáculos y exposiciones más importantes.
- **In Rome Now** (www.inromenow.com) Práctica guía de espectáculos, aunque con demasiada publicidad.

CÓMO DESPLAZARSE

- **Avión** Las principales aerolíneas vuelan a/desde Leonardo da Vinci (Fiumicino). Las de bajo coste usan Ciampino.
- **Autobús** Conexiones accesibles entre la estación Roma Termini y el *centro storico.*
- **Metro** Útil para la antigua Roma y Ciudad del Vaticano.
- **Tren** A/desde el aeropuerto de Fiumicino y Ostia Antica.
- **Tranvía** Útil para el Auditorium Parco della Musica y Trastevere.
- **A pie** Perfecto para explorar todos los barrios de Roma.

ADVERTENCIAS

- **Museos** La mayoría cierran los lunes.
- **Restaurantes** Muchos cierran en agosto y abren hasta tarde en verano.
- **Carteristas** Operan en el transporte y en los lugares turísticos.

Un paseo por Roma

Recorrer dos mil años de historia paseando por el centro histórico de Roma es el mejor modo de pasar una tranquila mañana o de descansar entre el almuerzo y la hora en que las tiendas vuelven a abrir.

DATOS DEL CIRCUITO

- **Inicio** Largo di Torre Argentina
- **Fin** Palazzo Farnese
- **Distancia** 2 km
- **Duración** 2 h

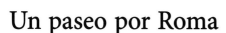

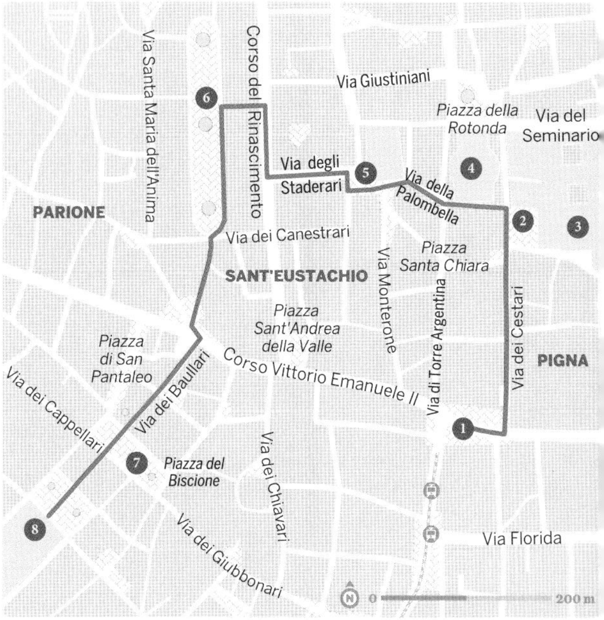

❶ Largo di Torre Argentina

En el centro de conexiones de Roma hay un yacimiento arqueológico vallado, donde gatos callejeros acechan las ruinas de cuatro templos de la era de la República o se echan una siesta en el lugar donde Julio César fue asesinado en el 44 a.C. Desde aquí, hay que andar un par de manzanas por Via dei Cestari.

❷ Elefantino

Si al viajero le cuesta transportar el equipaje después de ir de compras en Roma, piense en el pobre elefante de Bernini (p. 69), que carga eternamente con un obelisco egipcio del s. VI a.C. mientras se balancea sobre un pedestal. La larga trompa del Elefantino se extiende hacia atrás, como si quisiera rascarse bajo el obelisco; como muchos romanos, Bernini apreciaba el humor del absurdo.

❸ Chiesa di Santa Maria Sopra Minerva

Detrás del simpático Elefantino hay otro icono local muy querido: la única iglesia gótica de Roma (p. 69), construida sobre un templo romano dedicado a la diosa Minerva. En su interior hay techos abovedados pintados con frescos de cielos estrellados y los luminosos frescos de Filippino Lippi en la capilla Carafa (1488-1492), que atrapan la luz.

4 Panteón

Al doblar la esquina se encuentra una antigua maravilla romana. Construida en el 27 a.C, la cúpula del Panteón (p. 75) sigue siendo la mayor cúpula de mampostería sin reforzar jamás construida. Para captar todo el efecto, conviene situarse en el centro y alzar la vista hacia el tragaluz abierto en el centro de la cúpula. Parecerá que los casetones laterales giran, creando un vertiginoso efecto óptico. Consagrado como iglesia cristiana en el 608, el Panteón alberga las tumbas de Rafael y Víctor Manuel II.

5 Caffè Sant'Eustachio

Desde el Panteón, se siguen las señales hacia Piazza Navona, parando para tomar un caffeé espresso en el Caffè Sant'Eustachio (p. 102), considerado por muchos romanos el mejor café de la ciudad.

6 Piazza Navona

Bienvenidos al centro turístico de Roma, eno de artistas callejeros y charlatanes que compiten para atraer la atención con Bernini, creador de la Fontana dei Quattro Fiumi, y Borromini, responsable de la Chiesa di Sant'Agnese in Agone. Entre los s. XVII y XIX, la plaza (p. 69) se inundaba los nes de semana para representar batallas avales y otros espectáculos.

7 Campo de' Fiori

l otro lado del Corso Vittorio Emanuele II, Campo de' Fiori (p. 69) es un animado mercado callejero romano de día y el lugar donde los estudiantes extranjeros salen de fiesta por la noche.

8 Palazzo Farnese

Más allá del Campo de' Fiori se encuentra este señorial *palazzo* renacentista (p. 74). Este palacio renovado por Miguel Ángel está quilado a la embajada francesa, por lo que ay que reservar con antelación para ver s magníficos frescos de Annibale Caacci; pero, según los registros del s. XVII, peor inquilina del Palazzo Farnese fue reina Cristina de Suecia, cuyo personal rancó puertas pintadas para usarlas omo leña.

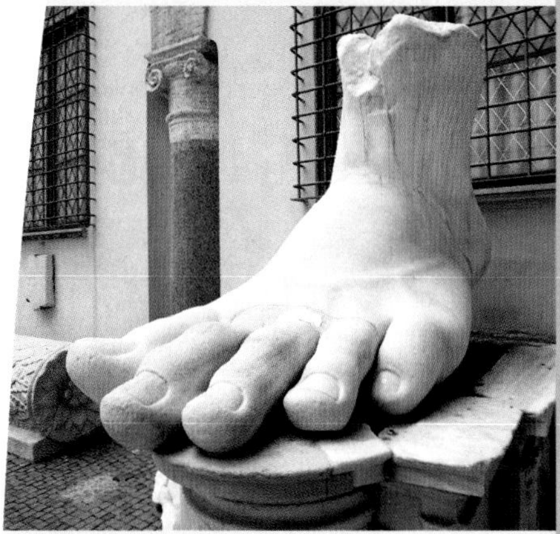

Roma en...

DOS DÍAS

El primer día se sigue el circuito a pie por la mañana. Después, se pasea por las calles llenas de tiendas alrededor de la Piazza Navona y el Panteón hasta la hora de comer. Tras un espresso en Tazza d'Oro toca recorrer la antigua Roma: el Coliseo, el Foro Romano y el monte Palatino. Luego, se visitan los Museos Capitolinos, antes de pasar la noche en Trastevere. El segundo día se visita el Vaticano, para maravillarse en la Basílica de San Pedro y la Capilla Sixtina, en los Museos Vaticanos.

CUATRO DÍAS

El tercer día se puede admirar la Fontana di Trevi, la escalinata de la plaza de España y el Museo e Galeria Borghese. Por la noche es tiempo de dirigirse al Campo de' Fiori por una copa y una fina pizza romana. Al siguiente día se visita el Museo Nazionale Romano: Palacio Massimo alle Terme antes de explorar el barrio judío y callejones como Via del Governo Vecchio. El día se remata bebiendo y cenando en el encantador distrito de Monti.

Pie de la estatua del emperador Constantino, Museo Capitolino (p. 68)

Descubrir Roma y el Vaticano

De un vistazo

- **Roma Antigua (p. 63)** Ruinas espectaculares.
- **'Centro Storico'** (p. 69) Esplendor histórico y artístico.
- **Tridente, Trevi y el Quirinale (p. 74)** Cultura de pasarela y escalinatas de la Piazza di Spagna.
- **Monti, Esquiline y San Lorenzo** (p. 79) Museo arqueológico, distritos de moda y nodo de transportes.
- **Trastevere y Gianicolo** (p. 83) La bohemia orilla izquierda y vistas a la ciudad desde lo alto.
- **Ciudad del Vaticano, Borgo y Prati** (p. 84) Arte glorioso y gente famosa en los bares.

Basilica di San Giovanni in Laterano (p. 80).

Historia

Según la leyenda, Roma fue fundada en el monte Palatino por Rómulo y su hermano gemelo, Remo.Los historiadores relatan que Rómulo se convirtió en el primer rey de Roma, el 21 de abril de 753 a.C. En aquella época, la ciudad comprendía los asentamientos etrusco, latino y sabino en las colinas Palatina, Esquilina y Quirinale.

AUGE Y CAÍDA DEL IMPERIO ROMANO

Después de la caída de Tarquino el Soberbio, el último de los siete reyes etruscos de Roma, se fundó la República en el 509 a.C. Partiendo de sus humildes inicios, llegó a convertirse en una superpotencia hasta que sus rivalidades internas provocaron una guerra civil. Julio César, el último de los cónsules de la República, fue asesinado en el 44 a.C., dejando a Marco Antonio y Octavio compitiendo por el poder. El ganador fue Octavio y, con la bendición del Senado, se convirtió en Augusto, el primer emperador romano.

Augusto gobernó bien y la ciudad gozó de un período de estabilidad política y logros artísticos sin parangón, una edad de oro que los romanos añoraron mientras soportaron las perversiones de Calígula y Nerón, sucesores de Augusto. Un gran incendio redujo Roma a cenizas el 64 d.C. pero la ciudad se recuperó y, hacia el año 100, ya tenía una población de 1,5 millones de habitantes y era la indiscutible *caput mundi* (capital del mundo). Sin embargo, esto no podía durar para siempre y cuando Constantino trasladó su sede a Bizancio en el 330, los días de gloria de Roma estaban contados.

LA EDAD MEDIA

Roma necesitaba un líder y por entonces irrumpió la iglesia. La cristiandad se había extendido desde el s. I gracias a los esfuerzos clandestinos de los apóstoles Pedro y Pablo, y con Constantino logró el reconocimiento oficial. A finales del s. VI, el papa Gregorio I influyó para reforzar el poder de la iglesia en la ciudad, y sentó las bases para su papel posterior como capital del mundo católico.

El período medieval fue una edad oscura, marcada por las continuas luchas, que dejaron la ciudad reducida a un campo de batalla semidesierto. Las poderosas familias Colonna y Orsini lucharon por la supremacía mientras la enlodada población se enfrentaba a la peste, el hambre y las recurrentes inundaciones del Tíber.

REFORMAS HISTÓRICAS

Entre las ruinas de la Edad Media surgió la Roma del Renacimiento. Bajo el mandato de las principales dinastías papales de la ciudad –Barberini, Farnese y Pamphili, entre otras– los principales artistas de los ss. XV y XVI trabajaron en proyectos como la Capilla Sixtina y la basílica de San Pedro. Sin embargo, en 1527 las tropas españolas de Carlos V, emperador del Sacro Imperio Romano, saquearon Roma.

Los mecenas romanos confiaron la reconstrucción a los maestros barrocos del s. XVII, Bernini y Borromini. Por toda la ciudad levantaron iglesias exuberantes, fuentes y *palazzi* (palacios), en una pugna por ver quién de los dos creaba la obra maestra más valiosa.

La siguiente renovación llegó tras la unificación de Italia y el nombramiento de Roma como su capital. Mussolini también dejó una huella indeleble, excavando nuevas calles imperiales y encargando ambiciosos proyectos como el barrio residencial de EUR.

ESTILO MODERNO

Después del fascismo, las décadas de 1650 y 1960 vivieron la rutilante era de la *dolce vita* y una rápida expansión urbana, resultando en unos barrios periféricos, a veces, horrendos. Una limpieza general llevada a cabo en el 2000 dejó a la ciudad en su mejor estado desde hacía décadas y algunos proyectos de edificación punte-

Gran Roma

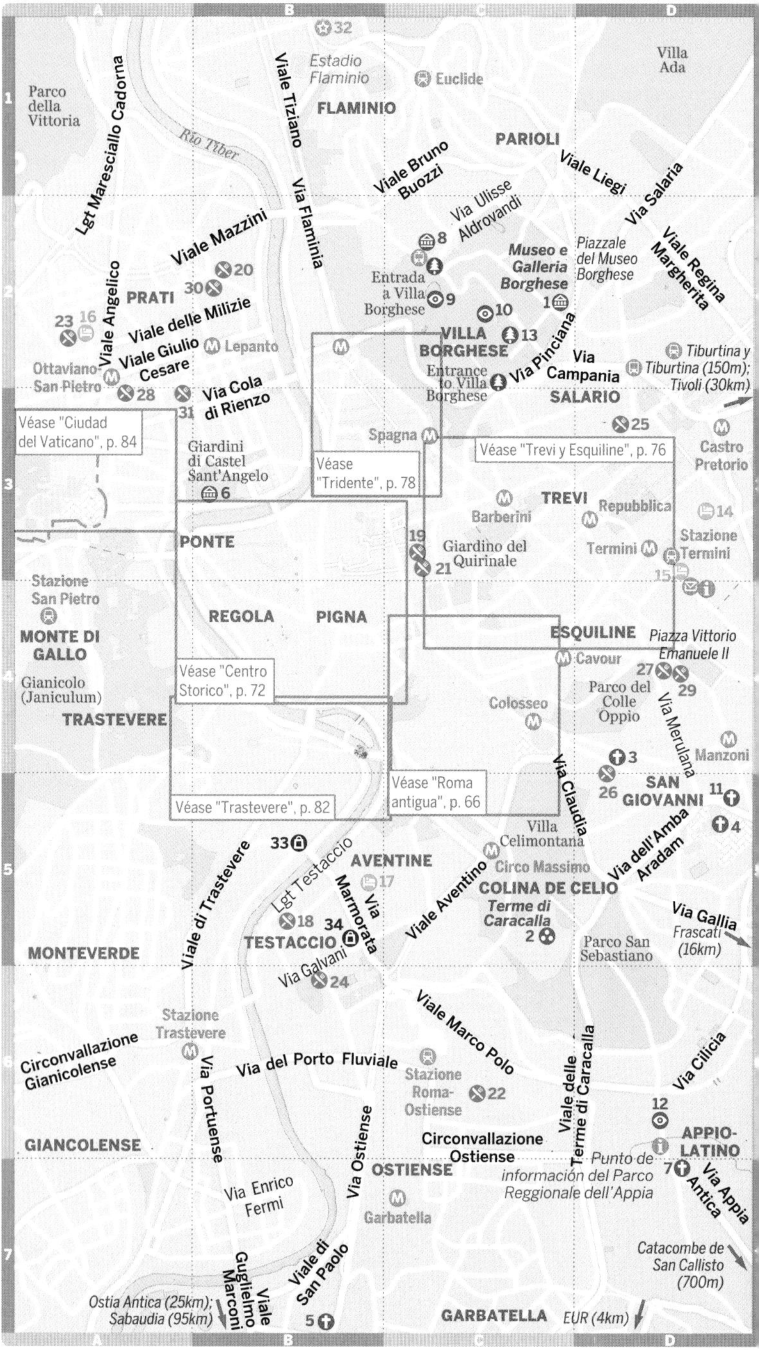

0
1 km
Estadio Flaminio
Euclide
FLAMINIO
Parco della Vittoria
Lgt Maresciallo Cadorna
Rio Tiber
Viale Tiziano
Via Flaminia
Viale Bruno Buozzi
PARIOLI
Viale Liegi
Via Salaria
Villa Ada
Via Ulisse Aldrovandi
Viale Mazzini
Museo e Galleria Borghese
Piazzale del Museo Borghese
Viale Regina Margherita
Entrada a Villa Borghese
Viale Angelico
PRATI
Viale delle Milizie
Viale Giulio Cesare
Lepanto
VILLA BORGHESE
Via Pinciana
Via Campania
Tiburtina y Tiburtina (150m); Tivoli (30km)
Ottaviano-San Pietro
Via Cola di Rienzo
Entrance to Villa Borghese
SALARIO
Véase "Ciudad del Vaticano", p. 84
Giardini di Castel Sant'Angelo
Spagna
Véase "Tridente", p. 78
Véase "Trevi y Esquiline", p. 76
Castro Pretorio
TREVI
Barberini
Repubblica
PONTE
Giardino del Quirinale
Termini
Stazione Termini
Stazione San Pietro
REGOLA
PIGNA
MONTE DI GALLO
ESQUILINE
Piazza Vittorio Emanuele II
Cavour
Gianicolo (Janiculum)
Véase "Centro Storico", p. 72
Parco del Colle Oppio
TRASTEVERE
Colosseo
Via Merulana
Manzoni
Via Claudia
Véase "Roma antigua", p. 66
SAN GIOVANNI
Véase "Trastevere", p. 82
Villa Celimontana
Via dell'Amba Aradam
Viale di Trastevere
Lgt Testaccio
AVENTINE
Via Marmorata
Viale Aventino
Circo Massimo
COLINA DE CELIO
Terme di Caracalla
Via Gallia
Frascati (16km)
TESTACCIO
Parco San Sebastiano
MONTEVERDE
Via Galvani
Viale Marco Polo
Stazione Trastevere
Circonvallazione Gianicolense
Via Portuense
Via del Porto Fluviale
Stazione Roma-Ostiense
Viale delle Terme di Caracalla
Via Cilicia
Via Ostiense
Circonvallazione Ostiense
APPIO-LATINO
GIANCOLENSE
OSTIENSE
Punto de información del Parco Reggionale dell'Appia
Via Appia Antica
Via Enrico Fermi
Garbatella
Catacombe de San Callisto (700m)
Viale di San Paolo
Viale Guglielmo Marconi
Ostia Antica (25km); Sabaudia (95km)
GARBATELLA
EUR (4km)

Gran Roma

Principales puntos de interés

1	Museo e Galleria Borghese	C2
2	Terme di Caracalla	C5

Puntos de interés

3	Basilica di San Clemente	D4
4	Basilica di San Giovanni in Laterano	D5
5	Basilica di San Paolo Fuori le Mura	B7
6	Castel Sant'Angelo	B3
7	Chiesa del Domine Quo Vadis?	D7
8	Galleria Nazionale d'Arte Moderna	C2
9	Giardino del Lago	C2
10	Piazza di Siena	C2
11	Scala Santa y Sancta Sanctorum	D5
12	Via Appia Antica	D6
13	Villa Borghese	C2

Dónde dormir

14	Beehive	D3
15	Hotel Reservation Service	D3
16	Hotel San Pietrino	A2
17	Hotel Sant'Anselmo	B5

Dónde comer

18	00100 Pizza	B5
19	Baccano	C3
20	Cacio e Pepe	B2
21	Da Michele	C3
22	Eataly	C6
23	Fatamorgana	A2
24	Flavio al Velavevodetto	B6
25	Il Caruso	D3
26	Li Rioni	D5
	Osteria dell'Angelo	(véase 16)
27	Panella l'Arte del Pane	D4
28	Romeo	A3
29	Roscioli	D4
30	Settembrini	B2
31	Velavevodetto Ai Quiriti	A3

Ocio

32	Auditorium Parco della Musica	B1

De compras

33	Mercadillo de Porta Portese	B5
34	Volpetti	B5

›s han aportado a la ciudad eterna cierto stre, como el Museo dell'Ara Pacis e Richard Meier o el edificio Nuvola de assimiliano Fuscas en EUR.

Puntos de interés

e dice que no basta una sola vida para oma (*Roma, non basta una vita!*). Hay mucho que ver, de modo que es mejor elegir de forma selectiva y dejar el resto para la próxima vez.

La mayor parte de los museos y monumentos de Roma, incluidos los Museos Capitolinos y las cuatro sedes del Museo Nazionale Romano, albergan exposiciones permanentes. Cuando hay muestras temporales el precio de las entradas sube un poco (unos 3 €).

ANTIGUA ROMA

Arco di Constantino Monumento

(plano p. 66; M Colosseo) En el lado occidental del Coliseo, este arco triunfal construido en el 312 d.C conmemora la victoria del emperador Constantino sobre su rival Majencio en la batalla de Ponte Milvio.

Monte Palatino Yacimiento arqueológico

(plano p. 66; ☎ 06 3996 7700; www.coopculture.it; Via di San Gregorio 30; adultos/niños 12/7.50 €, Coliseo y Foro Romano incl.; 8.30 -1 h antes atardecer; M Colosseo) Situado ante el Foro Romano y el Circo Massimo, el monte Palatino es una zona preciosa y evocadora de pinos altísimos, ruinas majestuosas y vistas memorables. Se trata del lugar donde, según la leyenda, Rómulo y Remo fueron salvados por una loba, tras lo cual Rómulo habría fundado Roma en el 753 a.C. Y, efectivamente, los estudios arqueológicos datan asentamientos humanos en este lugar desde el s. VIII a.C.

Foro Romano Yacimiento arqueológico

(plano p. 66 ☎ 06 3996 7700; www.coopculture.it; Largo della Salara Vecchia adultos/niños incl. Coliseo y Palatino 12/7,50 €; 8.30-1 hora antes de la puesta de sol; Via dei Fori Imperiali) Hoy día es una impresionante y algo confusa extensión de ruinas, pero antaño el Foro Romano fue un grandioso distrito de templos revestidos de mármol, basílicas y animados espacios públicos.

Foros Imperiales Yacimiento arqueológico

(plano p. 66; Via dei Fori Imperiali; Via dei Fori Imperiali) Las ruinas que hay al otro lado de la carretera del Foro Romano son co-

El Foro Romano

En la Antigüedad, un foro era mercado, centro cívico y conjunto religioso a la vez; el más famoso de todos era el Foro Romano. Situado entre el Palatino (monte Palatino), el barrio más exclusivo de la antigua Roma, y el monte Capitolino, era el centro de la ciudad, concurrido y bullicioso. Hervía de actividad todos los días. Los senadores debatían temas de Estado en la **Curia** ❶, los compradores llenaban las plazas y las calles, y las multitudes se reunían bajo la **columna de Focas** ❷ a escuchar los discursos de los políticos desde el **Rostrum** ❷. En otras partes había abogados ejerciendo la ley en lugares como la **basílica de Majencio** ❸ y vestales dedicadas a sus quehaceres en la **casa de las Vestales** ❹. Las ocasiones especiales también se celebraban en el Foro; en las festividades religiosas había ceremonias en espacios como el **templo de Saturno** ❺ o el **templo de Cástor y Pólux** ❻, y los triunfos militares se conmemoraban con espectaculares desfiles por Via Sacra y construyendo monumentales arcos como el **arco de Septimio Severo** ❼ o el **arco de Tito** ❽. Las ruinas de hoy son impresionantes, pero pueden ser algo confusas sin una clara imagen de cómo era el Foro antaño. El plano adjunto muestra el Foro en todo su esplendor, con sus templos, edificios municipales y monumentos a los héroes del Imperio romano.

CONSEJOS

Ver el Foro desde el monte Palatino y el monte Capitolino.

Visitar los puntos de interés a primera hora de la mañana o a última de la tarde; el gentío los visita entre las 11.00 y las 14.00.

En verano hace mucho calor en el Foro y apenas hay sombra, por lo que es recomendable llevar agua.

Columna de Focas y Rostrum
Con sus 13,5 m, la columna de Focas es el monumento más 'joven' del Foro, y data del año 608. Tras ella, el Rostrum era una enorme plataforma donde la gente subía a pontificar.

Campidoglio (monte Capitolino)

Entrada

Aunque es válida por dos días, solo permite una entrada al Foro, el Coliseo y el Palatino.

Templo de Saturno
Era la reserva de oro de la antigua Roma. En época de César albergó 13 toneladas de oro, 114 de plata y 30 millones de sestercios en monedas de plata.

JONATHAN SMITH / LONELY PLANET IMAGES ©

GEOFF STRINGER / LONELY PLANET IMAGES ©

Templo de Cásto y Pólux
Solo quedan en pie tres columnas de este templo dedicado a los gemelos celestiales que, supuestamente, guiaron a los romanos hacia la victoria sobre los etruscos.

Arco de Septimio Severo

Uno de los monumentos más destacados del Foro, este arco de triunfo conmemora las victorias militares de Septimio Severo. Los relieves representan su campaña contra los partos.

Curia

Este gran edificio con aspecto de granero era la sede oficial del senado romano. La mayor parte de lo que se ve actualmente es una reconstrucción, pero el suelo de mármol del interior data del s. III.

Basílica de Majencio

Enorme basílica del s. IV, en cuya distribución original, el vestíbulo central estaba dividido en grandes naves; hoy solo se conserva parte de la nave norte.

Julio César

Fue incinerado en el lugar donde hoy se levanta el templo de Julio César.

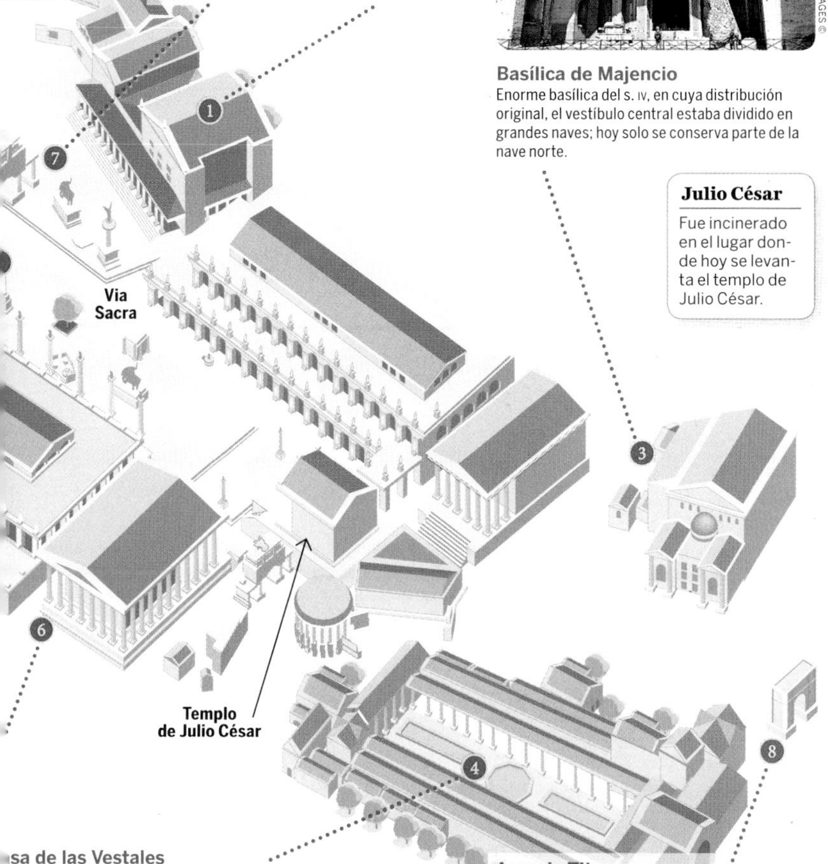

sa de las Vestales

atuas blancas flanquean el atrio que siglos atrás fuera la lujosa casa de habitaciones de las vírgenes vestales, que tenían un papel importante en eligión romana como asistentas de la diosa Vesta.

Arco de Tito

Erigido por el emperador Domiciano para homenajear a su hermano mayor Tito, está muy bien conservado. Dicen que sirvió de inspiración para construir el Arco de Triunfo de París.

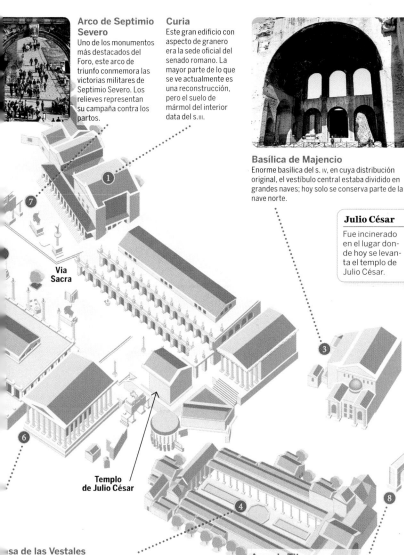

Roma antigua

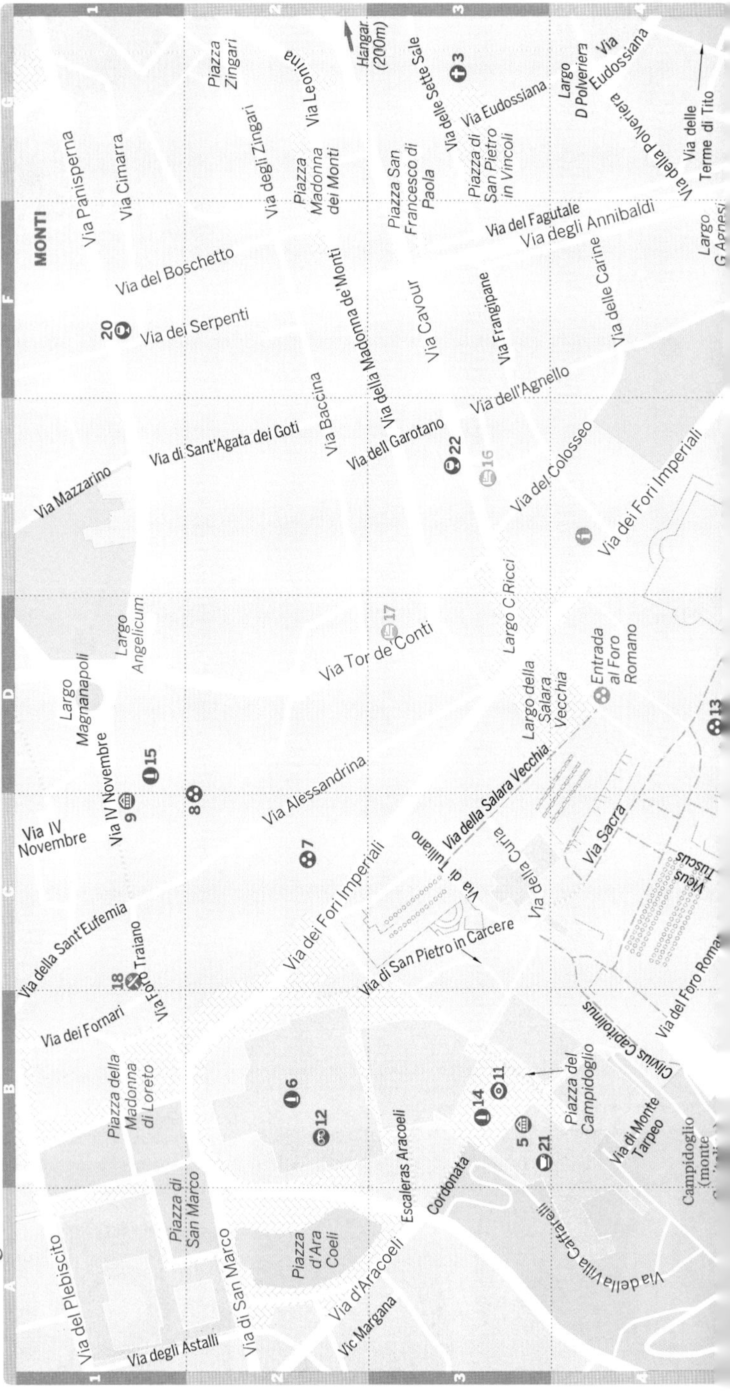

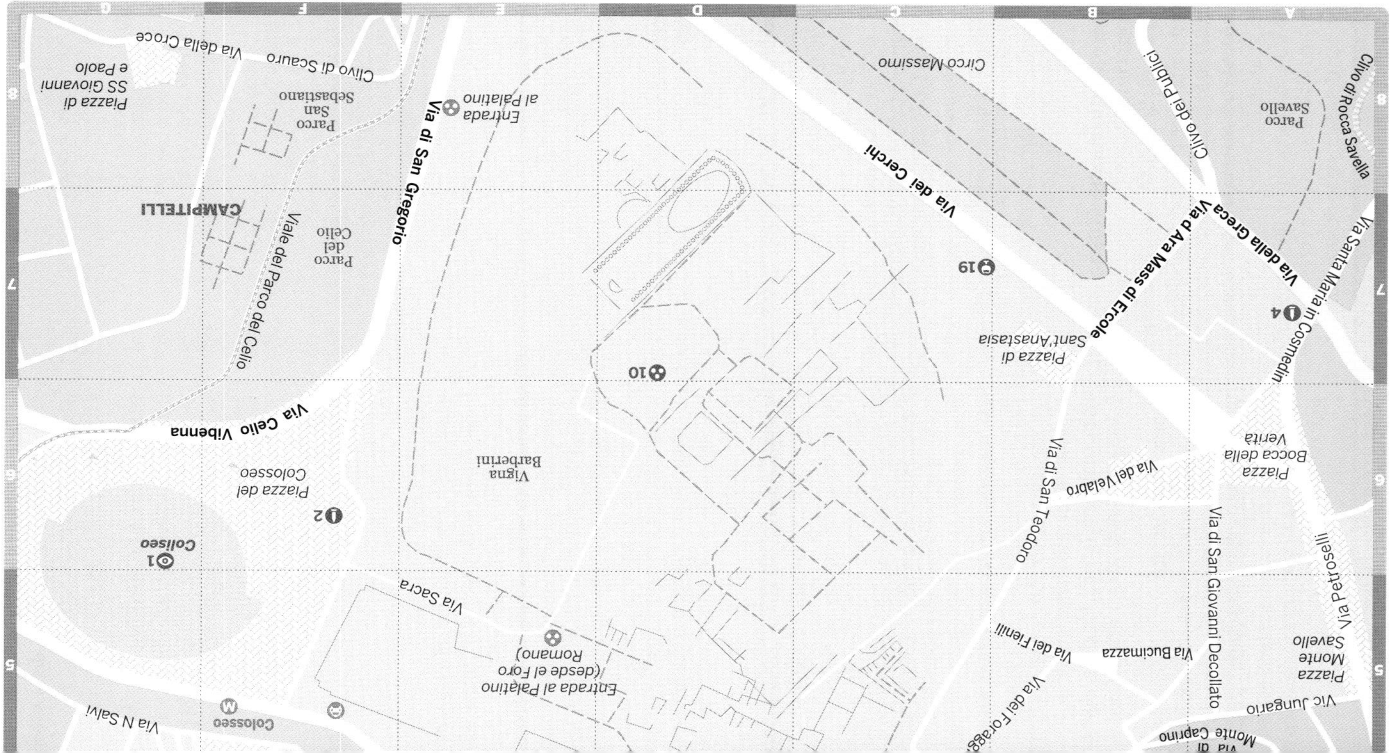
Via N Salvi
Colosseo
Coliseo
Piazza del Colosseo
Via Celio Vibenna
Viale del Parco del Celio
CAMPITELLI
Parco del Celio
Parco San Sebastiano
Piazza di SS Giovanni e Paolo
Via della Croce
Clivo di Scauro
Via di San Gregorio
Entrada al Palatino
Via Sacra
Entrada al Palatino (desde el Foro Romano)
Vigna Barberini
Via dei Cerchi
Circo Massimo
Clivo dei Publici
Parco Savello
Clivo di Rocca Savella
Via della Greca
Via d Ara Mass di Ercole
Via Santa Maria in Cosmedin
Piazza di Sant'Anastasia
Via di San Teodoro
Via del Velabro
Piazza Bocca della Verità
Via di San Giovanni Decollato
Via Petroselli
Piazza Monte Savello
Vic Jungario
Via di Monte Caprino
Via Bucimazza
Via dei Fienili
Via dei Foragg

Roma antigua

Principales puntos de interés

1 Coliseo ... G6

Puntos de interés

2 Arco de Costantino ... F6
3 Basilica di San Pietro in Vincoli ... G3
4 Bocca della Verità ... A7
5 Museos Capitolinos ... B3
Chiesa di Santa Maria in Cosmedin ... (véase 4)
6 Il Vittoriano ... B2
7 Foros imperiales ... C2
8 Mercados de Trajano ... C2
9 Mercati di Traiano Museo dei Fori Imperiali ... C1
10 Palatino (monte Palatino) ... D7
11 Piazza del Campidoglio ... B3
12 Roma dal Cielo ... B2
13 Foro Romano ... D4
14 Estatua de Marco Aurelio ... B3
15 Torre delle Milizie ... D1

Dónde dormir

16 Caesar House ... E3
17 Residenza Maritti ... D3

Dónde comer

18 Enoteca Provincia Romana ... C1

Dónde beber y vida nocturna

19 0,75 ... C7
20 Ai Tre Scalini ... F1
21 Caffè Capitolino ... B3
22 Cavour 313 ... E3

nocidas como los Foros Imperiales *(Fori Imperiali)*. Construidos entre el 42 a.C y el 112 d.C. por sucesivos emperadores, quedaron en gran parte enterrados en 1933, cuando Mussolini mandó construir la Via dei Fori Imperiali. Desde entonces, se ha desenterrado gran parte de ellos, pero las excavaciones continúan y las visitas se limitan a los mercados de Trajano, accesibles por el Museo dei Fori Imperiale.

Mercati di Traiano Museo dei Fori Imperiale — Museo

(plano p. 66; ☎06 06 08; www.mercatiditraiano.it; Via IV Novembre 94; adultos/reducido 9,50/7,50 €; ⏰9.00-7.00 ma-do, última entrada 18.00; 🚌Via IV Novembre) Este museo revive los grandes Mercati di Traiano (mercados de Trajano; plano p. 66), del s. II, brindando una introducción a los Foros Imperiales con detallados paneles explicativos y fragmentos de interés arqueológico.

Desde el vestíbulo principal, un ascensor sube hasta la **Torre delle Milizie (plano p. 66)** de ladrillo rojo del s. XIII y los niveles superiores de los Mercati.

Piazza del Campidoglio — Plaza

(plano p. 66; 🚌Piazza Venezia) Diseñada por Miguel Ángel en 1538, esta elegante plaza está situada en lo alto del Campidoglio (monte Capitolino), una de las siete colinas sobre las que se fundó Roma.

En el centro, la estatua ecuestre de Marco Aurelio **(plano p. 66)** es una copia. El original, que data del s. II d.C, está en los Museos Capitolinos.

Museos Capitolinos — Museo

(plano p. 66; ☎06 06 08; www.museicapitolini.org; Piazza del Campidoglio 1; adultos/reducida 9,50/7,50 €; ⏰9.00-20.00 ma-do, última entrada 19.00; 🚌Piazza Venezia) El museo nacional más antiguo del mundo ocupa dos *palazzi* en la Piazza del Campidoglio. Sus orígenes datan de 1471, cuando el papa Sixto IV donó una serie de estatuas de bronce a la ciudad, que formaron el núcleo de lo que hoy se conoce como una de las colecciones más bellas de arte clásico de Italia.

Il Vittoriano — Monumento

(plano p. 66; Piazza Venezia; ⏰9.30-17.30 verano, hasta 16.30 invierno; 🚌Piazza Venezia) O gusta o no gusta. La inmensa montaña de mármol blanco que se alza sobre la Piazza Venezia, conocida también como el Altare della Patria, se inició en 1885 para conmemorar la unificación de Italia y honrar a Víctor Manuel II, el primer rey de Italia.

Para ver la mejor panorámica de Roma se puede subir a lo más alto gracias a **Roma dal Cielo (plano p. 66; adulto/reducida 7/3.50 €; ⏰9.30-18.30 lu-ju, a 19.30 vi-do).**

Boca della Verità — Monumento

(plano p. 66; Piazza Bocca della Verità 18; donativo 0,50 €; ⏰9.30-16.50 invierno, hasta 17.50 verano; 🚌Piazza Bocca della Verità) Esta pieza redonda de mármol que antaño se usó como tapa de alcantarilla es una de las grandes curiosidades de Roma. Cuenta la leyenda que si se pone la mano en su boca y se miente, la "boca de la verdad" a arrancará de un mordisco. La boca stá en el pórtico de la **Chiesa di Santa Maria in Cosmedin** (plano p. 66), una e las iglesias medievales más hermoas de Roma.

CENTRO STORICO

Chiesa di Santa Maria sopra Minerva — Iglesia

(plano p. 72; Piazza della Minerva; ⌚ 8.00-9.00 lu-vi, 8.00-13.00 y 15.30-19.00 sa y do; 🚌 Largo di Torre Argentina) La apreciada scultura del **Elefantino,** de Bernini, nuncia la presencia de la iglesia ominicana de Santa Maria sopra Minerva, la única iglesia gótica de Roma. Construida sobre el antiguo emplo dedicado a Minerva, ha sufrido nuchas modificaciones y queda muy oco de su forma original del s. XIII.

Piazza Navona — Plaza

(plano p. 72; 🚌 Corso del Rinascimento) Con sus ornamentadas fuentes, *palazzi* barrocos, cafés y colorido irco de artistas callejeros, vendedoes ambulantes, artistas y turistas, la *piazza* Navona es la plaza pública más mblemática de Roma. Alzada sobre as ruinas de la arena del s. I construia por el emperador Domiciano, fue avimentada en el . XV y durante unos 300 años albergó l principal mercado de la ciudad.

Campo de' Fiori — Plaza

(plano p. 72; 🚌 Corso Vittorio Emanuele II) nportante centro de la vida romana: e día se celebra un animado mercado de noche se transforma en un ruidoso *ub* al aire libre. Sobre la plaza destaca na estatua de Giordano Bruno, monje lósofo quemado injustamente en la oguera en 1600.

Palazzo Farnese — Palacio

(plano p. 72; www.inventerrome.com; Piazza arnese; entrada 5 €; ⌚ circuitos guiados .00, 16.00, 17.00 lu, mi y vi; 🚌 Corso Vittorio Emanuele II) Uno de los mayores palacios e Roma, el Palazzo Farnese fue iniciado n 1415 por Antonio da Sangallo el joven, ontinuado por Miguel Ángel y terminado por Giacomo della Porta. Hoy es la sede de la embajada francesa y solo recibe visitantes previa reserva de un circuito guiado, que incluye la Galleria dei Carracci, donde se encuentran los frescos de Annibale Carracci que rivalizan con los

En busca de... Roma Antigua

Si el viajero siente fascinación por la Roma antigua, no debe dejar de visitar estas panorámicas sobre la vida imperial.

1 ZONA ARQUEOLÓGICA DEL TEATRO DI MARCELLO Y EL PORTICO D'OCTAVIA.

(plano p. 72; entradas Via del Teatro di Marcello 44 y Via Portico d'Ottavia 29; ⌚ 9.00-19.00 verano, 9.00-18.00 invierno; 🚌 Via del Teatro di Marcello) Alzándose como un minicoliseo, el Teatro di Marcello **(plano p. 72)** es la estrella de esta polvorienta zona arqueológica. El teatro, de 20 000 asientos, fue planeado por Julio César y terminado en el año 11 a.C. por Augusto, quien le dio el nombre de su sobrino favorito, Marcelo.

2 MUSEO NAZIONALE ROMANO: TERME DI DIOCLEZIANO

(plano p. 76; ☎ 06 3996 7700; www.coopculture.it; Viale Enrico de Nicola 78; adultos/reducida 7/3,50 €; ⌚ 9.00-19.30 ma-do; M Termini) Estas termas del s. III fueron el complejo de baños más grande de Roma, con 13 Ha y capacidad para 3000 personas. Hoy sus ruinas albergan parte del Museo Nazionale Romano. La colección de inscripciones memoriales y artefactos antiguos da una perspectiva fascinante de la estructura de la sociedad romana, con exposiciones relacionadas con los cultos y el desarrollo de la cristiandad y el judaísmo.

3 MUSEO NAZIONALE ROMANO: PALAZZO ALTEMPS

(plano p. 72; ☎ 06 3996 7700; http://archeoroma.beniculturali.it/en/museums/national-roman-museum-palazzo-altemps; Piazza Sant'Apollinare 44; adultos/reducida 7/3,50 €; ⌚ 9.00-19.45 ma-do; 🚌 Corso del Rinascimento) Esta joya de museo alberga una formidable colección de escultura clásica del Museo Nazionale Romano.

Coliseo

La arena de gladiadores de Roma es la más impresionante de las vistas antiguas de la ciudad. Originalmente conocido como el Anfiteatro Flavio, el Coliseo fue inaugurado el 80 d.C. y acogió espectaculares combates de gladiadores ante 50 000 espectadores. Tras dos mil años, es la principal atracción turística de Italia, con cinco millones de visitantes al año.

Plano p. 66

06 3996 7700

www.coopculture.it

Piazza del Colosseo

adultos/reducida Foro Romano y Palatino incl. 12/7,50 €

8.30-1h antes de anochecer

M Colosseo

Historia

Cuando el anfiteatro fue inaugurado, Tito, hijo y sucesor de Vespasiano [79-81] celebró unos juegos que duraron 100 días y 100 noches, en los cuales se sacrificaron más de 5000 animales. El nombre *Colosseo,* introducido en la época medieval, no hacía referencia a su tamaño sino al *Colosso di Nerone,* una gigantesca estatua de Nerón que se alzaba cerca.

La estructura

Las paredes exteriores estaban recubiertas de mármol travertino y en los nichos de la segunda y tercera plantas había estatuas de mármol. El nivel superior, interrumpido por ventanas y esbeltas pilastras corintias, tenía soportes para 240 mástiles que sostenían los toldos que cubrían la arena, para resguardar a los espectadores del sol y la lluvia. Los 80 arcos de entrada, conocidos como *vomitoria,* permitían entrar y salir a los espectadores en cuestión de minutos.

El interior del Coliseo estaba dividido en tres partes: arena, cávea (grada) y podio. Unas trampillas conducían a las cámaras y los pasadizos subterráneos: el hipogeo. Mediante un complicado sistema de poleas, tanto animales como distintos aparejos de lucha se alzaban hasta la arena. La grada superior y el hipogeo solo están abiertos al público mediante circuitos guiados que deben reservarse con antelación.

Época de resistencia

Con la caída del Imperio, el Coliseo fue abandonado. En la Edad Media se convirtió en una fortaleza ocupada por dos de las familias guerreras de la ciudad: los Frangipani y los Annibaldi. Dañado varias veces por terremotos, también fue usado como cantera de mármol para los *palazzi* Venezia, Barberini y Cancelleria, entre otros edificios. La contaminación y las vibraciones provocadas por el tráfico y el metro también han hecho mella en él.

De primera mano

Coliseo

RECOMENDACIONES DE ROSSELLA REA, DIRECTORA DEL COLISEO; MARIA LAURA CAFINI Y VALENTINA MASTRODONATO, ARQUEÓLOGAS.

1 **LUZ DE LA TARDE**

Cuando el día se alarga, la tarde es un momento extraordinario para visitarlo. Elegir una entrada sin colas entre las 16.00 y las 17.00. Aun quedan dos horas para visitar el lugar y se puede disfrutar de la luz del atardecer.

2 **EL ANTIQUARIUM**

En la primera planta, muestra los capiteles de pórticos, murallas, balaustradas, inscripciones en los asientos reservados a los senadores y dibujos de gladiadores y caza. Imprescindible las maquetas de los bastidores subterráneos del Coliseo.

3 **TRANSFORMACIÓN**

En la parte occidental, por donde los participantes de los juegos solían entrar, hay una exposición que ilustra la transformación del edificio desde un lugar de entretenimiento a un lugar de culto. Al alzar la vista se puede ver un fresco del s. XVI que describe la planta simbólica de Jerusalén, cuyos tesoros fueron usados para financiar la construcción de este anfiteatro.

4 **VALADIER Y STERN**

En la planta baja hay dos contrafuertes construidos por los arquitectos Valadier (1827) y Stern (1805-1807), que soportan el lado norte. Merece la pena pasear por la parte sur para ver cómo se convirtió en una cantera abierta.

5 **EL SR. GERONTI, SUPONGO**

Contar 14 arcos a la derecha de la salida de visitantes. En el pilar de la derecha, 3 m arriba, se lee la inscripción Geronti V(ir) S(pectabilis). Probablemente se refiere a un familiar de un senador que vivió entre los ss. V y VI y que asumió la responsabilidad de desmantelar parte del anillo exterior del edificio.

'Centro storico'

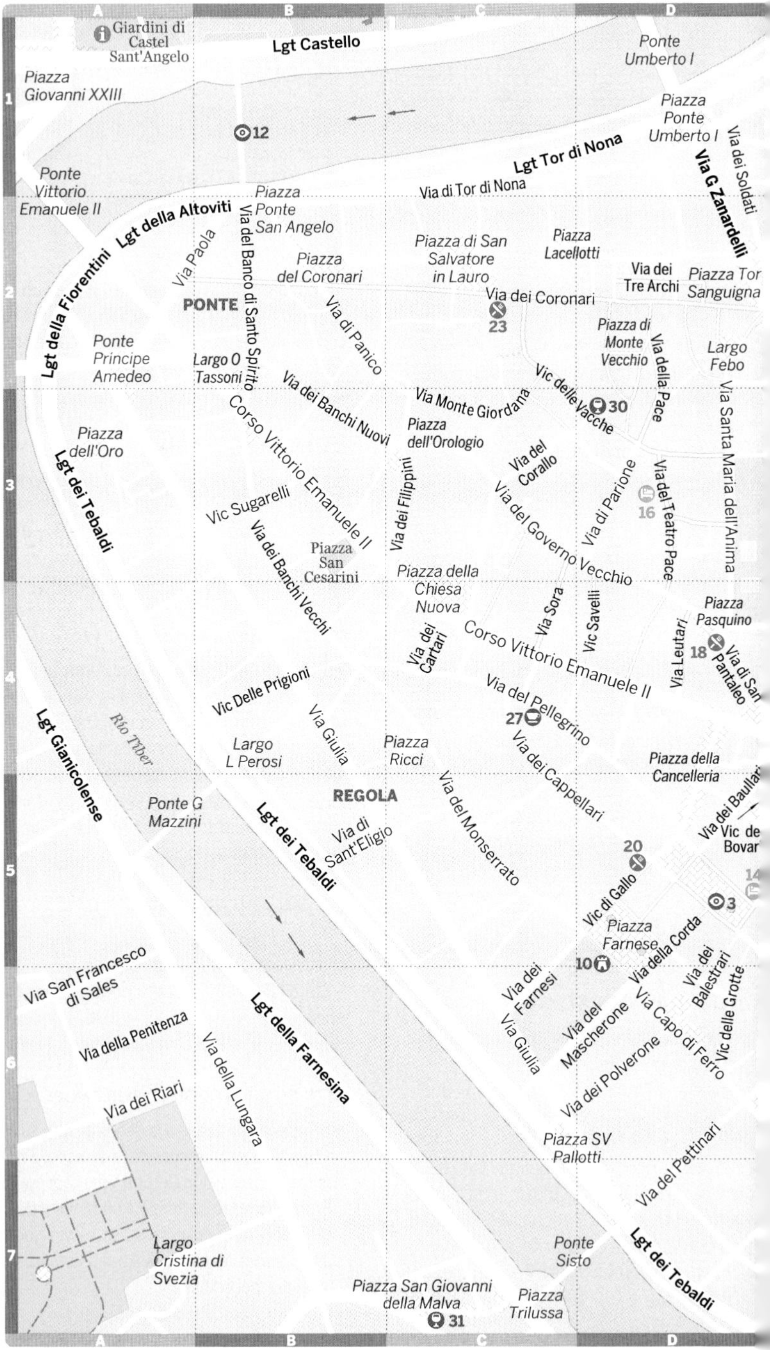

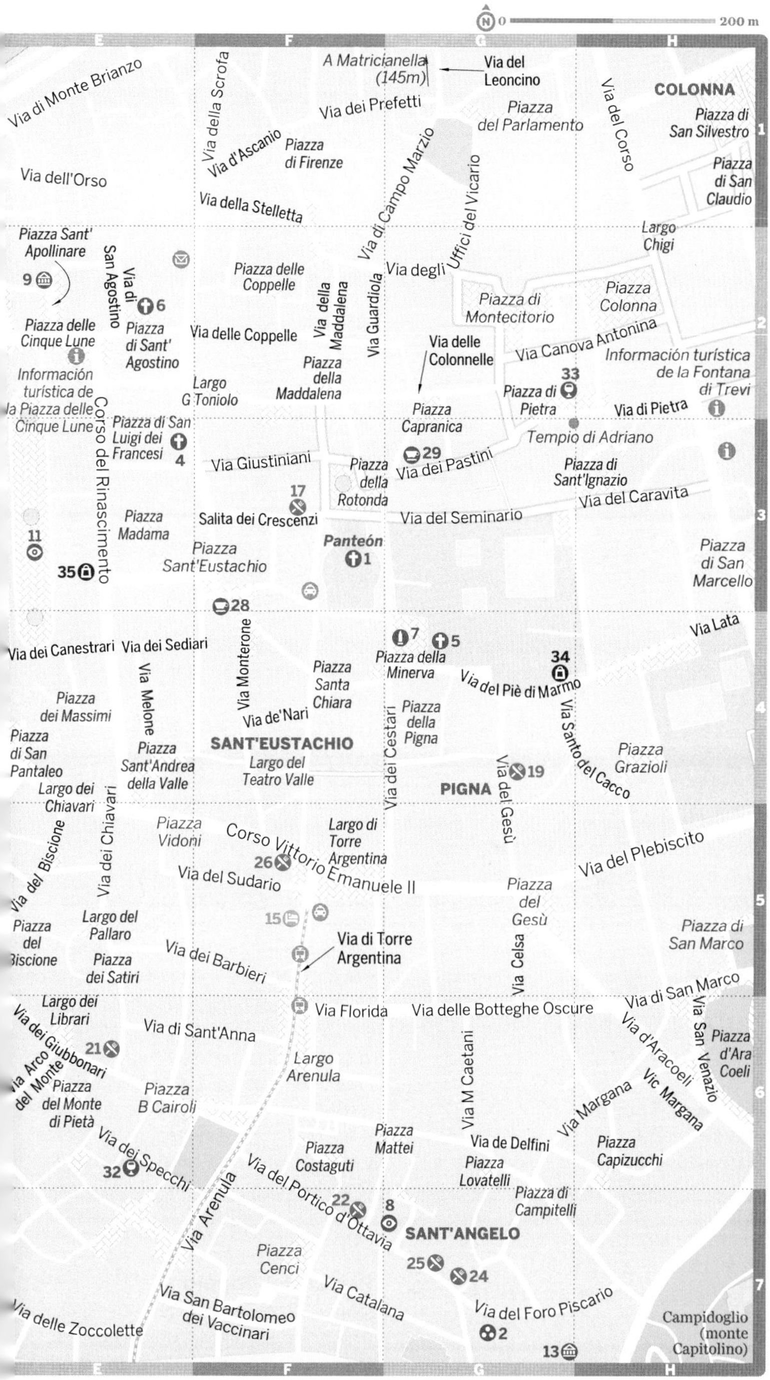
N
0
200 m
E
F
G
H
1
2
3
4
5
6
7
A Matricianella (145m)
Via del Leoncino
Via di Monte Brianzo
Via della Scrofa
Via dei Prefetti
Piazza del Parlamento
Via del Corso
COLONNA
Piazza di San Silvestro
Via d'Ascanio
Piazza di Firenze
Via di Campo Marzio
Via dell'Orso
Piazza di San Claudio
Via della Stelletta
Via degli Uffici del Vicario
Largo Chigi
Piazza Sant' Apollinare
9
Via di San Agostino
Piazza delle Coppelle
Via della Maddalena
Via Guardiola
Piazza di Montecitorio
Piazza Colonna
6
Piazza delle Cinque Lune
Piazza di Sant' Agostino
Via delle Coppelle
Via delle Colonnelle
Via Canova Antonina
Información turística de la Fontana di Trevi
Información turística de la Piazza delle Cinque Lune
Largo G Toniolo
Piazza della Maddalena
33
Piazza di Pietra
Via di Pietra
Corso del Rinascimento
Piazza di San Luigi dei Francesi
4
Piazza Capranica
Tempio di Adriano
29
Via Giustiniani
Piazza della Rotonda
Via dei Pastini
Piazza di Sant'Ignazio
Via del Caravita
17
Piazza Madama
Salita dei Crescenzi
Via del Seminario
11
Piazza Sant'Eustachio
Panteón
1
Piazza di San Marcello
35
28
7
5
Via Lata
Via dei Canestrari
Via dei Sediari
Via Monterone
Piazza della Minerva
34
Via Melone
Piazza Santa Chiara
Via del Piè di Marmo
Piazza dei Massimi
Via de' Nari
Via dei Cestari
Piazza della Pigna
Via Santo del Cacco
Piazza di San Pantaleo
Piazza Sant'Andrea della Valle
SANT'EUSTACHIO
Largo del Teatro Valle
Piazza Grazioli
Largo dei Chiavari
19
PIGNA
Via del Gesù
Via dei Chiavari
Piazza Vidoni
Corso Vittorio Emanuele II
Largo di Torre Argentina
Via del Biscione
26
Via del Sudario
Via del Plebiscito
Piazza del Gesù
15
Largo del Pallaro
Piazza del Biscione
Via dei Barbieri
Via di Torre Argentina
Piazza dei Satiri
Via Celsa
Piazza di San Marco
Largo dei Librari
Via Florida
Via delle Botteghe Oscure
Via di San Marco
Via dei Giubbonari
Via di Sant'Anna
Via d'Aracoeli
Via San Venazio
Piazza d'Ara Coeli
21
Via Arco del Monte
Largo Arenula
Vic Margana
Piazza del Monte di Pietà
Piazza B Cairoli
Via M Caetani
Via Margana
Via dei Specchi
Piazza Mattei
Via de Delfini
Piazza Capizucchi
Piazza Costaguti
Piazza Lovatelli
32
Via del Portico d'Ottavia
Piazza di Campitelli
Via Arenula
22
8
SANT'ANGELO
Piazza Cenci
25
24
Via Catalana
Via San Bartolomeo dei Vaccinari
Via del Foro Piscario
Via delle Zoccolette
2
Campidoglio (monte Capitolino)
13

'Centro storico'

Principales puntos de interés
1 Panteón F3

Puntos de interés
2 Area Archeologica del Teatro di Marcello e del Portico d'Ottavia G7
3 Campo de' Fiori D5
4 Chiesa di San Luigi dei Francesi E3
5 Chiesa di Santa Maria Sopra Minerva G4
6 Chiesa di Sant'Agostino E2
7 Elefantino G4
8 Gueto judío G7
9 Museo Nazionale Romano: Palazzo Altemps E2
10 Palazzo Farnese D5
11 Piazza Navona E3
12 Ponte Sant'Angelo B1
13 Teatro di Marcello G7

Dónde dormir
14 Hotel Campo de' Fiori D5
15 Hotel Pensione Barrett F5
16 Teatropace 33 .... D3

Dónde comer
17 Armando al Pantheon F3
18 Cul de Sac D4
19 Enoteca Corsi G4
20 Forno di Campo de' Fiori D5
21 Forno Roscioli E6
22 Gelateria F7
23 Gelateria del Teatro C2
24 Giggetto al Portico d'Ottavia G7
25 Nonna Betta G7
26 Vice F5

Dónde beber y vida nocturna
27 Barnum Cafe C4
28 Caffè Sant'Eustachio F3
29 Caffè Tazza d'Oro G3
30 Etablì D3
31 Ma Che Siete Venuti a Fà C7
32 Open Baladin E6
33 Salotto 42 .... G2

De compras
34 Confetteria Moriondo & Gariglio G4
35 Officina Profumo Farmaceutica di Santa Maria Novella E3

de la Capilla Sixtina. Hay que reservar por lo menos una semana antes. Para más información, véase el sitio web.

Las fuentes gemelas de la plaza son unos enormes baños de granito traídos de las Terme di Caracalla.

Barrio judío Barrio

(plano p. 72; Lungotevere de' Cenci) Situado en la animada Via del Portico d'Ottavia, el barrio judío es una zona animada llena de talleres de artesanos, tiendas de ropas vintage, panaderías *kosher* y *trattorias* populares.

TRIDENTE, TREVI Y EL QUIRINALE

Piazza di Spagna y escalinata Plaza

(plano p. 78; M Spagna) Un imán para los visitantes desde el s. XVIII, la Piazza di Spagna y su escalinata (Scalinata della Trinità dei Monti) es el mirador perfecto para observar a la gente.

La Piazza di Spagna debe su nombre a la embajada española en la Santa Sede, aunque la escalinata fue diseñada por el italiano Francesco de Sanctis, construida en 1725 con un legado de los franceses y conduce a la iglesia francesa de la Trinità dei Monti.

A los pies de la escalinata, la Barcaccia (la fuente del bote hundiéndose) se atribuye a Petro Bernini, padre del más famoso Gian Lorenzo.

Casa de Keats-Shelley Museo

(plano p. 78; 06 678 42 35; www.keats-shelley-house.org; Piazza di Spagna 26; adultos/reducida 4,50/3,50 €; 10.00-13.00 y 14.00-18.00 lu-vi, 11.00-14.00 y 15.00-18.00 sa; M Spagna) Frente a las escaleras se encuentra la casa del poeta romántico John Keats, muerto de tuberculosis a los 25 años en 1821. Ahora es un pequeño museo lleno de poemas, cartas y recuerdos del desafortunado poeta y sus colegas escritores Byron, Mary Shelley y Percy Bysshe Shelley, ahogado en 1822 y enterrado con Keats en el cementerio no católico de Roma.

Piazza del Popolo Plaza

(plano p. 78; M Flaminio) Durante siglos lugar de espantosas ejecuciones públicas, esta deslumbrante plaza fue creada en

SVARIOPHOTO/GETTY IMAGES ©

Indispensable
Panteón

Impresionante templo de 2000 años de antigüedad, ahora iglesia, el Panteón es el monumento antiguo mejor conservado de la ciudad y uno de los edificios más influyentes de Occidente. El exterior grisáceo y agrietado contrasta con el armónico interior. Atravesar las inmensas puertas de bronce y alzar la vista hacia la mayor cúpula de mampostería jamás construida es toda una experiencia.

LO ESENCIAL

Plano p. 72; Piazza della Rotonda; 8.30-19.30 lu-sa, 9.00-18.00 do; Largo di Torre Argentina

538 para ser una entrada ostentosa a lo que por entonces era la principal puerta norte a la ciudad. Desde entonces ha sido remodelada varias veces, la más reciente por Giuseppe Valadier en 1823.

Custodiando la entrada sur están las iglesias barrocas gemelas del s. XVII, la Chiesa di Santa Maria dei Miracoli y la Chiesa de Santa Maria in Montesanto, mientras que al norte se encuentra la Porta del Popolo, creada por Bernini en 1655 para celebrar la conversión de la reina Cristina de Suecia al catolicismo. En el centro destaca el obelisco de 36 m traído por Augusto de Heliópolis, en Egipto, y que originalmente se alzaba en el Circo Massimo.

Museo dell'Ara Pacis Museo

(plano p.78; 06 06 08; http://en.arapacis.it; Lungotevere in Augusta; adultos/reducida 8,50/6,50 €; 9.00-19.00 ma-do, última entrada 18.00; M Flaminio) Primera construcción moderna en el centro histórico de Roma desde la II Guerra Mundial, el controvertido y detestado pabellón de cristal y mármol de Richard Meier alberga el Ara Pacis

Trevi y Esquilino

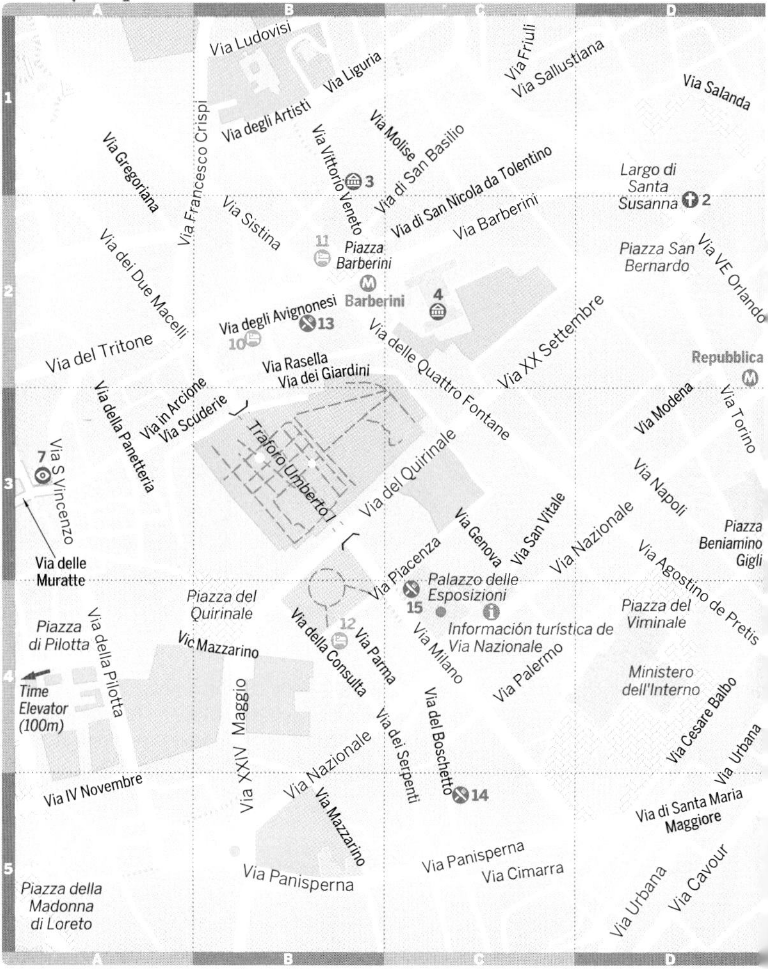

Augustae (altar de la paz), el gran monumento de Augusto a la paz. Este inmenso altar de mármol de 11,6 x 10,6 x 3,6 m es una de las esculturas más importantes de la Roma antigua. Fue terminado el 13 a.C. y colocado cerca de la Piazza San Lorenzo en Lucina, un poco más al sureste de su emplazamiento actual.

Fontana di Trevi — Fuente

(plano p. 76; Piazza di Trevi; M Barberini) La fuente más famosa de Roma adquirió su icônico estatus cuando Anita Ekberg se bañó en Ella en *La dolce vita*, de Fellini. Este extravagante conjunto de figuras mitológicas ocupa todo un lado del Palazzo Poli del s. XVII.

Diseñado por Nicola Salvi en 1732, representa a Neptuno en un carro en forma de concha tirado por tritones y dos caballos, uno salvaje y otro dócil, que representan los estados del mar.

Trevi y Esquilino

Puntos de interés

1 Basilica di Santa Maria Maggiore ...E5
2 Chiesa di Santa Maria della Vittoria ...D2
3 Convento dei Cappuccini ...B1
4 Galleria Nazionale d'Arte Antica: Palazzo Barberini ...C2
5 Museo Nazionale Romano: Palazzo Massimo alle Terme ...E3
6 Museo Nazionale Romano: Terme di Diocleziano ...E2
7 Fontana di Trevi ...A3

Actividades, cursos y circuitos

8 Trambus 110open ...F3
Trambus Archeobus ...(véase 8)

Dónde dormir

9 Blue Hostel ...F5
10 Daphne Inn ...B2
11 Hotel Barocco ...B2
12 Villa Spalletti Trivelli ...B4

Dónde comer

13 Colline Emiliane ...B2
14 L'Asino d'Oro ...C5
15 Open Colonna ...C4
16 Trattoria Monti ...F5

Galleria Nazionale d'Arte Antica: Palazzo Barberini — Galería

(plano p. 76; 06 3 28 10; www.gebart.it; Via delle Quattro Fontane 13; adultos/reducida 7/3,50 €, con Palazzo Corsini 9/4,50 €; 8.30-19.00 ma-do; M Barberini) Encargado para celebrar el ascenso de la familia Barberini al poder papal, este suntuoso palacio barroco es impresionante. Grandes arquitectos del s. XVII trabajaron en él, incluidos los dos grandes rivales Bernini y Borromini: el primero contribuyó con una gran escalinata cuadrada y el segundo con otra helicoidal.

Entre muchas obras maestras, alberga *El Triunfo de la Divina Providencia* (1632-1639) de Pietro da Cortona, los espectaculares frescos del techo del salón principal, y obras de Hans Holbein como el famoso retrato de *Enrique VIII* (c. 1540), la luminosa *Anunciación y dos devotos* o *La panadera*, un retrato de su amante (que trabajaba en una panadería del Trastevere).

Convento dei Capuccini — Museo

(plano p. 76; 06 487 11 85; Via Vittorio Veneto 27; adultos/reducida 6/4 €; 9.00-19.00 diario; M Barberini) Esta iglesia y convento tiene un interesante museo multimedia que explica la historia de esta orden monacal. La principal atracción es el extraordinario cementerio de los capuchinos que se extiende debajo, donde todo –desde los marcos de los cuadros a las lámparas– está hecho de huesos humanos.

Tridente

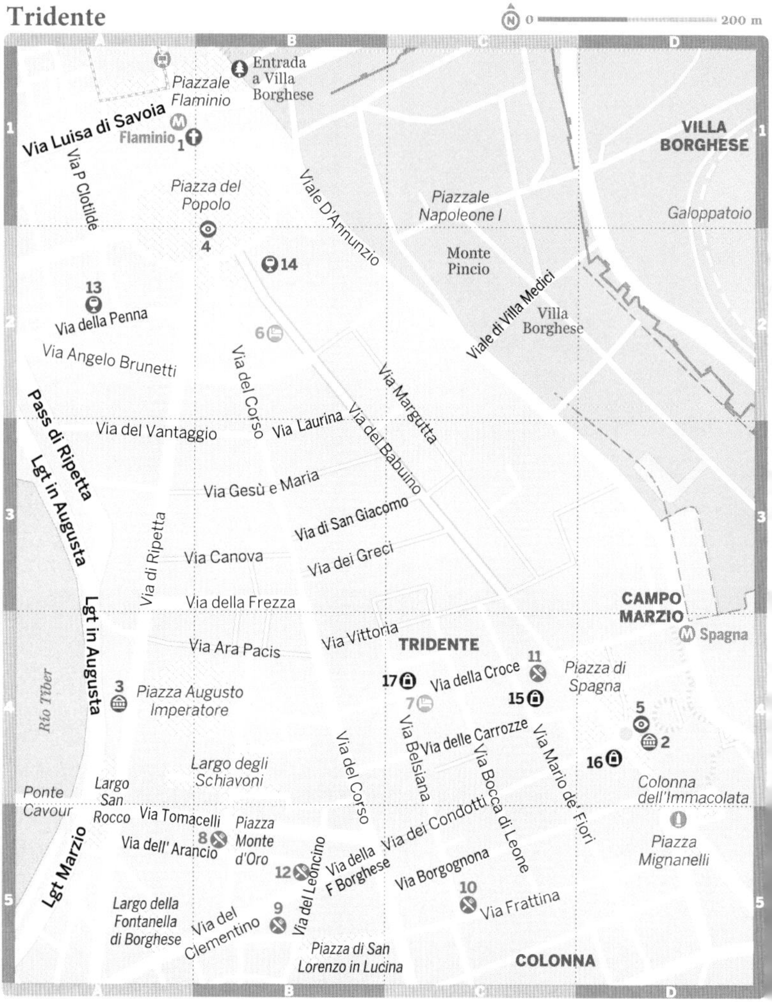

MONTI, ESQUILINO Y SAN LORENZO

Chiesa di Santa Maria della Victoria Iglesia

(plano p. 76; Via XX Settembre 17; ⏱7.00-12.00 y 15.30-19.00 ; Ⓜ Repubblica) Esta modesta iglesia contiene una obra de arte extraordianria: *Éxtasis de Santa Teresa,* de Bernini. Esta escultura cargada de sexualidad representa a santa Teresa envuelta entre pliegues de una capa, flotando en una nube debido al éxtasis que le provoca el amor de Dios (simbolizado por una flecha dorada).

Basilica di Santa Maria Maggiore Basílica

(plano p. 76; Piazza Santa Maria Maggiore; basílica gratis, museo 3 €, logia 2 €; ⏱7.00-19.00, museo y logia 9.30-18.30; 🚌 Piazza Santa Maria Maggiore) Una de las cuatro basílicas patriarcales de Roma y la más monumental, se alza en la cima del monte Esquilino, donde se dice que milagrosamente cayó nieve en el verano del 358 d.C. Su forma primitiva data del s. v pero se ha alterado mucho a lo largo de los siglos.

Por fuera, el exterior está decorado con brillantes mosaicos del s. XIII, protegidos por la fachada barroca de Ferdinand Fuga de 1714. Alzándose detrás hay un campanario románico del s. XIV, que con sus 75 m es el más alto de Roma.

Basilica di San Pietro in Vincoli
Basílica

(plano p. 66; Piazza di San Pietro in Vincoli 4a; 8.00-12.30 y 15.00-19.00 abr-sep, hasta 18.00 oct-mar; M Cavour) En esta iglesia del s. v el visitante se maravillará ante la escultura del *Moisés* de Miguel Ángel y verá las cadenas que ataron a san Pedro cuando fue hecho prisionero en la cárcel de Mamertino.

Museo Nazionale Romano: Palazzo Massimo alle Terme
Museo

(plano p. 76; 06 3996 7700; www.coopculture.it; Largo di Villa Peretti 1; adultos/reducida 7/3,50 €; 9.00-19,45 ma-do; M Termini) Este fabuloso museo es una mina de tesoros del arte y esculturas clásicos. Las primeras dos plantas están dedicadas a la escultura, con impresionantes piezas como el *Pugile* (boxeador), bronce griego del s. II a.C, una Afrodita en cuclillas de Villa Adriana, la bella *Hermafrodita durmiente,* y el idealizado *Discóbolo.* Sin duda, es imprescindible ver los magníficos frescos de la segunda planta, como los de Villa Livia (30-20 a.C.), una de las casas de la esposa de Augusto, Livia Drusilla.

COLINA DE CELIO Y SAN GIOVANNI

Basilica di San Clemente
Basílica

(plano p. 62; www.basilicasanclemente.com; Via di San Giovanni in Laterano; iglesia/excavaciones gratis/5€; 9.00-12.30 y 15.00-18.00 lu-sa, 12.00-18.00 do; M Colosseo) Esta fascinante basílica repasa las diversas épocas del pasado de Roma: basílica del s. XII construida sobre una iglesia del s. IV, que a su vez está sobre un templo pagano del s. II y una casa romana del s. I. Y debajo existen cimientos que datan de la época de la república romana.

Basilica di San Giovanni in Laterano
Basílica

(plano p. 62; Piazza di San Giovanni in Laterano 4; basílica/claustro gratis/3 €; 7.00-18.30, claustro 9.00-18.00 M San Giovanni) Durante mil años, esta catedral monumental fue la iglesia más importante de la cristiandad. Encargada por el emperador Constantino y consagrada el año 324, fue la primera basílica cristiana construida en la ciudad y, hasta finales del s. XIV, principal lugar de culto del papa. Aún es la catedral oficial de Roma y la sede del papa como obispo de Roma.

Cripta del cementerio capuchino.
RICHARD ROSS/GETTY IMAGES ©

En busca de...
Caravaggios polémicos

Caravaggio pintó algunas de las obras de arte más dramáticas e influyentes de Roma en el s. XVII.

1 CHIESA DI SAN LUIGI DEI FRANCESI
(plano p. 72; Piazza di San Luigi dei Francesi; 10.00-12.30 y 15.00-19.00, cerrada ju tarde; Corso del Rinascimento) Esta muestra de arte barroco cuenta con tres lienzos de Caravaggio: *La vocación de san Mateo, El martirio de san Mateo* y *San Mateo y el ángel*, conocidos como el ciclo de san Mateo.

2 CHIESA DI SANT'AGOSTINO
(plano p. 72; Piazza di Sant'Agostino 80; 7.30-12.30 y 16.00-18.30; Corso del Rinascimento) Esta iglesia de principios del Renacimiento (s. XV) contiene la *Madonna de Loreto* (o de los peregrinos) de Caravaggio, que escandalizó al mostrarse en 1604 porque mostraba a la Virgen descalza y a sus dos devotos peregrinos como mendigos.

3 CHIESA DI SANTA MARIA DEL POPOLO
(plano p. 78; Piazza del Popolo; 7.30-12.00 y 16.00-19.00; M Flaminio) Es una de las primeras y más ricas iglesias del Renacimiento. Lo más destacado de su arte es la capilla Cerasi, con sus dos obras maestras de Caravaggio: *La conversión de san Pablo* y *La crucifixión de san Pedro*.

Scala Santa y Sancta Sanctorum — Capilla

(plano p.62; Piazza di San Giovanni in Laterano 14; Scala/Sancta gratis/3,50 €; Scala 6.15 -12.00 y 15.30-18.30 verano, 6.15-12.00 y 15.00-18.00 invierno, Sancta Sanctorum 9.30-12.00 y 15.00-17.00, cerrado mi mañana y do todo el año; M San Giovanni) Traída a Roma por santa Helena en el s. IV, se dice que la Scala Santa es la escalera por la que Jesús entró en el palacio de Poncio Pilatos en Jerusalén. Los peregrinos consideran que es sagrada y la suben de rodillas orando en cada uno de los 28 escalones.

SUR DE ROMA

Basilica di San Paolo Fuori le Mura — Basílica

Plano p. 62; www.abbaziasanpaolo.net; Via Ostiense 190; claustros 4 €; 7.00-18.30; M San Paolo) La iglesia más grande de Roma tras San Pedro (y la tercera mayor del mundo) se alza en el lugar donde san Pablo fue enterrado después de ser decapitado el 67 d.C. Construida por Constantino en el s. IV, fue destruida en su mayor parte por un incendio en 1823, así que gran parte de lo que se puede ver es una reconstrucción del s. XIX.

Via Appia Antica — Sitio histórico

(Vía Appia; plano p. 62; 06 513 53 16; www.parcoappiaantica.it; Via Appia Antica) Llamada así por el cónsul Appio Claudio Ceco, que construyó la primera sección de 90 km en el 312 a.C. La antigua *regina viarium* (reina de las calles) fue ampliada el 190 a.C. para llegar a Brindisi en la costa adriática. Hoy día es una de las vías más exclusivas de Roma, bellamente adoquinada y flanqueada por campos cubiertos de hierba, ruinas antiguas y altísimos pinos.

Punto de información del Parco Reggionale dell'Appia Antica (plano p. 62; 06 513 53 16; www.parcoappiaantica.it; Via Appia Antica 58-60; 9.30-13.00 y 14.00-17.30 lu-vi, 9.30-18.30 sa y do, hasta 17.00 invierno) Vende planos del parque y alquila bicicletas (h/día 3/15€) y bicicletas eléctricas (6/20 €). Para llegar a Via Appia Antica, tomar el autobús nº 218 en la Piazza di San Giovanni in Laterano, el autobús nº 660 en Colli Albani, parada de metro A, o el autobús nº 118 en la parada Piramide del metro B. Desde Termini, el **Archeobus** (plano p. 76; 800 281281; www.trambusopen.com; familiar/adulto 40/12 €; cada 30 min 9.00-12.30 y 13.30-16.30) pasa por Via Appia Antica, con paradas libres en los puntos de interés arqueológico por el camino.

DORLING KINDERSLEY/GETTY IMAGES ©

Indispensable
Terme di Caracalla

Los restos del vasto complejo de baños del emperador Caracalla son unas de las ruinas más impresionantes de Roma. Inauguradas el año 216, el complejo de 10 Ha era utilizado por unas 8000 personas cada día y comprendía baños, gimnasios, bibliotecas, tiendas y jardines. Bajo tierra, los esclavos sudaban en los túneles de 9,5 km atendiendo los sistemas de fontanería.

LO ESENCIAL

Plano p. 62; 06 3996 7700; www.coopculture.it; Viale delle Terme di Caracalla 52; adultos/reducida 7/4 €; 9.00-1 h antes atardecer ma-do, 9.00-14.00 lu; Viale delle Terme di Caracalla

;hiesa del Domine Quo Vadis

Iglesia

plano p. 62; Via Appia Antica 51; 8.00-18.30 ı-vi, 8.15-18.45 sa y do invierno, a 19.30 verano; Via Appia Antica) Indica el lugar donde, l huir de Roma, san Pedro tuvo una isión de Jesús y regresó. Cuando Pedro reguntó: *Domine, quo vadis?* (Señor, ¿a ónde vas?), y Jesús respondió: Venio oman iterum crucifigi *(vengo a Roma ara ser crucificado de nuevo).* Regresó, ıe arrestado y ejecutado.

Catacombe di San Callisto

Catacumbas

(06 513 01 51; www.catacombe.roma.it; Via Appia Antica 110 y 126; adultos/reducida 8/5 €; 9.00-12.00 y 14.00-17.00, cerrado mi med. ene-med. feb; Via Appia Antica) Las mayores y más concurridas catacumbas de Roma. Fundadas a finales del s. II y llamadas así por el papa Calixto I, se convirtieron en el cementerio oficial de la recién establecida iglesia romana. En los 20 km de túneles explorados hasta la fecha, los arqueólogos han descubierto

Trastevere

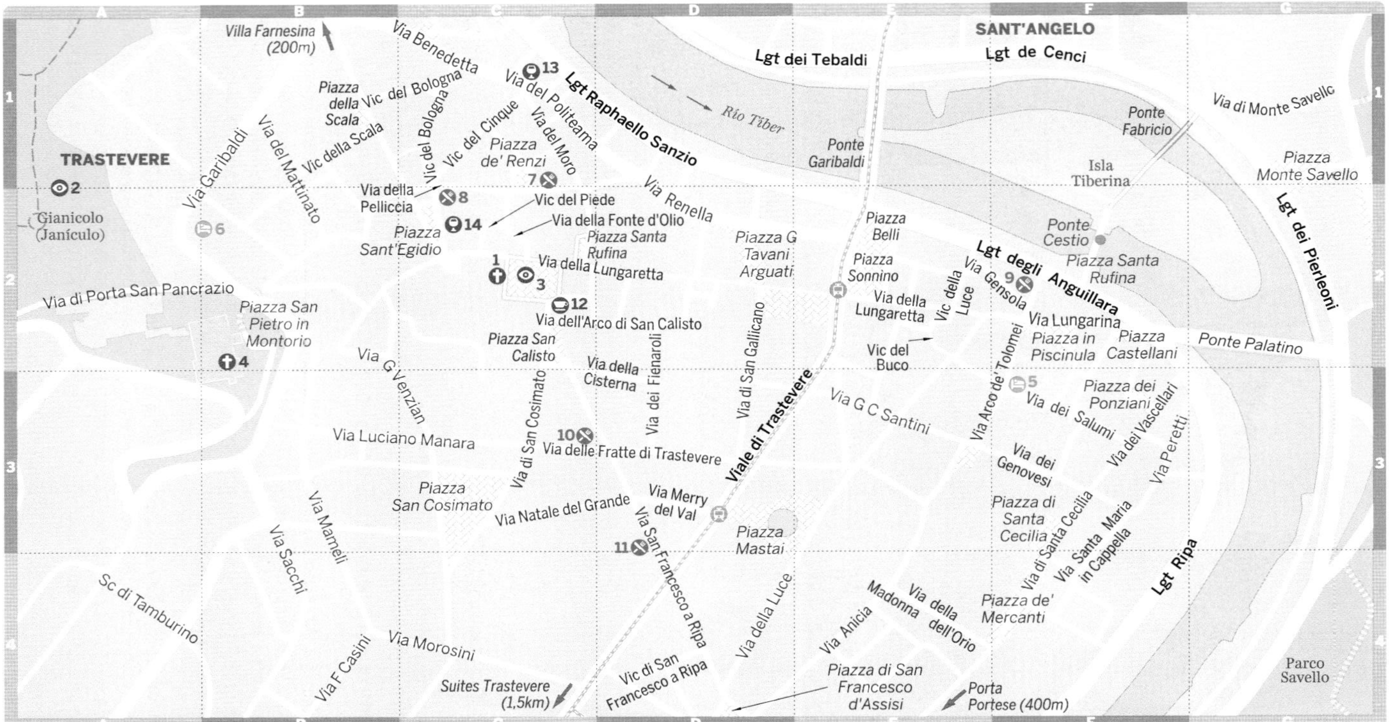
0 200 m
SANT'ANGELO
Lgt dei Tebaldi
Lgt de Cenci
TRASTEVERE
Villa Farnesina (200m)
Via Benedetta
Piazza della Scala
Vic del Bologna
Vic della Scala
Via del Mattinato
Via Garibaldi
Gianicolo (Janículo)
Vic del Cinque
Piazza de' Renzi
Via del Moro
Via del Politeama
Lgt Raphaello Sanzio
Río Tíber
Ponte Garibaldi
Isla Tiberina
Ponte Fabricio
Via di Monte Savello
Piazza Monte Savello
Lgt dei Pierleoni
Ponte Cestio
Piazza Santa Rufina
Via della Pelliccia
Vic del Piede
Via della Fonte d'Olio
Piazza Santa Rufina
Piazza Sant'Egidio
Via Renella
Piazza G Tavani Arguati
Piazza Belli
Piazza Sonnino
Lgt degli Anguillara
Via Gensola
Vic della Luce
Via della Lungaretta
Via Lungarina
Piazza in Piscinula
Piazza Castellani
Ponte Palatino
Via di Porta San Pancrazio
Piazza San Pietro in Montorio
Via dell'Arco di San Calisto
Piazza San Calisto
Via della Cisterna
Via dei Fienaroli
Via di San Gallicano
Vic del Buco
Via Arco de' Tolomei
Piazza dei Ponziani
Via dei Salumi
Via dei Vascellari
Via G Venzian
Via Luciano Manara
Via di San Cosimato
Via delle Fratte di Trastevere
Viale di Trastevere
Via G C Santini
Via dei Genovesi
Via Peretti
Piazza San Cosimato
Via Natale del Grande
Via Merry del Val
Piazza Mastai
Piazza di Santa Cecilia
Via di Santa Cecilia
Via Santa Maria in Cappella
Lgt Ripa
Via Mameli
Via Sacchi
Via San Francesco a Ripa
Via della Luce
Via Anicia
Via della Madonna dell'Orio
Piazza de' Mercanti
Sc di Tamburino
Via F Casini
Via Morosini
Suites Trastevere (1,5km)
Vic di San Francesco a Ripa
Piazza di San Francesco d'Assisi
Porta Portese (400m)
Parco Savello

Trastevere

Puntos de interés

Dónde dormir

Dónde comer

Dónde beber y vida nocturna

s tumbas de 500 000 personas y siete apas mártires del s. III.

'RASTEVERE Y GIANICOLO

n lo alto de la colina del **Gianicolo** **(plano 82; Via del Gianicolo; Via del Gianicolo)** viajero gozará de las mejores vistas e la ciudad.

iazza Santa Maria ı Trastevere — Plaza

lano p. 82; Viale di Trastevere, Viale di astevere) En la plaza del Trastevere se sfruta viendo a la gente pasear. De día stá lleno de mamás con cochecitos, ente conversando y turistas con guías; e noche los estudiantes extranjeros y venes romanos salen a pasárselo bien. a fuente del centro es de origen romano fue restaurada por Carlo Fontana en 592.

asilica di Santa Maria Trastevere — Basílica

lano p. 82; Piazza Santa Maria in Trastevere; 7.30-21.00; Viale di Trastevere, Viale di astevere) Dicen que esta rutilante basílica la iglesia más antigua de Roma dedi- ada a la Virgen María. Data de principios el s. III y se alza en el lugar donde, según leyenda, manó una fuente de aceite del uelo. Su forma actual es el resultado de na importante restauración del 1138, ue contempló la adición de un campa- ario románico y una brillante fachada. pórtico se hizo después, añadido por arlo Fontana en 1702.

Tempietto di Bramante y Chiesa di San Pietro in Montorio — Iglesia

(plano p. 82; www.sanpietroinmontorio.it; Piazza San Pietro in Montorio 2; Iglesia 8.30-12.00 y 15.00-16.00 lu-vi, templete 9.30-12.30 y 14.00-16.30 ma-do; Via Garibaldi) Considerado el primer edificio del alto Renacimiento, el sublime templete (1508) de Bramante se alza en el patio de la Chiesa di San Pietro in Montorio, en el lugar donde dicen que fue crucificado san Pedro.

CIUDAD DEL VATICANO, BORGO Y PRATI

Castel Sant'Angelo — Museo

(plano p. 62; 06 681 91 11; Lungotevere Castello 50; adulto/reducida 8,50/6 €; 9.00-19.30 ma-do, última entrada 18.30; Piazza Pia) Construido como mausoleo para el emperador Adriano, fue convertido en fortaleza papal en el s. VI y debe su nombre a una visión angélica que el papa Gregorio Magno tuvo en el 590.

Gracias al Passeto di Borgo, un pasadizo secreto del s. XIII hasta los palacios del Vaticano, brindó refugio a muchos papas en momentos de peligro.

Ponte Sant'Angelo — Puente

(plano p. 72; Piazza Pia) El emperador Adriano construyó el Ponte Sant'Angelo en el año 136 para acercarse a su mausoleo (actual Castel Sant'Angelo), pero fue Bernini quien le dio vida en el s. XVII con las esculturas de ángeles que flanquean el puente peatonal.

Ciudad del Vaticano

Ciudad del Vaticano

Principales puntos de interés

1	Basílica de San Pedro	B3
2	Museos Vaticanos	A1

Puntos de interés

3	Capilla Sixtina	B3
4	Plaza de San Pedro	B3

Dónde dormir

5	Hotel Bramante	C2

VILLA BORGHESE Y NORTE DE ROMA

Villa Borghese Parque

(plano p. 62; Entradas en Piazzale San Paolo del Brasile, Piazzale Flaminio, Via Pinciana, Largo Pablo Picasso; atardecer-noche; Porta Pinciana) Es el parque más atractivo y famoso de Roma. Originalmente residencia del cardenal Scipione Borghese del s. XVII, cubre unas 80 Ha y alberga varios museos y galerías, así como el **Giardino del Lago** **(plano p. 62)** y la **Piazza di Siena** **(plano p. 62)**,

Galleria Nazionale d'Arte Moderna Galería de arte

(plano p. 62; 06 3229 8221; www.gnam.beniculturali.it; Viale delle Belle Arti 131, entrada cerrada Via Gramsci 71; adultos/reducida 8/4 €; 8.30-19.30 ma-do; Piazza Thorvaldsen) En un gran palacio *belle époque*, exhibe obras de los máximos exponentes del arte italiano moderno. Hay lienzos de los *macchiaioli* (impresionistas italianos) y de los futuristas Boccioni y Balla, así como esculturas de Canova e importantes pinturas de Modigliani y De Chirico.

Circuitos

A Friend in Rome Circuito a pie

(340 501 92 01; www.afriendinrome.it) Silvia Prosperi organiza circuitos a medida (a pie, en bicicleta o vespa). Cubre el Vaticano y el centro histórico, así como las zonas de las afueras de la capital. Las tarifas son de 40-50 €/h, con un mínimo de 3 h la mayor parte de los circuitos.

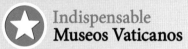

SFERA CON SFERA 1989-1990. BRONZE, Ø 400 CM. PIGNA COURTYARD. THE VATICAN, © ARNALDO POMODORO. TODOS

Indispensable
Museos Vaticanos

Fundados por el papa Julio II a principios del s. XVI, contienen una de las colecciones de arte más fantásticas del mundo. Las exposiciones abarcan desde momias egipcias y bronces etruscos hasta los antiguos maestros y pinturas modernas, pero el principal atractivo son las espectaculares estatuas clásicas y los frescos de Miguel Ángel en la Capilla Sixtina.

Muy concurrida, la **Pinacoteca** contiene la última obra de Rafael, *La transfiguración* (1517-1520) y pinturas de Giotto, Bellini, Caravaggio, Fra Angelico, Filippo Lippi, Guido Reni, Van Dyck, Pietro da Cortona y Leonardo da Vinci, cuyo *San Jerónimo* (c. 1480) está inacabado.

El sorprendente **Museo Pio-Clementino** contiene algunas de las estatuas clásicas más hermosas, como el *Apollo Belvedere* y el *Laoconte,* del s. I, ambos en el **Cortile Ottagono** (patio octagonal).

Los cuatro frescos de las **Stanze di Raffaello** (estancias de Rafael) formaban parte de los aposentos privados del papa Julio II. Rafael pintó la estancia del Sello (1508-1511) y la de Heliodoro (1512-1514), mientras que la estancia del Incendio (1514-1517) y la de Constantino (1517-1524) fueron decoradas por estudiantes siguiendo sus diseños.

La **Capilla Sixtina** (plano p. 84; ☎06 69 88 43 41; www.vatican.va/museums; Viale del Vaticano; adultos/reducida/niños 13/8 €/gratis; ⏲variable; 🚌a Piazza del Risorgimento, Ⓜ Ottaviano, Cipro-Musei Vaticani) es visitada por unas 20 000 personas al día. Es la sede de dos de las obras de arte más famosas del mundo: los frescos del *Génesis* en el techo y el *Juicio Final,* ambas de Miguel Ángel.

LO ESENCIAL

Musei Vaticani; plano p. 84; ☎06 6988 4676; http://mv.vatican.va; Viale Vaticano; adultos/reducida 16/8 €, gratis último do mes; ⏲9.00-18.00 lu-sa, última entrada 16.00, 9.00-14.00 último do mes, última entrada 12.30; Ⓜ Ottaviano-San Pietro

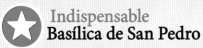

JEAN-PIERRE LESCOURRET/GETTY IMAGES ©

Indispensable
Basílica de San Pedro

En una ciudad de iglesias espectaculares, ninguna hace sombra a la basílica de San Pedro, la iglesia más grande, rica y espectacular de Italia.

La basílica original fue encargada por el emperador Constantino y edificada hacia el año 349 en el lugar donde se cree que fue enterrado san Pedro (64-67 d.C.). Como muchas iglesias medievales, se deterioró y hasta mediados del s. XV no se hicieron esfuerzos para restaurarla.

Construida entre 1608 y 1612, la inmensa fachada de Carlo Maderno tiene 48 m de altura y 118,6 m de ancho. Ocho columnas de 27 m soportan el piso superior donde 13 estatuas representan a Cristo Redentor, san Juan Bautista y los apóstoles.

El interior de 187 m de largo mide más de 15 000 m² y contiene espectaculares obras de arte, como la inolvidable *Piedad* de Miguel Ángel, al principio de la nave derecha. Para subir a la **cúpula** (con/sin ascensor 7/5 €; 8.00-18.00 abr-sep, 8.00-17.00 oct-mar), se accede por la derecha de la basílica. Un ascensor conduce hasta medio camino, y se suben a pie los 320 escalones restantes.

Bajo la basílica, las **grutas vaticanas** (entrada gratis; 8.00-18.00 abr-sep, 8.00-17.30 oct-mar) fueron creadas como cementerio para papas. Se pueden ver tumbas y sarcófagos, así como varias columnas de la basílica original del s. IV. Las excavaciones también descubrieron lo que el Vaticano cree que es la **tumba de san Pedro** (entrada 13 €, solo mayores de 15 años; con reserva), que solo puede visitarse en un circuito guiado de 90 minutos, solicitado al Ufficio Scavi (scavi@fsp.va).

LO ESENCIAL

Plano p. 84; www.vatican.va; Plaza San Pedro; 7.00-19.00 abr-sep, hasta 18.30 oct-mar; M Ottaviano-San Pietro

Trambus 110open
Circuito en autobús

(plano p. 76; ☎800 281281; www.trambusopen.com; familiar/adultos/reducida 50/20/18 €; ⏱cada 15 min 8.30-19.00) Circuito en autobús con paradas libres. Sale de Piazza dei Cinquecento, frente a la estación Termini, y para en el Coliseo, Bocca della Verità, Piazza Venezia, San Pedro, Ara Pacis y Fontana di Trevi. Los billetes son válidos durante 48 h y se compran en el autobús, en distribuidores autorizados y en los quioscos de la Piazza dei Cinquecento o el Coliseo.

Fiestas y celebraciones

Carnevale Romano Carnaval

(www.carnevale.roma.it) Roma tira la casa por la ventana durante el *carnevale*, con espectáculos ecuestres en la Piazza del Popolo y desfiles de adultos y niños disfrazados por la Via del Corso.

Pascua Religioso

Cada Viernes Santo, el papa encabeza una procesión con velas encendidas por el Coliseo. Al mediodía del Sábado Santo bendice a la multitud en la plaza de San Pedro.

Mostra delle Azalee Cultura

De mediados de abril a principios de mayo, la escalinata de la Piazza de Spagna es adornada con 600 macetas de azaleas en flor de vivos colores.

Natale di Roma Cultura

Roma celebra su fundación cada 21 de abril con música, recreaciones históricas, fuegos artificiales y entrada gratis a muchos museos. La acción se centra en el Campidoglio y Circo Massimo.

Estate Romana Cultura

(www.estateromana.comune.roma.it) De junio a septiembre, el gran festival veraniego de Roma propone cientos de eventos culturales por toda la capital.

Audiencias papales

Cada miércoles, el papa celebra audiencias en el Vaticano (en julio y agosto, en Castel Gandolfo cerca de Roma). Para más detalles sobre cómo solicitar entradas gratis, véase la página web del Vaticano (www.vatican.va/various/prefettura/index_en.html).

Cuando está en Roma, el papa bendice a la multitud en la plaza de San Pedro (Piazza San Pietro; plano p. 84; Ⓜ Ottaviano-San Pietro). No se requieren entradas.

Lungo il Tevere Artes

(www.lungoiltevereroma.it) Casetas, clubes, bares, restaurantes y pistas de baile bordean las orillas del Tíber durante esta larga verbena veraniega.

Festa dei Santi Pietro e Paolo
Religioso

Los romanos celebran a los santos patronos Pedro y Pablo cada 29 de junio. Las actividades se centran en la basílica de San Pedro y Via Ostiense.

Festa de'Noantri Cultura

Trastevere celebra sus raíces con una ruidosa fiesta callejera las dos últimas semanas de julio, con festejos, bebida, baile y oración.

RomaEuropa Artes escénicas

(http://romaeuropa.net) De finales de septiembre a noviembre, reputados artistas internacionales acuden a los principales estrenos de los festivales de teatro, ópera y danza.

Dónde dormir

Roma no tiene temporada baja, de modo que la mayor parte de los hoteles bajan sus tarifas de noviembre a marzo (excepto Navidad y Año Nuevo) y de mediados de julio a fines de agosto.

Museo e Galleria Borghese

Si solo se tiene tiempo de visitar una galería de Roma, hay que elegir esta. Exhibe pinturas de Caravaggio, Botticelli y Rafael, así como algunas espectaculares esculturas de Gian Lorenzo Bernini. Solo admite un número determinado de visitantes a intervalos de dos horas, por lo que es preciso reservar.

Plano p. 62

06 3 28 10

www.galleriaborghese.it

Piazzale del Museo Borghese 5

adultos/reducida 9/4,50 €, gastos de reserva 2 €, posible suplemento de exposición

9.00-19.00 ma-do, se necesita reserva

Via Pinciana

Abajo

El cardenal Scipione Borghese (1579-1633) fue el coleccionista de arte más culto y despiadado de su época. Su colección está en el Casino Borghese, cuyo aspecto neoclásico se debe a la renovación de la villa original de Scipione en el s. XVII.

El vestíbulo de entrada está decorado con suelos de mosaicos del s. IV con gladiadores luchando y el bajorrelieve de un caballo y jinete cayendo al vacío, de Pietro Bernini (el padre de Gianlorenzo).

La sala I gira en torno de la representación de la hermana de Napoleón, Paulina Bonaparte Borghese, como *Venus victoriosa* (1804-1808), de Antonio Canova. Las espectaculares esculturas de mitos paganos de Gianlorenzo Bernini destacan por sí solas: las manos de Dafne parecen convertirse en hojas en *Apolo y Dafne* (1622-1625) en la sala III.

Caravaggio domina la sala VIII, con la bella *Madonna con el Niño y santa Ana* (1605-1606) y *San Juan Bautista* (1609-1610), quizá la última obra de Caravaggio. También se encuentra el Niño con un cesto de frutas (1593-1595) y el impresionante *David con la cabeza de Goliat* (1609-1610), del cual se dice que la cabeza de Goliat es un autorretrato.

Arriba

La pinacoteca presenta una maravillosa panorámica del arte del Renacimiento europeo. Imprescindible el *Traslado de Cristo* (1507) de Rafael, en la sala IX, y su *Dama con unicornio* (1506). En la misma sala se encuentra la soberbia *Adoración del Niño Jesús* (1495) de Fra Bartolomeo y Virgen con Niño (s. XVI) de Perugino.

Otras obras destacadas incluyen *Danae* (1530-1531) de Correggio en la sala X, autorretratos de Bernini en la sala XIV y *Amor sacro y amor profano* (1514) de Tiziano en la sala XX.

De primera mano

Museo e Galleria Borghese

RECOMENDACIONES DE ALESSIO ZITO, GUÍA TURÍSTICO

1 'VENUS VICTORIOSA'

La estatua que Antonio Canova esculpió de la hermana de Napoleón, Paulina Borghese, es sublime. Uno podría pasarse horas maravillándose ante la forma en que la figura se recuesta en los cojines o la sutileza con que las telas caen sobre el cuerpo de Venus.

2 'RAPTO DE PROSERPINA'

Esta escultura, realizada hacia 1621-1622 por Gianlorenzo Bernini, destaca por su composición, que muestra, a la vez, a Plutón raptando a Proserpina, su llegada al inframundo y a esta suplicando su liberación. Para seguir la narrativa, se empieza por la izquierda, se sigue por el centro y se acaba en la derecha.

3 'DAMA CON UNICORNIO'

El cuadro de Rafael, pintado hacia 1506, está inspirado en *La dama del armiño* (1490) de Da Vinci. La pintura original representaba una mujer sosteniendo un perro, símbolo de la fidelidad. Pero como la boda no tuvo lugar, se cree que Rafael remplazó el perro por un unicornio, símbolo de la castidad.

4 'SÁTIRO MONTANDO UN DELFÍN'

Esta pieza se halla en la sala VII, la "sala egipcia", y data del s. II. Probablemente estaba destinada a adornar una fuente. Se cree que inspiró a Rafael para la figura de *Jonás y la ballena* en la capilla Chigi dentro de la Chiesa di Santa Maria del Popolo.

5 'BACO ENFERMO'

De las obras de Caravaggio, esta, pintada entre 1592 y 1595, es particularmente enigmática, porque retrata al dios del placer embriagador como un joven pálido y enfermizo. Se cree que es un autorretrato que Caravaggio pintó aquejado de malaria.

Conviene reservar. Si se llega sin reserva, hay un **servicio de reserva de hotel** (plano p. 62; ☎06 699 10 00; reserva 3 €; 🕐7.00-22.00) junto a la oficina de turismo en la Stazione Termini.

En Roma, además de la factura regular de hospedaje, se paga un impuesto de ocupación. Esto es: 2 € por persona/noche durante un máximo de 10 días en *agriturismi* (hospedaje rural), B&B, pensiones, conventos, monasterios y hoteles de una, dos y tres estrellas; 3€ por persona/noche durante un máximo de 10 días en hoteles de cuatro y cinco estrellas.

ANTIGUA ROMA

Residenza Maritti

Casas de huéspedes €

(plano p. 66; ☎06 678 82 33; www.residenzamaritti.com; Via Tor de' Conti 17; i 50-90 €, d 80-130 €, tr 110-150 €; ❄ @ 📶; Ⓜ Cavour) Desde la terraza de esta joya se ve una vista maravillosa de 360° de ruinas y tejados: está en un *palazzo* del s. XVIII tras el Foro di Augusto. Sus habitaciones en dos apartamentos están decoradas de forma sencilla y cómoda, con antigüedades y mobiliario familiar. Cada apartamento dispone de cocina totalmente equipada.

Caesar House

Hotel €€

(plano p. 66; ☎06 679 26 74; www.caesarhouse.com; Via Cavour 310; i 150-200 €, d 160-260 €; ❄ 📶; Ⓜ Cavour) En primera línea de Via Cavour, es un pequeño hotel acogedor en un apartamento renovado. Sus zonas compartidas están relucientes y son modernas, y sus seis habitaciones son de suelos embaldosados, colores relajantes y camas con dosel.

'CENTRO STORICO'

Hotel Pensione Barrett

Pensión €€

(plano p. 72; ☎06 686 84 81; www.pensionebarrett.com; Largo di Torre Argentina 47; i/d/tr 115/135/160 €; ❄ 📶; 🚌 Largo di Torre Argentina) Encantadora cueva de Aladino en una pensión de Largo di Torre Argentina. La exuberante decoración es extraordina-

Izda.: Piazza Navona (p. 69)
Abajo: Bocca della Verità (p. 69).
(IZDA.) LES AND DAVE JACOBS/GETTY IMAGES ©; (ABAJO) MARTIN MOOS/GETTY IMAGES ©

ia. Las habitaciones son :ómodas y tienen servicios ·xtra, como masajes para pies · neveras bien equipadas.

Teatropace 33 Hotel €€

plano p. 72; ☎ 06 687 90 75; www.hotelteatro ace.com; Via del Teatro Pace 33; i 80-150 €, d 30-270 €; ❄ 📶; 🚌 Corso del Rinascimento) Cerca de la Piazza Navona, este acogedor otel de tres estrellas es una buena elec- ión. Tiene 23 habitaciones bellamente ispuestas y decoradas. No hay ascensor, olo una escalera monumental de piedra el s. XVII y un botones para llevar el quipaje.

Hotel Campo de' Fiori Hotel 'Boutique €€€'

plano p72; ☎ 06 687 48 86; www.hotelcampo efiori.com; Via del Biscione 6; h y apt 90-600 €; ❄ @ 📶; 🚌 Corso Vittorio Emanuele II) Este isoluto hotel de cuatro estrellas lo tiene odo: decorado chic, una ubicación envi- iable, personal profesional y una terraza n la azotea con vistas panorámicas. Las habitaciones tienen un aire deliciosamen- te decadente. El hotel también tiene 13 apartamentos, ideales para familias.

TRIDENTE, TREVI Y EL QUIRINALE

Hotel Panda Pensión €

(plano p. 78; ☎ 06 678 01 79; www.hotelpanda.it; Via della Croce 35; i 65-80 €, d 85-108 €, tr 120- 140 €, c 180 €; ❄ 📶; Ⓜ Spagna) A solo 50 m de la escalinata de la Piazza de Spagna, en una zona cara, el amistoso y eficien- te Panda es una pensión económica y espléndida. Sus habitaciones son limpias y pequeñas pero amuebladas con gusto; hay varias triples en el entresuelo. El aire acondicionado cuesta 6 € por noche. Reservar con mucha antelación.

Daphne B&B B&B **€€**

(☎ 06 8745 0086; www.daphne-rome.com; Via di San Basilio 55; d 140-235 €, sin baño 100-150

€; ❄ @ wifi; M Barberini) Sus habitaciones son elegantes y cómodas, su amable personal habla inglés, ofrece desayunos de primera y alquiler de teléfono móvil durante la estancia. Habitaciones en dos sitios: el mejor está por Via Veneto, pero hay un segundo en **Via degli Avignonesi 20** (plano p. 76). Reservar con meses de antelación.

Hotel Barocco Hotel €€
(plano p. 76; ☎ 06 487 20 01; www.hotelbarocco.com; Piazza Barberini 9; d 170-290 €; ❄ @ wifi M Barberini) Este céntrico, bien dirigido y acogedor hotel que da a la Piazza Barberini (las habitaciones más caras tienen vistas) posee un aire clásico, con habitaciones decoradas con pinturas al óleo y ropa blanca inmaculada. El desayuno es abundante.

Villa Spalletti Trivelli Hotel **€€€**
(plano p. 76; ☎ 06 4890 7934; www.villaspalletti.it; Via Piacenza 4; h 450-530 €; P ❄ @ wifi; M Spagna) Con 12 habitaciones en una mansión fantástica, Villa Spalletti Trivelli es un lujo. Las habitaciones están decoradas de forma magnífica y elegante, con vistas a los jardines del Quirinale o el jardín italiano de la propia finca.

Babuino 181 Hotel 'Boutique' €€€
(plano p. 78; ☎ 06 3229 5295; www.romeluxurysuites.com/babuino; Via del Babuino 181; h 180-780 €; ❄ wifi; M Flaminio) Antiguo *palazzo* bellamente renovado, Babuino ofrece un lujo discreto, con una gran atención al detalle, una elegante terraza en la azotea y habitaciones modernas con detalles como una cafetera Nespresso y mullida ropa de baño.

MONTI, ESQUILINO Y SAN LORENZO

Blue Hostel Hostal **€**
(plano p. 76; ☎ 340 9258503; www.bluehostel.it; Via Carlo Alberto 13; d 45-100 €, tr 60-120 €; P ❄ wifi; M Vittorio Emanuele) Esta joya ofrece habitaciones de hotel estándar para dos a cuatro personas, todas con baño privado y decorado con gusto sencillo; techos con vigas, suelos de madera, ventanales y fotos en blanco y negro.

Beehive Hostal €
(plano p. 62; ☎ 06 4470 4553; www.the-beehive.com; Via Marghera 8; dc/i/d/d sin baño/tr 30/55/90/50/100 €; ❄ wifi; M Termini) Más hostal *boutique* que para mochileros, el Beehive es uno de los mejores de la ciudad. Dirigido por una pareja californiana, es un oasis de estilo y tiene una cafeteria vegetariana (los precios no incluyen desayuno).

Las camas están en un inmaculado dormitorio mixto de ocho personas o en una de las seis habitaciones dobles privadas, todas con ventilador. Las habitaciones privadas también tienen aire acondicionado (10 €/noche). Reservar con antelación.

AVENTINO Y TESTACCIO

Hotel Sant'Anselmo Hotel **€€€**
(plano p. 62; ☎ 06 57 00 57; www.aventinohotels.com; Piazza Sant'Anselmo 2; i 130-265 €, d 150-290 €; ❄ @; 🚌 Via Marmorata) Encantador escondite romántico situado entre villas de terracota y pinos en el elegante barrio de Aventino. Sus habitaciones no son las más grandes pero tienen un estilo que combina camas con dosel y toques modernos.

TRASTEVERE Y GIANICOLO

Arco del Lauro B&B €€
(plano p. 82; ☎ 9.00-14.00 06 9784 0350, móvil 346 2443212; www.arcodellauro.it; Via Arco de' Tolomei 27; i 75-125 €, d 95-145 €; ❄ @ wifi; 🚌 Viale di Trastevere, 🚋 Viale di Trastevere) Este fabuloso B&B en un antiguo *palazzo* es todo un hallazgo con habitaciones blancas que combinan el encanto rústico con la simplicidad minimalista. La habitación más grande tiene unos altos techos de vigas de madera. Las camas son confortables, las duchas potentes y los propietarios serviciales. Reservar con mucha antelación.

Donna Camilla Savelli Hotel €€€
(plano p. 82; ☎ 06 58 88 61; www.hoteldonnacamillasavelli.com; Via Garibaldi 27; d 180-345 €; P ❄ @ wifi; 🚌 Viale di Trastevere, 🚋 Viale di Trastevere) Si el dinero no es problema,

ojarse en este convento diseñado por genio del barroco Borromini puede ser da una experiencia. Restaurado con ex- elente gusto, el servicio está a la altura.

IUDAD DEL VATICANO, ORGO Y PRATI

otel San Pietrino Hotel €

lano p. 62; 06 370 01 32; www.sanpietrino. Via Bettolo 43; i 45-75 €, d 55-112 €, sin baño i -55 €, d 45-85 €; ; M Ottaviano-San- etro) A una cómoda distancia a pie del aticano, San Pietrino es una excelente ección económica. Sus habitaciones on cómodas y están bellamente deco- adas. No incluye desayuno pero hay una áquina de café.

Hotel Bramante Hotel €€

lano p. 84; 06 6880 6426; www.hotelbra- ante.com; Vicolo delle Palline 24-25; i 100-160 d 140-240 €, tr 170-250 €, c 175-260 €; ; Piazza del Risorgimento) Escondido en un allejón bajo las murallas del Vaticano, spira encanto campestre con su agra- able patio interior y habitaciones e serena elegancia. Está en el edificio del s. XVI donde vivió el arquitecto Domenico Fontana.

Dónde comer

Roma rebosa de *trattorias, ristoranti,* pizzerías, *enoteche* (bares de vinos que sirven comida) y heladerías. Hay lugares excelentes en el *centro storico,* Trastevere, Prati, Testaccio y San Lorenzo. Cuidado con la zona alrededor de Termini, donde hay algunos restaurantes de mala calidad, lo mismo con la zona del Vaticano, llena de trampas para turistas.

Muchos restaurantes cierran durante agosto, el tradicional mes de vacaciones en Italia.

ANTIGUA ROMA

Enoteca Provincia Romana Cocina regional €€

(plano p. 66; 06 6994 0273; Via Foro Traiano 82-4; comidas 35 €, aperitivos desde 5€; 11.00-23.00 lu-sa; Via dei Fori Imperiali) La mejor opción en la zona turística del Foro, este elegante restaurante y bar de vinos ofrece comida regional del Lacio. Tiene un menú diario completo, pastas como para

picar, vino servido por copas y aperitivos de noche. A la hora del almuerzo está lleno, por la noche menos.

CENTRO STORICO

Forno Roscioli

'Pizza' en porciones, panadería €

(plano p. 72; Via dei Chiavari 34; porciones 'pizza' desde 2 €, tentempiés desde 1,50 €; 7.30-20.00 lu-vi, 7.30-14.30 sa; Via Arenula) En esta famosa panadería se puede almorzar un trozo de *pizza* (la *bianca* es legendaria), pastas recién salidas del horno o *suppli* (croquetas de arroz frito). También hay un mostrador que sirve pasta caliente y platos de vegetales.

Forno di Campo de' Fiori

'Pizza' en porciones, panadería €

(plano p. 72; Campo de' Fiori 22; porciones 'pizza' 3 €; 7.30-14.30 y 16.45-20.00 lu-sa; Corso Vittorio Emanuele II) Es uno de los mejores locales de comida para llevar de Roma; sirven pan, *panini* (sándwiches) y deliciosa *pizza al taglio* (en porciones). Los aficionados apuestan por la *pizza bianca* (con aceite de oliva, romero y sal) pero los *panini* y la *pizza rossa* (con aceite de oliva tomate y orégano) están igual de buenos.

Enoteca Corsi

Osteria €

(plano p. 72; 06 679 08 21; www.enotecacorsi.com; Via del Gesù 87; comidas 25€; almuerzo lu-sa; Largo di Torre Argentina) Restaurante romano familiar al estilo antiguo, de aspecto rústico y un ambiente de caos controlado. El menú está escrito con tiza en una pizarra y no ofrece sorpresas: solo hay comida honesta y hogareña, como *melanzane parmigiana* o pollo asado con patatas.

Armando al Pantheon

'Trattoria' €€

(plano p. 72; 06 6880 3034; www.armandoalpantheon.it; Salita dei Crescenzi 31; comidas 40 €; cerrado sa almuerzo, do y ago; Largo di Torre Argentina, Largo di Torre Argentina) Un raro hallazgo: una genuina *trattoria* familiar en la zona turística del Panteón. Desde hace más de 50 años sirve comida a personalidades como el filósofo Jean-Paul Sartre y el futbolista Pelé, pero la base sigue siendo la comida tradicional romana. Se recomienda reservar.

Pizza al taglio (*pizzas* en porciones).

ALAN BENSON/GETTY IMAGES

Los 5 mejores 'gelati'

El *gelato* (helado) forma parte de la vida romana –casi tanto como los atascos– y la ciudad cuenta con soberbias *gelaterie artigianale* (heladerías artesanales). Para calibrar la calidad, probar el de pistacho: si es verde oliva pálido es bueno, pero si es de color verde intenso mejor ir a otra parte. Las mejores cinco *gelaterie* (comprobadas):

Fatamorgana (plano p. 62; www.gelateriafatamorgana.it; Via Bettolo 7; cucuruchos y tarrinas desde 2 €; 12.00-23.00 M Ottaviano-San Pietro) Probar el delicioso *agrumi* (cítrico) y el *basilico, miele e noci* (albahaca, miel y avellana).

Il Gelato (plano p.78; Piazza Monte d'Oro 91; desde 2 €; Via del Corso) Sabores creativos hechos por el rey del helado romano, Claudio Torcè.

Gelateria del Teatro (plano p. 72; Via di San Simone 70; cucuruchos y tarrinas desde 2 €; 11.00-23.30; Corso del Rinascimento) Recomendable el pistacho siciliano y *mandorle* (almendras).

Vice (plano p. 72; www.viceitalia.it; Corso Vittorio Emanuele II 96; cucuruchos y tarrinas desde 2 €; 11.00-1.00; Largo di Torre Argentina) Equipo contemporáneo sirviendo sabores tradicionales y modernos como pastel de queso con arándanos.

Il Caruso (plano p. 62; Via Collina 15; 12.00-21.00; M Repubblica) Corona el helado con *zabaglione* (huevo y crema marsala) mezclado con *panna* (nata montada).

Cul de Sac Bar de vinos, 'trattoria' €€
(plano p. 72; 06 6880 1094; www.enotecaculdesac.com; Piazza Pasquino 73; comidas 30 €; 12.00-16.00 y 18.00-12.30; Corso Vittorio Emanuele II) Un pequeño y popular bar de vinos, justo al salir de la Piazza Navona, con una terraza siempre llena y un interior estrecho lleno de botellas. Su lista de vinos es enciclopédica y tiene un amplio menú de embutidos, patés, quesos de inspiración gala y platos principales. Reservar para cenar.

TRIDENTE, TREVI Y EL QUIRINALE

Da Michele 'Pizza' en porciones €
(plano p. 62; 349 2525347; Via dell'Umiltà 31; 'pizza' en porciones desde 3€; 8.00-17.00 lu-vi, a 20.00 verano; Via del Corso) Dirección útil cerca de la Fontana di Trevi donde comprar *pizza al taglio,* fresca, ligera y crujiente para disfrutar de un delicioso almuerzo rápido. Todo es *kosher,* así que la carne y el queso no están mezclados.

Pizzeria al Leoncino Pizzería €
(plano p. 78; 06 686 77 57; Via del Leoncino 28; 'pizzas' desde 6 €; cerrado mi y almuerzo sa y do; Via del Corso) Algunos lugares nunca cambian y esta bulliciosa pizzería de barrio es uno de ellos. Un bastión de la comida económica en lo que antes era una zona cara, tiene horno de leña, dos pequeñas salas y ariscos camareros que sirven eficientemente *bruschettas,* excelentes *pizzas* al estilo romano y cerveza helada. Solo en efectivo.

Colline Emiliane Emilia-Romaña €€
(plano p. 76; 06 481 75 38; Via degli Avignonesi 22; comidas 45 €; 12.45-14.45 ma-do y 19.30-10.45 ma-sa, cerrado ago; M Barberini) Este acogedor restaurante justo al salir de la Piazza Barberini ondea la bandera de Emilia-Romaña, con el parmesano, el vinagre balsámico, la salsa boloñesa y el jamón de parma.

Pastificio Fast Food €
(plano p. 78; Via della Croce 8; plato de pasta 4€; almuerzo 13.00-15.00 lu-sa; M Spagna) Durante el día es un negocio de pasta

Roma 'kosher'

Si se desea comer *kosher* dirigirse a Via del Portico d'Ottavia, la principal vía del gueto judío. Bordeado de *trattorias* y restaurantes especializados en comida *kosher* y cocina romano-judía, es un lugar animado, especialmente en las calurosas noches de verano, cuando los comensales abarrotan las mesas a ambos lados de la calle. Para saborear la cocina típica del gueto, se puede ir al emblemático **Giggetto al Portico d'Ottavia** (plano p. 72; 06 686 11 05; www.giggettoalportico.it; Via del Portico d'Ottavia 21a; comidas 40 €; ma-do; Via Arenula), o a **Nonna Betta** (plano p. 72; 06 6880 6263; www.nonnabetta.it; Via del Portico d'Ottavia 16; comidas 30-35 €; 12.00-16.00 y 18.00-23.00, cerrado vi cena y sa almuerzo; Via Arenula), pequeña *trattoria* que sirve alimentos básicos como *carciofi alla giudia* (alcachofas fritas). Calle abajo y sin rotular, hay una **'gelateria'** (plano p. 72; Via del Portico d'Ottavia 1b; tarrinas 2-5 €, cucuruchos desde 3 €; 9.00-22.00 do-vi, hasta 24.00 verano; Via Arenula) con una pequeña pero sabrosa selección de helados kosher.

fresca, pero a la hora del almuerzo es el restaurante de comida económica del vecindario. Los romanos lo repletan para disfrutar sus platos de pasta diarios (hay 2 opciones) y se los comen allí donde haya un poco de espacio.

Palatium Bar de vinos €€

(plano p. 78; 06 69 20 21 32; Via Frattina 94; comidas 45 €; 11.00-23.00 lu-sa, cerrado ago; Via del Corso) Con un gran surtido de bondades regionales del Lacio, este elegante e innovador bar de vinos sirve excelentes especialidades locales, como *porchetta* (cerdo asado con finas hierbas), queso artesanal y delicioso salami, así como una impresionante gama de vinos locales.

Matricianella 'Trattoria' **€€**

(plano p. 78; 06 683 21 00; www.matricianella.it; Via del Leone 2/4; comidas 40 €; lu-sa; Via del Corso) Esta *trattoria* típica es querida por su cocina romana tradicional. Sirven los incondicionales del menú así como algunos fantásticos platos romano-judíos. Los romanos se vuelven locos por los *antipasti* fritos, las alcachofas *alla giudia* (fritas al estilo judío) y las albóndigas. Hay que reservar.

Baccano 'Brasserie' **€€**

(plano p. 62; www.baccanoroma.com; Via delle Muratte 23; comidas 45 €; 8.30-14.00; Via del Corso) Es uno de los nuevos restaurant-café-bares que están abiertos todo el día. Mezcla de *glamour retro* parisino con chic de Nueva York de los noventa, sirve desayunos (huevos Benedict, etc.), almuerzos, cenas, hamburguesas, sándwiches club, cócteles, aperitivos...

MONTI, ESQUILINO Y SAN LORENZO

Panella l'Arte del Pane Panadería, café €

(plano p. 62; 06 487 24 35; Via Merulana 54; porciones de 'pizzas' por unos 3 €; 12.00 a 24.00 lu-sa, 10.00-16.00 do mar-oct; M Vittorio Emanuele) Con una suntuosa variedad de *pizza al taglio, supplì, focaccia* y croquetas fritas, es un lugar sublime para almorzar, donde se puede saborear un vaso de *prosecco* helado, contemplando recuerdos gastronómicos delicatesen.

Roscioli 'Pizza' en porciones, panadería €

(plano p. 62; Via Buonarroti 48; porciones de 'pizzas' 3€; 7.30-20.00 lu-ju, a 21.00 vi y sa; M Vittorio Emanuele) Sucursal de esta espléndida deli-panadería-pizzería, con una sabrosa *pizza al taglio,* platos de pasta y

›tras delicias para un almuerzo rápido › para abastecerse para un *pícnic*. Está :erca de la Piazza Vittorio Emanuele II.

.'Asino d'Oro Italiano moderno €€

plano p. 76; ☎06 4891 3832; Via del Boschetto '3; comidas 45 €; ⌚ma-sa; Ⓜ Cavour) Fabu›so restaurante con sabores de Orvieto ' la Umbría en la excepcional cocina de .ucio Sforza. No es exigente, pero es ınnovadora, con platos con grandes con›rastes de sabores, como conejo asado on salsa de frutas del bosque y unos ›ostres para recordar. Por su comida xcelente y ambiente clásico, íntimo e ıformal, es una de las mejores apuestas e Roma, especialmente para almorzar.

'rattoria Monti Restaurante **€€**

›lano p.76; ☎06 446 65 73; Via di San Vito 13a; ›midas 45€; ⌚12.45-14.45 ma-do, 7.45-23.00 ›a-sa, cerrado ago; Ⓜ Vittorio Emanuele) Este ›legante lugar ofrece cocina tradicional e la región de Marches. Tienen mara›llosos *fritti* (frituras), pastas delicadas ingredientes como *pecorino di fossa* ›ueso de cabra envejecido en cuevas), ›anso, pez espada y trufas. Probar la ›asta *tortelli* a la yema de huevo. Los ›ostres son exquisitos, incluido el pastel e manzana con *zabaglione*. Reservar ›n antelación.

›pen Colonna

›aliano moderno €€€

›lano p.76; ☎06 4782 2641; www. ›tonellocolonna.it; Via Milano 9a; ›midas 20-80 €; ⌚12.00-24.00 ›-sa, almuerzo do; 🚌Via Na›nale) En la espectacular ›rte trasera del Palazzo ›lle Esposizioni, el berbio restaurante ›l superchef Anto›llo Colonna está en › entresuelo, bajo un traordinario techo de ›rio. La cocina brinda ›ques innovadores a los ›tos tradicionales coci›dos con ingenio y estilo.

Hay un almuerzo fijo más básico (pero aún así delicioso) por 16€ y un brunch de fin de semana por 30€.

COLINA DE CELIO Y SAN GIOVANNI

Li Rioni Pizzería €

(plano p. 62; ☎06 7045 0605; Via dei SS Quattro Coronati 24; pizzas 8€; ⌚ju-ma, cerrado ago; Ⓜ Colosseo) A los romanos les encanta Li Rioni, una clásica pizzería de barrio. Muchas noches está abarrotada y alegremente animada; por eso, suelen llegar después de las 21.00 (cuando ya se han ido los turistas) para saborear pizzas de masa fina y crujiente, cocinadas en horno de leña o crujientes suppli.

AVENTINO Y TESTACCIO

00100 Pizza 'Pizza' en porciones €

(plano p. 62; www.00100pizzas.com; Via G Branca 88; pizzas en porciones desde 3€, trapizzini desde 3.50€; ⌚12.00-23.00; 🚌Via Marmorata) Esta pequeña pizzería ofrece comida para llevar romana con ambiciones culinarias.

Gelati.

MATTES RENÁ/GETTY IMAGES ©

Dcha.: Piazza della Rotonda.

(IZDA.) CARLO A/GETTY IMAGES ©; (DCHA.) VISIONS OF OUR LAND/GETTY IMAGES ©

Sirven *pizzas* con ingredientes poco usuales como patatas, salchicha y cerveza. Se puede comer *suppli* y *trapizzini*, pequeños conos de *pizzas* rellenos con *polpette al sugo* (albóndigas con salsa de tomate) o *seppie con i piselli* (sepia con guisantes).

Flavio al Velavevodetto 'Trattoria' €€

(plano p. 62; ☎06 574 41 94; www.flavioalvelavevodetto.it; Via di Monte Testaccio 97-99; comidas 30-35€ ; ⏲cerrado sa almuerzo y do verano- 🚌Via Marmorata) Albergada en una rústica villa pompeyana, esta *trattoria* está especializada en comida italiana sencilla y honesta, preparada con oficio y servida en porciones enormes.

TRASTEVERE Y GIANICOLO

Sisini 'Pizza' en porciones €

(plano p. 82; Via di San Francesco a Ripa 137; 'pizzas' y pasta desde 2 €, supplì 1,10 €; ⏲9.00-22.30 lu-sa, cerrado ago; 🚌Viale di Trastevere, 🚋Viale di Trastevere) Los romanos adoran este *fast-food* para llevar (el cartel del exterior dice "Supplì") que sirve *pizza al taglio* fresca y varios platos de pasta y *risotto*. Es mejor probar los *suppli* y el pollo asado.

Da Augusto 'Trattoria' €

(plano p. 82; ☎06 580 37 98; Piazza de' Renzi 15; comidas 25€; ⏲almuerzo y cena; 🚌Viale di Trastevere, 🚋Viale di Trastevere) Para darse un festín en Trastevere basta sentarse en una de las desvencijadas mesas dentro (o en el exterior, en la pequeña *piazza*) y prepararse para disfrutar de la cocina al estilo de la *mamma*. Los ariscos camareros sirven copiosos platos de rigatoni *all'amatriciana* (pasta con panceta, chile y salsa de tomate) y *stracciatella* (consomé con huevo y parmesano) entre un montón de clásicos romanos. Prepararse para hacer cola. Solo en efectivo.

izzeria Ivo Pizzería €

lano p. 82; ☎06 581 70 82; Via di San Frances- a Ripa 158; 'pizzas' por 7€; ⏲mi-lu; 🚌Viale Trastevere, 🚋Viale di Trastevere) Una de s pizzerías más famosas de Trastevere, ce 40 años que sirve *pizzas*. Con la / en un rincón y las mesas llenas (hay as pocas fuera, en la calle adoquinada), un lugar ruidoso y activo, donde los mareros cumplen con el estereotipo de scos.

Gensola Siciliano **€€**

ano p. 82; ☎06 581 63 12; Piazza della Gensola comidas 45€; ⏲cerrado do; 🚌Viale di Tras- ere, 🚋Viale di Trastevere) Esta *trattoria* gante aunque sin pretensiones atrae a *gourmets* por su comida deliciosa con toque siciliano y énfasis en los pro- ctos del mar, con una tartare de atún celente, *linguine* con anchoas frescas nos divinos *zuccherini* (pez minúsculo) n menta fresca. El menú del día cuesta €.

Glass Hostaria

Italiano moderno €€€

(plano p. 82; ☎06 5833 5903; Vicolo del Cinque 58; comidas 80€; ⏲desde 8.00 ma-do; 🚌Piazza Trilussa) El principal lugar *gourmet* de Trastevere. De estilo moderno y sofisticado acorde con su cocina. La chef Cristina Boweman crea platos inventivos y delicados que combina con ingredientes frescos y elementos tradicionales que deleitan y sorprenden al paladar. Menús de degustación por 70-90 €

CIUDAD DEL VATICANO, BORGO Y PRATI

Pizzarium 'Pizza' en porciones €

(Via della Meloria 43; 'pizzas' en porciones desde 3 €; ⏲11.00-21.00 lu-sa; Ⓜ Cipro-Musei Vaticani) Una revelación *gourmet* disfrazada de modesto local de comida para llevar, con la mejor *pizza* en porciones de Roma. Cortada en una tabla de madera, su masa blanda y borde crujiente está rellena de sabrosos ingredientes originales. Tam-

Eataly

Situada en una terminal de ferrocarril renovada en la moderna Ostiense, **Eataly** (plano p. 62; ☎06 9027 9201; www.roma.eataly.it; Air Terminal Ostiense, Piazzale XII Ottobre 1492; ⏰tienda 10.00-24.00, restaurantes 12.00-23.30; Ⓜ Piramide) es un enorme complejo dedicado a la comida italiana, con productos de todo el país, libros y artículos de cocina. También alberga 19 cafés y restaurantes, incluido un bar de *panini*, una *gelateria*, *friggitoria* (comida frita tradicional romana), un restaurante especializado en vegetales de la región de Lazio, una *rosticceria* (asador) y un restaurante de comida *gourmet*. También hay un buen restaurante de *pizzas* y pasta, así como una pequeña cervecería. El complejo está a 10 minutos a pie de la estación de metro Piramide.

bién hay una selección diaria de *suppli*, zumos y cervezas heladas.

Cacio e Pepe 'Trattoria' €

(plano p. 62; ☎06 321 72 68; Via Avezzana 11; comidas 25€; ⏰ cerrado sa almuerzo y do; 🚌 Piazza Giuseppe Mazzini) Toda una institución local, esta humilde *trattoria* es tan auténtica que propone un menú de platos tradicionales romanos en un sencillo interior. Si se consigue encontrar un asiento libre, pedir *cacio e pepe* seguido de pollo *alla cacciatora* (a la cazadora).

Romeo Pizzería, restaurante €€

(plano p. 62; ☎06 3211 0120; www.romeo.roma.it; Via Silla 26a; 'pizzas' en porciones 3.50 €, comidas 35-40 €; ⏰9.00-24.00 lu-sa; Ⓜ Ottaviano-San Pietro) Una de las nuevas multipropuestas gastronómicas, sirve de todo desde *panini* recién hechos a fabulosa *pizza al taglio* y muchos platos de restaurante. El aspecto es contemporáneo-chic; la comida es una mezcla de productos clásicos italianos y creaciones internacionales vanguardistas.

Velavevodetto Ai Quiriti Italiano tradicional €€

(plano p. 62; ☎06 3600 0009; www.ristorantevelavevodetto.it; Piazza dei Quiriti 5; comidas 35 €; ⏰ lu-do; Ⓜ Lepanto) Desde que abrió en 2012, ha seducido a los comensales locales con su comida sin pretensiones, precios justos y servicio agradable. El menú es un directorio de alimentos básicos romanos y aunque todo está bueno, destacan las *polpette di bollito* (albóndigas de carne fritas) y las *carciofi fritti* (alcachofas fritas).

Osteria dell'Angelo 'Trattoria' €€

(plano p. 62; ☎06 372 94 70; Via Bettolo 24; menú del día 25€; ⏰almuerzo y cena ma-vi, cena lu y sa; Ⓜ Ottaviano-San Pietro) Relajada e informal, esta *trattoria* de barrio es muy popular (es mejor reservar) y es un fantástico lugar para probar la auténtica cocina local. El menú del día consiste en *antipasti* variado, pasta al estilo romano y una selección de abundantes platos principales con guarnición. Para termina ofrecen galletas ligeramente especiadas para mojar en vino dulce de postre.

Settembrini Italiano moderno €€

(plano p. 62; ☎06 323 26 17; www.viasettembri it; Via Settembrini 25; aperitivo 8 €, comidas 60 € ⏰café 7.00-1.00 diario, restaurante almuerzo y cena lu-vi, cena sa; 🚌 Piazza Giuseppe Mazzini) Este novedoso lugar de clientela chic y platos deliciosos es un local de moda para *gourmets*. Así que a sacar las mejo res galas para ir a tomar tentempiés, un almuerzo ligero o un aperitivo vespertin en la cafetería o cenar con la cocina ital na creativa en el elegante restaurante.

Dónde beber y vida nocturna

Roma tiene muchos locales donde beber, desde las tradicionales y ubicuas *enoteche* (bares de vinos) y los cafés de la calle a los elegantes bares *lounge*, *pu* (a la moda por su novedad) y locales de contracultura.

ANTIGUA ROMA

Cavour 313 — Bar de vinos

(plano p. 66; 06 678 54 96; www.cavour313.
t; Via Cavour 313; 12.30-14.45 y 19.30-0.30,
errado do verano; M Cavour) Cerca del Foro, atrae a turistas, actores y políticos, invita a sumergirse en su comodidad de *pub* y saborear durante horas su sensacional vino (más de 1200 opciones) acompañado por embutido y queso (8-12€) o un plato de pasta.

Caffè Capitolino — Cafetería

plano p.66; Piazzale Caffarelli 4; 9.00-19.30 a-do; Piazza Venezia) El encantador café en la azotea de los Museos Capitolinos es un buen lugar para relajarse con una copa un ligero tentempié (*panini,* ensaladas y *izzas*). No se requiere una entrada para beber allí, puesto que tiene acceso por na entrada independiente al museo en a Piazzale Caffarelli.

),75 — Bar

lano p. 66; www.075roma.com; Via dei Cerchi 5; 11.00-1.30; ; Via dei Cerchi) Este noderno bar en el Circo Massimo está ien para tomar una copa, un *brunch* el n de semana (15 €; 11.00-15.00), aperivo (desde 18.30) o un almuerzo ligero pastas 7-8,50 €, ensaladas 5,50-7,50). Lugar agradable con un ambiente lajado y un aspecto atractivo de bra vista y música a la última. 'ifi gratis.

ENTRO STORICO

affè Tazza d'Oro — Cafetería

lano p.72; www.tazzado coffeeshop.com; Via degli fani 84; 7.00-20.00; Via del Corso) Conrrido bar de barra, una de las mejores feterías de Roma. Su *presso* es excelente y y una deliciosa gama brebajes, incluido un refrescante *granita di caffè* (granizado servido con nata montada).

Caffè Sant'Eustachio — Cafetería

(plano p. 72; Piazza Sant'Eustachio 82; 8.30-1.00 do-ju, hasta 1.30 vi, 14.00 sa; Corso del Rinascimento) Esta pequeña y modesta cafetería, es famosa por su *gran caffè,* que muchos consideran el mejor de la ciudad. Para hacerlo se baten las primeras gotas de *espresso* con varias cucharadas de azúcar y se hace una pasta espumosa, luego se añade el resto de café; es increíblemente suave.

Barnum Cafe — Cafetería

(plano p. 72; www.barnumcafe.com; Via del Pellegrino 87; 9.30-14.00 ma-sa, hasta 21.00 lu; Corso Vittorio Emanuele II) Agradable y relajante lugar para consultar internet tomando un zumo de naranja recién exprimido o pasar una tranquila hora leyendo un periódico. Si es del agrado del viajero escuchar música mientras bebe, los martes por la noche actúa un DJ (desde 19.00).

Mercado, Campo de'Fiori (p. 69).
MAREMAGNUM/GETTY IMAGES ©

Etablì
Bar, restaurante

(plano p. 72; 06 9761 6694; www.etabli.it; Vicolo delle Vacche 9a; 18.30-1.00 lu-mi, hasta 2.00 ju-sa; Corso del Rinascimento) Albergado en un noble *palazzo* del s. XVII, es un *lounge* bar rústico-chic y restaurante donde acuden las bellezas romanas para hablar entre cócteles y tentempiés en tapas. Agradable y relajado con *jam sessions* ocasionales y decoración campestre francés.

Open Baladin
Bar

(plano p. 72; www.openbaladinroma.it; Via degli Specchi 6; 12.00-2.00; Via Arenula) Este *lounge* bar de moda cerca del Campo de' Fiori, es una referencia en el panorama de cervezas de Roma. Con más de 40 cervezas de barril y hasta 100 marcas embotelladas, muchas producidas por microdestilerías artesanales, es un fantástico lugar para aficionados a la cerveza. También hay un menú decente con *panini*, hamburguesas y platos del día.

Salotto 42
Bar

(plano p. 72; www.salotto42.it; Piazza di Pietra 42; 10.00-2.00 ma-sa, hasta 24.00 do y lu; Via del Corso) En una pintoresca *piazza* frente a las columnas del templo de Adriano, este glamuroso *lounge* bar, con sillones *vintage*, sofás de ante y una enorme colección de libros de diseño. Venir por el almuerzo del día bufé o para codearse con la gente guapa ante un aperitivo.

TRIDENTE, TREVI Y EL QUIRINALE

La Scena
Bar

(plano p. 78; Via della Penna 22; 12.00-15.00; M Flaminio) Parte del Hotel *art déco* Locarno, bar con un aire encantador como de Agatha Christie, con una terraza exterior sombreada. Un refrescante vaso de *prosecco* vale desde 5€.

Stravinskij Bar - Hotel de Russie
Bar

(plano p.78; 06 328 88 70; Via del Babuino 9; 9.00-1.00; M Flaminio) Si el viajero no se puede permitir alojarse en el Hotel de Russie, al menos puede ir a tomar algo en su bar suizo: es muy romántico y resulta perfecto para tomar un cóctel al sol o tentempiés lujosos en el patio rodeado por jardines en terrazas.

Trastevere.

GLENN BEANLAND/GETTY IMAG

MONTI, ESQUILINO Y SAN LORENZO

Circolo degli Artisti

Club, Música en directo

(06 7030 5684; www.circoloartisti.it; Via Casilina Vecchia 42; 7.00-14.00 ma-ju, hasta 4.30 vi-do; Ponte Casilino) Al este del barrio de Pigneto, el Circolo ofrece una de las mejores noches, con actuaciones destacadas y DJ. Los viernes por la noche buena electrónica y *house* para la noche gay (Omogenic) y los sábados diversión Screamadelica *(punk-funk, ska* y *new wave)*, usualmente con actuaciones en directo. Hay un bar-jardín de moda y la entrada es gratuita (o muy barata).

Ai Tre Scalini

Bar de vinos

(plano p. 66; Via Panisperna 251; 12.30-1.00 lu-vi, 18.00-1.00 sa y do; M Cavour) Los "tres escalones" siempre están abarrotados hasta la calle. Con una sabrosa selección de vinos, vende cerveza Menabrea, destilada en el norte de Italia. También hay una buena gama de quesos, salami y platos como *polpette al sugo* (albóndigas con salsa).

TRASTEVERE Y GIANICOLO

Ma Che Siete Venuti a Fà 'Pub'

(plano p. 72; Via Benedetta 25; 11.00-2.00; Piazza Trilussa) Este pequeño *pub*, cuyo nombre se traduce como "¿Qué has venido a hacer aquí?", es el paraíso de los aficionados a la cerveza, con una gran variedad de cervezas de barril y oscuras bebidas embotelladas en su minúsculo interior.

Bar San Calisto

Cafetería

(plano p. 82; 06 589 56 78; Piazza San Calisto 3; 6.00-2.00 lu-sa; Viale di Trastevere, Viale di Trastevere) Los que lo conocen se dirigen al desvencijado 'Sanca' por su ambiente anclado en el tiempo y precios baratos. Es famoso por su chocolate; se bebe caliente con nata en invierno y como helado en verano.

Freni e Frizioni

Bar

(plano p. 82; 06 5833 4210; www.freniefrizioni.com; Via del Politeama 4-6; 6.30-2.00; Piazza Trilussa) El bar de Trastevere favorito de los *hipster* fue un garaje en su antigua vida, de ahí su nombre (frenos y embragues). Las creativas multitudes acuden aquí para beber mojitos a buen precio, comer su conveniente aperitivo (19.00-22.00) y pasear por la *piazza* de enfrente.

Ombre Rosse

Bar

(plano p.82; 06 588 41 55; Piazza Sant'Egidio 12; 8.00-2.00 lu-sa, 11.00-2.00 do; Piazza Trilussa) Lugar influyente del Trastevere, para sentarse en una mesa en la terraza y ver pasar a todo el mundo. Es elegante y hay música en directo *(jazz, blues, world)* los jueves por la noche (sep-abr).

Ocio

El ocio en Roma puede ser sencillamente quedarse sentado en una mesa de la calle y ver pasar a la gente. Pero la ciudad tiene una intensa escena cultural con un calendario anual de conciertos, representaciones y festivales.

La abundancia de recintos espectaculares hace de Roma un lugar fantástico para acudir a un concierto de música clásica. El centro cultural y musical de la ciudad es el Auditorium Parco della Musica, pero se suelen celebrar conciertos gratuitos en iglesias, especialmente en Pascua, Navidad y Año Nuevo. Los asientos se asignan por orden de llegada y los programas son generalmente excelentes. Comprobar las programaciones en los periódicos y programas.

Auditorium Parco della Musica

Auditorio

(plano p. 62; 06 8024 1281; www.auditorium.com; Viale Pietro de Coubertin 30; autobús lanzadera M desde Stazione Termini, Viale Tiziano) Principal auditorio de conciertos, este moderno complejo combina la innovación arquitectónica con una acústica perfecta. Diseñado por Renzo Piano, sus tres salas de conciertos y una arena al aire libre de 3000 asientos celebran desde conciertos de música clásica a exhibiciones de tango, lectura de libros y proyección de películas.

Desvío: Ostia Antica

Scavi Archeologici di Ostia Antica (06 5635 2830; www.ostiaantica.net; Viale dei Romagnoli 717; adultos/reducida 6,50/3,75 €; 8.30-19.15 ma-do abr-oct, hasta 18.00 mar, 17.00 nov-feb, última entrada 1 h antes de cerrar) Son las ruinas de un antiguo puerto romano, donde se evoca una ciudad obrera romana. El yacimiento es extenso y se necesitan algunas horas para hacerles justicia.

Desde la **Porta Romana** cerca de la taquilla, el **Decumanus Maximus,** la vía principal de la ciudad, recorre 1 km hasta **Porta Marina,** una puerta que originalmente conducía al mar.

En el Decumanus, las **Terme di Nettuno** es uno de los lugares destacados. Cerca de las termas hay un anfiteatro, construido por Agripa y después ampliado para albergar a 4000 personas. Cerca hay otro lugar de visita obligada: el **Thermopolium,** algo así como una antigua cafetería.

Desde Roma, tomar el tren Ostia Lido en la Stazione Porta San Paolo (cerca de la estación de metro Piramide) que sale a Ostia Antica. Los trenes salen cada 30 min y el viaje, cubierto por billetes de transporte público estándar, tarda unos 25 min.

El auditorio también es la sede de la prestigiosa orquesta de Roma, **Orchestra dell' Accademia Nazionale di Santa Cecilia** (www.santacecilia.it).

De compras

CENTRO STORICO

Confetteria Moriondo & Gariglio Chocolate

(plano p. 72; Via del Piè di Marmo 21-22; 9.00-19.30 lu-sa; Via del Corso) El poeta romano Trilussa estaba tan enamorado de su histórica tienda de chocolate, creado por los pasteleros de Turín para la casa real de Saboya, que le dedicó varios sonetos en su honor. Muchos de los chocolates y bombones hechos a mano están hechos con recetas del s. XIX y se exponen en vitrinas de cristal con un fondo de color carmesí oscuro.

Officina Profumo Farmaceutica di Santa Maria Novella Cosmética

(plano p. 72; Corso del Rinascimento 47; 10.00-19.30 lu-sa; Corso del Rinascimento) Sucursal romana de una de las farmacias más antiguas de Italia, esta aromática tienda ofrece perfumes y cosméticos, infusiones de herboristería o tés, todo ello almacenado en vitrinas de madera bajo una gigantesca lámpara de cristal de Murano. La farmacia original fue fundada en Florencia en 1612 por los monjes dominicos de Santa Maria Novella y mucho de sus cosméticos están basados en recetas del s. XVII.

TRIDENTE, TREVI Y EL QUIRINALE

Vertecchi Art Art

(plano p. 78; Via della Croce 70; 15.30-19.30 lu, 10.00-19.30 ma-sa; M Spagna) Ideal para compras de última hora, esta gran papelería y tienda de arte tiene bonito papel pintado, tarjetas y sobres, además de un gran surtido de cuadernos, artículos de arte y baratijas.

C.U.C.I.N.A. Artículos del hogar

(plano p. 78; 06 679 12 75; Via Mario de' Fiori 65; 15.30-19.30 lu, 10.00-19.30 ma-vi, 10.30-19.30 sa; M Spagna) Los amantes de cocina y sus utensilios disfrutarán en esta moderna tienda. La sucursal romana de la cadena C.U.C.I.N.A tiene toda clase de cazuelas y sartenes, cubertería de diseño, utensilios gourmet, vasos de vino y un surtido de modernos artilugios de cocina

;ermoneta Accesorios

plano p. 78; 06 679 19 60; www.sermoneta-;loves.com; Piazza di Spagna 61; 9.30-20.00 ı-sa, 10.00-19.00 do; M Spagna) Comprar ;uantes de piel en Roma es un ritual ›ara algunos y sus más famosas tiendas le guantes es el lugar donde hacerlo. :legir entre una gama caleidoscópica de :alidades de piel y los guantes de ante orrados de seda y cashmere. Un experto lependiente calcula el tamaño de la nano de un vistazo. Mejor no esperar ue sonría.

ıVENTINO Y TESTACCIO

'olpetti Comida y bebida

›lano p. 62; www.volpetti.com; Via Marmorata 7; 8.00-14.00 y 17.00-20.15 lu-sa; Via armorata) Delicatessen súper abastecido, onsiderado por muchos el mejor de la iudad, ofrece tesoros gourmet. El solícito ersonal guía por el gran surtido de uesos, pastas, aceites de oliva, vinagres, mbutidos, pasteles para vegetarianos, nos y grappas. También se puede hacer edido en línea.

TRASTEVERE Y GIANICOLO

Mercadillo Porta Portese Mercado

(plano p. 62; Piazza Porta Portese; 7.00-13.00 do; Viale di Trastevere, Viale di Trastevere) Para ver otro aspecto de Roma, nada como ir a este enorme mercadillo. Con miles de puestos vendiendo de todo, desde libros raros y bicis poco seguras a gorros peruanos y reproductores MP3, está abarrotado y lleno de diversión. Es recomendable llevar a buen recaudo las cosas de valor y estar dispuesto a regatear.

Información

Servicios médicos

Para problemas que no requieran tratamiento hospitalario, llamar a la **Guardia Medica Turistica** (06 7730 6650; Via Emilio Morosini 30).

También se puede llamar a un médico privado para visitar al paciente en el hotel o apartamento; probar en **Roma Medica** (338 6224832; llamada/tratamiento 150 €; 24 h). La tarifa llamada/tratamiento costará unos 150 €, pero es mejor que el paciente tenga seguro. Para tratamiento de emergencia, llevar al paciente

ıditorium Parco della Musica, diseñado por Renzo Piano.

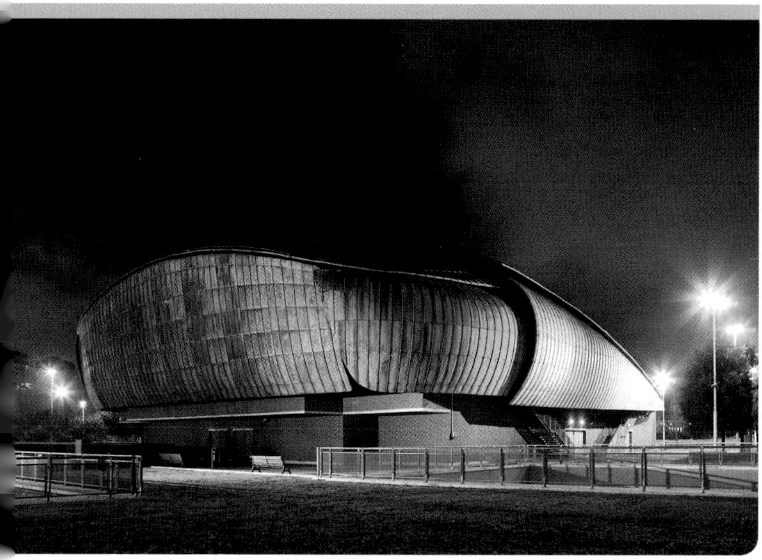

Dcha.: Via della Pace, centro storico.
(IZDA.) ROMAOSLO/GETTY IMAGES ©; (DCHA.) MICHELE FALZONE/GTTY IMAGES ©

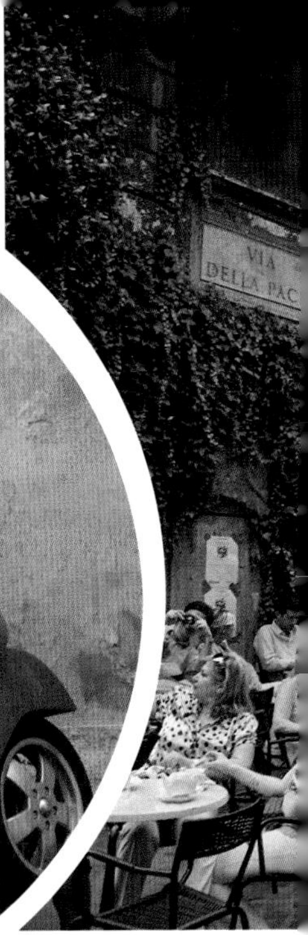

a la sección de *pronto soccorso* de un *ospedale* (hospital).

Dinero

Es fácil encontrar cajeros automáticos por toda la ciudad. También hay cabinas de cambio de divisas en Stazione Termini y los aeropuertos de Fiumicino y Ciampino. En el centro, hay numerosas oficinas de cambio, incluida la de American Express (☎ 06 6 76 41; Piazza di Spagna 38; ☺ 9.00-17.30 lu-vi, 9.00-12.30 sa).

Información turística

Para preguntas por teléfono, la Comune di Roma gestiona una línea de información turística (☎ 06 06 08; www.060608.it; ☺ 9.00-21.00) multilingüe y gratuita.

Hay puntos de información turística en los dos aeropuertos internacionales de Roma, Fiumicino (terminal 3, llegadas; ☺ 8.00-21.30) y Ciampino (llegadas, zona de recogida de equipajes; ☺ 9.00-18.30), y en las siguientes ubicaciones por la ciudad:

Información Turística Castel Sant'Angelo (plano p. 72; Piazza Pia; ☺ 9.30-19.00)

Información Turística Piazza delle Cinque Lune (plano p. 72; Piazza delle Cinque Lune; ☺ 9.30-19.00) Cerca de la Piazza Navona.

Información Turística Stazione Termini (plan p. 62; ☺ 8.00-20.30) En el vestíbulo que va paralelo al andén nº 24.

Información Turística Fori Imperiali (plano p. 66; Via dei Fori Imperiali; ☺ 9.30-19.00; ☐ Via dei Fori Imperiali)

Información Turísica Fontana di Trevi (plano p. 72; Via Marco Minghetti; ☺ 9.30-19.00) Cerca de la Fontana di Trevi.

Información Turística Via Nazionale (plano p. 76; Via Nazionale; ☺ 9.30-19.00)

Centro Servizi Pellegrini e Turisti (plano p. 8 ☎ 06 6988 1662; Plaza San Pedro; ☺ 8.30-18.0 lu-sa). Para información sobre el Vaticano.

Cómo llegar y salir

۱vión

:l principal aeropuerto internacional de Roma es eonardo da Vinci (☎06 6 59 51; www.adr.it/umicino), más conocido como Fiumicino, 30 km l oeste (en la costa) de la ciudad.

El aeropuerto de Ciampino (☎06 6 59 51; www.adr.it/ciampino), mucho más pequeño, está 5 km al sureste del centro de la ciudad, y opera ɔs vuelos de la línea de bajo coste Ryanair.

'ren

asi todos los trenes llegan a la Stazione ermini (Piazza dei Cinquecento), la principal stación de trenes de Roma y el principal centro e transporte. Hay conexiones regulares con tras ciudades europeas, todas las ciudades nportantes de Italia y otras muchas ciudades ıás pequeñas.

Cómo desplazarse

A/desde el aeropuerto

Fiumicino

La forma más fácil de ir a/desde Fiumicino es el tren, pero también hay autobuses y servicios lanzadera privados.

En taxi, la tarifa completa ida y vuelta del centro de la ciudad es de 48 €, válida para 4 pasajeros con equipaje. Nótese que los taxis registrados en Fiumicino cobran más, de modo que hay que asegurarse de tomar un taxi de la Comune di Roma: son blancos con las palabras Roma capitale en el lateral junto a la identificación del conductor.

Leonardo Express (adultos/niños menores 4 años 14 €/gratis) Va a/desde Stazione Termini. Salidas del aeropuerto cada 30 min, entre las 6.38 y 23.38; desde Termini, entre las 5.52 y 22.52. El viaje dura 30 min.

FR1 Tren (8€) Conecta con las estaciones de Trastevere, Ostiense y Tiburtina, pero no con Stazione Termini. Salidas desde el aeropuerto cada 15 min (cada 1 h do y fest) entre las 5.58 y 23.28; desde Tiburtina cada 15 min entre las

5.47 y 19.32, luego cada 30 min hasta las 22.02 (lu-sa), cada 30 min entre las 6.02 y 22.02 (do).

Lanzadera Aeropuerto (☎06 4201 3469; www.airportshuttle.it) Transferencias a/desde el hotel por 25 € persona, más 6 € por cada pasajero adicional, hasta un máximo de ocho.

Cotral (www.cotralspa.it; ida 5€, en el autobús 7 € Va a/desde Stazione Tiburtina (via Stazione Termini). Ocho salidas diarias, incluyendo servicios nocturnos desde el aeropuerto a las 1.15, 2.15, 3.30 y 5.00 y desde Tiburtina a las 24.30, 1.15, 2.30, 2.30 y 3.45. El viaje dura 1 h.

Ciampino

Para ir a la ciudad, lo mejor es tomar uno de los servicios de autobuses destinados a ello. También se puede tomar un autobús a la estación de Ciampino y allí tomar un tren a Stazione Termini. En taxi, la tarifa a/desde el aeropuerto es de 30 €.

Terravision (www.terravision.eu; ida 4€) Salidas cada 2 h a/desde Via Marsala, fuera de la Stazione Termini. Desde el aeropuerto los servicios son entre las 8.15 y 12.15; desde Via Marsala entre 4.30 y 21.00. El viaje dura 40 min.

SIT (www.sitbusshuttle.com; a/desde aeropuerto 6/4 €) Los autobuses salen de Ciampino entre 7.45 y 23.30 a Via Marsala, fuera de StazioneTermini; desde Termini, entre 4.30 y 21.30. Los billetes se compran a bordo.

Cotral (www.cotralspa.it; ida 3.90 €) Ofrece 17 servicios diarios a/desde Via Giolitti, cerca de Stazione Termini.

Cuidado con las pertenencias

Roma es una ciudad relativamente segura, pero los pequeños delitos son muy corrientes. Los carteristas siguen a los turistas, especialmente por el Coliseo, Piazza di Spagna, la plaza de San Pedro y la Stazione Termini. Prestar especial atención en las paradas de autobús de Via Marsala, donde los ladrones acechan a los viajeros desorientados que acaban de llegar del aeropuerto de Ciampino. Los abarrotados transportes públicos son otro lugar donde vigilar, especialmente el autobús nº 64 del Vaticano. Si se viaja en metro, conviene subir en los coches del final, usualmente menos concurridos.

Transporte público

Billetes

Los billetes para el transporte público son válidos en todos los autobuses de Roma, líneas de tranvía y metro, excepto para las rutas hacia el aeropuerto de Fiumicino. Se encuentran en varias formas:

BIT (*biglietto integrato a tempo*, billete individual para 100 min y 1 viaje de metro) 1,50 €.

BIG (*biglietto integrato giornaliero*, billete diario 6 €

BTI (*biglietto turistico integrato*, billete 3 días) 16,50 €

CIS (*carta integrata settimanale*, billete semanal) 24 €

Abbonamento mensile (pase mensual) 35 €

Los billetes se compran en *tabacchi* (estancos), quioscos y en máquinas expendedoras en las principales paradas de autobús y estaciones de metro. Se deben comprar antes de empezar el viaje y validar en las máquinas de los autobuses, en las puertas de entrada al metro o en las estaciones de tren. Los viajeros sin billete son multados in situ con 50 €. Los niños menores de 10 años viajan gratis.

El Roma Pass (www.romapass.it; 3 días 34 €) es un pase de tres días, válido dentro de los límites de la ciudad.

Metro

Roma tiene dos líneas de metro, la A (naranja) y la B (azul), que se cruzan en la Stazione Termini. Una tercera línea, la B1, se ramifica de la línea B y conduce a los barrios del norte, pero es improbable que el viajero la necesite.

Los trenes salen entre las 5.30 y 23.30 (hasta 1.30 vi y sa).

Autobús y tranvía

Los autobuses y tranvías de Roma están gestionados por ATAC (☎06 5 70 03; www.atac.roma.it). La principal estación de autobús (plano p. 76; Piazza dei Cinquecento) está delante de Stazione Termini en la Piazza dei Cinquecento donde hay un puesto de información (plano p. 76; 7.30-20.00). Otros centros importantes están en Largo di Torre Argentina y Piazza Venezia.

Los autobuses suelen circular entre 5.30 y 24.00, con servicios limitados durante la noche.

Taxi

Los taxis con licencia oficial son blancos, tienen un número de identificación en la puerta y el lema Roma capitale.

Conviene viajar siempre con taxímetro, nunca con precio acordado (las tarifas completas a/desde el aeropuerto son excepciones).

En la ciudad (dentro de circunvalación) la bajada de bandera es de 3 € entre 6.00 y 22.00 entre semana, 4,5 € los domingos y festivos, y 6,50 € entre las 22.00 y 7.00. Además se añade 1 €/km. Las tarifas oficiales están expuestas en taxis y en www.viviromaintaxi.eu.

Se puede parar un taxi, pero suele ser más fácil esperar en una fila o pedir uno por teléfono. Hay filas de taxis en los aeropuertos, Stazione Termini, el Coliseo, Largo di Torre Argentina, Piazza San Silvestro, Piazza della Repubblica, Piazza Belli en Trastevere y en el Vaticano, en la Piazza del Pio XII y Piazza del Risorgimento.

Se puede reservar taxi por teléfono, llamando a la línea automatizada de taxis Comune di Roma, al 06 06 09, o a cualquier compañía de taxis.

Conviene tener en cuenta que el taxímetro se pone en marcha cuando se llama al taxi y se paga por el coste del viaje desde donde el conductor reciba la llamada.

La Capitale (06 49 94)

Pronto Taxi (06 66 45)

Castel y Ponte Sant'Angelo (p. 83).

Milán, los lagos y el Piamonte

El noroeste de Italia disfruta plenamente de la vida moderna. Esta región es famosa por las villas de Bellagio, sus museos palaciegos y *La última cena* de Leonardo da Vinci. Pero lejos de dejarse eclipsar por su rica herencia, se aprovecha de ella en sesiones fotográficas de moda, colecciones de arte de vanguardia y tecnología de imágenes digitales. Obsesionada por el detalle, desempeña bien su papel y actúa con elegancia: basta con observar para aprender cómo comer (bufés *happy hour*), dónde relajarse (los lagos) y cuándo ir a una pasarela (en la Semana de la Moda o los sábados en un club). Unos imponentes bulevares napoleónicos entretejen el centro de Turín, aunque lo que mejor la define es su vertiente artística e industrial-chic. El pintoresco Piamonte y las Cinque Terre son también deliciosos. Hogar del movimiento *Slow Food,* los pueblos piamonteses parecen cubiertos por pastoso queso fontina, colmados de trufas e inundados de barolo.

Piazza del Duomo (p. 121).

Milán, los lagos y el Piamonte

0 50 km
S38
Parco Nazionale dello Stelvio
3
A13
Chiavenna
Lago de Mezzola
Lago de Como
S38
Sondrio
Adda
Parco dell'Adamello
Parco Regionale degli Orobie Valtellinesi
Serio
Sarca
Varenna
Lenno
Bellagio
Parco Regionale Bergamasche
Laglio
Triangolo Lariano
Enna
E45
Cernobbio
Lecco
San Pellegrino Terme
Riva del Garda
Como
Lago de Annone
Oglio
Adda
Brembo
Lago de Iseo
Mella
Lago de Idro
Bérgamo
Cherio
Dalmine
Parco Regionale dell'Alto Garda Bresciano
Monte Baldo
Monza
Treviglio
Parco Regional del Serio
Oglio
Brescia
Milán
SS11
Lago de Garda
A4
Colombare
Verona
Desenzano del Garda
Crema
LOMBARDÍA
SS9
Serio
Lodi
Río Mincio
Pavía
Parco Adda Sud
Chiese
Cremona
Canneto sull'Oglio
Mantua
Lago Superiore
Po
A21
Trebbia
A22
Secchia
Parma
Reggio Emilia
LIGURIA
A15
Rapallo
A12
Vara
Parco Nazionale delle Cinque Terre
Vernazza
Corniglia
La Spezia
Sarzana
Riomaggiore
Lerici
Porto Venere
1 Cinque Terre
2 Duomo, Milán
3 Lago di Como
4 Eataly, Turín
5 *La última cena* de Da Vinci, Milán

Imprescindible

Cinque Terre

Las Cinque Terre (p. 156) son una deslumbrante estrella entre el firmamento de hermosos lugares que ofrece Italia. En su singular paisaje costero destacan cinco pintorescos pueblos medievales que parecen aferrados a los acantilados. Sus empinadas colinas con terrazas están divididas por un complicado sistema de campos y jardines que se han excavado, cinc lado, irrigado y estratificado a lo largo de casi dos milenios. Abajo: Riomaggiore (p. 159)

1

2

Duomo de Milán

Uno de los máximos exponentes del gó co internacional (p. 121); sus cimbrea agujas encarnan 135 pináculos de es Sobre ellos hay 3200 estatuas de santos; en tiempos solo las aprec ba el campanero, pero ahora el tech está abierto a los visitantes.

DAN HERRICK/GETTY IMAGES ©

Lago de Como

Es el más espectacular de los lagos del norte de Italia (p. 135). Las montañas circundantes se hunden en sus aguas, rodeadas de pequeños pueblos con carácter en los que se encuentra paz y tranquilidad.

3

4

5

Eataly de Turín

'ara probar los mejores quesos artesa-
ıales de Italia se puede recorrer el país
lurante un año o pasar un tarde en Eataly
p. 151), el emporio del movimiento *Slow
'ood*. Esta tierra de las maravillas para
ourmets ofrece degustaciones y talleres
e cocina, además de la mayor selección
lel país de especialidades regionales en
asta, embutidos, vinos y chocolate.

'La última cena' de Leonardo Da Vinci

Hay que decidir si merece la pena reservar con semanas de antelación para ver un mural. Pero, aunque descolorida, *La última cena* (p. 124) ilumina el Renacimiento. Da Vinci muestra a los apóstoles levantándose de sus sillas, sorprendidos porque uno de ellos traicionará a Jesús. A pesar de estar dañado, su humanidad es indeleble.

Lo mejor de Milán, los Lagos y el Piamonte

Sueños de diseño

- **Spazio Rossana Orlandi** Cueva de Aladino de diseño de interiores (p. 131).
- **NH Lingotto + Lingotto Tech** Hotel industrial-chic instalado en la antigua fábrica del Fiat 500 (p. 150).
- **Hotel Spadari Duomo** Original hotel de diseño milanés, con habitaciones semejantes a minigalerías (p. 127).
- **10 Corso Como** Tienda conceptual dirigida por la diseñadora Carla Sozzani (p. 132).

Interludios románticos

- **Bellagio, lago de Como** Las puestas de sol en un barco de caoba consiguen crear un ambiente de película romántica (p. 139).
- **Cinque Terre** Senderos al borde del acantilado conducen a impresionantes vistas en calas apartadas (p. 156).
- **Teatro Alla Scala, Milán** Una cita a lo grande en un palco del legendario teatro de la ópera de Milán (p. 125).
- **Lago Maggiore** Esplendor *belle époque*, espléndidas villas y pintorescos pueblos como telón de fondo (p. 134).

Regalos para gastrónomos

- **Peck, Milán** Sublime selección de mermeladas, jamones y 3200 quesos, solo en parmesanos (p. 131).
- **Eataly, Turín** Templo de exquisiteces del movimiento *Slow Food* con embutidos, vinos y altares de trufas (p. 151).
- **Guido Golbino, Turín** El mejor chocolatero de Turín (p. 152).
- **Alba** Preciosas trufas y vino barolo (p. 151).

Bares de aperitivo

- **Living, Milán** Cócteles ingeniosos y clientela urbana (p. 129).
- **10 Corso Como, Milán** Elegante oferta bajo titilantes luces de colores (p. 129).
- **Pandenus, Milán** Deliciosas *bruschettas* y *focaccias* (p. 129).

Izda.: Aperitivo de trufa negra
Arriba: Living bar (p. 129).

Lo esencial

ANTES DE PARTIR

- **Tres meses antes** Reservar alojamiento para el Salone del Mobile de Milán, la Semana de la Moda o el Salone Internazionale del Gusto de Turín.
- **Dos meses antes** Reservar entradas para el Teatro alla Scala y *La última cena*, y alojamiento para la temporada de esquí en Aosta y la de verano en el lago de Como.
- **Una semana antes** Entrar en www.easymilano.it y www.extratorino.it e informarse sobre actividades en Milán y Turín. Reserva de restaurantes.

WEBS

- **Oficina de turismo de Milán** (www.visitamilano.it/turismo)
- **Oficina de turismo de Turín** (www.turismotorino.org)
- **Departamento de turismo del Piamonte** (www.piemonteitalia.eu) Enlaces a itinerarios, alojamiento y transporte.
- **Departamento de turismo del valle de Aosta** (www.regione.vda.it/turismo)

CÓMO DESPLAZARSE

- **Avión** Conexiones internacionales a/desde Milán y Turín.
- **A pie** Perfecto para ciudades y pueblos, senderos alpinos y las Cinque Terre.
- **Tren** Buenas conexiones entre las principales ciudades y pueblos. Metro en Milán y Turín.
- **Barco** Práctico para recorrer los lagos.
- **Automóvil** Útil para explorar los viñedos del Piamonte.
- **Bicicleta** Ideal para senderos alpinos y la región vinícola del Piamonte.

ADVERTENCIAS

- **Museos** La mayoría cierra los lunes.
- **Restaurantes** Muchos cierran en agosto; en los lagos y Cinque Terre, algunos cierran de noviembre a marzo.
- **Alojamiento** Si se va a Milán y Turín hay que reservar con un mes de antelación; con tres si se va a ferias internacionales de diseño y culinarias; y con antelación en Cinque Terre y los lagos en verano.
- **Carteristas** Presentes en zonas turísticas y ferias.

Itinerarios

Para descubrir dónde encuentra Italia sus ideas de diseño, desde tacones de aguja para desfilar en las pasarelas de Milán a cafeteras con forma de cohete que estimulan la creativa reinvención de Turín.

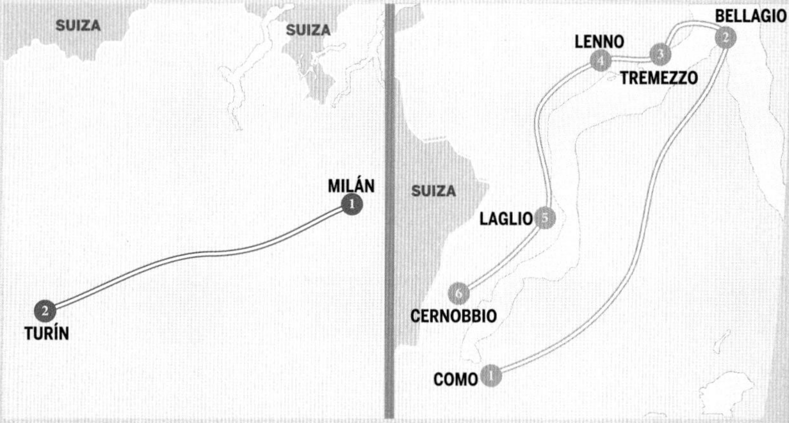

3 DÍAS

DE MILÁN A TURÍN

CIUDADES INNOVADORAS

No hay que esperar al Salone Internazionale del Mobile, la Semana de la Moda o el Salone del Gusto para conocer las nuevas tendencias en ❶ **Milán,** basta con pasar el primer y segundo día en ella para empaparse de moda y diseño. La primera mañana se ven los escaparates de diseñadores consagrados como Prada y Alessi en la Galleria Vittorio Emanuele II o el Quadrilatero d'Oro y después se va a los estudios de diseñadores emergentes en los alrededores de la estación Porta Genova del barrio de Navigli.

Durante la mañana del segundo día se visita el espectacular Duomo. Por la tarde, se puede ir en busca de inspiración por las *happy hours* de moda callejera del elegante Living bar y a la Triennale di Milano, museo y escaparate de objetos de diseño.

El tercer día se sube al tren de alta velocidad a ❷ **Turín,** donde las ambiciones napoleónicas y la industria de posguerra se orientaron hacia el arte contemporáneo y la elegancia industrial.
El *arte povera* invadió un castillo para crear el Museo d'Arte Contemporanea y los artistas contemporáneos han invadido el palacio barroco de la Galleria Civica d'Arte Moderna e Contemporanea.

4 DÍAS

DE COMO A CERNOBBIO
DESCANSAR EN LOS LAGOS

De Milán se va en coche o tren al lago de ❶ **Como** para disfrutar en glamurosos refugios y serenos retiros sin perder de vista sus deslumbrantes orillas. Se puede tomar el funicular Como-Brunate hasta la cima del Brunate para ver espléndidas puestas de sol. Al día siguiente se va a ❷ **Bellagio,** rodeado de villas, para pasar un día en el lago. Nada altera la apretada agenda de broncearse, excepto quizá un crucero al atardecer en los barcos de caoba de Barindelli o una reserva para probar el avarello en Itturismo Da Abate.

Una vez repuesto, se conduce alrededor del lago o se sube a un *ferry* hasta ❸ **Tremezzo** para ver un espléndido regalo de bodas, Villa Carlotta, y disfrutar de un relajado almuerzo en la terraza panorámica de Al Veluu. Se puede pernoctar allí y conducir por la orilla o tomar un taxi acuático a lugares famosos en la costa occidental: Villa Balbianello, que aparece en *Casino Royale,* en ❹ **Lenno;** ❺ **Laglio,** una de cuyas villas pertenece al actor/director/*playboy* George Clooney; y el pintoresco escenario de *Oceans 12*, ❻ **Cernobbio.**

Como (p. 136).
ROCCO FASANO/GETTY IMAGES ©

Descubrir Milán, los lagos y el Piamonte

De un vistazo

- **Milán** (p. 120) Moda de pasarela y obras de Leonardo da Vinci de día; cócteles y ópera de noche.
- **Los lagos** (p. 134) Vivir en villas de estrellas de cine, con sedas de Como y complejos en el lago.
- **Piamonte** (p. 146) Diseño elegante y arte moderno en Turín; viñedos y *Slow Food* en las colinas.

Viñedo, Barolo (p. 151).

ALAN BENSON/GETTY IMAGES ©

MILÁN

1,3 MILLONES HAB.

Es la ciudad italiana del futuro, una ajetreada metrópolis con todas las cualidades del mundo contemporáneo: ambición, aspiraciones y carácter individualista. En ella las apariencias importan y el materialismo impera sin reparo. A los milaneses les encantan las cosas bonitas y el lujo, quizá por ello la moda y el diseño italianos mantienen su posición en el mundo.

Hay quien piensa que, como las modelos que desfilan en las pasarelas, Milán es vanidosa, distante y aburrida. Y es verdad que no se esfuerza por atraer visitantes, pero esa superficial falta de encanto oculta una ciudad con raíces antiguas y muchos tesoros que, a diferencia del resto de Italia, se disfruta sin hacer colas. Aunque los milaneses no tengan tiempo para ser atentos, se recomienda unirse a ellos para comprar con precisión, curiosear en vanguardistas galerías contemporáneas o llenar un plato de delicias locales mientras se toma un Negroni perfectamente mezclado.

Puntos de interés

Museo del Novecento

Galería de arte

(☎02 8844 4072; www.museodelnovecento.org; Piazza del Duomo 12; adultos/reducida 5/3 €; 9.30-19.30 ma-do, 14.30-19.30 lu; Ⓜ Duomo) El **Arengario** de Mussolini (Ⓜ Duomo), desde donde incitaba a la multitud en sus días de gloria, se encuentra en la Piazza del Duomo. Posee unas fabulosas vistas de la catedral y un museo de arte milanés del s. XX.

DENNIS K. JOHNSON/GETTY IMAGES ©

Indispensable
Duomo

La catedral de Milán, una aparición en mármol rosa de Candoglia, refleja a la perfección la creatividad y ambición de la ciudad. Su perlada y blanca fachada, adornada con 135 agujas y 3200 estatuas, se eleva como la filigrana de una diadema de cuento de hadas y cautiva a sus visitantes con sus extraordinarios detalles. Su enorme interior es igual de impresionante, posee las mayores vidrieras de la cristiandad, un baptisterio y una cripta paleocristianos en la que se exponen los restos del santo Carlo Borromeo en una urna de cristal.

Iniciada por Giangaleazzo Visconti en 1387, al principio su diseño fue considerado inviable. Hubo que construir canales para transportar el mármol al centro de la ciudad y se inventaron nuevas técnicas para realizar sus insólitas proporciones. También hubo un pequeño problema de estilo, las líneas góticas no estaban de moda, eran "demasiado francesas", por lo que cambió de imagen a lo largo de los siglos. Su lenta construcción se convirtió en sinónimo de tarea imposible (*fabrica del Dom* en dialecto milanés). Gran parte de su decoración es neogótica del s. XIX y los últimos retoques se añadieron en la década de 1960. Está coronado por la dorada estatua de la Madonnina, protectora de la ciudad.

Las vistas más espectaculares se disfrutan entre las innumerables agujas y pináculos de mármol que adornan el tejado. En un día despejado se ven los Alpes.

LO ESENCIAL

www.duomomilano.it; Piazza del Duomo; adultos/reducida Battistero di San Giovanni 4/2 €, escalera a las terrazas 7/3,50 €, ascensor a las terrazas 12/6 €, tesoro 2 €; 7.00-18.45, terrazas tejado 9.00-18.00, baptisterio 9.30-17.00, tesoro 9.30-17.00 lu-sa; M Duomo

Milán

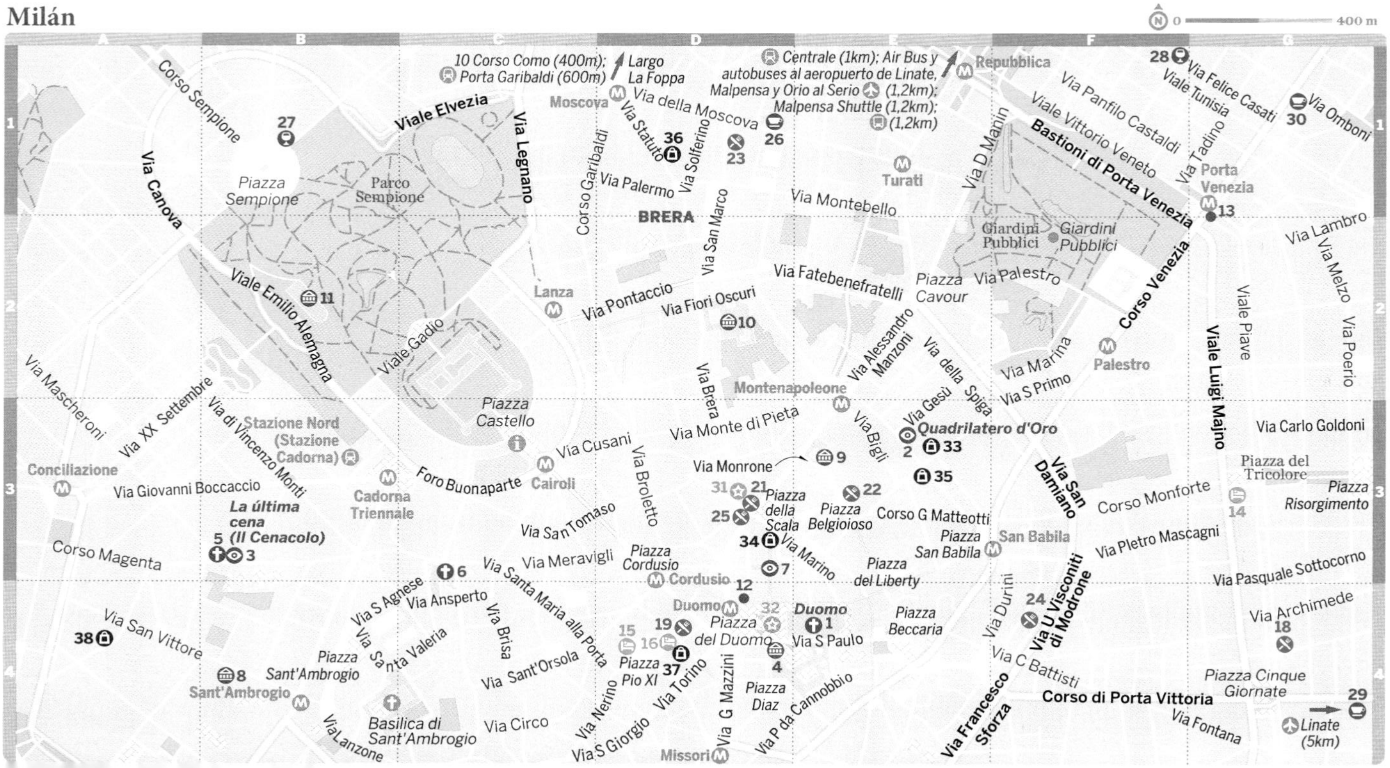
0
400 m
A
B
C
D
E
F
G
1
2
3
4
10 Corso Como (400m);
Porta Garibaldi (600m)
Largo
La Foppa
Centrale (1km); Air Bus y
autobuses al aeropuerto de Linate,
Malpensa y Orio al Serio (1,2km);
Malpensa Shuttle (1,2km);
(1,2km)
Repubblica
Corso Sempione
Viale Elvezia
Via Legnano
Moscova
Via della Moscova
Via Statuto
Via Solferino
Corso Garibaldi
Via Palermo
BRERA
Via San Marco
Via Montebello
Turati
Via D Manin
Bastioni di Porta Venezia
Viale Vittorio Veneto
Via Panfilo Castaldi
Viale Tunisia
Via Felice Casati
Via Omboni
Via Tadino
Porta
Venezia
Via Lambro
Via Melzo
Via Poerio
Viale Piave
Viale Luigi Majno
Corso Venezia
Giardini
Pubblici
Via Palestro
Piazza
Cavour
Via Fatebenefratelli
Via Pontaccio
Via Fiori Oscuri
Lanza
Piazza
Sempione
Parco
Sempione
Via Canova
Viale Emilio Alemagna
Viale Gadio
Via Mascheroni
Via XX Settembre
Via di Vincenzo Monti
Stazione Nord
(Stazione
Cadorna)
Piazza
Castello
Via Cusani
Via Brera
Montenapoleone
Via Alessandro
Manzoni
Via della Spiga
Via Marina
Via S Primo
Palestro
Via Monte di Pieta
Via Gesù
Quadrilatero d'Oro
Via Bigli
Via Carlo Goldoni
Piazza del
Tricolore
Piazza
Risorgimento
Conciliazione
Via Giovanni Boccaccio
La última
cena
(Il Cenacolo)
Cadorna
Triennale
Foro Buonaparte
Cairoli
Via Broletto
Via Monrone
Piazza
della
Scala
Piazza
Belgioioso
Corso G Matteotti
Via San
Damiano
Corso Monforte
Via Pietro Mascagni
Via Pasquale Sottocorno
Corso Magenta
Via San Tomaso
Via Meravigli
Piazza
Cordusio
Cordusio
Via Marino
Piazza
San Babila
San Babila
Piazza
del Liberty
Via Santa Maria alla Porta
Via S Agnese
Via Ansperto
Via Brisa
Duomo
Piazza
del Duomo
Duomo
Via S Paulo
Piazza
Beccaria
Via Durini
Via U Visconti
di Modrone
Via Archimede
Via San Vittore
Piazza
Sant'Ambrogio
Via Santa Valeria
Via Sant'Orsola
Piazza
Pio XI
Via Torino
Via G Mazzini
Piazza
Diaz
Via P da Cannobbio
Via C Battisti
Piazza Cinque
Giornate
Corso di Porta Vittoria
Sant'Ambrogio
Basilica di
Sant'Ambrogio
Via Lanzone
Via Circo
Via Nerino
Via S Giorgio
Missori
Via Francesco
Sforza
Via Fontana
Linate
(5km)
1
2
3
4
5
6
7
8
9
10
11
12
13
14
15
16
18
19
21
22
23
24
25
26
27
28
29
30
31
32
33
34
35
36
37
38

Milán

Principales puntos de interés

1 Duomo E4
2 Quadrilatero d'Oro E3
3 *La última cena* (Il Cenacolo) B3

Puntos de interés

4 Arengario D4
5 Basilica di Santa Maria delle Grazie B3
6 Chiesa di San Maurizio C3
7 Galleria Vittorio Emanuele II D3
Museo del Novecento ....(véase 4)
8 Museo Nazionale della Scienza e della Tecnologia B4
9 Museo Poldi Pezzoli E3
Museo Teatrale alla Scala ......(véase 31)
10 Pinacoteca di Brera D2
Teatro alla Scala ....(véase 31)
11 Triennale di Milano B2

Actividades, cursos y circuitos

12 Autostradale D4
13 Bike & the City G1

Dónde dormir

14 Foresteria Monforte G3
15 Hotel Gran Duca di York D4
16 Hotel Spadari Duomo D4
17 Maison Borella B6

Dónde comer

18 Al Bacco G4
19 Cracco D4
20 Dongiò G6
Giacomo Arengario ....(véase 4)
21 Il Marchesino D3
22 L'Antico Ristorante Boeucc E3
23 Latteria di San Marco D1
24 Trattoria da Pino F4
25 Trussardi alla Scala D3

Dónde beber y vida nocturna

26 Caffeteria degli Atellani D1
27 Living B1
28 Pandenus F1
29 Torrefazione Il Caffè Ambrosiano G4
30 Torrefazione Il Caffè Ambrosiano G1

Ocio

31 Teatro alla Scala D3
32 Taquillas Teatro alla Scala D4

De compras

33 Borsalino E3
34 Borsalino Outlet D3
35 G Lorenzi E3
36 La Vetrina Di Beryl D1
37 Peck D4
38 Spazio Rossana Orlandi A4

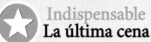

THE BRIDGEMAN ART LIBRARY/GETTY IMAGES ©

Indispensable
La última cena

El mural más famoso de Milán, *La última cena de* Leonardo da Vinci, está medio escondido en la pared de un refectorio adjunto a la **Basilica di Santa Maria delle Grazie** (Corso Magenta; 8.30-19.00 ma-do; M Conciliazione, Cadorna). Una de las imágenes más icónicas del mundo, muestra a Cristo y a sus discípulos en el dramático momento en el que les revela que sabe que será traicionado, toda una obra maestra del estudio psicológico.

Su restauración se terminó en 1999, tras más de 22 años de trabajos, ya que se encontraba en un estado lamentable después de siglos de deterioro. En parte la culpa fue de Leonardo da Vinci: aplicó su mezcla experimental de óleo y témpera entre 1495 y 1498, en vez de en una semana, como suele hacerse con los frescos. Los dominicos elevaron el suelo del refectorio y cortaron parte de la escena, incluidos los pies de Jesús, en 1652. El peor daño lo causaron los restauradores del s. XIX, cuyo trabajo con alcohol y algodón eliminó una capa. Pero su estado no atenúa su asombrosa belleza. Al mirar sus etéreas y resplandecientes ventanas el viajero se preguntará si la inusitada miopía de Leonardo da Vinci no tendría inspiración divina.

En su día, un monje se fijó en que el maestro a veces llegaba por la mañana, miraba el trabajo del día anterior y daba por finalizada la jornada. La visita es igual de breve (15 min), a menos que se haga en un circuito guiado de **Tickitaly** (www.tickitaly.com; circuito guiado 69 €; 19.15 y 20.00) que permite estar 30 min.

LO ESENCIAL

02 8942 1146; www.architettonicimilano.lombardia.beniculturali.it; adultos/reducida 6,50/3,25 €, gasto reserva 1,50 €; M Cadorna-Triennale

Fue construido alrededor de una rampa en espiral (un homenaje al Guggenheim) y sus plantas bajas están atestadas de visitantes admirando su fascinante colección, con obras de Boccioni, Campigli, De Chirico y Marinetti, entre otros.

Después se puede cenar en el bistró **Giacomo Arengario** (02 7209 3814; www.giacomoarengario.com; Via Guglielmo Marconi 1; comidas 30-40 €; 12.00-24.00; M Duomo) del tercer piso, con vistas al Duomo.

Teatro alla Scala — Ópera

(La Scala; www.teatroallascala.org; Via Filodrammatici 2; M Cordusio, Duomo) El imponente teatro de 2800 localidades de Giuseppe Piermarini fue inaugurado en 1778 con *Europa Riconosciuta* de Antonio Salieri. Reemplazó al antiguo teatro, que sufrió un incendio en una gala de carnaval. Su coste se financió con la venta de seis pisos de *palchi* (palcos), dorados y carmesíes. Cuando no hay ensayos se puede entrar en los palcos nº 13, 15 y 18 para ver su lujoso interior.

En el **Museo Teatrale alla Scala** (02 4335 3521; Largo Ghiringhelli 1; entrada 6 €; 9.00-12.30 y 13.30-17.30) los trajes de arlequín y un pequeño clavicordio apuntan a siglos de dramas musicales milaneses, dentro y fuera del escenario.

Pinacoteca di Brera — Galería

(02 7226 3264; www.brera.beniculturali.it; Via Brera 28; adultos/reducida niños 6/3 €; 8.30-19.15 ma-do; M Lanza) Instalada sobre la centenaria **Accademia di Belle Arti** (una de las escuelas de arte más prestigiosas de Italia) atesora la colección más impresionante de antiguos maestros de Milán, muchos de ellos llevados desde Venecia por Napoleón, como Rembrandt, Goya y Van Dyck, aunque se suele ir por los italianos: Tiziano, Tintoretto, el glorioso Veronese, el innovador Mantegna, los hermanos Bellini y el sublime Caravaggio.

Museo Poldi Pezzoli — Casa museo

(02 79 48 89; www.museopoldipezzoli.it; Via Alessandro Manzoni 12; adultos/reducida 9/6 €; 10.00-18.00 mi-lu; M Montenapoleone) Gian Giacomo Poldi Pezzoli heredó a los 24 años una inmensa fortuna y el amor al arte de su madre. En sus innumerables viajes por Europa se inspiró en la casa-museo que se convertiría en el Victoria and Albert Museum de Londres. Al ampliar su colección decidió transformar sus aposentos en exquisitas salas de temática histórica (Edad Media, primer Renacimiento, barroco y rococó). A pesar de estar atestadas, cuenta con una colección de prestigiosas obras de arte de Botticelli, Bellini y el hermoso *Retrato de una dama* de Pollaiuolo, entre otras.

Museo Nazionale della Scienza e della Tecnologia — Museo

(02 48 55 51; www.museoscienza.org; Via San Vittore 21; adultos/niños 10/7 €, circuito en submarino 8 €; 9.30-17.00 ma-vi, hasta 18.30 sa, do y fest; M Sant'Ambrogio) Los niños, futuros inventores y aficionados se maravillarán en este impresionante museo, el mayor de su clase en Italia. Es un homenaje merecido al polifacético Leonardo da Vinci, quien realizó gran parte de sus mejores obras en Milán. El museo, que ocupa un monasterio del s. XVI, alberga una colección de más de 10 000 piezas, incluidas maquetas basadas en los esbozos de ingeniería de Da Vinci; salas dedicadas a la física, la astronomía y la horología; y hangares con trenes de vapor, aviones, galeones y el primer submarino de Italia.

Chiesa di San Maurizio — Capilla, convento

(Corso Magenta 15; 9.00-12.00 y 14.00-17.30 ma-do; M Cadorna-Triennale) La capilla real del s. XVI y convento de san Maurizio es la joya oculta de Milán. Cada centímetro está cubierto por un fresco de Bernardino Luini, muchos de ellos dedicados a inmortalizar a Ippolita Sforza y su familia. A la izquierda del altar, una puerta conduce a una retirada sala del convento donde unas extasiadas y martirizadas santas soportan con serenidad sus tribulaciones: santa Lucía sostiene con calma sus ojos y santa Ágata lleva sus pechos en una bandeja.

Circuitos

Una vez en Milán, se puede crear un circuito personalizado subiendo al tranvía nº 1. Esta antigua belleza de color naranja con butacas de madera y accesorios originales circula por Via Settembrini antes de entrar en el casco histórico por Via Manzoni, pasar Piazza Cordusio y regresar hacia Piazza Cairoli y el Castello Sforzesco. Hay que comprar el billete (1,50 €, 75 min) en un estanco antes de subir y sellarlo en la *obliteratrice* original del tranvía; es válido también para el autobús y el metro.

Autostradale Circuito guiado

(☎02 720 01 304; www.autostradale.it; billete 60 €; ⏱9.30 ma-do sep-jul) La oficina de turismo vende los billetes (válidos para todo el día) para estos circuitos en autobús de tres horas por la ciudad, que incluyen la entrada a *La última cena*, el Castello Sforzesco y el museo de La Scala. Salen de la parada de taxis en la parte oeste de Piazza del Duomo.

Bike & the City Circuito en bicicleta

(☎346 9498623; www.bikeandthecity.it; circuito día/atardecer 35/30 €; ⏱ circuito mañana/tarde/atardecer 9.30/15.30/18.30) Es otra opción: hacer amigos mientras se ven los puntos de interés de la ciudad en unos agradables circuitos en bicicleta de cuatro horas.

Alba Hot-Air Balloon Flights Globos aerostáticos

(traslados, vino y desayuno incl. 220-250 €) Hermosos recorridos por el valle de las Langhe en globos aerostáticos.

Dónde dormir

Maison Borella Hotel-'boutique' €€

(☎02 5810 9114; www.hotelmaisonborella.com; Alzaia Naviglio Grande 8; d 140-220 €; ❄@📶; Ⓜ Porta Genova) El primer hotel junto al canal ofrece todo un toque de clase en Navigli, con balcones con geranios que cuelgan sobre Naviglio Grande y una llamativa decoración. Está instalado en una casa reformada alrededor de un patio interior y sus habitaciones tienen suelos de parqué, techos con vigas y elegante *boiserie* (paneles tallados).

Foresteria Monforte B&B €€

(☎02 7631 8516; www.foresteriamonforte.it; Piazza del Tricolore 2; d 150-250 €; ❄@📶; Ⓜ San Babila) Las tres elegantes habitaciones de este exclusivo B&B disponen de sillas

Corso di Porta Ticinese.

MAREMAGNUM/GETTY IMAGES

de Philippe Starck, TV de pantalla plana y cocina compartida. Tienen luz natural, techos altos y baños contemporáneos. A 1,5 km del Duomo.

Hotel Gran Duca di York Hotel **€€**
(02 87 48 63; www.ducadiyork.com; Via Moneta 1; d 160-205 €; ; M Duomo)
Este *palazzo* amarillo limón cercano al Duomo fue residencia de los eruditos que trabajaban en la cercana Biblioteca Ambrosiana. Ofrece servicio agradable y 33 habitaciones pequeñas con camas mullidas y baños de mármol (algunas con balcones). Se recomienda evitar el desayuno y tomar pasteles cinco estrellas en Princi, a pocas manzanas.

Hotel Spadari Duomo
Hotel de diseño **€€€**
(02 7200 2371; www.spadarihotel.com; Via Spadari 11; d 185-345 €; M Duomo) Original hotel de diseño cuyas habitaciones son minigalerías para la obra de artistas emergentes. Es la creación de los respetados arquitectos e ingenieros Urbano Pierini y Ugo La Pietra, que lo diseñaron todo, incluido el sinuoso mobiliario color madera clara.

Dónde comer

Latteria di San Marco 'Trattoria' **€**
(02 659 76 53; Via San Marco 24; comidas 18-25 €; 19.00-23.00 lu-vi; ; M Moscova)
De encontrar asiento en este diminuto y popular restaurante se podrán disfrutar favoritos como *spaghetti alla carbonara* y las creaciones del chef Arturo, como *polpettine al limone* (albóndigas con limón) o *riso al salto* (*risotto* frito) de su cambiante orgánica carta.

Trattoria da Pino Milanesa **€**
(02 7600 0532; Via Cerva 14; comidas 20-25 €; 12.00-15.00 lu-sa; M San Babila) Este restaurante proletario es el antídoto perfecto a los establecimientos con estrellas Michelin repletos de modelos. Los comensales comparten en largas mesas estilo cafetería y piden cuencos de *bollito misto* (carnes cocidas), pasta casera y medallones de ternera al *curry*.

De primera mano

Milán

POR CLAUDIO BONOLDI, FOTÓGRAFO DE MODA Y DE DISEÑO

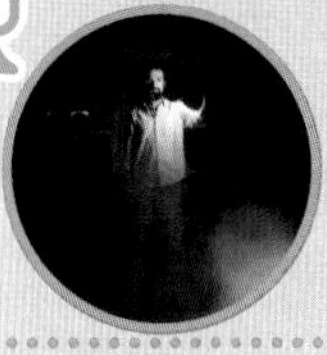

1 SALONE INTERNAZIONALE DEL MOBILE

La feria internacional del mueble de abril es el mejor momento para visitar Milán, y también el más concurrido. Ni siquiera es necesario ir a la feria, basta con admirar el edificio de cristal de Fiera Milano (www.fieramilano.it) por fuera y después ir a Fiera Fuoresalone, que expone una selección de diseñadores internacionales.

2 SEMANA DE LA MODA

Si no se pertenece a ese mundo, es mejor evitar las pasarelas e ir a las actividades de moda: se organizan fiestas en tejados de hoteles, antiguas fábricas y otros lugares normalmente cerrados al público.

3 MUSEO DEL DISEÑO TRIENNALE DI MILANO

Este **museo** (**www.triennaledesignmuseum.it; Viale Emilio Alemanga 6**) expone los objetos de diseño que dieron fama a la ciudad y a Italia –teteras Memphis Group y sillas Gio Ponti– además de propuestas experimentales.

4 'HAPPY HOUR'

El ambiente más moderno de Milán es también el más barato. De 18.00 a 20.30 se encuentran bufés por el precio de una copa. Cerca de Arco della Pace hay una docena de establecimientos que ofrecen *happy hour*, como Living Bar, con mucho estilo.

5 FOTOS EN LA CALLE DE LA MODA

En Corso Garibaldi pasea la gente que se viste para que la miren, pero para moda de calle es un poco estrafalaria; son mejores los días entre semana en el Corso di Porta Ticinese. Para hacer fotos de moda, el Cimitero Monumentale es un evocador escenario con estatuas antiguas.

Las estrellas Michelin más brillantes de Milán

Los restaurantes italianos contemporáneos más importantes de Milán están orientados a la moda y la comida:

Cracco (02 87 67 74; www.ristorantecracco.it; Via Victor Hugo 4; comidas 130-160 €; 7.30-23.00 lu y sa, 12.30-14.30 y 7.30-23.00 ma-vi; M Duomo) El chef Carlo Cracco crea una ejemplar *alta cucina* deconstructiva en un entorno sobrio y contemporáneo.

Il Marchesino (02 7209 4338; www.ilmarchesino.it; Via Filodrammatici 2; comidas 50-80 €, menú degustación 110 €; 8.00-1.00 lu-sa; M Duomo) Gualtiero Marchesi, el chef más apreciado de Italia, preside este elegante y moderno comedor en La Scala.

Sadler (02 87 67 30; www.sadler.it; Via Ascanio Sforza 77; comidas 120 €; 7.30-23.00 lu-sa; M Romolo, 3) La sabiduría culinaria de Claudio Sadler sigue siendo innegable en la escena milanesa desde 1995.

Trussardi alla Scala (02 8068 8201; www.trussardiallascala.com; Piazza della Scala 5; comidas 120 €; 7.30-23.00 lu-vi, cena sa; M Duomo) Andrea Berton, alumno de Gualtiero Marchesi, dirige la cocina de este tranquilo comedor con vistas a La Scala.

Trattoria del Nuovo Macello
Milanesa €€

(02 5990 2122; www.trattoriadelnuovomacello.it; Via Cesare Lombroso 20; comidas 28-50 €; 12.00-14.15 y 20.00-22.30 lu-vi, 20.00-22.30 sa) Un milanés dirá que las finas "orejas de elefante" rebozadas que se hacen pasar por *cotoletta alla milanesa* (escalope) son meras imitaciones. Si se desea una verdadera, se puede tomar un taxi a Nuovo Macello, en el antiguo barrio de la carne, donde sirven gruesos y jugosos filetes de ternera cocinados en mantequilla.

Al Bacco
Milanesa €€

(02 5412 1637; Via Marcona 1; comidas 25-30 €; cena lu-sa) Andrea, antiguo alumno del famoso chef Claudio Sadler, posee un restaurante recomendado por el movimiento *Slow Food*, en el que prepara clásicos milaneses como pasta casera con habas, panceta y *pecorino*, o conejo con aceitunas *taggiasche*.

Dongiò
Calabresa €€

(02 551 13 72; Via Bernardino Corio 3; comidas 30-40 €; 12.00-14.30 y 19.30-23.30 lu-vi, 19.30-23.30 sa; ; M Porta Romana) Esta generosa *trattoria* calabresa, con una de las mejores relaciones calidad-precio de Milán, sirve los picantes sabores del sur en una deliciosa pasta casera. Sus entrantes incluyen fuentes de salami y quesos sureños. Se recomienda reservar.

L'Antico Ristorante Boeucc
Milanesa €€€

(02 7602 0224; www.boeucc.com; Piazza Belgioioso 2; comidas 60-80 €; almuerzo y cena lu-vi, almuerzo do; M Duomo) El restaurante más antiguo de Milán, instalado en el sótano del imponente y neoclásico Palazzo Belgioioso, lleva abierto desde 1696. Sus comedores abovedados, que recuerdan tiempos más fastuosos, propician un ambiente teatral. De las *crespelle al prosciutto* (una especie de crepe de jamón) se pasa al *trancio di salmone al pepe verde* (salmón con pimientos verdes).

Dónde beber y vida nocturna

Caffeteria degli Atellani
Café, bar

(02 3653 5959; www.atellani.it; Via della Moscova 28; 8.30-21.30 lu-vi, 9.30-19.30 sa y do; ; M Moscova, Turati) Este café de diseño está inspirado en un invernadero tropical

/ da a un tranquilo jardín. Su elegante ɔarra está repleta de vinos italianos, que ;e toman después de curiosear en su ibrería especializada en cine.

Torrefazione Il Caffè Ambrosiano
Café

(☎02 2952 5069; http://torrefazioneambro siano.it; Corso Buenos Aires 20; 🕐7.00-20.00; M Porta Venezia) No tiene asientos, solo el nejor café de Milán. Posee una **sucursal** Corso XXII Marzo 18; 🕐7.00-20.00; 🚋9, 23) n Corso XXII Marzo.

Pandenus
Bar

(☎02 2952 8016; www.pandenus.it; Via Alessan-ro Tadino 15; cócteles 8 €, brunch 20 €; 🕐7.00-2.00; 📶; M Porta Venezia) Esta antigua anadería fue bautizada por el famoso an de nueces que salía de su horno todavía activo). Las *focaccias, pizzettas bruschettas* de su barra de aperitivos on de las mejores de la ciudad. Dada u proximidad a la Fondazione Marconi dedicada al arte contemporáneo) su lientela es artística y apuesta.

10 Corso Como
Bar

(☎02 2901 3581; www.10corsocomo.com; Corso omo 10; 🕐12.30-24.00 lu-vi, 11.30-1.30 sa y o; M Garibaldi) Su patio de ensueño, un mejorable lugar para observar a la gen- e y el distinguido ambiente nocturno uminado por un titilante dosel de ces lo convierten en el mejor bar onceptual de Milán.

Living
Bar

(☎02 3310 0824; www.livingmi no.com; Piazza Sempione 2; 🕐8.00-2.00 lu-vi, 9.00-2.00 y do; M Moscova) Cuenta on una de las ubicacio- es más bonitas de la udad y ventanales de uelo a techo con vistas Arco della Pace. Su piosoaperitivo atrae un público veinteañero treintañero elegante- esenfadado. Su hermano, **efeel** (☎02 5832 4227; www. refeel.it; Viale Sabotino 20; 🕐7.00-2.00 lu-sa, 12.00-16.00 do; M Porta Romana), en Porta Romana, también merece la pena.

Via Vetere.

JACQUES PIERRE/GETTY IMAGES ©

Ocio

La Salumeria della Musica
Club

(☎02 5680 7350; www.lasalumeriadellamusica.com; Via Pasinetti 4; 🕐21.00-2.00 lu-sa sep-jun; 🚋24) Es uno de los favoritos en la escena alternativa de Milán. Ofrece nuevo teatro, tertulias literarias, actividades culturales y *jazz*. Las actuaciones comienzan a las 22.30 y sirve platos de queso y embutidos.

Blue Note
'Jazz'

(☎02 6901 6888; www.bluenotemilano.com; Via Borsieri 37; entradas 20-35 €; 🕐ma-do sep-jul; M Zara, Garibaldi) Actúan los mejores músicos de *jazz* de todo el mundo; las entradas se compran por teléfono, en línea o en la puerta a partir de las 19.30. Los domingos ofrece un *brunch* con música (35 €, o 55 € para 2 adultos y 2 niños).

Teatro alla Scala Ópera
(☎02 8 87 91; www.teatroallascala.org; Piazza della Scala; Ⓜ Duomo) Para conseguir entradas (13-210 €, hasta 2000 € en noches de estreno), a la venta dos meses antes de la representación en la **taquilla** (Galleria del Sagrato, Piazza del Duomo; 12.00-18.00; Ⓜ Duomo), se necesita perseverancia y suerte. Los días de representación se venden 140 entradas dos horas antes de la actuación (una por persona).

La temporada de ópera es de noviembre a julio, pero también ofrece teatro, *ballet* y conciertos todo el año, excepto agosto.

Estadio San Siro Fútbol
(Stadio Giuseppe Meazza; ☎02 404 24 32; www.sansiro.net; Via dei Piccolomini 5, museo y circuitos Puerta 14; entrada museo 7 €, circuito guiado adultos/reducida 13/10 €; días sin partido 10.00-18.00; Ⓜ Lotto) Los dos equipos de fútbol de la ciudad son el AC Milan, fundado en 1899 y propiedad del exprimer ministro Silvio Berlusconi y el FC Internazionale Milano ("Inter") fundado en 1908, que juegan los domingos alternos. En los circuitos guiados por el estadio, construido en la década de 1920, se ven los vestuarios y el **Museo Inter e Milan** (☎02 404 24 32; www.sansiro.net; Via Piccolomini 5, Puerta 21; museo y circuito adultos/reducida 13/10 €; 10.00-18.00, circuitos cada 20 min; ; Ⓜ Lotto, 16, lanzadera desde Piazzale Lotto al estadio), repleto de recuerdos, como caricaturas de jugadores en papel maché y películas. Hay que tomar el tranvía nº 24, el autobús nº 95, 49 o 72, o el metro hasta la parada Lotto, donde sale un autobús lanzadera gratis al estadio.

De compras

Peck Delicatesen, enoteca
(☎02 802 31 61; www.peck.it; Via Spadari 7-9; 15.00-19.30 lu, 8.45-19.30 ma-sa; Ⓜ Duomo) Los gastrónomos acuden a Milán para visitar este emporio de la comida y el vino (y no para ver *La última cena*). Abrió sus puertas como delicatesen en 1883 y se amplió con restaurante-bar y *enoteca*. Su tienda es la mejor de Milán, con 3200 variedades de *parmigiano reggiano*, para empezar.

Galleria Vittorio Emanuele II.

KRZYSZTOF DYDYNSKI/GETTY IMAG

Spazio Rossana Orlandi Tienda de diseño
(02 467 44 71; www.rossanaorlandi.com; Via Matteo Bandello 14; 3.30-19.30 lu, 10.00-19.30 ma-vi; M Conciliazione) Encontrar este estudio de diseño de interiores instalado en una antigua fábrica de corbatas del barrio de Magenta es un reto, pero una vez dentro resulta difícil abandonar este tesoro de piezas retro y contemporáneas de edición limitada realizadas por jóvenes y emergentes artistas.

La Vetrina Di Beryl Calzado
(02 65 42 78; Via Statuto 4; M Moscova) El nombre de Barbara Beryl era conocido entre los entendidos antes de que los zapatos Manolo se convirtieran en sinónimo del deseo femenino. Entrar en esta aparentemente anodina tienda es como encontrar la sección de zapatos de una sesión fotográfica para *Vogue Italia*.

Borsalino Outlet Accesorios
(02 8901 5436; www.borsalino.com; Galleria Vittorio Emanuele II 92; 15.00-19.00 lu, .00-19.00 ma-sa; M Duomo) El homónimo sombrerero alejandrino trabajó con Achille Castiglioni, que llegó a diseñar un sombrero hongo en forma de cuenco de pudin. La tienda de la Galleria Vittorio Emanuele II vende favoritos de temporada. También se puede visitar el **salón principal de exposición** (02 7601 72; www.borsalino.com; Via Sant'Andrea 5; M Montenapoleone).

Lorenzi Tienda de diseño
(02 7602 2848; www.lorenzi.it; Via Montenapoleone 9; 15.00-19.30 lu, 9.00-12.30 y .00-19.30 ma-sa; M San Babila) Esta joya del s. XX se especializa en exquisita parafernalia de decoración y cocina. Cuenta con bellos y delicados objetos –navajas hechas a mano con asta de venado–, ejemplos del diseño utilitario.

10 Corso Como Moda
(02 2900 2674; www.10corsocomo.com; Corso Como 10; 10.30-19.30 ma y vi-do, hasta .00 mi y ju, 15.30-19.30 lu; M Garibaldi) Quizá la "tienda conceptual" más exagerada del mundo, pero la selección de objetos de deseo de Carla Sozzani (manoletinas Lanvin, muñecas Alexander Girard, un vestido *demi-couture* de un diseñador aún no conocido) la convierten en una tentadora experiencia de compras. Cuenta con una librería de arte y diseño.

En busca de...
Diseño italiano

Milán es el paraíso del diseño, ya sea en arquitectura, interiores o moda.

1 FIERA MILANO

(www.fieramilano.it) Excelentemente organizada por Massimiliano Fuksas, alberga las ferias más importantes de Milán, como el **Salone Internazionale del Mobile** (www.cosmit.it) de abril. Se construyó en la antigua refinería de petróleo Agip en Rho-Pero, a 40 min de Milán en metro. Activa desde el 2006, su vela de cristal y acero ondea sobre 1,4 km de salones y zonas de apoyo, con capacidad para medio millón de visitantes.

2 GALLERIA VITTORIO EMANUELE II

(Piazza del Duomo; M Duomo) Es mucho más que una galería comercial, es una elevada estructura neoclásica de hierro y cristal conocida como *il salotto bueno* (el mejor salón).

3 TRIENNALE DI MILANO

(02 72 43 41; www.triennaledesignmuseum.it; Viale Emilio Alemanga 6; adultos/reducida 8/6,50 €; 10.30-20.30 ma, mi, sa y do, hasta 23.00 ju y vi; P; M Cadorna) La primera Triennale de Italia se celebró en 1923 en Monza para promocionar el diseño y las artes aplicadas, y su éxito propició la creación del **Palazzo d'Arte** de Giovanni Muzio en Milán (1933). Ha abanderado el diseño en todas sus formas y la *triennale* se ha reemplazado por prolongadas actividades anuales con exposiciones internacionales.

RAINER MARTINI/GETTY IMAGES ©

Indispensable
Quadrilatero d'Oro

Los interesados en la caída de un vestido o el corte de una chaqueta deberían visitar el Quadrilatero d'Oro, la zona de compras más legendaria del mundo. Este pintoresco cuadrilátero de calles adoquinadas siempre ha sido sinónimo de elegancia y dinero (el gobierno de Napoleón gestionaba los créditos en Via Monte Napoleone), aunque su legendario estatus en el mundo de la moda pertenece a la reinvención de posguerra de Milán. Durante la década de 1950, las casas de moda milanesas instalaron talleres en la zona que limitan Via Monte Napoleone, Via Sant'Andrea, Via della Spiga y Via Alessandro Manzoni; en la década siguiente, Milán superó a Florencia y Roma y se convirtió en la capital de la alta costura italiana. Los mejores diseñadores del mundo presentan sus colecciones para mujer en febrero/marzo y septiembre/octubre, y las de hombres en enero y junio/julio.

LO ESENCIAL

Quadrilatero d'Oro

Información

Información turística

Oficina de turismo de Milán (02 7740 4343; www.turismo.milano.it; Piazza Castello 1; 9.00-18.00 lu-vi, 9.00-13.30 y 14.00-18.00 sa, hasta 17.00 do; M Duomo)

Oficina de turismo Stazione Centrale (02 7740 4318; frente andén nº 13, Stazione Centrale; 9.00-18.00 lu-vi, 9.00-13.30 y 14.00-18.00 s hasta 17.00 do)

Mostrador de información del aeropuerto Linate (02 7020 0443; aeropuerto de Linat Llegadas, planta baja; 7.30-23.30)

Mostrador de información del aeropuerto de Malpensa (02 5858 0080; aeropuerto d Malpensa, Terminal B, planta baja; 8.00-20.

Cómo llegar y salir

Avión

Aeropuerto Orio al Serio (035 32 63 23; www.sacbo.it)

Aeropuerto de Linate (02 23 23 23; www.sea-aeroportimilano.it) Apenas 7 km al este de la ciudad; vuelos nacionales y algunos europeos.

Aeropuerto de Malpensa (02 23 23 23; www.sea-aeroportimilano.it) Ubicado 50 km al noroeste de la ciudad; principal aeropuerto internacional del norte de Italia.

Autobús

Los autobuses nacionales e internacionales salen de la estación de autobuses Lampugnano (Via Giulia Natta; junto a la parada de metro Lampugnano), a 5 km al oeste de Milán. La principal empresa nacional es Autostradale (02 720 01 304; www.autostradale.it). Los billetes se compran en la oficina principal de turismo.

Tren

Los trenes internacionales de alta velocidad de Francia, Suiza y Alemania llegan a la Stazione Centrale (Piazza Duca d'Aosta). Las taquillas y consigna están en la planta baja y el mostrador de información turística frente al andén nº 13. Para evitar colas en los viajes regionales, se recomienda comprar los billetes en las máquinas multilingües con pantalla táctil, que aceptan efectivo y tarjetas de crédito. Los destinos internacionales y de larga distancia incluyen:

Florencia (19-50 €, 1½-3½ h, cada hora)

Roma (55-58 €, 3 h, cada 30 min)

Venecia (16-37 €; 2½-3½ h, cada 30 min)

Cómo desplazarse

A/desde el aeropuerto

Autobús

Air Bus (www.atm-mi.it) Los autobuses de ATM salen de la Piazza Luigi di Savoi, junto a la Stazione Centrale, al **aeropuerto de Linate** (adultos/niños 5/2,50 €, 25 min) cada 30 min de 6.00 a 23.00.

Autostradale (02 720 01 304; www.autostradale.it) Ofrece autobuses al **aeropuerto Orio al Serio,** junto a Bérgamo, cada 30 min entre 2.45 y 23.30 desde Piazza Luigi di Savoia (adultos/niños 5/3,50 €, 1 h).

Malpensa Shuttle (02 585 83 185; www.malpensashuttle.it; billete 10 €) Sale de la Piazza Luigi di Savoi, junto a la Stazione Centrale, cada 20 min, de 3.45 a 0.30 y tarda 50 min en llegar al **aeropuerto de Malpensa.**

Taxi

La tarifa fija a/desde el aeropuerto de Malpensa a Milán cuesta 90 €. Fuera de horas punta debería tardar 50 min. Es la opción más rápida para los viajeros a la Terminal 2. El precio al aeropuerto de Linate cuesta 10-20 €.

Tren

Malpensa Express (02 7249 4494; www.malpensaexpress.it) Los trenes salen de la Terminal 1 del aeropuerto de Malpensa cada 30 min hacia la Stazione Centrale (adultos/niños 10/5 €, 50 min) y Cadorna Nord (Stazione Nord; www.ferrovienord.it; Piazza Luigi Cadorna) (adultos/niños 11/5 €, 30 min) entre 5.25 y 23.40. Los pasajeros que lleguen o salgan de la Terminal 2 han de tomar un autobús lanzadera gratuito a la estación de trenes de la Terminal 1.

Transporte público

ATM (800 80 81 81; www.atm.it) gestiona el metro, los autobuses y los tranvías. El metro es lo más práctico para desplazarse, con tres líneas principales y la Passante Ferroviario de color azul, que circula de 6.00 a 0.30. Después hay servicio nocturno hasta las 2.30. Un billete cuesta 1,50 € y es válido para un viaje en metro o un viaje de hasta 90 min en los autobuses y tranvías de la ATM. Se venden en las estaciones de metro, estancos y quioscos de periódicos. Es necesario validarlos en tranvías y autobuses.

Los puntos de información de la ATM proporcionan mapas con las rutas de autobuses y tranvías, y se puede descargar la *app* de iATM. Existen varios pases que ahorran dinero:

Billete de un día Válido 24 h, 4,50 €

Billete de tres días Válido 72 h, 8,25 €

Bono de 10 viajes Válidos 90 min cada uno, 13,80 €

Taxi

Solo están disponibles en las paradas designadas, no pueden pararse en la calle. Otra opción es llamar al 02 40 40, 02 69 69 o 02 85 85. Un desplazamiento corto en la ciudad cuesta 10 €.

Desvío:
Certosa di Pavia

La espléndida **Certosa di Pavia** (Cartuja de Pavía; ☎0382 92 56 13; www.certosadipavia.com; Viale Monumento; entrada con donativo; ⏰9.00-11.30 y 14.30-17.30 ma-do) GRATIS es uno de los edificios más importantes del Renacimiento italiano. Giangaleazzo Visconti fundó este monasterio, 10 km al norte de Pavia, en 1396 como capilla y mausoleo de la familia Visconti. Se proyectó como pareja arquitectónica del Duomo de Milán y aunque fue diseñado por los mismos arquitectos, al cabo de un siglo el resultado fue un híbrido entre el gótico tardío y el primer Renacimiento.

Su amplio interior es gótico, pero el exterior es renacentista. Hay un espacioso patio frente a la iglesia, bordeado por un pequeño claustro que a su vez conduce a un segundo claustro más suntuoso bajo cuyos arcos están las 24 celdas de los monjes. Algunas están abiertas al público, pero es necesario ir en circuito guiado (solo italiano). En la sacristía hay una escultura de 1409 hecha con dientes de hipopótamo, con 66 bajorrelieves y 94 estatuillas. En las capillas hay frescos de Bernardino Luini y el maestro de Umbría, Il Perugino, entre otros.

El autobús Sila nº 175 (Pavia-Binasco-Milán) enlaza la estación de autobuses de Pavia y la Certosa di Pavia (15 min, 7 diarios).

Atención: el taxímetro se pone en marcha desde el momento de la llamada y no en la recogida.

LOS LAGOS

Lago Maggiore

Más que otros lagos vecinos, el lago Maggiore ha conservado el ambiente *belle époque* de su apogeo en el s. XIX, cuando la alta burguesía europea acudía para comprar y construir grandes villas con extraordinarios jardines.

El extremo norte del lago, donde se estrecha entre las montañas y entra en Suiza, es el más bonito y apartado; y merece la pena conducir por la orilla hacia el sur por la SS34 y la SS33.

Cómo llegar y desplazarse

Barco

Ferries para vehículos Conectan Verbania Intra y Laveno. Zarpan cada 20 min; 6,90-11,50 €/vehículo y conductor o 4,30 €/bicicleta y ciclista.

Navigazione Lago Maggiore (☎800 551801; www.navigazionelaghi.it) Opera *ferries* e hidroplanos. Las taquillas están en los muelles de los pueblos y la oficina principal en Arona. Los pases de día cuestan 15,50/8,80-21,50/11,80 € adultos/niños, dependiendo del puerto de salida, e incluyen escala en el pueblo suizo de Locarno.

Autobús

SAF (☎0323 55 21 72; www.safduemila.com) ofrece un servicio diario de Stresa a Milán (875 €, 1½ h) y a Verbania Pallanza (2,25 €, 20 min) y Arona (2,25 €, 20 min). Sale del muelle.

Tren

Stresa se encuentra en la línea Domodossola-Milán. Desde Domodossola, 30 min al noroeste, en la frontera suiza, se puede ir a Brig y Ginebra.

Lago de Como

A los pies de los nevados Alpes Réticos y encajado entre altas montañas boscosas el lago de Como (también llamado de Lario) es el más espectacular y menos visitado de los tres lagos principales. Tiene forma de Y invertida y su sinuosa costa aloja encantadores pueblos como el bonito Bellagio, enclavado sobre un pequeño promontorio en la bifurcación del lago. El pueblo principal, Como, está en la confluencia de las orillas sur y oeste.

Cómo llegar y desplazarse

Barco

os *ferries* e hidroplanos de Navigazione Lago i Como (☎800 551801, 031 57 92 11; www. avigazionelaghi.it; Piazza Cavour) cruzan el go todo el año y zarpan del muelle norte de la azza Cavour de Como. El billete cuesta entre 50 € (Como-Cernobbio) y 12,60 € (Como-Lecco Como-Gravedona). El hidroplano, más rápido, ene un suplemento de 1,40-4,90 €.

Hay *ferries* para vehículos que enlazan adenabbia, en la costa occidental, Varenna, la costa oriental, y Bellagio.

utobús

SF Autolinee (☎031 24 72 47; www.sptlinea. opera servicios regulares de autobús que salen la estación de autobuses de Piazza Giacomo atteotti. Las rutas principales son Como-Colico (5,90 €, 1½ h, 3-5 diarios), pasando por los pueblos de la orilla occidental, y Como-Bellagio (3,20 €, 1 h 10 min, cada hora).

Tren

A la estación de trenes de Como (Como San Giovanni) llegan trenes de la Stazione Centrale y la estación Porta Garibaldi de Milán (4,55-13 €, 30 min-1 h, cada hora); algunos continúan hacia Suiza. Los trenes de la Stazione Nord de Milán (4,10 €, 1 h) llegan a la Stazione FNM (Como Nord Lago) de Como. Los trenes de Milán a Lecco continúan hacia el norte por la orilla oriental. Si se va a Bellagio, es mejor continuar hasta Varenna y cruzar en *ferry*.

COMO

85 300 HAB.

Es un elegante y próspero pueblo que rezuma confianza en sí mismo, con un encantador casco histórico y murallas del s. XII. Construido con la riqueza que aportó la seda, sigue siendo uno de los productores más importantes de Europa. Aquí se pueden comprar pañuelos y corbatas de seda por mucho menos que en otros lugares.

cho de la Certosa di Pavia.

Puntos de interés y actividades

Su ubicación en la orilla del lago es impresionante y está lleno de flores; los paseos a los puntos de interés son muy agradables y la oficina de turismo proporciona información sobre circuitos a pie y en bicicleta.

Villa Olmo Villa, museo

(031 57 61 69; www.grandimostrecomo.it; Via Cantoni 1; adultos/reducida 10/8 €; villa durante exposiciones 9.00-12.30 y 14.00-17.00 lu-sa; jardines 7.30-19.00 sep-may, 7.30-23.00 jun-ago) Su neoclásica fachada color crema, con espléndidas vistas al lago, es uno de los puntos emblemáticos de Como. La familia Odescalchi, relacionada con el papa Inocencio XI, construyó su lujosa estructura en 1728. Cuando acoge exposiciones se pueden admirar sus suntuosos interiores. Si no, los jardines italianos e ingleses están abiertos todo el día.

El **Lido di Villa Olmo** (www.lidovillaolmo.it; Via Cernobbio 2; adultos/reducida día 6/4 €, medio día 4,50/2,50 €; 9.00-19.00 med may-sep), tiene una piscina con bar en la orilla del lago, abre en verano.

Funicolare Como-Brunate Funicul

(031 30 36 08; www.funicolarecomo.it; Piazz de Gasperi 4, Como; adultos ida/ida y vuelta 2,90/5,25 €, niños 1,90/3,20 €; salidas cada media hora 8.00-24.00 med abr-med sep, hasta 22.30 med sep-med abr) Construido en 189 se encuentra al noroeste del muelle, pasada la Piazza Matteotti y la estación de trenes. Tarda siete minutos en llegar a **Brunate** (720 m), un tranquilo pueblo con espléndidas vistas. En **San Maurizi** 30 min a pie desde la parada del funicu se pueden subir los 143 escalones del fa (construido en 1927, en el centenario de muerte de Alessandro Volta).

Aero Club Como Vuelos en hidroavic

(031 57 44 95; www.aeroclubcomo.com; Via Masia 44, Como; 2 personas 140 €; Como)

Izda. y abajo: Vista del lago Maggiore (p. 134).

(IZDA.) Y (ABAJO) JEAN-PIERRE LESCOURRET/GETTY IMAGES ©

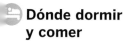

os circuitos de 30 min en :droavión sobrevuelan Bella- io y aportan un toque de *glamour*. frecen excursiones más largas sobre el go Maggiore y el lago Lugano. En verano ay que reservar con tres o cuatro días e antelación.

Dónde dormir y comer

e Stanze del Lago Apartamento **€**

339 5446515; www.lestanzedellago.com; a Rodari 6; apt 2/4 pers. 100/130 €; ❄) Sus nco acogedores apartamentos, con ecoración moderna aunque sencilla, n una buena opción en el centro de omo. En estancias de cinco días o más puede utilizar la cocina. Cuentan con ima de matrimonio, sofá-cama, techo madera y suelo de baldosas.

venue Hotel Hotel-'boutique' **€€**

031 27 21 86; www.avenuehotel.it; Piazzole rragni 6; d/ste desde 170/220 €; ❄ wifi) Combina una tranquila ubicación en el casco antiguo con habitaciones ultramodernas cuyos atrevidos colores compensan su minimalista telón de fondo blanco. Ofrece bicicletas gratuitas, caja fuerte para portátiles y TV de pantalla plana. El servicio es agradable y discreto.

Natta Café Café **€**

(☎ 031 26 91 23; Via Natta 16; comidas 10-15 €; 🕓 9.30-15.30 lu, 9.30-24.00 ma-ju, 9.30-2.00 vi, 11.30-14.00 sa; wifi) Este animado café con wifi gratis en el casco antiguo, pero alejado de calles transitadas, es el antídoto a las *trattorias* y *osterie* tradicionales. Sirve comidas ligeras que cambian regularmente, *baguettes*, ensaladas, vino y cócteles a buen precio (5-8 €). Encantador y relajado refugio.

Osteria del Gallo Italiana **€€**

(☎ 031 27 25 91; www.osteriadelgallo-como.it; Via Vitani 16; comidas 25-30 €; 🕓 12.30-15.00 lu, hasta 21.00 ma-sa) Esta *osteria* clásica

Como

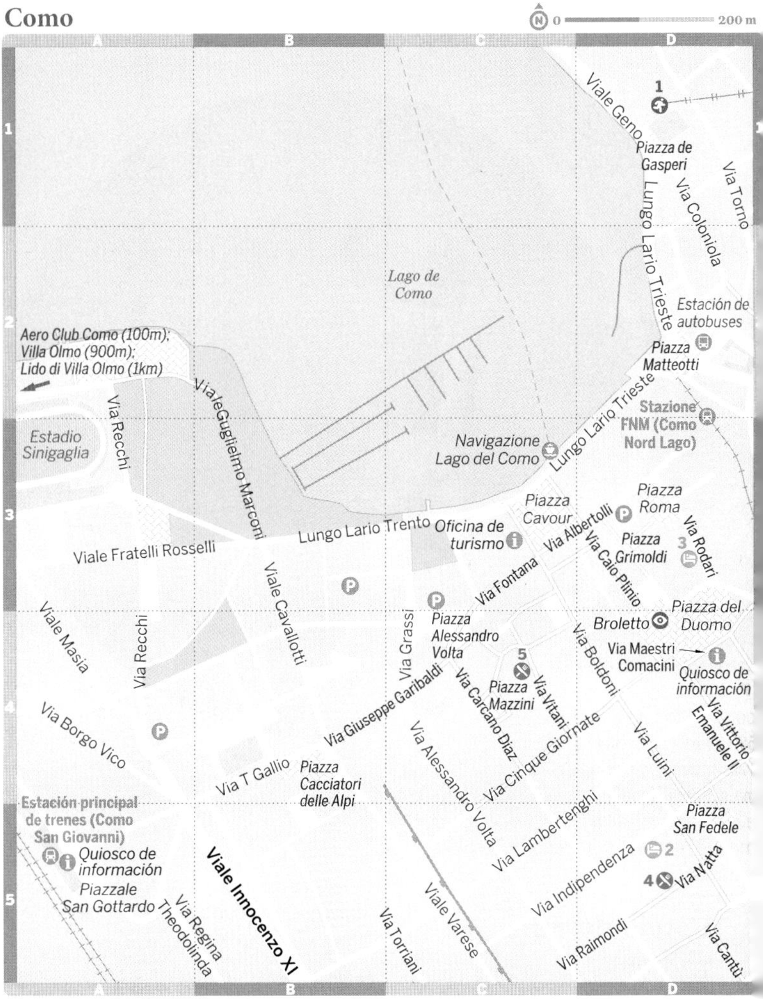

es obligatoria. Cuenta con mesas con alegres manteles de cuadros verdiblancos, buen vino y otras delicias en las estanterías. El personal recita la carta, que puede ser un entrante de ravioli gigantes seguido de pescado del lago frito. Se puede ir para tomar un vino.

Como

Actividades, cursos y circuitos

1 Funicolare Como-Brunate D1

Dónde dormir

2 Avenue Hotel D5
3 Le Stanze del Lago D3

Dónde comer

4 Natta Café D5
5 Osteria del Gallo C4

Información

Oficina de turismo (☎031 26 97 12; www.lakecomo.org; Piazza Cavour 17; ⊙9.00-13.00 y 14.00-17.00 lu-sa) Junto al Duomo hay un quiosco de información (⊙10.00-13.00

y 2-17.00) y otro en la estación de trenes (10.00-13.00 y 14.00-17.00).

BELLAGIO

Es imposible que su muelle con barcos cimbreantes, su laberinto de empinadas escaleras de piedra, edificios de tejados rojos y contraventanas verdes, arboledas de oscuros cipreses y jardines de rododendros no enamoren. Bellagio parece la proa de un hermoso navío que separa las aguas a su paso: el ramal de Como se extiende a babor y el Lecco, a estribor.

No es desconocido, los fines de semana de verano las hordas de visitantes de Milán abruman a los turistas extranjeros. Si se desea paz se recomienda ir entre semana. Es una buena base para hacer viajes en *ferry* a otros lugares del lago. También se puede hacer un viaje en barco con **Barindelli's** (☎338 2110337; www.barindellitaxiboats.com; Piazza Mazzini; circuito 1 h 140 €), alojarse en el **Hotel Silvio** (☎031 95 03 22; www.bellagiosilvio.com; Via Carcano 10-12, Bellagio; d desde 180 €; ⏱mar-med nov y Navidad; P ❄ ≋), con encantadoras vistas, y comer en **Ittiturismo Da Abate** (☎338 584 38 14; www.ittiturismodabate.it; Frazione Villa 4, Lezzeno; comidas 25-35 €; ⏱7-22.30 ma-sa, 12.00-14.30 y 7-22.30 do; 👪; ⛴Lezzeno), a 8 km al sur y recomendado por el movimiento *Slow Food*.

Hay microbuses de Como a Bellagio cada hora (3,25 €, 70 min).

ORILLA OCCIDENTAL

Algunas escenas de *Ocean's Twelve* fueron filmadas en el pueblo de **Cernobbio** del lago de Como. Si se va en automóvil, hay que tomar la carretera más cercana al lago (Via Regina Vecchia) hacia el norte desde Cernobbio, que pasa por una fabulosa colección de villas del s. XIX cerca de **Moltrasio.** A pocos kilómetros al norte está la aldea rodeada de villas de **Laglio,** hogar de George Clooney.

Finalmente, en **Lenno,** la **Villa Balbianello** (☎0344 5 61 10; www.fondoambiente.it; Via Comoedia 5, Località Balbianello; villa y jardines adultos/niños 13/7 €, con reserva 10/5 €, jardines solo adultos/niños 7/3 €; ⏱jardines 10.00-18.00 ma y ju-do med mar-med nov) posee uno de los jardines más espectaculares del lago, que parecen gotear por las laderas. En ella se rodaron escenas de la segunda entrega de *La guerra de las galaxias*

De primera mano

Lago de Como

POR RITA ANNUNZIATA, ORIUNDA Y GUÍA TURÍSTICA DEL LAGO DE COMO

1 **PASEOS Y CIRCUITOS A PIE**

Los circuitos a pie por las montañas que rodean Bellagio, Lenno y Tremezzo ofrecen la oportunidad de ver los pueblos y paisajes menos conocidos del lago. El paseo de 6 km de Bellano a Varenna por el antiguo sendero Viandante es especialmente bonito. En la orilla occidental, la Chiesa di San Martino, 400 m por encima del pequeño Cadenabbia, ofrece unas vistas espectaculares. Las oficinas de turismo locales proporcionan información sobre paseos y circuitos a pie.

2 **JARDINES ROMÁNTICOS**

Los jardines del lago de Como son maravillosos. Para ver florecer las azaleas, rododendros y camelias hay que ir antes del 10 de mayo. Las villas Serbelloni, Balbianello y Carlotta poseen los jardines más bonitos. En verano se organizan conciertos de música clásica en algunos, en especial en los de Villa Carlotta (p. 140). Las webs de las villas y de las oficinas de turismo locales publican los programas.

3 **BELLAGIO**

Sin duda, la belleza de Bellagio supera a las postales. Aparte de sus magníficos jardines cuenta con abundantes tiendas, cafés y restaurantes. Lucia Sala, una aficionada a la historia local, organiza un circuito guiado los lunes que recorre algunas de las 22 aldeas y enseña su maravillosa colección etnográfica. PromoBellagio (www.bellagiolakecomo.com) proporciona detalles.

y la nueva versión de *Casino Royale* de James Bond del 2006. El interior se ve en circuito guiado (en italiano) a las 16.15. Los visitantes solo pueden pasear por el kilómetro que hay entre el embarcadero de Lenno y la villa los martes y en fin de semana; los otros días hay que tomar un taxi acuático desde Lenno.

Tremezzo aparece en las listas de todos los viajeros gracias a la **Villa Carlotta** (☎0344 4 04 05; www.villacarlotta.it; Via Regina 2; adultos/reducida 9/5 €; ⏰9.00-17.00 Semana Santa-sep, 10.00-16.00 med mar-Semana Santa y oct-med nov; ⛴Cadenabbia) del s. XVII, con jardines llenos de naranjos engarzados en pérgolas y los rododendros, azaleas y camelias más bonitos de Europa. Esta villa llena de pinturas, esculturas de alabastro blanco (en especial las de Antonio Canova) y tapices, lleva el nombre de la princesa prusiana que recibió el palacio en 1847 como regalo de bodas de su madre. Otro punto de interés de Tremezzo es el excelente restaurante **Al Velulu** (☎0344 4 05 10; www.alveluu.com; Via Rogaro 11, Tremezzo; comidas 50-70 €; ⏰mi-lu; 👪; ⛴Cadenabbia), que sirve espárragos trigueros y polenta con vistas panorámicas en su terraza en una ladera. Cuenta con dos confortables *suites* con capacidad hasta para cuatro personas. Ofrece recogida en el muelle.

Lago de Garda

Ha atraído a poetas, políticos, divas y dictadores. Es el lago más grande de Italia, con 370 km², en la frontera entre Lombardía y el Véneto, con elevadas montañas al norte y colinas al sur. Sus laderas están tapizadas de viñedos, olivares y limonares, y los pueblos, situados en una cadena de puertos naturales. Desenzano del Garda, en el extremo suroeste, cuenta con buenas conexiones.

Es el lago con mayor desarrollo y, a pesar de su abundancia de alojamientos, se recomienda reservar con antelación.

Cómo llegar y desplazarse

Avión

Aeropuerto de Verona-Villafranca (☎045 809 56 66; www.aeroportoverona.it) El aeropuerto de Verona es el más práctico para llegar al lago. Hay trenes regulares que conectan Verona con Peschiera del Garda (2,85 €, 15 min) y Desenzano del Garda (3,80 €, 25 min).

Barco

Navigazione Lago di Garda (☎800 551801; www.navigazionelaghi.it; Piazza Matteotti 2, Desenzano del Garda) Opera *ferries* todo el año. Un billete ilimitado de 1 día en el Alto Garda cuesta 23,40/12,40 € adultos/niños; el del Basso Garda, 20,50/11 €.

Los conductores pueden cruzar el lago en el *ferry* para vehículos entre Toscolano-Maderno y Torri del Benaco, o en temporada entre Limone y Malcesine. Un automóvil cuesta 10,70 €/ida.

Jardines de Villa Carlotta.

DAMIEN SIMONIS/GETTY IMAGES ©

Autobús

APTV (045 805 78 11; www.aptv.it) Conecta a estación de trenes Desenzano del Garda con Riva del Garda (4,70 €, 2 h, hasta 6 diarios). La estación de trenes de Peschiera del Garda está en la ruta de autobuses de la APTV Riva del Garda-Malcesine-Garda-Verona, por la que pasan autobuses cada hora a Riva (4,10 €, 1 h 40 min) y Verona (3,20 €, 30 min).

Trasporti Brescia (030 440 61; www.trasportibrescia.it; Via Cassale 3/a, Brescia) Ofrece servicios desde Brescia que van por a orilla oeste del lago hasta Riva del Garda.

Trentino Trasporti (0461 821 000; www.ttesercizio.it) Conecta Riva del Garda con Arco (20 min) y Trento (4,20 €, 1¾ h).

Tren

Desenzano del Garda y Peschiera del Garda están en la línea férrea Milán-Venecia.

SIRMIONE

420 HAB.

Ubicado en una estrechísima península de la orilla sur, el pueblo más pintoresco de Garda atrajo a artistas como el poeta romano Cátulo o María Callas y miles de personas siguieron sus pasos.

La **oficina de turismo** (030 91 61 14; Viale Marconi 8; 9.00-12.30 y 15.00-18.00 lu-vi, 9.00-12.30 sa) linda con la estación de autobuses. Los vehículos motorizados no pueden continuar más adelante, excepto con reserva hotelera.

Puntos de interés y actividades

Rocca Scaligera — Castillo

(Castello Scaligero; adultos/reducida 4/2 €; 8.30-19.00 ma-do) La familia Scala construyó este enorme castillo de planta cuadrada a la entrada de la isla para acrecentar su dominio hacia el norte. Conserva el único puente peatonal de Sirmione, unos impresionantes torreones y torres almenadas. Su interior no es gran cosa, pero la ascensión a la torre más alta (tiene 146 escalones) recompensa con hermosas vistas de los tejados del resguardado puerto de Sirmione.

Grotte di Catullo — Yacimiento histórico

(030 91 61 57; adultos/reducida 4/2 €; 8.30-20.00 ma-sa, 9.30-18.30 do mar-oct, 8.30-14.00 ma-do nov-mar) Esta villa romana del s. I en el extremo norte de Sirmione es un pintoresco complejo de 2 Ha con tambaleantes arcos de piedra y muros en ruinas, algunos con tres pisos de altura. Es la villa familiar más grande de la Italia septentrional y los paseos por sus laderas con terrazas ofrecen unas fantásticas vistas.

Aquaria — 'Spa'

(030 91 60 44; www.termedisirmione.com; Piazza Don Angelo Piatti; piscinas día/tarde 33/27 €, tratamientos desde 25 €; piscinas 14.00-22.00 lu, 10.00-22.00 ma-do mar-dic, horario varía ene y feb) Sirmione posee una serie de fuentes termales junto a la costa de las que mana agua a 37°C. Este *spa* ofrece dos piscinas termales, una de ellas al aire libre junto al lago. Basta con llevar bañador y sandalias, proporcionan toallas. También vende bañadores.

Las mejores playas del lago de Garda

Rocca di Manerba Reserva natural a 10 km al sur de Salò.

Parco la Fontanella Playa de guijarros blancos con olivares, al norte de Gargnano.

Campione del Garda Playa con acantilados y windsurfistas, al norte de Gargnano.

Riva del Garda Paisajística orilla de 3 km indicada para familias.

Punta San Vigilio Cabo bordeado de cipreses que se adentra en el lago, 3 km al norte de Garda.

Abajo: Bellagio (p. 139)
Dcha.: Windsurfistas en el lago de Garda (p. 141).
(ABAJO) ROBERTO SONCIN GEROMETTA/GETTY IMAGES © Y (DCHA.) BUENA VISTA IMAGES/GETTY IMAGES ©

Dónde dormir y comer

Sirmione cuenta con un desmedido número de hoteles, aunque muchos cierran de finales de octubre a marzo. Hay cuatro zonas de acampada y la oficina de turismo informa sobre todas las del lago.

Hotel Marconi Hotel **€€**
(030 91 60 07; www.hotelmarconi.net; Via Vittorio Emanuele II 51, Sirmione; i 45-75 €, d 80-135 €; P ❄) La terraza de este elegante hotel familiar está llena de sombrillas azules y blancas. Sus habitaciones están decoradas en tonos discretos con flamantes telas; su desayuno y pasteles caseros son una delicia.

La Fiasca 'Trattoria' **€€**
(030 990 61 11; www.trattorialafiasca.it; Via Santa Maria Maggiore; comidas 30 €; 12.00-14.30 y 19.00-22.30 ju-ma) Esta auténtica *trattoria* está medio escondida en un callejón de la plaza principal, pero sirve unas salsas que no pueden dejar de untarse. Es agradable, animada y prepara platos con productos del lago de Garda: *tagliatelle* con perca y *porcini*, y pato con *brandy* y enebro.

GARDONE RIVIERA

2700 HAB.

Vivió sus días de gloria a finales del s. XIX y principios del XX, y las opulentas villas y recargada arquitectura de este complejo turístico conforman uno de los lugares de veraneo más elegantes del lago. Unos 12 km al norte se encuentra **Gargnano** (3050 hab.), un pequeño puerto que se llena de yates de millonarios aficionados a la vela, que acuden en septiembre para ver la **Centomiglia,** la regata de veleros más prestigiosa del lago.

La **oficina de turismo** (0365 374 87 3 Corso della Repubblica 8; 9.00-12.30 y 14.30-18.00 lu-sa) proporciona información sobr las actividades de la zona.

Puntos de interés

Il Vittoriale degli Italiani Museo
(0365 29 65 11; www.vittoriale.it; Piazza Vittoriale; jardines y museos adultos/reducida 16/12 €; jardines 8.30-20.00 abr-sep, hasta 17.00 oct-mar, museos hasta 19.00 ma-do abr-sep, 9.00-13.00 y 14.00-17.00 ma-do oct-mar; P) Gabriele d'Annunzio (1863-1938), poeta, soldado, hipocondríaco y protofascista, es inclasificable, al igual que su finca. Ampulosa, estrambótica e inquietante, cuenta con excesos arquitectónicos y decorativos que ayudan a comprender a su excéntrico propietario, cuyas aventuras con mujeres ricas son legendarias. En la década de 1920 D'Annunzio se convirtió en un acérrimo defensor del fascismo y de Mussolini.

Giardino Botanico Fondazione André Heller Jardín
(336 41 08 77; www.hellergarden.com; Via Roma 2; adultos/niños 10/5 €; 9.00-19.00 mar-oct) El auge de Gardone se debió a su clima suave, que beneficia las miles de flores exóticas que llenan el jardín de esculturas del artista André Heller. Trazado en 1912 por Arturo Hruska, un dentista que se enriqueció con la realeza europea, está dividido en pequeñas zonas climáticas y cuenta con 30 esculturas contemporáneas, incluidas obras de Keith Haring y Roy Lichtenstein.

Dónde dormir

Locanda Agli Angeli
Posada rural €€
(036 52 08 32; www.agliangeli.com; Piazza Garibaldi 2, Gardone Riviera; i 45-70 €, d 80-180 €; P) Su encantadora renovación resultó en una *locanda* (posada) del s. XVIII con madera antigua pulida, cortinas vaporosas y un derroche de colores lima, naranja y aguamarina. La terraza cuenta con piscina y vistas a los tejados y el lago. El restaurante sirve cocina clásica del lago de Garda (comidas 25-35 €).

RIVA DEL GARDA

15 800 HAB.

Destaca incluso en un lago bendecido con un paisaje espectacular. Rodeado por imponentes paredes de piedra y una playa curvada, su atractivo centro es una mezcla de arquitectura elegante, calles laberínticas y plazas amplias. Está al otro lado de la frontera con Lombardía, en la región alpina de Trentino-Alto Adige y desde su estratégica ubicación fue testigo de las luchas entre los obispos de Trento, la República de Venecia, las familias Visconti de Milán y Della Scala de Verona. Formó parte de Austria hasta 1919, posteriormente soportó duros combates en las guerras de independencia italiana y albergó grupos de resistencia antinazis en la II Guerra Mundial.

Puntos de interés y actividades

Riva es el punto de partida natural de multitud de actividades al aire l ibre, como excursionismo y ciclismo en los senderos cercanos al monte Rocchetta (1575 m). En su paisajística orilla se realizan pasatiempos más relajados: natación, bronceado y ciclismo en el camino costero de 3 km a Torbole. Las escuelas de *windsurf* alquilan equipo en la playa de Porfina.

Dónde dormir y comer

Residence Filanda Apartotel **€€**
(☎0464 55 47 34; www.residencefilanda.com; Via Sant'Alessandro, 51; d 105-135 €, c 165-210 €; P ❄ @ ≋ 👪) Esta alegre residencia situada entre olivares a 2 km de Riva, es un refugio para familias. Sus habitaciones y apartamentos dan a unos exuberantes terrenos con piscina climatizada, pistas de tenis y voleibol, así como 1 Ha de jardines orientados a niños. Las instalaciones son de primera, con cocinas equipadas, lavadora y todo lo necesario para los niños.

Lido Palace Hotel de lujo **€€€**
(☎0464 02 18 99; www.lido-palace.it; Viale Carducci 10, Riva del Garda; d 270-380 €, ste 450-550 €; P ❄ @ 📶 ≋) Es ideal para derrochar dinero. El histórico palacio del Lido de Riva data de 1899 y es una preciosidad. Sus cuidadas renovaciones han aportado unos modernos interiores en el grandioso palacio modernista, un restaurante con estrellas Michelin, vistas incomparables al césped y el lago, y un suntuoso *spa* (abierto al público con reserva).

Cristallo Caffè Helados**€**
(☎0464 55 38 44; www.cristallogelateria.com; Piazza Catena 11; cucuruchos 2,50 €; 🕑7-1.00) Sirve más de 60 sabores de helado artesano en enormes tarrinas. También es un buen lugar para tomar un *spritz* con vistas al lago.

Osteria Le Servite 'Osteria', 'gardese' **€€**
(☎0464 55 74 11; www.leservite.com; Via Passirone 68, Arco; comidas 30-45 €; 🕑19.00-22.30 ma-do abr-sep, 19.00-22.30 ju-do oct-mar; 👪) Esta elegante *osteria,* en la que Alessandro y su mujer sirven ñoquis de *mimosa*, tierno *salmerino* y filetes de cerdo con mosto, está escondida entre los viñedos de Arco. En verano, en el patio se toman vinos de producción limitada y D.O.C. Trentino.

MALCESINE

3650 HAB.

Es otro de los lugares de moda, con las aguas del lago chapaleando junto a las mesas de sus restaurantes y la imponente cumbre del monte Baldo detrás. Epicentro de *windsurf,* al igual que Riva del Garda y Torbole, sus calles están adoquinadas con miles de guijarros del lago. Está coronado por el blanquecino **Castello Scaligero,** donde estuvo preso Goethe al ser confundido con un espía.

Su funicular, **Funivia Malcesine-Monte Baldo** (☎045 740 02 06; www.funiviedelbaldo.it; Via Navene Vecchia; adultos/reducida ida y vuelta 19/15 €; 🕑8.00-19.00 abr-ago, hasta 18.00 sep, hasta 17.00 oct), sube a 1760 m por encima del lago en cabinas rotatorias de cristal. Esta montaña forma parte de una cadena de 40 km y las cumbres son el punto de partida de circuitos de bicicleta de montaña y parapente, además de pistas de esquí en invierno. La estación intermedia del funicular, **San Michele** (ida/ida y vuelta 5/7 €), brinda unas excelentes excursiones. El paseo de una hora de vuelta hasta Malcesine por silenciosos caminos y rocosos senderos de montaña muestran un mundo rural muy alejado de las multitudes del ago. **Bikextreme (045 740 0105; www. ɔikextrememalcesine.com; Via Navene Vecchia 10; día 15-30 €)** alquila bicicletas y en el Rifugio Monte Baldo informan sobre excursiones en la montaña.

El **Consorzio Olivicoltori di Malcesine** (045 740 12 86; Via Navene 21; 9.00-13.00 y 16.30-19.00; P) GRATIS convierte las aceitunas recogidas en Malcesine en aceite de oliva extra virgen, famoso por su suave y afrutado sabor con aroma a almendras. El precio de este preciado aceite prensado en frío con D.O.C. comienza en 11 € los 0,5 l.

Para escapar de las multitudes, conviene ir a **Vecchia Malcesine** (045 740 04 69; www.vecchiamalcesine.com; Via Pisort ; comidas 45-100 €; 12.00-14.30 y 19.00-22.30 ju-ma), con estrellas Michelin, para omar una ingeniosa comida y bombones "meteorito" rellenos de aceite de oliva de Garda, o a **Speck Stube (0457 40 11 77; www.speckstube.com; Via lavene Vecchia 139, Campagnola; omidas 8-20 €; 12.00-24.00 nar-oct;)** una divertida barbacoa a las afueras del pueblo.

La **oficina de turismo** (045 658 99 04; www. nalcesinepiu.it; Via apitanato 6; 9.30-12.30 15.00-18.00 lu-sa, 9.30-12.30 do) proporciona nformación sobre *windsurf*, vela, xcursiones y esquí.

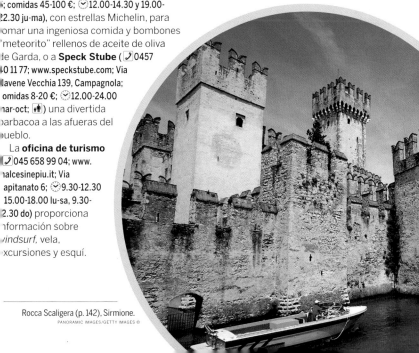

Rocca Scaligera (p. 142), Sirmione.
PANORAMIC IMAGES/GETTY IMAGES ©

PIAMONTE, LIGURIA Y LA RIVIERA ITALIANA

La segunda región más grande de Italia es sin duda la más elegante: proveedora de *Slow Food* y buen vino, regios *palazzi* y un ambiente ligeramente más francés que italiano, *aunque* el Piamonte lleva estampado "Made in Italia". Resultado del caos de las guerras austriacas, el movimiento de unificación se inició aquí en la década de 1850, cuando la noble Casa de Saboya proporcionó el primer ministro y su dinástica familia real a la incipiente nación.

Turín

911 800 / ALT. 240 M

Aunque los elegantes bulevares bordeados de árboles le aportan un aire parisino y sus majestuosos cafés *art nouveau* recuerdan a los de Viena, esta ciudad no es una imitación. Los innovadores turineses proporcionaron al mundo el primer chocolate duro, perpetuaron uno de sus grandes misterios (el Santo Sudario), popularizaron un automóvil multiventas (Fiat) e inspiraron las rayas negras y blancas de uno de los equipos de fútbol más icónicos del planeta (Juventus).

Puntos de interés

¿Se dispone de una semana? Quizá es lo que se necesita para ver todos los puntos de interés de Turín. Los viajeros con poco tiempo deberían concentrarse en un trío de ellos: el Museo Egizio, la Mole Antonelliana y el Museo Nazionale dell'Automobile.

Mole Antonelliana — Museo

(Via Montebello 20) Símbolo de Turín, esta torre de 167 m con una inconfundible aguja de aluminio, aparece en la moneda italiana de dos céntimos. Su construcción comenzó en 1862 como sinagoga, aunque nunca se utilizó como lugar de culto. A mediados de la década de 1990 se instaló en ella el **Museo Nazionale del Cinema** (www.museonazionaledelcinema.org; Via Montebello 20; adultos/reducida 9/7 €, con ascensor panorámico 12/9 €; 9.00-20.00 ma-vi y do, hasta 23.00 sa).

Este museo propone un fantástico circuito por la historia del cine, desde las primeras linternas mágicas, estereoscopios y otros juguetes ópticos hasta nuestros días. Los recuerdos cinematográficos expuestos incluyen un *bustier* de encaje negro de Marilyn Monroe, la túnica que llevaba Peter O'Toole en *Lawrence de Arabia* y el ataúd utilizado por Bela Lugosi en *Drácula*. En el centro, la enorme sala está rodeada por 10 'capillas' interactivas dedicadas a distintos géneros cinematográficos. El **ascensor panorámico** de cristal sube 85 m hasta la terraza en 59 segundos.

Museo della Sindone — Museo

(www.sindone.org; Via San Domenico 28; adultos/reducida 6/5 €; 9.00-12.00 y 15.00-19.00) Este museo está en el interior de la cripta de la iglesia del Santo Sudario y documenta uno de los objetos más estudiados de la historia de la humanidad: el Sudario (Síndone). Sea cual sea la opinión sobre su autenticidad, su historia es un apasionante misterio repleto de conjuras, complots y revelaciones.

Museo Egizio — Museo

(www.museoegizio.org; Via Accademia delle Scienze 6; adultos/reducida 8/6 €; 8.30-19.30 ma-do) "El camino de Menfis y Tebas pasa por Turín", anunció el descifrador de jeroglíficos francés Jean-François Champollion a comienzos del s. XIX, y no estaba equivocado. Este legendario museo inaugurado en 1824 en el **Palazzo dell'Accademia delle Scienze** (Via Accademia delle Scienze 6) alberga la colección más importante de tesoros egipcios fuera de El Cairo.

Duomo di San Giovanni — Catedral

(Piazza San Giovanni) La catedral de Turín se construyó entre 1491 y 1498 en el lugar en el que se alzaban tres basílicas del s. XIV (y antes de ellas un teatro romano). Muchos visitantes no prestan atención a su sencillo interior y se concentran en un gran mito: el famoso **Sudario de Turín** (la supuesta tela funeraria en la que se habría envuelto el cuerpo de Jesús). Una copia se expone a la izquierda del altar.

Palazzo Reale — Museo

(Piazza Castello; adultos/reducida 10/5 €; 8.30-19.30 ma-do) Unas estatuas de los míticos gemelos Cástor y Póllux custodian la entrada de este llamativo palacio y, según la leyenda local, también la frontera entre las mitades sagrada (magia blanca) y diabólica (magia negra) de la ciudad, que datan de los tiempos romanos. Construido por Carlos Manuel II alrededor de 1646, sus suntuosas habitaciones albergan un regio surtido de muebles, porcelana y otros adornos. El **Giardino Reale** (entrada gratis; 9.00-1 h antes atardecer) GRATIS al noreste del palacio fue diseñado en 1697 por André le Nôtre, creador de los jardines de Versalles.

Galleria Civica d'Arte Moderna e Contemporanea — Galería de arte

(GAM; www.gamtorino.it; Via Magenta 31; adultos/reducida 10/8 €; 10.00-18.00 ma-do) A veces se piensa que Italia es extrañamente superficial en cuanto al arte moderno, hasta ver Turín. La GAM posee 45 000

ALESSANDRO RIZZI/GETTY IMAGES ©

Indispensable
Reggia di Venaria Reale

Monumental, fastuoso, regio y, sin embargo, extrañamente poco publicitado. El frívolo duque de Saboya Carlos Manuel II construyó en 1675 este complejo palaciego, Patrimonio Mundial y proverbial Versalles italiano, como pretencioso pabellón de caza. Quizá no tenga la fama de su equivalente francés, pero es una de las mayores residencias reales del mundo, rescatada de la ruina tras décadas de descuido con una restauración de 235 millones de euros y 10 años de trabajo que concluyeron en el 2010. Entre las joyas legadas por sus antiguos regentes se encuentran unos enormes jardines, una brillante fuente con forma de ciervo (con espectáculos acuáticos), una imponente galería digna de Luis XIV, la aneja Capella di Sant'Uberto y los establos Juvarra. Estos tres últimos diseñados por el gran arquitecto siciliano Filippo Juvarra en la década de 1720.

Para disfrutar de la exposición permanente hay que recorrer los 2 km del llamado Teatro de Historia y Magnificencia, un trayecto en forma de museo que abarca los 1000 años de historia de la familia Saboya, instalado en los aposentos de su antigua residencia real y ampliado a la galería y la *capella*. También organiza exposiciones temporales y conciertos, cuenta con un café y restaurante, y en el *borgo* (aldea) anejo –en la actualidad parte de los barrios periféricos de Turín– hay agradables establecimientos para comer y beber. Hay mucho que ver y se necesita gran parte del día para hacerlo. Al complejo palaciego (10 km al noroeste de Turín) se llega en el autobús nº 11 desde la estación de Porta Nuova.

LO ESENCIAL

www.lavenaria.it; Piazza della Repubblica; entrada 20 €, reggia y jardines 15 €, solo jardines 5 €; 9.00-17.00 ma-vi, hasta 20.00 sa y do

Turín

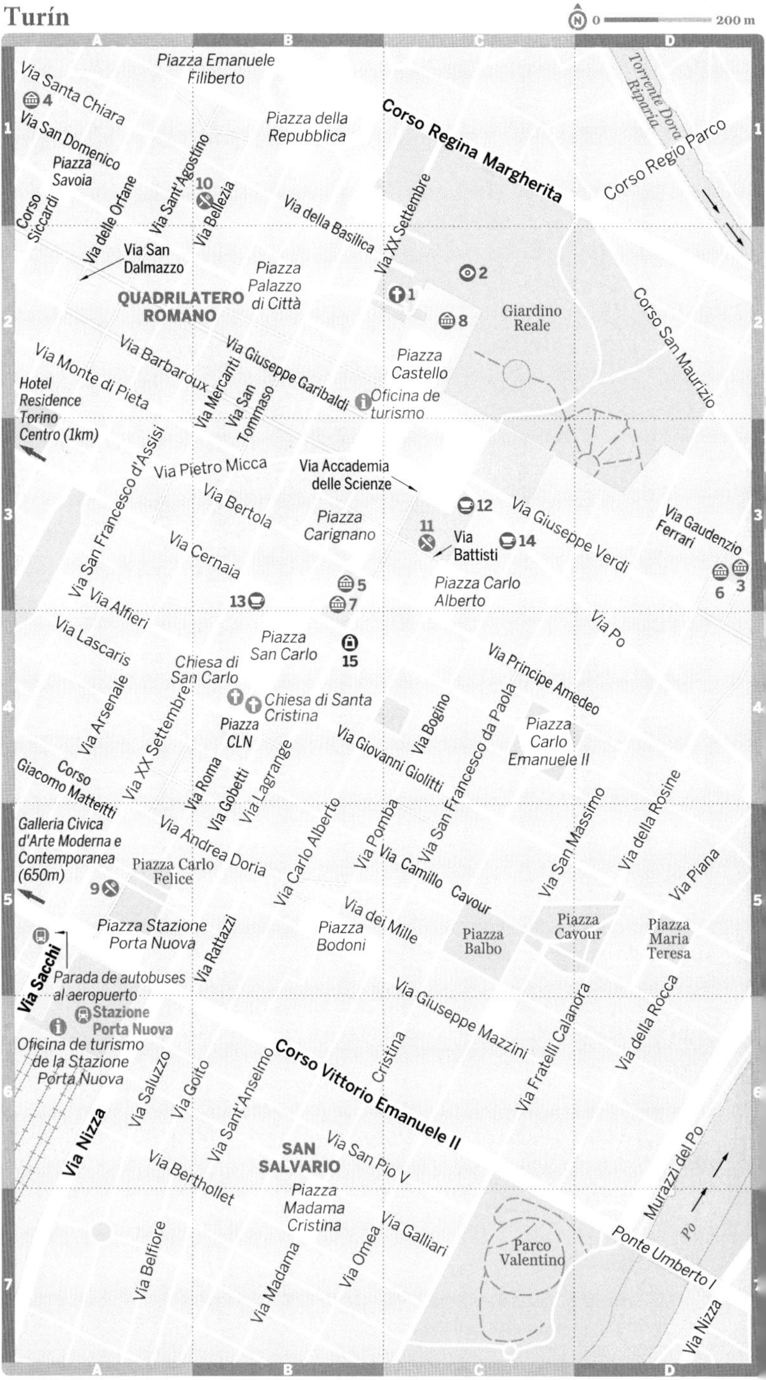
0 200 m
Piazza Emanuele Filiberto
Via Santa Chiara
4
Via San Domenico
Piazza Savoia
Corso Siccardi
Via delle Orfane
Via Sant'Agostino
10
Via Bellezia
Piazza della Repubblica
Corso Regina Margherita
Torrente Dora Riparia
Corso Regio Parco
Via della Basilica
Via XX Settembre
Via San Dalmazzo
QUADRILATERO ROMANO
Piazza Palazzo di Città
1
2
8
Giardino Reale
Corso San Maurizio
Via Barbaroux
Via Giuseppe Garibaldi
Via Monte di Pieta
Hotel Residence Torino Centro (1km)
Via Mercanti
Via San Tommaso
Piazza Castello
Oficina de turismo
Via San Francesco d'Assisi
Via Pietro Micca
Via Accademia delle Scienze
Via Bertola
Piazza Carignano
12
11
Via Battisti
14
Via Giuseppe Verdi
Via Gaudenzio Ferrari
6
3
Via Cernaia
5
7
13
Piazza Carlo Alberto
Via Alfieri
Via Lascaris
Via Po
Piazza San Carlo
15
Chiesa di San Carlo
Chiesa di Santa Cristina
Via Principe Amedeo
Via Arsenale
Via XX Settembre
Piazza CLN
Via Giovanni Giolitti
Via Bogino
Via San Francesco da Paola
Piazza Carlo Emanuele II
Corso Giacomo Matteitti
Via Roma
Via Gobetti
Via Lagrange
Galleria Civica d'Arte Moderna e Contemporanea (650m)
Via Andrea Doria
Via Carlo Alberto
Via Pomba
Via Camillo Cavour
Via San Massimo
Via della Rosine
Piazza Carlo Felice
9
Via Piana
Piazza Stazione Porta Nuova
Via dei Mille
Piazza Bodoni
Piazza Balbo
Piazza Cavour
Piazza Maria Teresa
Via Sacchi
Parada de autobuses al aeropuerto
Via Rattazzi
Stazione Porta Nuova
Oficina de turismo de la Stazione Porta Nuova
Via Giuseppe Mazzini
Via Fratelli Calandra
Via della Rocca
Corso Vittorio Emanuele II
Cristina
Via Saluzzo
Via Goito
Via Sant'Anselmo
Via Nizza
SAN SALVARIO
Via San Pio V
Murazzi del Po
Via Berthollet
Piazza Madama Cristina
Via Galliari
Parco Valentino
Po
Ponte Umberto I
Via Belfiore
Via Madama
Via Omea
Via Nizza

Turín

Puntos de interés

Dónde comer

Dónde beber y vida nocturna

De compras

ısombrosas obras de artistas de los s. XIX y XX, incluidos De Chirico, Otto Dix y ⁽lee. Contrata a curadores expertos para ⁊econfigurar sus exposiciones permanen-⁊es. Nunca se sabe lo que se va a ver.

Museo d'Arte Contemporanea

Galería de arte

(www.castellodirivoli.org; Piazza Mafalda di Savoia; adultos/reducida 6,50/4,50 €; 10.00-17.00 ma-vi, hasta 19.00 sa y do) En el **Castello di Rivoli** del s. XVII, se exhibe el arte contemporáneo más vanguardista de Turín desde 1984. La familia Saboya jamás habría imaginado que una de sus residencias albergaría obras de Franz Ackermann, Gilbert y George o Frank Gehry.

Museo Nazionale dell'Automobile

Museo

(011 67 76 66; www.museoauto.it; Corso Unità d'Italia 40; adultos/reducida 8/6 €; 10.00-19.00 mi, ju y do, hasta 21.00 vi y sa, hasta 14.00 lu, 2-19.00 ma; M Lingotto) Muy apropiado en la ciudad en la que se encuentra Fiat, uno de los fabricantes de automóviles más importantes del mundo, este elegante museo fue reabierto en el 2012 después de una importante renovación. Rinde homenaje a los vehículos de motor y expone una preciada colección de más de 200 automóviles, desde un Peugeot de 1892 a un Ferrari 308 de 1980 (rojo, por supuesto).

'ole Antonellina (p. 146).

Dónde dormir

Hotel Residence Torino Centro

Hotel €

(☎ 011 433 82 23; www.hoteltorinocentro.it; Corso Inghilterra 33; d/tr 84/105 €; P ❄ wifi) Este elegante y renovado convento junto a la estación de trenes Porta Susa es la mejor opción con diferencia. Combina su elegante y moderno mobiliario con antiguos suelos de mosaico, en unas enormes habitaciones con todas las comodidades. El servicio es profesional y eficaz, y cuenta con un animado café bar (Coffee Lab Inghiliterra) en el que disfrutar del desayuno incluido.

NH Lingotto + Lingotto Tech

Hotel de lujo €€€

(☎ 011 664 20 00; www.nh-hotels.com; Via Nizza 262; NH Lingotto d 270-300 €, NH Lingotto Tech d 390-410 €; P ❄ wifi) La antigua fábrica Fiat ofrece alojamiento de lujo con unos inusuales incentivos, como la pista de pruebas de 1 km en el tejado, que apareció en la película *Un trabajo en Italia.* Este inmenso hotel, adquirido recientemente por la cadena NH, se encuentra en Lingotto y su condición de exfábrica implica que las habitaciones son enormes y luminosas gracias a sus grandes ventanales.

Dónde comer

Sfashion

Pizzería €

(☎ 011 516 00 85; Via Cesare Battisti 13; pizzas/platos principales desde 6/8,50 €; ⏲ 8.00-24.00) ¿La mejor *pizza* de Turín? Si se menciona Sfashion aparecerán muchos adeptos. Con grosor napolitano y maravillosos ingredientes rústicos (y no demasiado queso), salen como balas de los hornos del presentador de la televisión turinesa Piero Chiambretti, cuyo animado y posmoderno establecimiento en el centro de la ciudad cuenta con juguetes antiguos en un extravagante interior. El otro clásico de la casa son los mejillones con salsa de tomate.

Eataly

Café, delicatesen €

(www.eatalytorino.it; Via Nizza 230; ⏲ 10.00-20.00 ma-do) 🍃 El supermercado del movimiento *Slow Food* está junto al centro de congresos de Lingotto. Este paraíso de las maravillas gastronómicas instalado en una enorme fábrica modernizada alberga una asombrosa colección de comida y bebida, en zonas separadas, incluida una fantástica selección de quesos, pan, carne, pescado, pasta, chocolate y muchas otras cosas.

Grom

Helados €

(www.grom.it; Piazza Pietro Paleocapa; ⏲ 11.00-24.00 do-ju, hasta 1.00 vi y sa) 🍃 Si no se ha oído hablar de Grom no se ha estado lo suficiente en Turín. La cadena de helados artesanos abanderada por el movimiento *Slow Food* inauguró su primera tienda en el 2003 con la

Turín.

RAINER MARTINI/GETTY IMAGES ©

promesa de poner el mismo cuidado y atención al helado que los enólogos al vino. Las largas colas son testigo de una floreciente leyenda.

L'Acino Piamontesa **€€**

(☎011 521 70 77; Via San Domenico 2A; 30-35 €; ⏲19.30-24.00 lu-sa) Media docena de mesas y una legión de adeptos indican que es difícil comer en este acogedor restaurante. Si se quiere deleitar las papilas gustativas con caracoles, tripa y estofado de ternera cocinado con vino roero hay que reservar con antelación o llegar a las 19.30 en punto (no abre para el almuerzo). Sus entrantes son las clásicas pastas piamontesas.

Dónde beber y vida nocturna

Caffè Mulassano Café

(Piazza Castello 15; ⏲7.30-22.30) En este café *art nouveau*, con docenas de clientes y solo cinco mesas pequeñas, los clientes toman candente exprés *in piedi* (de pie) mientras hablan del momento de la Juventus con el entendido camarero con corbata.

Caffè San Carlo Café

(Piazza San Carlo 156; ⏲8.00-24.00 ma-vi, hasta 1.00 sa, hasta 21.00 lu) Este reluciente café, el más dorado de los dorados, data de 1822. La araña de luces provoca tortícolis y la cuenta, dolor de corazón (4,50 € por un capuchino).

Fiorio Café

(Via Po 8; ⏲8.30-1.00 ma-do) El lugar en el que se sentaba Mark Twain procura inspiración literaria mientras se contempla el dorado interior de un café en el que los estudiantes del s. XIX tramaban revoluciones y el conde de Cavour jugaba diestramente al *whist*. El chocolate caliente amargo tampoco está mal.

En busca de... 'Slow Food'

1 BRA

Es el pequeño y modesto pueblo piamontés en el que arraigó el movimiento *Slow Food* en 1986. No hay automóviles ni supermercados, solo pequeñas tiendas familiares (que cierran religiosamente para "pausarse" dos veces a la semana), llenas de embutidos y chocolates artesanos, y productos de las granjas locales. El cuartel general del movimiento *Slow Food* cuenta con un pequeño restaurante hogareño, la **Osteria del Boccondivino** (☎0172 42 56 74; www.boccondivinoslow.it; Via Mendicità Istruita 14; menús del día 26-28 €; ⏲12.00-14.30 y 19.00-22.00 ma-sa). Hay trenes que enlazan Bra y Turín.

2 ALBA

Es una de las figuras más destacadas en el paraíso *gourmet* de Italia gracias a sus trufas, chocolate negro y vino, incluido el incomparable barolo. El **Consorzio Turistico Langhe Monferrato Roero** (☎0173 36 25 62; www.tartufoevino.it; Piazza Risorgimento 2) organiza circuitos y cursos gastronómicos. La búsqueda de trufa blanca en temporada (sep-dic) o negra (may-sep) cuesta 80 €/persona. También se puede recorrer una finca de avellanas por 30 €, o participar en un curso de cocina por 130 €/4 h. En la rústica **Osteria dei Sognatori** (Via Macrino 8b; 12-20 €; ⏲12.00-14.00 y 19.00-23.00 ju-ma) se toma lo que haya en la cazuela, que siempre es delicioso. Hay trenes cada hora que conectan Alba con Turín, pasando por Bra.

3 BAROLO

Pueblo vinícola durante siglos (data del s. XIII), está presidido por el **Castello Falletti** (www.baroloworld.it; Piazza Falletti; ⏲Enoteca Regionale del Barolo 10.00-12.30 y 15.00-18.30 vi-mi), que alberga el Museo del Vino a Barolo y la Enoteca Regionale del Barolo (en sus bodegas), gestionada por las 11 comunidades vinícolas de la región.

Abajo: Porta Palatina, Turín (p. 146)
Dcha.: Viñedo, Barolo (p. 151).

De compras

Guido Golbino Chocolate
(www.guidogolbino.it; Via Lagrange 1; 10.00-20.00 ma-do, 15.00-20.00 lu) Es el chocolatero preferido, incluso en un paraíso del chocolate como Turín. Cuenta con una reducida zona con mesas tras su tienda, en la que probar *fondues*, *giandujas* (bombones con avellana) y otros festines.

Información

Oficina de turismo (**011 53 51 81; www.turismotorino.org; Piazza Castello; 9.00-18.00**) Céntrica, multilingüe, abre a diario.

Oficina de turismo de la Stazione Porta Nuova (**011 53 51 81; Stazione Porta Nuova; 9.00-18.00**) Proporciona un servicio gratuito de búsqueda de alojamiento y de reserva de restaurantes.

Cómo llegar y salir

Avión

El **aeropuerto de Caselle** (**TRN; www.turin-airport.com**) de Turín, 16 km al noroeste de la ciudad, tiene conexiones con destinos europeos y nacionales. La aerolínea de bajo coste Ryanair ofrece vuelos a Barcelona, Ibiza y Londres. Alitalia enlaza con media docena de ciudades italianas.

Autobús

La mayor parte de los autobuses internacionales, nacionales y regionales llegan a la **estación de autobuses** (**Corso Castelfidardo**), 1 km al oeste de la Stazione Porta Nuova, en Corso Vittorio Emanuele II. Desde allí también se puede ir al aeropuerto Malpensa de Milán.

Cómo desplazarse

A/desde el aeropuerto

Sadem (**www.sadem.it**) ofrece autobuses al aeropuerto desde la Stazione Porta Nuova (40 min) que paran en la Stazione Porta Susa (30 min). Salen cada 30 min entre las 5.15 y las

22.30 (6.30 y 23.30 desde el aeropuerto). Un billete cuesta 5 € si se compra en la **Confetteria Avvignano** (Piazza Carlo Felice 50), frente a la parada de los autobuses, o 5,50 € si se compra a bordo.

Un taxi entre el aeropuerto y el centro de la ciudad cuesta unos 35-40 €.

Bicicleta

El servicio de bicicletas de uso público de Turín, **[To]Bike** (www.tobike.it), se inauguró en el 2010 y en la actualidad es uno de los mayores de Italia, con más de 18 000 abonados y 116 estaciones de *biciclette amarillas*. Su uso cuesta 8 € a la semana o 5 € al día, de los que los primeros 30 min son gratis. Después se pagan 0,80 €, 1 € y 2 € por

Trenes a/desde Turín

Hay trenes regulares desde la **Stazione Porta Nuova** (Piazza Carlo Felice) de Turín a los siguientes destinos.

DESTINO	TARIFA (€)	DURACIÓN (H)	FRECUENCIA
Milán	11,20	1¾	28
Aosta	8,40	2	21
Venecia	56	4½	17
Génova	11,20	2	16
Roma	desde 57,50	7	11

La mayoría para en la nueva terminal **Stazione Porta Susa** (Corso Inghilterra). Algunos también paran en la **Stazione Torino Lingotto** (Via Pannunzio 1), aunque resulta más práctico viajar en metro entre el centro de la ciudad y Lingotto.

cada 30 min adicionales. Las tarjetas de acceso se compran en Via Santa Chiara 26F o en línea.

Transporte público

La ciudad posee una amplia red de autobuses, tranvías y funiculares gestionados por el **Gruppo Torinese Trasporti** (GTT; www.torino.city-sightseeing.it; Piazza Castello; 15 €/24 h; 10.00-18.00), que posee una **oficina de información** (7.00-21.00) en la Stazione Porta Nuova. Los autobuses y tranvías circulan de 6.00 a 24.00 y el billete cuesta 1 € (bono 15 viajes 13,50 €; bono 1 día 3,50 €).

La única línea de **metro** (www.metrotorino.it) de Turín va de Fermi a Lingotto. Se inauguró para los Juegos Olímpicos de Invierno en febrero del 2006 y se amplió hasta la Stazione Porta Nuova en octubre del 2007 y hasta Lingotto en marzo del 2011. En la actualidad se trabaja para llevarla hasta Piazza Bengazi, dos estaciones al sur de Lingotto. Un billete cuesta 1,50 €.

Taxi

Se llama a la **Centrale Radio** (011 57 37) o **Radio Taxi** (011 57 30).

Génova

Este extenso y ajetreado puerto, de estrechas y serpenteantes calles *(caruggi)* que recuerdan más a la algarabía de Marruecos que al esplendor de Venecia, contrasta con la elegancia de Turín. La ciudad, antaño importante centro de comercio y cuna de precursores como Colón y Mazzini, posee un ambiente cosmopolita con vestigios imperiales, evidentes en su incomparable riqueza artística.

En lo más profundo del laberíntico casco antiguo, la bella y la bestia comparten espacio en calles que relucen como el decorado de una película de cine negro. Se pueden ver ancianos fumando lánguidamente a la puerta de bares ruidosos y prostitutas que hacen guardia en oscuros callejones, mientras que en la periferia los recuerdos de los buenos tiempos resuenan en los salones cubiertos de pan de oro de los Palazzi dei Rolli de los ss. XVI y XVII, Patrimonio Mundial.

Tras albergar la Exposición Internacional de 1992 y ser Capital Europea de la Cultura en el 2004, Génova ha experimentado unos cambios radicales, por ejemplo en la zona portuaria, que hoy cuenta con el mayor acuario de Europa y uno de los mejores museos marítimos.

Puntos de interés

Aparte de la cocina de Liguria, lo más destacado de Génova son los Palazzi dei Rolli. Cuarenta y dos de estos lujosos "palacios-aposentos" –construidos entre 1576 y 1664 para acoger a la burguesía europea de visita– se convirtieron en Patrimonio Mundial en el 2006. Se encuentran en (y cerca de) Via Garibaldi y Via Balbi.

Musei di Strada Nuova Museo

(www.museidigenova.it; entrada combinada adultos/reducida 8/6 €; 9.00-19.00 ma-vi, 10.00-19.00 sa y do) La peatonal Via Garibaldi (antigua Strada Nuova) fue trazada por Galeazzo Alessi en el s. XVI y bordea el extremo norte de lo que fueron los límites de la ciudad. Con el tiempo se convirtió en el barrio más codiciado de la ciudad y se construyeron los palacios de los habitantes más ricos de Génova. Tres de esos *palazzi* –Rosso, Bianco y Doria-Tursi– albergan el Musei di Strada Nuova y atesoran la colección de antiguos maestros más destacada de la ciudad.

Las entradas se compran en la librería del **Palazzo Doria-Tursi** (www.museidigenova.it; Via Garibaldi 9).

Cattedrale di San Lorenzo Catedral

(Piazza San Lorenzo; 8.00-12.00 y 15.00-19.00) La catedral gótico-renacentista a rayas blancas y negras de Génova, impresionante incluso para los estándares italianos, sobrevivió a la II Guerra Mundial gracias a la mala calidad de una bomba británica que no llegó a estallar en 1941 y sigue presente en la parte derecha de la nave como una inocua pieza de museo.

Palazzo Reale Palacio, museo

(www.palazzorealegenova.it; Via Balbi 10; adultos/reducida 4/2 €; 9.00-19.00 ju-do, hasta 13.30 ma y mi) Si solo se puede visitar uno de los Palazzi dei Rolli, se recomienda

Desvío:
Aosta

Unos dentados picos alpinos se alzan como catedrales de mármol por encima del pueblo de Aosta, en tiempos un importante asentamiento romano que se extendió de forma descuidada por el valle de Aosta desde la apertura del túnel del Mont Blanc en la década de 1960.

Su iglesia más fascinante, la **Chiesa di Sant'Orso** (Via Sant'Orso; ⊙9.00-19.00), forma parte de un monasterio (todavía en activo) y su centro histórico (de más de dos mil años de antigüedad) está lleno de **ruinas romanas**.

El valle de Aosta permite el acceso a las tres estaciones de esquí más prestigiosas de Europa: **Courmayeur** (www.courmayeur.com), **Breuil-Cervinia** (www.cervinia.it) y **Monte Rosa** (www.monterosa-ski.com), y a numerosas estaciones pequeñas.

El **Hotel Milleluci** (☑0165 4 42 74; www.hotelmilleluci.com; Loc Porossan 15; h 170-220 €; P ❋ @ ≋), más palacio que granja familiar restaurada, recibe con antiguos esquís de madera, botas de madera labradas, bañeras con patas, piscina interior y exterior, *jacuzzi,* sauna y gimnasio, así como suntuosos desayunos para esquiadores.

La pasta al dente está garantizada en la **Trattoria Aldente** (☑0165 19 45 96; Via Croce de Ville 34; 26-28 €; ⊙12.00-14.30 y 19.00-22.30), cuyo seductor interior (una zona que parece una acogedora cueva en un día de nieve) realza una carta compuesta por platos italianos y valdostanos igual de seductora.

Los autobuses **Savda** (www.savda.it) van a Milán (1½-3½ h, 2 diarios), Turín (2 h, hasta 10 diarios) y Courmayeur (1 h, hasta 8 diarios). La estación de trenes de Aosta, en la Piazza Manzetti, opera trenes que llegan y salen de la mayor parte de Italia. Los trenes a Turín (8,40 €, 2-2½ h, más de 10 diarios) cambian en Ivrea.

ste: un auténtico Versalles con jardines n terrazas, exquisito mobiliario y una de‐ cada colección de arte del Renacimien‐ ɔ. El dorado Salón de los Espejos por sí ɔlo merece haber pagado la entrada.

cuario Acuario

ww.acquariodigenova.it; Ponte Spinola; dultos/reducida 18/12 €; ⊙9.30-19.30; 🚼)

o es un sencillo estaque con peces, el :uario azul brillante de Génova es uno e los más grandes de Europa y contiene nás de 5000 criaturas marinas, incluidos burones, que nadan en seis millones e litros de agua. En el extremo del aseo está amarrado el barco *Nave Blu,* ɘstaurado en julio del 2013 para ser una xcepcional exposición flotante.

 Dónde comer

Trattoria Da Maria 'Trattoria' €

(☑010 58 10 80; Vico Testadoro 14R; 12 €; ⊙11.45-15.00 lu-sa, 19.00-22.30 ju y vi) El pes‐ to es básicamente la comida del pueblo, elaborada con ingredientes básicos y en esta sencilla *trattoria* instalada en una sombreada calle genovesa que abre a diario para el almuerzo (y para la cena en jueves y viernes) se pagan precios populares. Las mesas se comparten y la comida se sirve con la velocidad y sutileza de un ejército invasor napoleónico.

Trattoria della Raibetta
'Trattoria' €€

(www.trattoriadellaraibetta.it; Vico Caprettari 10-12; platos principales 14 €; ⊙almuerzo y cena ma-do) La cocina genovesa más auténtica

Trenes a/desde Génova

Hay trenes desde la Stazione Principe y la Stazione Brignole de Génova a los siguientes destinos.

DESTINO	TARIFA (€)	DURACIÓN (H)	FRECUENCIA
Milán	19,50	1 ½	hasta 8 diarios
Pisa	26	2	hasta 8 diarios
Roma	60,50	5	6 diarios
Turín	19	1 ¾	7-10 diarios

suele encontrarse en los establecimientos familiares escondidos en el laberinto de calles cercanas a la catedral. La carta de Raibetta es sencilla y abundan los platos de pescado. Se recomienda el marisco con *riso venere* (arroz negro) o el plato estrella casero, *trofiette al pesto*.

La ensalada de pulpo es un buen entrante y hay que elegir el vino entre 200 cosechas diferentes.

Cómo llegar y salir

Avión

El **aeropuerto Cristoforo Colombo** (**☎010 6 01 51; www.airport.genova.it**), 6 km al oeste de la ciudad, en Sestri Ponente, ofrece servicios regulares nacionales e internacionales.

Barco

La **terminal internacional de pasajeros (Terminal Traghetti; www.porto.genova.it; Via Milano 51)** ofrece *ferries* a/desde España, Sicilia, Cerdeña, Córcega y Túnez. Solo los cruceros utilizan la terminal de pasajeros de la década de 1930 en Ponte dei Mille.

Autobús

Los autobuses a destinos internacionales salen de la Piazza della Vittoria, al igual que los autobuses a/desde el aeropuerto Malpensa de Milán (16 €, 2 h, 6.00 y 15.00) y otros servicios regionales. Los billetes se compran en **Geotravels (Piazza della Vittoria 57)** y **Pesci Viaggi e Turismo (Piazza della Vittoria 94r)**.

Cómo desplazarse

A/desde el aeropuerto

La línea nº 100 de la **AMT (www.amt.genova.it)** comunica la Stazione Principe y el aeropuerto, al menos cada hora de 5.30 a 23.00 (4 €, 30 min). Los billetes se compran al conductor.

Un taxi a/desde el aeropuerto cuesta unos 15 €.

Cinque Terre

Si alguna vez se está cansado de la vida, se recomienda evitar al terapeuta y escapar rápidamente a las Cinque Terre (cinco tierras), en las que cinco pueblos pesqueros construidos en uno de los paisajes costeros más espectaculares del planeta proporcionan suficiente munición para levantar el ánimo más abatido. Patrimonio Mundial desde 1997, no es el paraíso sin descubrir que fue hace 30 años, pero ¡qué más da! Sus serpenteantes senderos tientan a los poco sociables a atravesar unos en apariencia inexpugnables acantilados y una vía férrea del s. XIX que atraviesa varios túneles costeros lleva a los menos valientes de pueblo en pueblo. Por suerte, los automóviles –la más ubicua de las modernas intromisiones– fueron prohibidos hace una década.

Estos cinco pueblos arraigados en la antigüedad datan del período medieval temprano. Monterosso, el más antiguo, se fundó en el 643, cuando los asediados habitantes de la colina descendieron a la costa para escapar de los invasores bárbaros. Riomaggiore habría sido fundado por unos colonos griegos que escapaban de la persecución de Bizancio en el s. VIII. El resto son Vernazza, Corniglia y Manarola.

En octubre del 2011 unas riadas en la costa ligur causaron estragos en Vernazza y Monterosso, sepultaron calles y edificios históricos bajo metros de lodo y costaron la vida a media docena de personas. En el 2013 la mayor parte de los establecimientos había vuelto a abrir, pero se recomienda comprobar el estado del Sentiero Azzurro (sendero azul) antes de ir.

Información

Hay información en línea en www.cinqueterre.it y www.cinqueterre.com.

Parco Nazionale (www.parconazionale5terre.it; 7.00-20.00) Hay oficinas en las estaciones de trenes de los cinco pueblos y en la estación de La Spezia.

Cómo llegar y desplazarse

Barco

En verano la **Cooperativa Battellieri del Golfo Paradiso** (www.golfoparadiso.it) ofrece barcos a Cinque Terre desde Génova (ida/ida y vuelta 18/33 €). El **Servizio Marittimo del Tigullio** (www.traghettiportofino.it) se ocupa de los barcos de temporada a/desde Santa Margherita (17,50/25,50 €).

De finales de marzo a octubre, el **Consorzio Marittimo Turistico Cinque Terre Golfo dei Poeti** (www.navigazionegolfodeipoeti.it), con base en La Spezia, ofrece barcos lanzadera diarios entre los cinco pueblos (excepto Corniglia), que cuestan 8 € ida, incluidas todas las paradas, o 15 € un billete para todo el día.

Automóvil y motocicleta

Los vehículos privados no pueden entrar en los pueblos. Si se llega en automóvil o motocicleta hay que pagar por estacionar en los aparcamientos designados. En algunos pueblos hay microbuses lanzadera que salen de los aparcamientos (ida/ida y vuelta 1,50/2,50 €) y las oficinas del parque proporcionan horarios de temporada.

Tren

Varios trenes recorren la costa entre Génova y La Spezia cada hora de 6.30 a 22.00 y paran en los cinco pueblos. La tarjeta Cinque Terre cubre viajes ilimitados en segunda entre Levanto y La Spezia.

MONTEROSSO

Es el pueblo más accesible en automóvil, el único que posee playa turística, el situado más al oeste y el menos auténtico del quinteto (en la década de 1940 se le excluyó brevemente del grupo).

Manarola (p. 159).

Abajo: Monterosso
Dcha.: Vernazza.

Monterosso, famoso por sus limoneros y anchoas, se divide en dos partes (antigua y nueva) enlazadas por un túnel subterráneo que pasa bajo el tempestuoso promontorio de San Cristoforo. El pueblo resultó muy afectado por las inundaciones del 2011, pero se recuperó con una sorprendente rapidez. La mayor parte de sus establecimientos vuelven a estar abiertos, aunque algunos senderos siguen cerrados. Conviene comprobarlo en http://www.parconazionale5terre.it/sentieri_parco.asp.

El acogedor restaurante-enoteca **La Cantina del Pescatore** (Via V Emanuele 19, Monterosso; tentempiés 4-9 €;) vende comida y vino. Merece la pena almorzar en él por su excelente mermelada y licor *limoncino* (más conocido como *limoncello*). Se recomienda la tostada de pesto, las ensaladas, los perritos calientes (para los niños) y el vino local. Wifi gratis.

VERNAZZA

Su pequeño puerto, quintaesencia del Mediterráneo y único punto de desembarco seguro de la costa de las Cinque Terre, resguarda el más pintoresco de los cinco pueblos. Su calle principal, Via Roma, adoquinada y bordeada de pequeños cafés, enlaza la Piazza Marconi, junto al mar, con la estación de trenes. Sus bocacalles conducen a los *caruggi* (calles estrechas de estilo genovés) característicos del pueblo.

La trattoria del puerto **Gianni Franzi** (0187 82 10 03; www.giannifranzi.it; Piazza Matteotti 5, Vernazza; comidas 22-30 €, i/d 70/100 €; med mar-ppios ene) lleva sirviendo el plato de marisco tradicional de las Cinque Terre (mejillones, marisco, ravioli y anchoas al limón) desde la década de 1960. Últimamente también alquila habitaciones con vistas que comparten terraza.

CORNIGLIA

Es el tranquilo pueblo del centro de las Cinque Terre, en lo alto de un promonto-

o rocoso de 100 m de altura rodeado de iñedos. Es el único pueblo que no tiene cceso directo al mar (unas empinadas scaleras conducen a una ensenada de ɔca). Unas estrechas calles y coloridas asas de cuatro pisos caracterizan su cas- ɔ antiguo, un paisaje urbano atemporal ıencionado en el *Decamerón de* Boccac- o. Para llegar al pueblo desde la estación e trenes hay que subir la **Lardarina,** unas scaleras de ladrillo de 377 escalones.

A pesar de que el resto de los vecinos uerme la siesta, el **Caffe Matteo** (**Piazza ıragio, Corniglia; comidas 7 €; 8.00-22.00**) ermanece abierto todo el día y coloca ıs mesas en la plaza principal. No hay ue irse sin probar su lasaña de pesto.

ıANAROLA

endecido con más vides que ningún otro ueblo de las Cinque Terre, es famoso por ı vino dulce de Sciacchetrà. También ɔsee abundantes reliquias medievales asegura que es el más antiguo de los ıco pueblos. Debido a su proximidad Riomaggiore (852 m) el tráfico es muy intenso, en especial de grupos de escolares. Sus apasionados vecinos hablan un dialecto local llamado *manarolese.*

RIOMAGGIORE

El pueblo más oriental de las Cinque Terre es el más grande y su cuartel general extraoficial (posee la oficina principal del parque). Sus desconchados edificios color pastel descienden por un empinado barranco hacia un pequeño puerto –la postal preferida de la región– y resplandece románticamente al anochecer. El famoso Sentiero Azzurro (sendero azul) costero empieza en él. El primer tramo, horriblemente concurrido, hacia Manarola se llama Via dell'Amore. **Dau Cila** (**0187 76 00 32; www.ristorantedaucila.com; Via San Giacomo 65, Riomaggiore; platos principales 18 €; 8.00-2.00 mar-oct**), cercano al acogedor puerto de Riomaggiore (lleno de redes y barcos bocabajo), es un buen lugar en el que probar el marisco local. También posee la mejor bodega del pueblo.

Venecia, el Véneto y Bolonia

La fama de esta región no le hace justicia; se queda corta.

Alumna destacada por excelencia, Venecia no es solo bella: a lo largo del último milenio, se ha convertido en un prodigio musical, excepcionalmente hábil con el soplado del vidrio y el manejo de las góndolas con un solo remo, y –a tenor del animado ambiente que impregna el *happy hour* del Rialto– perversamente divertida. Los viajeros más racionales puede que intenten resistir a sus encantos, escudándose en las caras tarifas de las góndolas o en los tortuosos *calli* (callejones). Aunque basta con que descubran el burbujeante *prosecco* y las sabrosas *cicheti* (tapas venecianas) para verles brindar incluso en dialecto veneciano.

Una ciénaga no es el mejor lugar para levantar una ciudad de palacios, pero resulta ideal para vivir *la bella vita:* las playas se alinean en la costa del Lido, los viñedos veroneses producen vinos de primera y la formidable ciudad universitaria de Bolonia sirve las mejores delicatesen del mundo.

Gran Canal (p. 176), Venecia.

Venecia, el Véneto y Bolonia

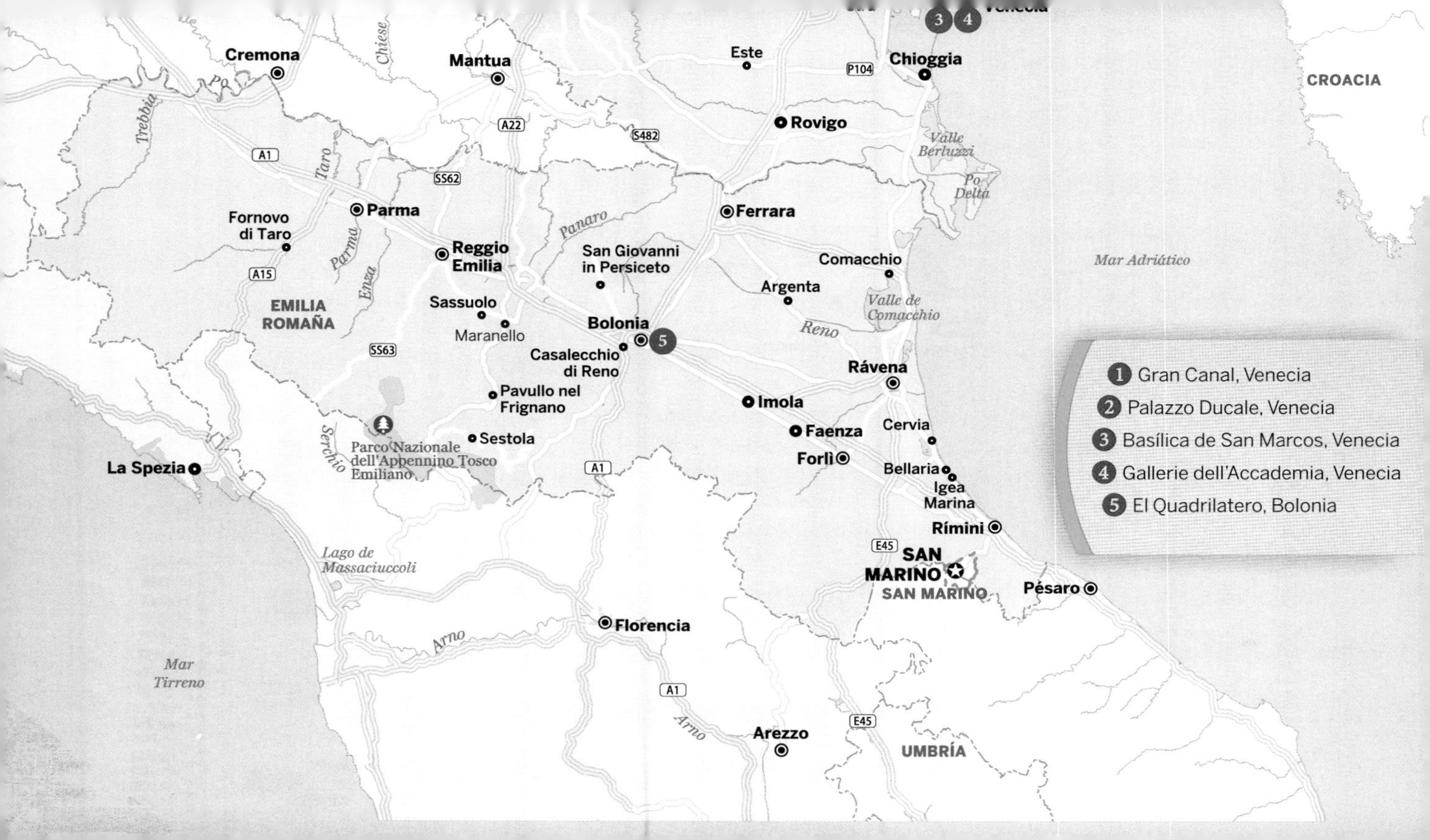

1 Gran Canal, Venecia
2 Palazzo Ducale, Venecia
3 Basílica de San Marcos, Venecia
4 Gallerie dell'Accademia, Venecia
5 El Quadrilatero, Bolonia
CROACIA
Mar Adriático
Cremona
Mantua
Este
Chioggia
Rovigo
Ferrara
Parma
Fornovo di Taro
Reggio Emilia
San Giovanni in Persiceto
Comacchio
Argenta
Valle de Comacchio
Valle Berluzzi
Po Delta
EMILIA ROMAÑA
Sassuolo
Maranello
Bolonia
Casalecchio di Reno
Pavullo nel Frignano
Sestola
Parco Nazionale dell'Appennino Tosco Emiliano
Rávena
Imola
Faenza
Forlì
Cervia
Bellaria
Igea Marina
Rímini
SAN MARINO
SAN MARINO
Pésaro
La Spezia
Lago de Massaciuccoli
Florencia
Arezzo
UMBRÍA
Mar Tirreno
Po
Trebbia
Taro
Parma
Enza
Chiese
Panaro
Reno
Serchio
Arno
Arno
A1
A1
A1
A15
A22
SS62
SS63
S482
P104
E45
E45

Imprescindible

Venecia legendaria

Esta ciudad lacustre (p. 170) se sostiene sobre miles de pilares bajo las losas y sobre una milenaria tradición de leyendas. Además de las más obvias –los viajes de Marco Polo, las escapadas de Casanova o los romances que inspiraron a Shakespeare–, cada canal posee sus propias historias. Las posibilidades son incontables, desde surcar el Gran Canal jalona por *palazzi* y telones de fondo de película hasta descubrir historias por cuenta propia.

1

2

Palazzo Ducale

El precioso Palazzo Ducale (p. 181), de estilo gótico y engalanado con el virtu sismo veneciano, es obra de artistas como Tiziano, el Veronés, Tiépolo y Tintoretto. Y pese a su grácil eleganc este palacio era una fortaleza: el dux tenía sus aposentos en la planta baj recibía a los embajadores *en la* plant superior, al tiempo que los servicios de inteligencia interrogaban a posible traidores en el ático.

ALAN BENSON/GETTY IMAGES ©

Basílica de San Marcos

La emoción se apodera de los visitantes a medida que la cola se aproxima a los pórticos de mármol egipcio de la basílica de San Marcos (p. 175). Y una vez dentro, un suspiro colectivo resuena ante los millones de teselas que conforman los deslumbrantes mosaicos de sus cúpulas, semejantes a un nebuloso cielo dorado salpicado de ángeles y santos danzarines.

SYLVAIN SONNET/CORBIS ©

Gallerie dell'Accademia

ese a las protestas llegadas desde oma por representar ángeles tocando nstrumentos de cuerda, apóstoles coniendo con alemanes y escenas bíblicas on bellezas venecianas, Venecia siguió ntando. Prueba de ello es la Gallerie ell'Accademia (p. 182), un museo repleto e obras maestras de Tiziano, Bellini, arpaccio, Tintoretto, el Veronés y otros uchos artistas. No hay que perderse los tratos barrocos.

El Quadrilatero de Bolonia

Hay que olvidarse de la dieta en Bolonia, cuna de la gastronomía italiana. Cariñosamente apodada *"la Grassa"* (la gorda), la ciudad deleita con los delicatesen del Quadrilatero (p. 208), surtidos de especialidades locales como el *aceto balsamico di Modena*. Para quemar calorías, no hay nada como patear sus 40 km de preciosas calles con soportales. Botellas de vinagre balsámico de Módena

Lo mejor

Merece la pena

Basílica de San Marcos Fascinarse con sus mosaicos dorados (p. 175).

Navegar por Venecia Surcar sus canales (p. 186).

Murano Ver a los artesanos soplar cristal al rojo vivo (p. 189).

Dolomitas Deslizarse por sus espléndidas laderas nevadas (p. 197).

La mejor oferta de ocio

Arena de Verona La ópera al aire libre más célebre de Italia (p. 203).

La Fenice En este diminuto teatro se estrenaron óperas de Verdi, Wagner y Britten (p. 196).

La Biennale de Venecia Acoge acontecimientos de arte visual y artes escénicas (p. 187).

Palazetto Bru Zane Exquisitas armonías musicales en un marco sublime (p. 196).

Opciones lujosas

Lido La auténtica playa de Venecia (p. 185).

Al Pesador *Cicheti* a base de marisco, junto al Gran Canal (p. 191).

I Rusteghi Vinos de coleccionista por copa (p. 194).

Palazzo Grassi Capuchinos en una instalación artística (p. 183).

Recuerdos originales

- **Marina e Susanna Sent** Collares hechos con burbujas de cristal de Murano (p. 198).
- **Càrte** Bolsos realizados en papel marmolado (p. 197).
- **Quadrilatero** Meloso vinagre balsámico añejado durante 40 años (p. 208).
- **Gilberto Penso** En caso de querer llevarse una góndola a casa (p. 197).

: Basílica de San Marcos (p. 175), Venecia; **Arriba:** Los Dolomitas (p. 197).

(IZDA.) JEAN-PIERRE LESCOURRET/GETTY IMAGES ©; (ARRIBA) BRUCE YUANYUE BI/GETTY IMAGES ©

Lo esencial

ANTES DE PARTIR

- **Dos meses antes** Reservar entradas para La Fenice.
- **Un mes antes** Reservar el circuito *Itinerari Segreti* del Palazzo Ducale o una clase con Row Venice.
- **Una semana antes** Comprar en línea las entradas a la Gallerie dell'Accademia; contratar un circuito en barco con Laguna Eco Adventures o reservar los restaurantes elegidos.

WEBS

- **Consejo de Turismo de Venecia** (www.turismovenezia.it)
- **Venice Connected** (www.veniceconnected.com) Sitio oficial de venta de entradas para acontecimientos y espectáculos.
- **Consejo de Turismo del Véneto** (www.veneto.to)
- **Venezia da Vivere** (www.veneziadavivere.com) Actuaciones musicales, exposiciones y más.
- **Consejo de Turismo de Emilia Romaña** (www.emiliaromagnaturismo.it)

CÓMO DESPLAZARSE

- **Avión** Conexiones a/desde Venecia, Treviso, Verona y Bolonia.
- **Tren** Excelente para viajar entre las principales poblaciones.
- **A pie** Ideal para explorar Venecia, ciudades más pequeñas y rutas alpinas.
- **'Vaporetto'** *Ferries* de pasajeros que recorren el Gran Canal y conectan el centro de Venecia con el aeropuerto Marco Polo.
- **Góndola** Pintorescas barcas impulsadas con un solo remo, ideales para ver Venecia desde el agua.
- **'Traghetto'** Servicio público de góndolas utilizadas para cruzar el Gran Canal entre puentes.
- **Autobús** Práctico para ir al Lido y poblaciones del interior a las que no llega el tren.
- **Bicicleta** Indicada para pequeñas poblaciones, el Lido y rutas alpinas.

ADVERTENCIAS

- **Museos** La mayor parte cierra los lunes.
- **Restaurantes** Muchos cierran en agosto y enero.
- **Alojamiento** Resérvese con meses de antelación para estancias en Venecia en febrero y marzo, durante el Carnaval (www.carnevale.venezia.it), o de junio a septiembre, durante la Biennale; en los Dolomitas durante la temporada de esquí; y en Bolonia durante las ferias comerciales de primavera y otoño.

Itinerarios

Tanto si se tiene un deseo febril por cambiar de aires o saciar un vacío en el estómago, esta región atenderá las necesidades del viajero con una embriagadora variedad de aventuras, delicias culinarias y vinos formidables.

2 DÍAS

DE CANNAREGIO A GIUDECCA
RUTA POR LAS ISLAS VENECIANAS

Las islas de la laguna poseen estilos arquitectónicos y una gastronomía únicos. En la parada de Fondamenta Nuove, en el barrio de ❶ **Cannaregio,** se toma el *vaporetto* LN (laguna nord) para disfrutar de un baño de color en ❷ **Burano.** A diferencia de los refinados palacios góticos de Venecia, las casas de Burano parecen sacadas de un cómic, dotadas de vistosos colores que van desde rosa chicle a azul cobalto.

Por la tarde, hay que subirse a un *ferry* de la línea T a la bucólica y bizantina ❸ **Torcello,** plagada de ovejas. El interior de la Basilica di Santa Maria Assunta (ss. IX-XI) luce un soberbio mosaico del Juicio Final. No hay que dejar de visitar la encantadora Chiesa di Santa Fosca.

A primera hora, tómese el *vaporetto* LN ❹ a **Murano** para fascinarse con el centenario arte del cristal soplado en el Museo del Vetro y conseguir gangas en sus talleres de cristal. El *vaporetto* nº 42 cubre la travesía c Murano a ❺ **San Giorgio Maggiore,** dond se halla la deslumbrante iglesia de Palladio inspirada en un templo clásico. Después, se toma el *vaporetto* hasta ❻ **Giudecca,** donc la aventura culmina con una merecida cena en el romántico I Figli delle Stelle.

3 DÍAS

DE BOLONIA A VENECIA
EN BUSCA DEL TESORO 'GOURMET'

.os amantes del buen comer encontrarán un ›araíso en 1 **Bolonia,** y más concretamente ›n los *delicatesen* artesanales del Quadrila- ›ero. Para abrir el apetito, nada como subir ıasta la inclinada Torre degli Asinelli, antes de ›oner la directa a la Osteria dell'Orsa.

Se puede aprovechar la mañana en 3olonia, tomando un curso de cocina y lespués un tren a la coqueta 2 **Verona,** ›ara disfrutar de la *happy hour* en el ensacional marco de Piazza delle Erbe. En ı Casa di Giulietta se puede dejar una nota ›ara encontrar el amor, pero es más fácil lar con una buena copa del preciado vino ımarone, que sabe a amor verdadero si se acompaña de polenta y *sopressa* (salami blando) en la Osteria del Bugiardo.

Al día siguiente, se continúa en tren hasta 3 **Padua.** Quienes logren contener las lágrimas antes los frescos de Giotto en la Cappella degli Scrovegni de Padua, tal vez no muestren el mismo aplomo ante la pasta casera de la Godenda. De vuelta al tren, se llega a 4 **Venecia** para acercarse al Rialto cuando los *cicheti* hacen acto de presencia y se empiezan a descorchar botellas de vino blanco Ribolla Gialla en I Rusteghi.

Verona (p. 200).
DAVID TOMLINSON/GETTY IMAGES ©

Descubrir Venecia, el Véneto y Bolonia

De un vistazo

- **Venecia** (p. 170) Ciudad flotante de ensueño, repleta de obras maestras y música.
- **El Véneto** (p. 200) Frescos en Padua, esquí en los Dolomitas y romance shakesperiano en Verona.
- **Bolonia** (p. 205) Rascacielos medievales, política de izquierdas y especialidades regionales.

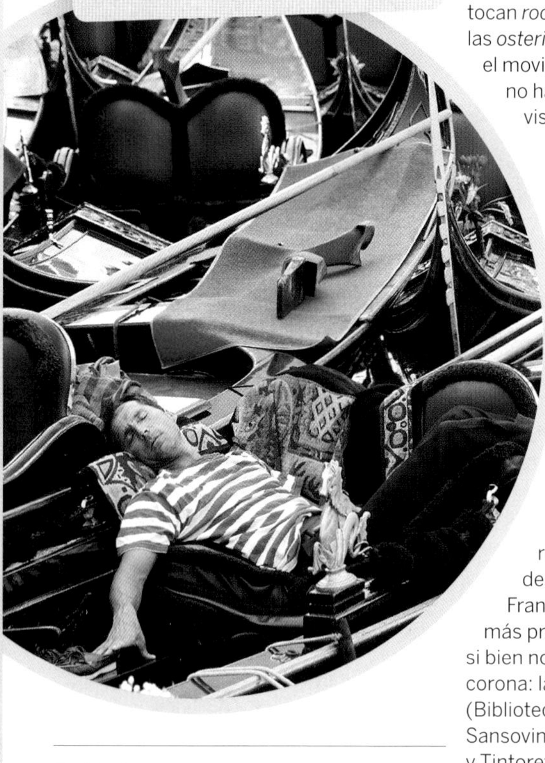

Góndolas, Venecia.

VENECIA

59 000 HAB. (CIUDAD)

Cuesta imaginar que alguien osara levantar una ciudad de palacios de mármol sobre una laguna. Pero en vez de rendirse a los *acque alte* (mareas) como haría cualquiera, los venecianos inundaron el mundo de vívidos cuadros, música barroca, ópera moderna, cocina de la ruta de las especias, moda bohemia chic y un mar de *spritz,* el afamado cóctel veneciano a base *de prosecco* y Aperol. Hoy, arquitectos vanguardistas y benefactores multimillonarios animan la escena artística, los músicos tocan *rock* con instrumentos del s. XVIII, y las *osterie* (tabernas) son elogiadas por el movimiento *Slow Food*. En definitiva, no hay momento más oportuno para visitar Venecia que ahora.

Puntos de interés

PIAZZA SAN MARCO Y ALREDEDORES

Museo Correr Museo

(plano p. 178; 041 4273 0892; http://correr.visitmuve.it; Piazza San Marco 52; adultos/reducida/niños 16/8 €/gratis, Palazzo Ducale incl.; 10.00-19.00 abr-oct, hasta 17.00 nov-mar; San Marco)

Napoleón llenó sus dependencias reales sobre Piazza San Marco de riquezas de los dux, y trasladó a Francia, como botín, algunas de las más preciadas reliquias venecianas, si bien no consiguió llevarse la joya de la corona: la **Libreria Nazionale Marciana** (Biblioteca Marciana), diseñada por Jacopo Sansovino y pintada por el Veronés, Tiziano y Tintoretto en el s. XVI.

Más por menos

Los siguientes bonos permiten ahorrar algo de dinero en la entrada a los principales reclamos de la ciudad.

Civic Museum Pass (☎041 240 52 11; www.visitmuve.it; adultos/reducida 20/14 €) Válido durante seis meses, permite una única entrada a 11 museos cívicos o a los cinco museos en Piazza San Marco (adultos/niños 16/8 €). Se compra en línea o en los museos participantes.

Chorus Pass (☎041 275 04 62; www.chorusvenezia.org; adultos/reducida/niños 10/7 €/gratis) Brinda una única entrada a 11 iglesias en un lapso de seis meses; cómprese en línea o en las iglesias asociadas.

Venice Card (☎041 24 24; www.veneciacard.com; adultos/reducida 39,90/29,90 €; ⌚atención telefónica 8.00-19.30) Combina los bonos Museum Pass y Chorus Pass, e incluye la entrada a la Colección Guggenheim y a la Biennale, dos entradas a un lavabo público y descuentos en conciertos, exposiciones temporales y aparcamientos. A la venta en oficinas de turismo y en los puestos de HelloVenezia en las paradas de *vaporetto*.

Rolling Venice (☎041 24 24; www.hellovenezia.com; 14-29 años 4 €) Esta tarjeta ofrece descuentos a jóvenes en la entrada a monumentos y eventos culturales, así como la posibilidad de adquirir un bono de transporte público de 72 h por 18 € en lugar de 33 €, su coste normal. Se vende en oficinas de turismo y en los puestos de HelloVenezia; hay que mostrar un documento de identidad.

Venecia logró recuperar numerosos ɿapas antiguos, estatuas, camafeos y rmas, además de cuatro siglos de obras e arte, hoy expuestas en la **Pinacoteca.**

'orre dell'Orologio Punto de interés

:orre del reloj; plano p. 178; ☎041 4273 0892; ww.museicivicivenezianі.it; Piazza San Marco; ɖultos/reducida con el Museum Pass 12/7 €; ⌚circuitos en inglés 10.00 y 11.00 lu-mi, 14.00 y 5.00 ju-do, en italiano 12.00 y 16.00 a diario, con-ɹltense otros idiomas ⛴San Marco) Bañado ɿ oro y construido entre 1493 y 1499, ' reloj más emblemático de Venecia resentaba un pequeño inconveniente: su ɿecanismo precisaba el mantenimiento onstante de un relojero que viviera en la ɔrre, hasta 1998. Hoy, tras nueve años e obras, el reloj finalmente funciona de ɿanera autónoma y se ofrece un circuito ue asciende por sus empinadas esca-ras hasta la terraza, donde se puede ɔservar de cerca a los "Do Mori" (dos ɿoros), encargados de dar la hora.

DORSODURO

Peggy Guggenheim Collection

Museo

(plano p. 178; ☎041 240 54 11; www.guggenheim-venice.it; Palazzo Venier dei Leoni 704; adultos/jubilados/reducida 14/11/8 €; ⌚10.00-18.00 mi-lu; ⛴Accademia) Tras la muerte de su padre en el *Titanic* y haber sorteado a los nazis, Peggy Guggenheim invirtió su fortuna heredada en cambiar la historia del arte desde su palaciego hogar junto al Gran Canal, el Palazzo Venier dei Leoni, donde aguardan las obras surrealistas, futuristas y expresionistas abstractas de unos 200 artistas vanguardistas como Max Ernst (exmarido de Peggy) y Jackson Pollock (uno de sus muchos supuestos amantes).

Ca' Rezzonico Museo

(museo del barroco; plano p. 172; ☎041 241 01 00; www.visitmuve.it; Fondamenta Rezzonico 3136; adultos/reducida 8/5,50 €; ⌚10.00-

Venecia

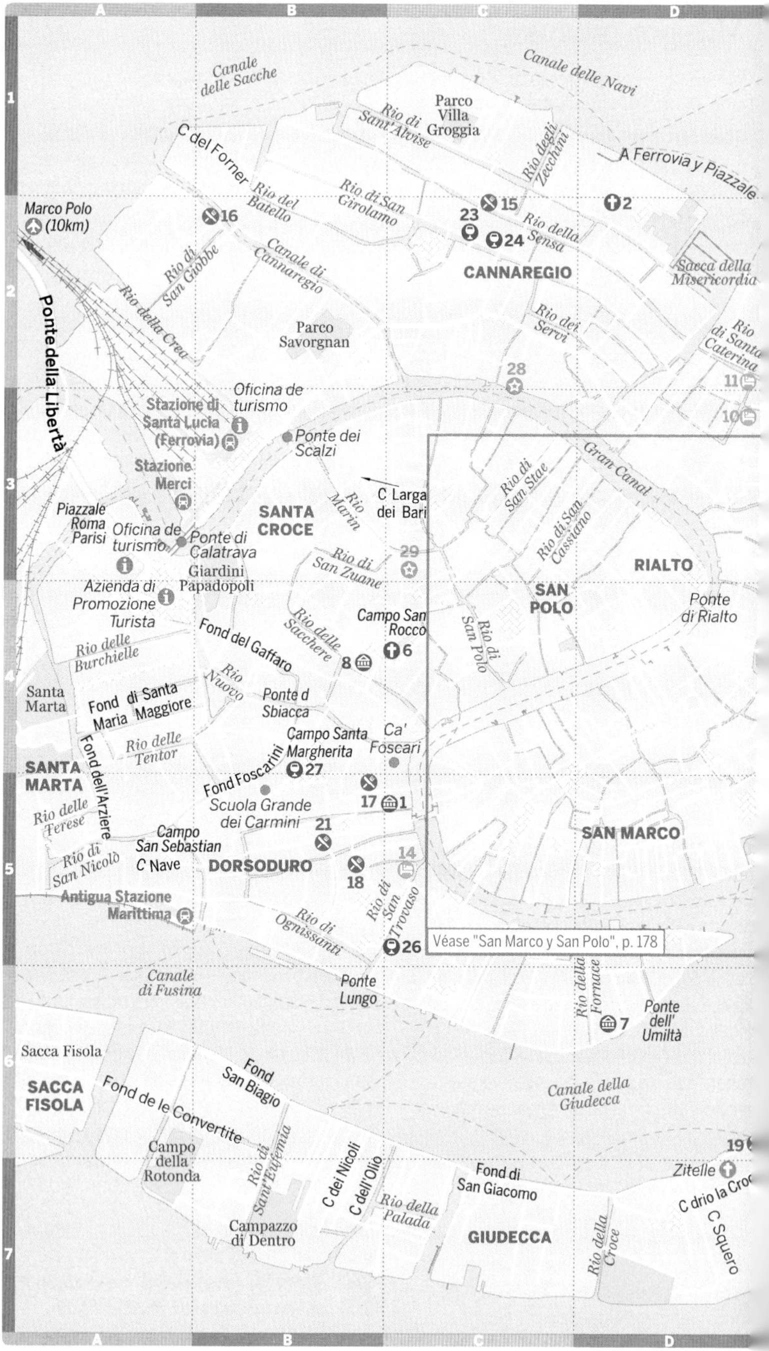

Canale delle Sacche
Canale delle Navi
Parco Villa Groggia
Rio di Sant'Alvise
C del Forner
Rio degli Zecchini
A Ferrovia y Piazzale
Rio del Batello
Rio di San Girolamo
Marco Polo (10km)
16
15
23
24
2
Rio della Sensa
Rio di San Giobbe
Canale di Cannaregio
CANNAREGIO
Sacca della Misericordia
Rio della Crea
Ponte della Libertà
Parco Savorgnan
Rio dei Servi
Rio di Santa Caterina
28
11
10
Oficina de turismo
Stazione di Santa Lucia (Ferrovia)
Ponte dei Scalzi
Gran Canal
Stazione Merci
Rio di San Stae
Rio Marin
C Larga dei Bari
Piazzale Roma Parisi
Oficina de turismo
Ponte di Calatrava
SANTA CROCE
Rio di San Cassiano
29
Rio di San Zuane
Giardini Papadopoli
RIALTO
Azienda di Promozione Turista
SAN POLO
Ponte di Rialto
Campo San Rocco
Rio di San Polo
Rio delle Burchielle
Fond del Gaffaro
Rio delle Sacchere
6
8
Santa Marta
Fond di Santa Maria Maggiore
Rio Nuovo
Ponte d Sbiacca
Fond dell'Arziere
Rio delle Tentor
Campo Santa Margherita
Ca' Foscari
SANTA MARTA
Fond Foscarini
27
Scuola Grande dei Carmini
17
1
Rio delle Terese
21
SAN MARCO
Campo San Sebastian
Rio di San Nicolò
C Nave
DORSODURO
14
18
Antigua Stazione Marittima
Rio di San Trovaso
Rio di Ognissanti
26
Véase "San Marco y San Polo", p. 178
Canale di Fusina
Ponte Lungo
Rio della Fornace
7
Ponte dell' Umiltà
Sacca Fisola
Fond San Biagio
SACCA FISOLA
Fond de le Convertite
Canale della Giudecca
Campo della Rotonda
Rio di Sant'Eufemia
C dei Nicoli
C dell'Olio
19
Fond di San Giacomo
Zitelle
C drio la Croce
Rio della Palada
Campazzo di Dentro
GIUDECCA
Rio della Croce
C Squero

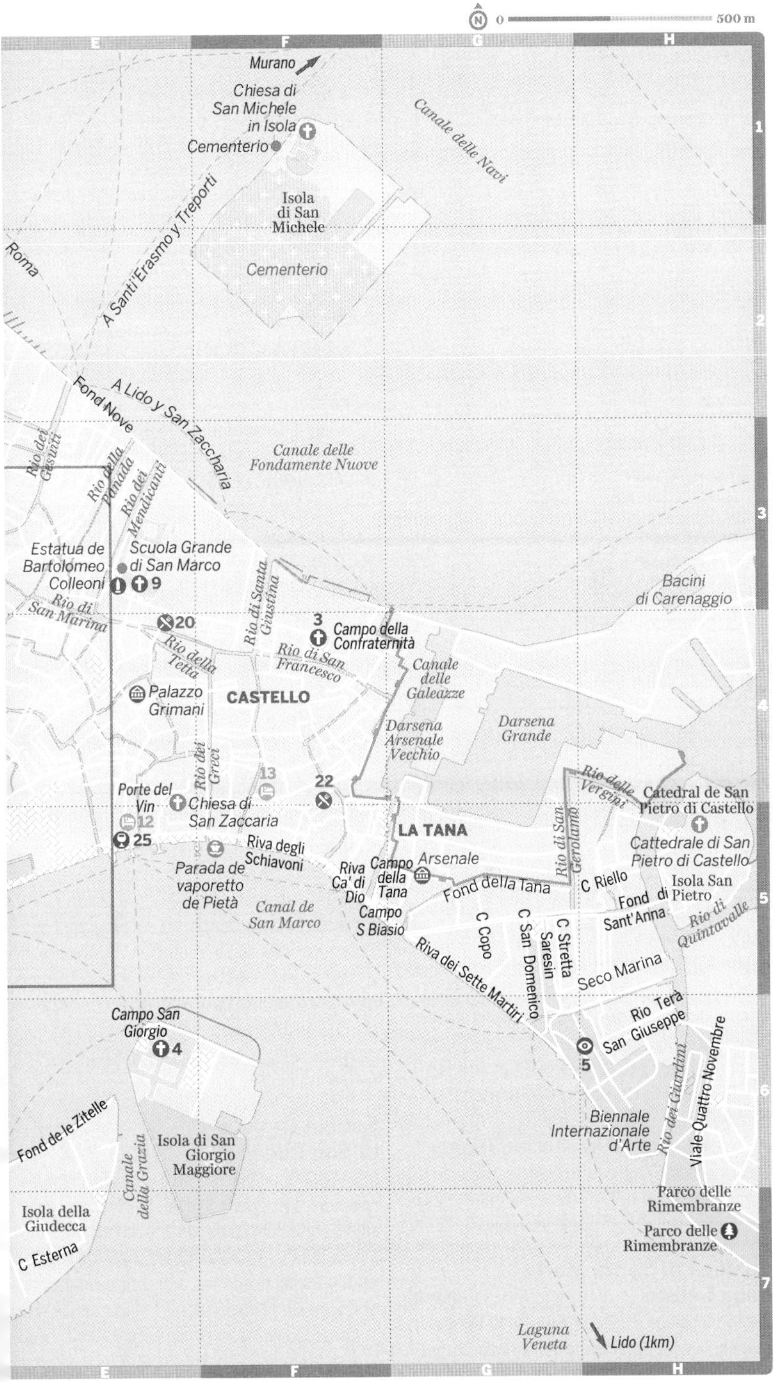

0 500 m
Murano
Chiesa di San Michele in Isola
Cementerio
Canale delle Navi
Isola di San Michele
Cementerio
A Sant'Erasmo y Treporti
Roma
A Lido y San Zaccharia
Fond Nove
Rio dei Gesuiti
Rio della Panada
Rio dei Mendicanti
Canale delle Fondamente Nuove
Estatua de Bartolomeo Colleoni
Scuola Grande di San Marco
9
Rio di San Marina
20
Rio di Santa Giustina
3
Campo della Confraternità
Rio della Tetta
Rio di San Francesco
Canale delle Galeazze
Bacini di Carenaggio
Palazzo Grimani
CASTELLO
Darsena Arsenale Vecchio
Darsena Grande
Rio dei Greci
13
22
Rio delle Vergini
Catedral de San Pietro di Castello
Porte del Vin
Chiesa di San Zaccaria
12
25
LA TANA
Rio di San Gerolamo
Cattedrale di San Pietro di Castello
Riva degli Schiavoni
Parada de vaporetto de Pietà
Riva Ca' di Dio
Campo della Tana
Arsenale
Fond della Tana
C Riello
Isola San Pietro
Fond di Sant'Anna
Rio di Quintavalle
Canal de San Marco
Campo S Biasio
C Copo
C San Domenico
C Stretta Saresin
Seco Marina
Riva dei Sette Martiri
Rio Tera San Giuseppe
Campo San Giorgio
4
5
Viale Quattro Novembre
Rio dei Giardini
Fond de le Zitelle
Isola di San Giorgio Maggiore
Canale della Grazia
Biennale Internazionale d'Arte
Parco delle Rimembranze
Parco delle Rimembranze
Isola della Giudecca
C Esterna
Laguna Veneta
Lido (1km)
E F G H
1 2 3 4 5 6 7

Venecia

Puntos de interés

Dónde dormir

Dónde comer

Dónde beber y vida nocturna

Ocio

18.00 mi-lu abr-oct, hasta 17.00 nov-mar; Ca' Rezzonico) Los sueños barrocos se hacen realidad en el palacio de Baldassare Longhena, donde una escalinata de mármol conduce a salones de baile dorados, salas cubiertas de frescos y suntuosos aposentos. En el techo del **salón del Trono**, Tiépolo representó con suma belleza el momento en que el Mérito asciende al Templo de la Gloria con el Libro de Oro, donde figuran los nombres de los nobles venecianos, incluida la familia Rezzonico, sus mecenas.

Basilica di Santa Maria della Salute — Iglesia

(La Salute; plano p. 178; 041 241 10 18; www.seminariovenezia.it; Campo della Salute 1b; gratis, sacristía adultos/reducida 3/1,50 €; 9.00-12.00 y 15.00-17.30; Salute) Construida en 1631 por los supervivientes de la peste, el inspirador diseño octogonal de Longhena es una proeza de la ingeniería que desafía la lógica; no en vano se dice que la iglesia tiene propiedades curativas místicas. Tiziano eludió la peste hasta los 90 años y dejó una docena de obras maestras que se conservan en la **sacristía** de la Salute.

SAN POLO Y SANTA CROCE

I Frari — Iglesia

(Basilica di Santa Maria Gloriosa dei Frari; plano p. 172; www.chorusvenezia.org; Campo dei Frari 3004, San Polo; adultos/reducida 3/1,50 €; 9.00-18.00 lu-sa, 13.00-18.00 do, última entrada 17.30; San Tomà) Esta imponente iglesia gótica de ladrillo alberga una sillería en marquetería, el mausoleo piramidal de Canova, el sublime tríptico de *La Virgen con el Niño* de Bellini en la sacristía, y el inquietante pero atrayente monumento funerario del dux Pesaro (obra de Longhena) sostenido por fornidos esclavos vestidos con harapos.

También aquí se encuentra *La Asunción* de Tiziano, de 1518, en la que una radiante Virgen vestida con un manto rojo asciende al cielo sobre una nube, escapando de los avatares de la vida. El autor se superó a sí mismo con esta obra, eclipsando su retablo de *Pala Pesaro* cerca de la entrada. Tiziano murió a causa de la peste en 1576, pero se dice que se rebajaron las estrictas medidas de cuarentena para permitir que se celebrara su funeral junto a su obra maestra.

Scuola Grande di San Rocco — Museo

(plano p. 172; 041 523 48 64; www.scuolagrandesanrocco.it; Campo San Rocco 3052, San Polo; adultos 8 €, combinada con Scuola Grande dei Carmini 12 €; 9.30-17.30, tesoro hasta 17.15; San Tomà) Todos los artistas ansiaban el encargo de pintar este edificio consagrado al santo patrón de los apestados, así que

WIBOWO RUSLI/GETTY IMAGES ©

Indispensable

Basílica de San Marcos

Erigir la mayor proeza arquitectónica de Venecia precisó casi 800 años y un providencial barril de manteca de cerdo. En el año 828, audaces comerciantes venecianos sacaron de Egipto el cuerpo de san Marcos escondido en un barril de manteca, para evitar que fuera inspeccionado por los oficiales de aduanas musulmanes. Y así fue como Venecia levantó una basílica dorada en torno a su santo robado, cuyas reliquias se extraviaron en dos ocasiones durante la construcción.

Cruzando el vestíbulo se aprecia el mosaico más antiguo de todos, *Los apóstoles con la Virgen*, que custodia la entrada principal desde hace más de 950 años. La medieval **cúpula del Génesis**, localizada sobre el atrio, detalla la separación del cielo y del mar con motivos abstractos que se adelantaron unos 650 años al arte moderno. Los mosaicos del Juicio Final cubren la bóveda del atrio y el Apocalipsis se cierne amenazador en los mosaicos de las bóvedas sobre la galería.

La **cúpula del Espíritu Santo** es testigo de las místicas transfusiones a partir de la sangre de una paloma, que recubre la cabeza de algunos santos. En la cúpula central, o **cúpula de la Ascensión**, del s. XIII, los ángeles revolotean mientras un soñador san Marcos descansa sobre una pechina. En las bóvedas que flanquean la **cúpula de los Profetas**, sobre el altar mayor, se observan escenas de la vida de san Marcos.

Emplazado detrás del altar mayor, custodiando el sarcófago de san Marcos, se encuentra la Pala d'Oro, un retablo engalanado con pedrería cuyo mayor tesoro son sus figuras bíblicas esmaltadas, iniciadas en Constantinopla en el año 976 y terminadas en Venecia en 1209.

LO ESENCIAL

Basílica de San Marcos; plano p. 178; ☎ 041 270 83 11; www.basilicasanmarco.it; Piazza San Marco; 🕘 9.45-17.00 lu-sa, 14.00-17.00 do y festivos, consigna 9.30-17.30; ⛴ San Marco

El Gran Canal

La ruta de 3,5 km en el *vaporetto* nº 1, que pasa ante 50 palacios, 6 iglesias y escenarios de 4 películas de James Bond, es la versión más glamurosa del transporte público.

El Gran Canal se abre con el polémico **Ponte di Calatrava** (1), un flamante puente de cristal y acero que costó el triple de los 4 millones de euros presupuestados. Después esperan al viajero la histórica casa comercial turca **Fondaco dei Turchi** (2), que parece un castillo; el renacentista **Palazzo Vendramin** (3), sede del casino; la doble arcada de **Ca' Pesaro** (4); y **Ca' d'Oro** (5), una filigrana gótica de 1430.

Entre los edificios que más enorgullecen a los venecianos destaca la **Pescaria** (6), construida en 1907 en el lugar donde los pescaderos llevaban 600 años colgando cangrejos de la laguna, y el **mercado de Rialto** (7), donde se venden los productos locales. Los costes del **Ponte de Rialto** (8) en 1592 superaron en su época los del puente de Calatrava, pero el esplendor de su mármol resiste el paso del tiempo.

Las dos siguientes curvas del canal pueden causar un *shock:* de golpe, se vislumbra el renacentista **Palazzo Grimani** (9), obra de Sanmicheli, y el **Palazzo Corner Spinelli** (10) de Mauro Codussi, seguido del **Palazzo Grassi** (11) de Giorgio Masari y de la joya barroca de Baldassare Longhena, **Ca' Rezzonico** (12).

El **Ponte dell'Academia** (13) se construyó como puente temporal de madera en 1930, pero es todo un símbolo y se ha reformado hace poco. Leones de piedra flanquean la **Peggy Guggenheim Collection** (14), donde la heredera estadounidense coleccionaba ideas, amantes y arte. No hay que perderse la espectacular cúpula de la **Chiesa di Santa Maria della Salute** (15), de Longhena, o la **Punta della Dogana** (16), la aduana triangular de Venecia, reinventada como escaparate de arte contemporáneo. La apoteosis final es el gótico **Palazzo Ducale** (17) y el vecino **puente de los Suspiros** (18), hoy cubierto de anuncios.

Palazzo Grassi
El magnate francés François Pinault trasladó aquí desde París su colección de arte contemporáneo, hoy en galerías diseñadas por Gae Aulenti y Tadao Ando.

Ca' Rezzonico
Este museo de arte del s. XVIII con techos de Tiépolo, tocadores de seda y una farmacia, permite ver cómo vivía Venecia el esplendor barroco.

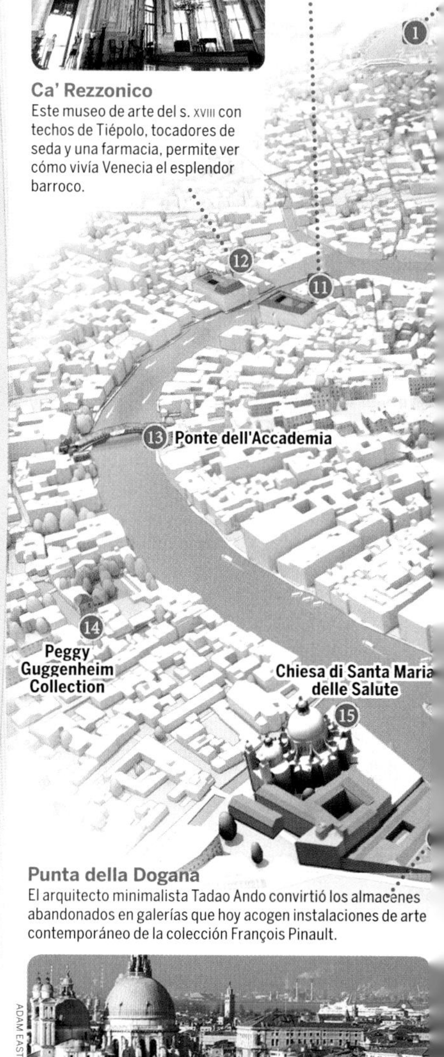

Punta della Dogana
El arquitecto minimalista Tadao Ando convirtió los almacenes abandonados en galerías que hoy acogen instalaciones de arte contemporáneo de la colección François Pinault.

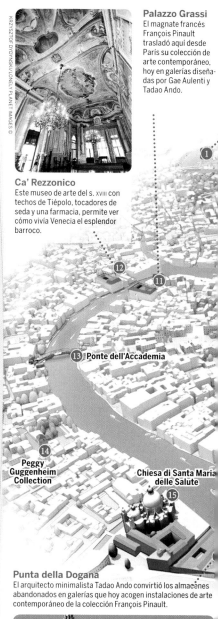

Ponte di Calatrava
Construido en el 2008 con una marcada forma de aleta de pez, fue el primer puente que se levantaba en el Gran Canal en 75 años.

Fondaco dei Turchi
Reconocible por su doble columnata de mármol polícromo, rematada por capiteles bizantinos del s. XIII y flanqueada por atalayas.

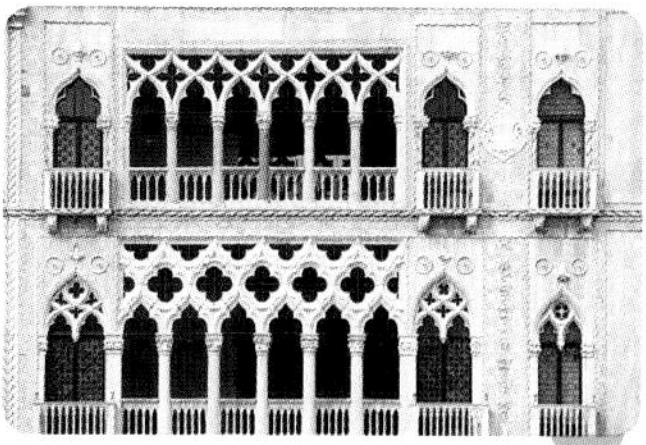

JEAN-PIERRE LESCOURRET/LONELY PLANET IMAGES ©

Ca' d'Oro
Tras las triples arcadas góticas hay obras maestras de incalculable valor: tizianos que fueron parte del botín de Napoleón, un mantegna singular y suelos cosmatescos de piedras semipreciosas.

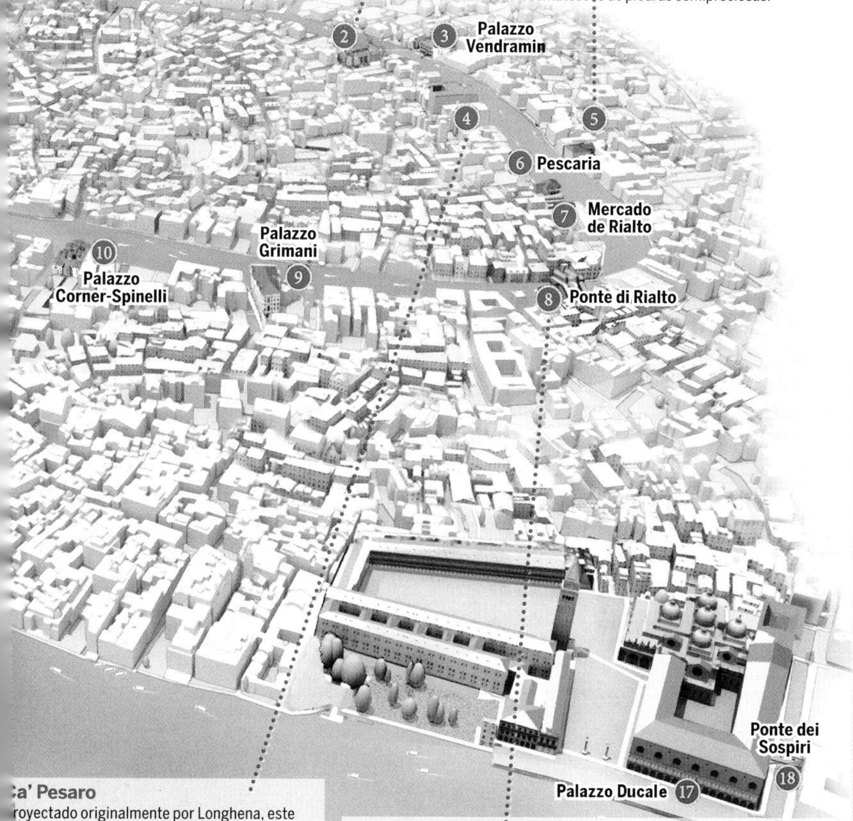

'a' Pesaro
royectado originalmente por Longhena, este *alazzo* fue legado a la ciudad en 1898 para que bergara la Galleria d'Arte Moderna y el Museo Arte Orientale.

KRZYSZTOF DYDYNSKI/LONELY PLANET IMAGES ©

Ponte di Rialto
Antonio da Ponte le quitó a Palladio el encargo para construir este puente, pero el coste superó los 250 000 ducados venecianos; unos 19 millones de € actuales.

San Marco y San Polo

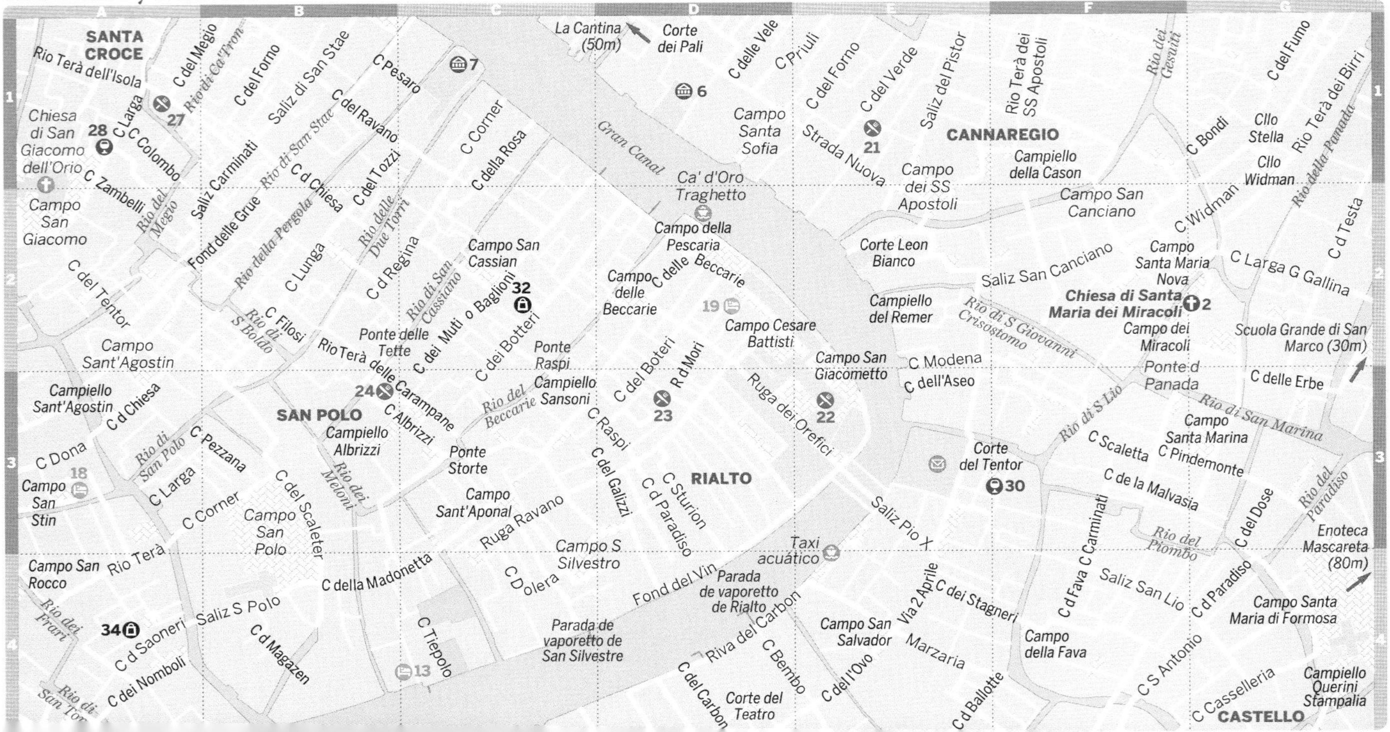

San Tomà
Sant'Angelo
Palazzo Corner-Spinelli
C Traghetto
C Contarini e Benzon
Campo S Beneto
Campiello S Luca
Campo San Luca
Campo Manin
Saliz S Paternian
C Goldoni
dei Fabbri
Rio dei Scoacanini
Baratteri
Marzaria S Zulian
Campo della Guerra
C d Rimedio
Ponte dei Consorzi
Ponte dei Consorvi
C d Figher
C Spadaria
C Larga San Marco
C di Canonica
Corte dell'Albero
C degli Avvocati
C della Cortesia
Rio di S Luca
C del Locande
Palazzo Contarini del Bovolo
C dei Fuseri
C d Preti
Rio Terà delle Colonne
C dei Fabbri
C Fiubera
Corte Zorzi
Ramo Lezze
33
Saliz S Samuele
C de Pestrin
Rio di Sant'Angelo
C Va in Campo
C d Spezier
SAN MARCO
Rio della Verona
Campo S Gallo
Rio Orseolo
C d Selvadego
12
Piazzetta dei Leoni
1 Basílica de San Marcos
Ramo Grassi
9
C delle Carrozze
Saliz Malipiero
C delle Botteghe
C dei Frati
Campo S Anzolo
C d Caffettier
C del Cristo
Cllo della Fenice
Campo S Fantin
C d Barcaroli
C Frezzaria
Bacino Orseolo
Piazza San Marco
Palazzo Ducale
4
Ponte dei Sospiri
C Caotorta
Campo S Fantin
C d la Chiesa
C del Carro
31
26
8
Piazzetta di San Marco
Campo S Samuele
C dei Orbi
Campo Santo Stefano
C Spezier
Fond Fenice
Rio della Veste
C della Veste
Ramo 1° Cte Contarina
Oficina principal de APT
Oficina de turismo
Estatua de San Teodoro
Riva degli Schiavoni
Estatua del león de San Marcos
Rio del Duca
Rio di San Vidal
20
Campo S Maurizio
Campiello Feltrina
C Larga XXII Marzo
Campo di San Moisè
Rio dei Giardinetti
Giardini ex Reali
C Vallaresso
C Vitturi
C Giustinian
Campo di S Vidal
Rio dell'Orso
Rio del Santissimo
C del Dose Da Ponte
17
Rio di San Maurizio
Campo di Santa Maria del Giglio
16
C del Traghetto
C Squero
C Barozzi
C dei 13 Martiri
C del Ridotto
29
Corte Barozzi
Ponte dell'Accademia
Palazzo Franchetti
15
C Gritti
Campo Traghetto
Bacino di San Marco
Rio Terà Carità
Campo della Carità
Santa Maria del Giglio
Gran Canal
3 Gallerie dell'Accademia
Palazzo Barbarigo
Campo San Vio
10
Ca' Dario
C de Lanza
Fond Dogana alla Salute
Campo della Salute
11
5
C dell'Abbazia
14
C Pompea
Piscina Forner
Fond Venier dei Leoni
35
DORSODURO

San Marco y San Polo

Principales puntos de interés
1 Basílica de San Marcos G6
2 Chiesa di Santa Maria dei Miracoli G2
3 Gallerie dell'Accademia A8
4 Palazzo Ducale G6

Puntos de interés
5 Basilica di Santa Maria della Salute D8
6 Ca' d'Oro D1
7 Ca' Pesaro C1
8 Museo Correr E6
9 Palazzo Grassi A6
10 Peggy Guggenheim Collection C8
11 Punta della Dogana E8
Teatro La Fenice .... (véase 31)
12 Torre dell'Orologio F6

Dónde dormir
13 Ca' Angeli C4
14 Ca' Pisani A8
15 Gritti Palace C7
16 Hotel Flora D7
17 Novecento B7
18 Oltre il Giardino A3
19 Pensione Guerrato D2

Dónde comer
20 A Beccafico B7
21 Ai Promessi Sposi E1
22 Al Pesador E3
23 All'Arco D3
24 Antiche Carampane B3
25 Enoteca al Volto D5
26 Osteria da Carla E6
27 Osteria La Zucca A1

Dónde beber y vida nocturna
28 Al Prosecco A1
29 Harry's Bar E7
30 I Rusteghi F3

Ocio
31 Teatro La Fenice D6

De compras
32 Cárte C2
33 Chiarastella Cattana A6
34 Gilberto Penzo A4
35 Marina e Susanna Sent B8

Tintoretto, en lugar de hacer bocetos como su rival, el Veronés, donó una espléndida tabla de san Roque, sabiendo que no podría ser rechazada ni igualada por otros artistas.

Las escenas del Antiguo Testamento con que Tintoretto decoró el techo de la Sala Grande Superiore (1575-1587), están llenas de detalles y casi pueden oírse las alas del ángel que desciende en auxilio de Elías. En contrapunto con las tinieblas de la peste, los pinceles cargados de luz de Tintoretto pasaron como un rayo por las escenas del Nuevo Testamento de las paredes. En aquellos años, el panorama en Venecia era poco alentador, ya que la peste se había llevado unas 50 000 almas, Tiziano incluido.

Más abajo, en la sala de juntas, Tintoretto plasmó la vida de María, comenzando con *La Anunciación* en la pared de la izquierda, y terminando con la sombría *Ascensión*, enfrente.

Ca' Pesaro — Museo

(Galleria Internazionale d'Arte Moderna e Museo d'Arte Orientale; plano p. 178; ☎ 041 72 11 27; www.visitmuve.it; Fondamenta di Ca' Pesaro 2070, Santa Croce; adultos/reducida 8/5,50 €; ⏲10.00-18.00 ma-do abr-oct, hasta 17.00 nov-mar; ⛴Sa Stae) Cual versátil disfraz de Carnaval, el señorial exterior de este *palazzo* –diseñado por Longhena en 1710– esconde dos singulares museos: la **Galleria Internazionale d'Arte Moderna** y el **Museo d'Arte Orientale.** El primero se centra en el papel de Venecia en la historia del arte moderno, mientras que el segundo contiene tesoros adquiridos por el príncipe Enrique de Borbón durante sus viajes por Asia entre 1887 y 1889.

CANNAREGIO

Chiesa della Madonna dell'Orto — Iglesia

(plano p. 172; Campo della Madonna dell'Orto 3520; entrada 3 €, o con el Chorus Pass; ⏲10.00-17.00 lu-sa; 👪; ⛴Madonna dell'Orto) Esta elegante y pulcra catedral gótica de ladrillo de 1365, dedicada a la patrona de los viajeros, sigue siendo uno de los secretos mejor guardados de Venecia. Además, era la parroquia de Tintoretto, que se encuentra enterrado en su capilla y reservó dos de sus mejores obras para el ábside: *La presentación de la Virgen en el templo,* con una multitud de ángeles y

GLENN BEANLAND/GETTY IMAGES ©

Indispensable

Palazzo Ducale

Bajo su grácil fachada gótica, el palacio del dux muestra una determinación férrea por sobrevivir. Tras el devastador incendio de 1577, Antonio da Ponte recibió el encargo de restaurarlo en piedra blanca de Istria y mármol rosa de Verona.

Subiendo la Scala dei Censori se llega a las custodiadas dependencias del dux (o Dogo), separado del deber por apenas un corto tramo de escaleras secretas ocultas por el *San Cristóbal* de Tiziano. La Sala del Scudo cuenta con mapamundis que muestran el alcance del poder de Venecia entre 1483 y 1762.

La Scala d'Oro de Sansovino conduce a la Sala delle Quatro Porte, obra de Palladio, en donde los embajadores aguardaban a ser recibidos en audiencia por el dux bajo un espléndido despliegue artístico cortesía de Giovanni Cambi, Tiziano y Tiépolo.

Contadas autoridades eran recibidas en el Collegio, diseñado por Palladio, donde *Virtudes y alegorías de Venecia,* situado sobre el techo y ejecutado por el Veronés entre 1575 y 1578, muestra a Venecia como una mujer de cabello rubio que agita un cetro sobre la Paz y la Justicia. El tándem padre-hijo formado por Jacopo y Domenico Tintoretto representa a Venecia acompañada por Apolo, Marte y Mercurio en su *Triunfo de Venecia* sobre el techo de la Sala del Senato.

En la Sala del Consiglio dei Dieci (sala nº 20), el temido tribunal de Venecia se reunía bajo *Juno hace llover regalos sobre Venecia,* del Veronés. En el techo, sobre el buzón de la *Sala della Bussola* (sala nº 21), donde los ciudadanos depositaban delaciones anónimas, se observa *San Marcos en la gloria,* de Tiziano.

LO ESENCIAL

Palazzo Ducale; plano p. 178; ☎848 08 20 00; www.palazzoducale.visitmuve.it; Piazzetta San Marco 52; adultos/reducida/niños 16/8 €/gratis; ⏲8.30-19.00 abr-oct, hasta 17.30 nov-mar; ⛴San Zaccaria

© JEAN-PIERRE LESCOURRET/CORBIS

Indispensable
Gallerie dell'Accademia

El antiguo complejo del convento de Santa Maria della Carità mantuvo su serena compostura durante siglos, pero desde que Napoleón alojara aquí sus trofeos de arte veneciano en 1807, las paredes han sido testigo de un incesante drama pictórico.

Salas 1-5 Para guiarse por el desafío visual que representa, la galería está organizada en líneas generales por estilo y temática, del s. XIV al XVIII, aunque el orden no siempre es exacto debido a las restauraciones y la llegada de obras en préstamo.

Salas 6-10 El Renacimiento veneciano aguarda en la sala 6, con obras de Tiziano y Tintoretto.

Salas 11-19 Al entrar en la sala 11 se percibe un ligero toque barroco en los miembros de la alta sociedad que chismorrean en los balcones de los lunetos decorados por Tiépolo (1743-1745).

Salas 12 y 18 En plena restauración cuando se redactaba esta guía, aquí se expondrán las formidables vistas de Venecia de Canaletto y la sobrecogedora *La Tempesta*, de Giorgione. En las salas de retratos (también cerradas por obras) podrán verse el expresivo *Retrato de un joven*, de Lorenzo Lotto, y *El adivino*, de Piazzetta.

Salas 20-24 Hay pocos finales tan apoteósicos como el que deparan las últimas salas de la Accademia. La sala 20 estaba siendo restaurada cuando se redactó esta guía, para acomodar las respectivas versiones de Bellini y Carpaccio del *Milagro de la Cruz en el puente de San Lorenzo*. Tras una minuciosa restauración, la **capilla** original del convento (sala 23) constituye un sereno colofón, con un **retablo de Bellini** y exposiciones temporales en el centro.

LO ESENCIAL

plano p. 178; ☎041 520 03 45; www.gallerieaccademia.org; Campo della Carità 1050; adultos/reducida/niños y jubilados de la UE 14/11 €/gratis, Palazzo Grimani incl.; 8.15-14.00 lu, hasta 19.15 ma-do, última entrada 45 min antes del cierre; P Accademia

mortales que se afanan por ver a María, y su *Juicio Final*, de 1546, donde las almas perdidas intentan contener una ola gigante mientras un ángel rescata a una persona de las *acque alte finales*.

Ca' d'Oro Museo

(plano p. 178; ☎041 520 03 45; www.cadoro.org; Calle di Ca' d'Oro 3932; adultos/reducida 6/3 €; ⌚8.15-19.15 lu-sa, 9.00-12.30 do; ⛴Ca' d'Oro) Dispuesta a lo largo del Gran Canal, es imposible pasar por alto su **fachada gótica porticada** (s. XV), deslumbrante incluso sin los detalles originales de pan de oro a los que debe su nombre. El barón Franchetti donó a Venecia este fabuloso palacio repleto de obras maestras, expuestas en la **Galleria Franchetti,** en la planta superior, junto con joyas renacentistas saqueadas de las iglesias del Véneto durante la conquista napoleónica.

CASTELLO

Zanipolo Basílica

(Chiesa dei SS Giovanni e Paolo; plano p. 172; ☎041 523 59 13; www.basilicasantigiovanniepaolo.it; Campo Zanipolo; adultos/estudiantes 2,50/1,25 €; ⌚9.00-18.00 lu-sa, 12.00-18.00 do; ⛴Ospedale) Construida por los dominicos en el s. XIV para competir con la franciscana I Frari (p. 174), carece de su elegancia pero le gana en magnitud y variedad de sus obras maestras. El Zanipolo contiene obras del Veronés y Lorenzetti, así como las tumbas de 25 dux realizadas por destacados escultores, como Nicola Pisano y Tullio Lombardo.

Chiesa di San Francesco della Vigna Iglesia

(plano p. 172; ☎041 520 61 02; www.sanfrancescodellavigna.it; Campo San Francesco della Vigna 2786; ⌚9.30-12.30 y 15.00-18.00 lu-sa, 15.00-18.00 do; ⛴Celestia, Ospedale) GRATIS Diseñada por Jacopo Sansovino y con fachada de Palladio, esta encantadora iglesia franciscana es una de las atracciones más infravaloradas de Venecia. En la **Cappella Santa,** junto al florido **claustro,** puede apreciarse la resplandeciente

En busca de... Arte contemporáneo

Entre benefactores multimillonarios y bienales vanguardistas, los *palazzi* (palacios) de Venecia rebosan de fascinantes ejemplos de arte contemporáneo y arquitectura.

1 **PUNTA DELLA DOGANA**
(plano p. 178; ☎041 271 90 39; www.palazzograssi.it; adultos/reducida/niños 15/10 €/gratis, con Palazzo Grassi 20/15 €/gratis; ⌚10.00-19.00 mi-lu; ⛴Salute) La Fortuna giró a favor de Venecia en el 2005, cuando el magnate francés François Pinault decidió exponer aquí parte de su colección. Construida por Giuseppe Benoni en 1677 para asegurarse de que todo barco que entrara al Gran Canal pagara la tasa correspondiente, en la actualidad aloja enormes instalaciones artísticas que invitan a la reflexión frente a formidables vistas de los barcos en movimiento.

2 **PALAZZO GRASSI**
(plano p. 178; ☎taquilla 199 13 91 39, 041 523 16 80; www.palazzograssi.it; Campo San Samuele 3231; adultos/reducida/niños 15/10 €/gratis, entrada válida 72 h 20/15 €/gratis, Punta della Dogana incl.; ⌚10.00-19.00 mi-lu; ⛴San Samuele) Viniendo por el Gran Canal, lo primero que llama la atención son las grandes esculturas amarradas frente a este palacio neoclásico construido por Giorgio Masari en 1749. Está ocupado por la provocadora colección del multimillonario francés François Pinault, aunque su mayor baza es la original arquitectura interior de Tadao Ando.

3 **MAGAZZINI DEL SALE**
(plano p. 172; ☎041 522 66 26; www.fondazionevedova.org; Zattere 266; recomendable dejar un donativo; ⌚10.30-18.00 mi-lu; ⛴Zattere) Una reciente regeneración a cargo del arquitecto Renzo Piano transformó los históricos almacenes de sal de Venecia en la galería de arte de la Fondazione Vedova, donde se rinde homenaje al pintor abstracto veneciano Emilio Vedova. Sus muestras se mueven y giran, literalmente: propulsados por energía renovable, diez brazos robóticos diseñados por Vedova y Piano extraen y devuelven a su lugar de almacenamiento las emotivas obras de arte moderno.

DAVID C TOMLINSON/GETTY IMAGES ©

Indispensable

Chiesa di Santa Maria dei Miracoli

Auténtico milagro de la temprana arquitectura renacentista, esta pequeña capilla de mármol de Pietro Lombardo fue pionera en su época al abandonar la grandiosidad gótica por la arquitectura clásica a escala humana. Aportando sus recursos y recuperando el mármol desechado en la construcción de San Marcos, el barrio encargó la iglesia para albergar a la Virgen de Niccolò di Pietro Madonna cuando empezó milagrosamente a llorar hacia 1480. Pier Maria Pennacchi decoró 50 paneles del techo con profetas vestidos a la veneciana.

LO ESENCIAL

plano p. 178; Campo dei Miracoli 6074; entrada 3 €, o con el Chorus Pass; 10.00-17.00 lu-sa; Fondamenta Nuove

Virgen y los santos, de Bellini (1507); mientras que ángeles y aves dominan la escena en el sensacional *La Virgen en el trono,* de Antonio da Negroponte (1460-1470). Conviene llevar una moneda de 0,20 € para iluminarlos.

Giardini Pubblici Jardín

(plano p. 172; www.labiennale.org; Giardini, Biennale) Iniciados por Napoleón entre 1808 y 1812, tras considerar que la ciudad necesitaba una zona de esparcimiento (para lo que no vaciló en demoler un barrio residencial entero). Provisto de una acertada combinación de jardines formales y senderos sinuosos, el parque se extiende desde Via Garibaldi hasta Sant'Elena, pasando por los pabellones de la Biennale.

ISOLA DI SAN GIORGIO MAGGIORE

Chiesa di San Giorgio Maggiore

Iglesia

(plano p. 172; ☎041 522 78 27; Isola di San Giorgio Maggiore; campanario adultos/reducida 3/2 €; ⏲9.00-12.30 y 14.30-18.30 lu-sa may-sep, hasta 17.00 oct-abr; ⛴San Giorgio Maggiore) Pocas cosas resplandecen más que esta obra maestra de Palladio en mármol de Istria. Iniciada en la década de 1560, presenta mayor parecido a los templos romanos que al ampuloso barroco de entonces. En su interior, los techos se engalanan sobre una generosa nave y sus altos ventanales filtran la luz solar. El altar está flanqueado por dos obras maestras de Tintoretto, y un ascensor salva los 60 m del **campanario,** con las mejores vistas de Venecia (y sin las interminables colas del *campanile* de San Marcos).

LIDO

Apenas a 15 minutos de San Marcos en los *vaporettos* nº 1, 51, 52, 61, 62, 82 y N, el Lido ha sido la playa y bastión de Venecia durante centurias. En el s. XIX se reinventó como glamuroso centro de veraneo, atrayendo a europeos acaudalados con sus majestuosos hoteles modernistas. *Muerte en Venecia,* de Thomas Mann, está ambientada aquí, y se conservan numerosas casas ornamentadas de por entonces. Se pueden descargar varios itinerarios a pie para contemplar las más extravagantes en www2.comune.venezia.it/lidoliberty.

Las playas del Lido alinean la parte orientada al mar, al sur de la isla, y son fácilmente accesibles desde el *vaporetto,* descendiendo por Gran Viale. Para explorar la zona de verdad, conviene alquilar una bicicleta en **Lido on Bike** (☎041 526 80 19; www.lidoonbike.it; Gran Viale 21b; bicicletas 5/9 € por 90 min/día; ⏲9.00-19.00 med mar-oct; ⛴Lido); una buena idea es pedalear hacia el sur, cruzando el Ponte di Borgo hasta **Malamocco,** una versión en miniatura de Venecia con fachadas medievales.

De primera mano

Venecia

RECOMENDACIONES DE ALBERTO TOSO FEI, AUTOR DE *MISTERIOS DE VENECIA* Y *LOS SECRETOS DEL GRAN CANAL*

1 **PALAZZO DUCALE**

Casanova logró escapar del *Piombi,* la antigua prisión del ático del palacio (p. 181), pero otros prisioneros tuvieron que ser fuertes para soportar calurosos veranos bajo el techo de plomo. Aunque era mejor que cavar en los fríos *poggi* (pozos) bajo el nivel del agua. Por irónico que parezca, la cárcel nueva fue construida con mármol robado de Constantinopla.

2 **BASÍLICA DE SAN MARCOS**

Venecia dio la campanada al arrebatar de Alejandría el cuerpo de san Marcos. Prueba de su buen gusto (y afición al hurto) es el mármol utilizado en la basílica (p. 175), llegado de todo el Mediterráneo. Venecia también se apropió el símbolo del león alado de san Marcos.

3 **LA FENICE**

La ópera de La Fenice (p. 196) se incendió en 1836, durante la ocupación austríaca. Para su reinauguración se decoró el techo con las musas de la Música y la Canción, pintadas en rojo, blanco y verde, los colores de la Italia independiente. El poder militar fue por un tiempo de Austria, pero la ópera será por siempre italiana.

4 **GRAN CANAL**

Además de Marco Polo, los viajeros siempre han desempeñado un papel importante en Venecia, desde comerciantes turcos y alemanes a visitantes independientes, con cuya ayuda se rescató la ciudad tras las inundaciones de 1966. Visitar Venecia es, en definitiva, formar parte de una historia maravillosa.

Abajo: Gente disfrazada durante el Carnaval, Venecia
Dcha.: Ponte di Rialto, Venecia.
(ABAJO) ROBERTO GEROMETTA/GETTY IMAGES ©; (DCHA.) KRZYSZTOF DYDYNSKI/GETTY IMAGES ©

Actividades

Un paseo en góndola permite vislumbrar patios de *palazzi* y canales ocultos imposibles de ver a pie. Las tarifas son de 80 € por 40 minutos (máx. 6 pers.) durante el día y de 100 € por 40 minutos de 19.00 a 8.00, sin incluir las arias de rigor (negociadas a parte) ni la propina. El tiempo adicional se cobra por tramos de 20 minutos (día/noche 40/50 €). Se puede regatear en temporada baja, con tiempo nublado y a mediodía, cuando los viajeros acostumbran ir a comer. Para evitar recargos, conviene acordar de antemano el precio, el tiempo máximo y las arias. Las góndolas se concentran en las *stazi* (paradas) a lo largo del Gran Canal, junto a la Ferrovia (☎ 041 71 85 43), en el Rialto y cerca de los principales reclamos (p. ej. I Frari, el puente de los Suspiros o la Accademia). Se puede pedir una góndola llamando al ☎ 041 528 50 75 y acordar la recogida en un canal cercano.

Circuitos

De abril a octubre, las oficinas de turismo de la **APT** (**www.turismovenezia.it**) ofrecen circuitos guiados que abarcan desde el clásico paseo en góndola (40 €/pers.) hasta un recorrido exhaustivo por la basílica de San Marcos (21 €/pers.) y un circuito de cuatro horas por Murano, Burano y Torcello (20 €/pers.).

Venice Day Trips Circuito cultural
(**☎ 049 60 06 72; www.venicedaytrips.com; Via Saetta 18, Padua; circuitos semi-privados/ privados 165/275 € por persona**) Fantástica selección de circuitos organizados por los entusiastas Mario, Rachel y Silvia. Ideales para descubrir el lado más auténtico del Véneto, abarcan desde clases de cocina en Cannaregio hasta cursos de elaboración de quesos y cata de vinos.

ꞁaguna Eco Adventures Circuito en barco

(☎329 722 62 89; www.lagunaecoadventures.
om; excursiones 2/8 h 40/150 € por persona) ꞁara explorar los confines de la laguna de ꞁía y los canales ocultos de Venecia de ꞁoche, a bordo de una *sanpierota* (pequeꞁa embarcación de dos velas).

ꞁow Venice Remo

(☎345 241 52 66; www.rowvenice.com; clases ꞁ h para 1-2/4 personas 80/120 €) Para aprenꞁer a navegar en un *sandolo* con Jane ꞁaporal, al más puro estilo *gondoliero*.

ꞁerra e Acqua Circuito en barco

(☎347 420 50 04; www.veneziainbarca.it; excurꞁión día completo 380-460 € por 9-12 personas, ꞁomidas incl.) Organiza salidas en *bragosso* ꞁbarcaza veneciana) para disfrutar de ꞁa fauna de la laguna, la arquitectura de ꞁurano y Torcello y un almuerzo a base de ꞁuiso de pescado.

Fiestas y celebraciones

Carnevale Carnaval

(www.carnevale.venezia.it) El fervor carnavalesco comienza a palparse dos semanas antes de Cuaresma. Las entradas para el baile de máscaras de La Fenice comienzan a partir de 200 €, aunque tal vez baste con la fuente de vino que anuncia el inicio del festejo, las fiestas de disfraces públicas en cada *campo* (plaza) o ver como una singular flotilla surca el Gran Canal.

La Biennale di Venezia Cultura

(www.labiennale.org) En años impares se celebra la bienal de arte (jun-oct), mientras que en años pares tiene lugar la de arquitectura (sep-nov). Las principales muestras se exhiben en los pabellones de los Giardini Pubblici y en el **Arsenale** (plano p. 172; ☎041 521 88 28; www.labiennale.org; Campo della Tana; adultos 20 €, reducida 12-16 €; ⏰10.00-18.00 ma-do; Arsenale), otrora el mayor astillero medieval de Europa. Cada verano, la Biennale ofrece una vanguardista programación de danza, teatro, cine y música que invade toda la ciudad.

Dónde dormir

Las **oficinas de turismo de la APT** (www.turismovenezia.it) dispensan listados de B&B, *affittacamere* (habitaciones para huéspedes) y apartamentos en alquiler en pleno centro. También se puede consultar **BB Planet** (www.bbplanet.it), www.guestinitaly.com y www.veniceapartment.com.

PIAZZA SAN MARCO Y ALREDEDORES

Hotel Flora Hotel €
(plano p. 178; 041 520 58 44; www.hotelflora.it; Calle Bergamaschi 2283a; d 100-358 €, desayuno incl.; ; Santa Maria del Giglio) Enclavado en un callejón que parte de la ostentosa Calle Larga XXII Marzo, este apacible retiro supera a sus estilosos vecinos con un encantador salón de té, desayunos en el jardín y un gimnasio donde ofrecen masajes *shiatsu*. Hay servicio de canguro y merienda de cortesía para los más pequeños.

Novecento Hotel-'boutique' €€
(plano p. 178; 041 241 37 65; www.novecento.biz; Calle del Dose 2683/84; d 140-300 €; ; Santa Maria del Giglio) Nueve habitaciones de elegancia bohemia con almohadones de *kilim* turco, cortinas de Fortuny y camas del s. XIX talladas. El desayuno se sirve en el jardín bajo un parasol indio. Si el viajero dispone de tiempo, puede disfrutar de un masaje en el asociado Hotel Flora, apuntarse a clases de cocina veneciana o de dibujo paisajístico.

DORSODURO

Pensione Accademia Villa Maravege Hotel €€
(plano p. 172; 041 521 01 88; www.pensioneaccademia.it; Fondamenta Bollani 1058; d 145-340 €; ; Accademia) Frondosa casa junto al Gran Canal, a solo una manzana de la Accademia. Las 27 habitaciones, elegantes sin apenas pretenderlo, han sido renovadas y presentan suelos de parqué, escritorios de época, paredes de color crema y baños modernos y luminosos;

Burano.

EMILY RIDDELL/GETTY IMAGES

lgunas tienen cama con dosel, techos on vigas de madera y vistas del canal.

a' Pisani Hotel de diseño **€€**

plano p. 178; ☎041 240 14 11; www.capisaniho el.it; Rio Terà Antonio Foscarini 979a; d 140-351 ; ❄ wifi; ⛴ Accademia) Estilosa propuesta etrás de la Accademia, equipada con ujosas camas trineo, *jacuzzis* y vestido-es. Dotadas de iluminación ambiental paredes insonorizadas acolchadas n cuero, las habitaciones de la planta nferior incitan al romance, mientras ue las familias apreciarán las de la uhardilla.

AN POLO Y SANTA CROCE

a' Angeli

otel-'boutique' **€**

plano p. 178; ☎041 523 24 80; www.caangeli. Calle del Traghetto de la Madonnetta 1434, an Polo; d 70-215 €, desayuno incl.; ❄ wifi; ⛴ San Silvestro) Los hermanos Gior-io y Matteo heredaron este palacio unto al Gran Canal y restauraron sus ámparas de cristal de Murano, su sofá e dos plazas Luis XIV y los ángeles el s. XVI, a los que debe su nombre. as habitaciones poseen techos con gas, alfombras antiguas y grandes años; algunas tienen vistas al Gran anal o a su patio.

ensione Guerrato

otel **€€**

lano p. 178; ☎041 528 59 27; www.pen oneguerrato.it; Calle Drio la Scimia 240a, an Polo; d/tr/c 145/165/185 €, desayuno cl.; ❄ wifi 👪; ⛴ Rialto Mercato) Otrora cupado por una emblemática posada e 1227, sus renovadas estancias aún onservan su esencia histórica. Su pro-dencial ubicación, junto al mercado de ialto, entre *bacari* (bares) de primera, lo onvierte en la Meca de los amantes del uen comer. Los apartamentos cuentan on cocina. Hay wifi en el vestíbulo.

ltre il Giardino Hotel-'boutique' **€€**

lano p. 178; ☎041 275 00 15; www.oltreilgiar no-venezia.com; Fondamenta Contarini, San lo 2542; d 180-250 €, desayuno incl.; ❄ @ 👪; San Tomà) Encanto histórico y confort

En busca de...
La vida isleña

San Giorgio Maggiore y el Lido son magníficos lugares de escapada, pero la oferta no termina aquí. Basta con tomar un *vaporetto* para descubrir obras de arte en cristal, una fabulosa explosión cromática y una isla casi desierta.

1 MURANO

Los venecianos llevan trabajando el cristal desde el s. X. Pero a raíz del peligro de incendio de los *fornace* (hornos), la producción se trasladó a la isla de Murano, en el s. XIII. Hoy, los talleres de los artesanos *soffiatori de vetro* (sopladores de cristal) se concentran a lo largo de **Fondamenta dei Vetrai**. Por su parte, el **Museo del Vetro** (museo del cristal; ☎041 73 95 86; www.museovetro.visitmuve.it; Fondamenta Giustinian 8; adultos/reducida 8/5,50 €; 🕙10.00-18.00 abr-oct, hasta 17.00 nov-mar; ⛴ Museo), en el Palazzo Giustinian, hace alarde de la tradición vidriera de Murano desde 1861.

2 BURANO

Si el viajero se ha quedado atónito ante la sublime arquitectura gótica de Venecia, no hay mejor forma de recobrar los sentidos que el estallido de color que depara Burano. Aficionados a la fotografía abarrotan el *ferry* de la línea LN (50 min) desde Fondamente Nuove, ansiosos por desembarcar y tomar instantáneas de las coloridas casas engalanadas con tendederos.

3 TORCELLO

Situada a 3 minutos en el *ferry* de la línea T desde Burano, en esta bucólica isla viven más ovejas que hombres (unos 14) y, de no ser por la **Chiesa di Santa Fosca** (🕙10.00-16.30; ⛴ Torcello) y la espléndida **Basilica di Santa Maria Assunta** (Piazza Torcello; adultos/reducida 5/4 €, con museo 8/6 €; 🕙10.30-18.00 mar-oct, 10.00-17.00 nov-feb; ⛴ Torcello), apenas podría imaginarse que fue una importante ciudad bizantina de 20 000 habitantes. Se puede pernoctar en Locanda Cipriani, retiro predilecto de Hemingway.

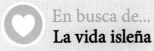

moderno en una fabulosa casa ajardinada de diseño, donde conviven escritorios de marquetería y TV con pantalla plana; candelabros y minibares; o sillas de póquer del s. XIX y servicio de canguro. La luz baña sus seis habitaciones de techos altos: la "turquesa" mira al canal, la "verde" se esconde en el jardín, y la "gris" luce una seductora cama con armazón de hierro forjado.

CANNAREGIO

Allo Squero B&B €

(plano p. 172; 041 523 69 73; www.allosquero.it; Corte dello Squero 4692; d 80-130 €, desayuno incl.; ; Fondamenta Nuove) Histórico *squero* (astillero de góndolas) reconvertido en lugar de escapada. La acción de los dos canales aledaños se observa desde sus modernas y soleadas habitaciones de la planta superior, con suelos de terrazo y baños propios, algunos con bañera. Andrea e Hiroko, sus afables dueños, son una estupenda fuente de información.

Ca' Zanardi Hotel-'boutique' €€

(plano p. 172; 041 241 33 05; www.cazanardi.eu; Calle Zanardi 4132; d 130-300 €; ; Madonna dell'Orto) Palacio veneciano del s. XVI, galería de arte contemporáneo internacional e idílico jardín junto al canal. Así es Ca' Zanardi, un lugar donde hospedarse resulta un verdadero privilegio. Las sillas tipo trono, los tapices y los espejos de mercurio son el mobiliario original conservado por la familia durante siglos; aún se celebran conciertos en el salón y bailes de máscaras.

CASTELLO

Palazzo Soderini B&B €€

(plano p. 172; 041 296 08 23; www.palazzosoderini.it; Campo di Bandiera e Mori 3611; d 150-200 €, desayuno incl.; ; Arsenale) Provisto de un estanque de nenúfares en el jardín, ofrece una agradable tregua al tumulto visual de Venecia. Su decoración minimalista acentúa las formas esbeltas y trazos limpios con un mobiliario moderno y paredes de blanco inmaculado.

Dónde comer

PIAZZA SAN MARCO Y ALREDEDORES

Enoteca al Volto Veneciana 'cicheti' €

(plano p. 178; 041 522 89 45; Calle Cavalli 4081; cicheti 2-4 €, comidas hasta 25 €; 10.00-15.00 y 17.30-22.00 lu-sa; Rialto) Se puede elegir entre batirse con la clientela por los vinos y *cicheti* de su atestada barra o llegar temprano para conseguir mesa al fresco (en verano). En su acogedor comedor interior se sirven suculentos boles de pasta con *bottarga* (hueva seca), ternera al vinagre balsámico añejo, y raviolis caseros. Solo efectivo.

Pizza al taglio (*pizza* en porciones).
RICHARD I'ANSON/GETTY IMAGES ©

Osteria da Carla 'Osteria', 'cicheti' €
(plano p. 178; ☎041 523 78 55; Frezzaria 1535; comidas 20-25 €; ⏲10.00-21.00 lu-sa; ⛴Vallaresso) Por el precio de un chocolate caliente en Piazza San Marco, los más enterados se citan en este patio escondido para paladear raviolis caseros con semillas de amapola, pera y queso de cabra. Es habitual un tiempo de espera a mediodía y durante el *happy hour,* cuando los *gondolieri* acuden atraídos por el *soave* y las *sopressa crostini* (tostas de salami).

A Beccafico Italiana €€
(plano p. 178; ☎041 527 48 79; www.abeccafico.com; Campo Santo Stefano 2801; comidas 25-45 €; ⏲12.00-15.00 y 19.00-23.00; ⛴Accademia) Alejado de los exclusivos *pubs* que jalonan las callejas del centro, A Beccafico se regocija al sol en Campo Santo Stefano. Adeli, su chef, sirve mejillones en botes recubiertos de crujiente masa de *pizza* y desafía la regla de oro veneciana de no mezclar marisco con queso en su pasta negra con ralladura de limón y ricota.

DORSODURO

Ristorante La Bitta 'Ristorante' €€
(plano p. 172; ☎041 523 05 31; Calle Lunga San Barnaba 2753a; comidas 30-40 €; ⏲cena lu-sa; ⛴Ca' Rezzonico) El menú del día se presenta sobre un caballete y sus reconfortantes platos rústicos son el sueño de cualquier carnívoro: bistecs envueltos en beicon y conejo asado sobre rúcula. La carta gira en torno a las carnes locales y apenas hay 35 sillas, por lo que impera reservar; solo efectivo.

Do Farai Marisco, veneciana €€
(plano p. 172; ☎041 277 03 69; Calle del Cappeller 3278; comidas 25-35 €; ⏲11.00-15.00 y 19.00-22.00 lu-sa; ⛴Ca' Rezzonico) Una clientela local abarrota este lugar decorado con bufandas de equipos de fútbol e impregnado del delicioso aroma de platos como pasta con mariscos y gambas dulces; *orata* (besugo) a la parrilla; o *tris in saor sarde, scampi e sogliole* (sardinas, gambas y lenguado en salsa agridulce).

Enoteca Ai Artisti 'Ristorante' €€€
(plano p. 172; ☎041 523 89 44; www.enotecaartisti.com; Fondamenta della Toletta 1169a; comidas 40-50 €; ⏲12.00-16.00 y 18.30-22.00 lu-sa; ⛴Ca' Rezzonico) Sus formidables quesos, exquisita pasta al *nero di seppia* (con tinta de calamar) y tierna *tagliata* (bistec cortado) rociada con vinagre balsámico añejo sobre rúcula casan a la perfección con los excepcionales vinos por copa ofrecidos por los anfitriones (expertos enólogos). Las mesas para dos de la terraza son ideales para contemplar el trasiego.

SAN POLO Y SANTA CROCE

All'Arco Veneciana €
(plano p. 178; ☎041 520 56 66; Calle dell'Ochialer 436; cicheti 1,50-4 €; ⏲8.00-15.30 lu-sa sep-jun, 18.00-21.00 lu-sa abr-oct; ⛴Rialto-Mercato) El infalible tándem padre-hijo que lo regenta, prepara a diario los mejores *cicheti* de Venecia. Tras un mostrador de mármol, Francesco envuelve espárragos de Bassano en *pancetta*, mientras que Matteo marina *otrega* (palometa) *crudo* con aceite de oliva a la menta y sal de Hawai.

Antiche Carampane Veneciana €€
(plano p. 178; ☎041 524 01 65; www.antichecarampane.com; Rio Terà delle Carampane 1911, San Polo; comidas 30-45 €; ⏲12.00-14.30 y 19.00-23.00 ma-sa; ⛴San Stae) Acurrucado en las callejas detrás del Ponte delle Tette, este paraíso culinario resulta difícil de encontrar. Un escueto cartel reza "no hay menú para turistas". Pero una vez dentro, la lasaña de rigor da paso a sedosos pescados frescos, ensaladas sabrosas y ñoquis celestiales.

Osteria La Zucca
Italiana moderna €€
(plano p. 178; ☎041 524 15 70; www.lazucca.it; Calle del Tentor 1762, Santa Croce; comidas 30-45 €; ⏲12.30-14.30 y 19.00-22.30 lu-sa; 🌿; ⛴San Stae) Su mayor baza son los productos locales. Verduras de temporada y especias se alían en platos como *zucchini* (calabacines) al jengibre, flan de calabaza y canela, o tarta de frambuesas especiada. Su cálido interior cotiza al alza

Abajo: Postres venecianos
Dcha.: Mercado de Rialto, Venecia.

en invierno; en verano han de reservarse las mesas junto al canal.

Al Pesador Italiana moderna **€€€**
(plano p. 178; ☎041 523 94 92; www.alpesador.it; Campo San Giacometto 125, San Polo; cicheti 1,50-5 €, comidas 40-55 €; ⏲12.00-15.00 y 19.00-23.00 lu-sa; ⛴Rialto-Mercato) De entrada, se puede elegir entre contemplar el Gran Canal o acaramelarse dentro. Pero una vez llega la comida, no hay que tener ojos para otra cosa. Al Pesador ha sabido reinventar la cocina veneciana con delicadeza, y lo confirman sus *cicheti* de caballa con *saor* de vinagre o las finísimas tostas de *lardo* (tocino curado) con aceite de menta, y *primi* (principales) como ñoquis a la tinta de calamar con vieras y hierbas silvestres.

CANNAREGIO

Dalla Marisa Veneciana **€**
(plano p. 172; ☎041 72 02 11; Fondamenta di San Giobbe 652b; menús 15-35 €; ⏲12.00-15.00 y 19.00-23.00 ma y ju-sa, 12.00-15.00 lu y mi; ⛴Crea) El comensal se sienta donde haya lugar y no se le entrega una carta, pues el menú se conoce de antemano, al hacer la reserva, e incluye vino. Los lugareños que lo frecuentan confiesan que el *fegato alla veneziana* (hígado de ternera) supera incluso al de sus abuelas, y su marisco es una oda a la frescura servida sobre pasta y rúcula.

Ai Promessi Sposi Veneciana **€€**
(plano p. 178; ☎041 241 27 47; Calle d'Oca 4367; comidas 25-35 €; ⏲11.30-15.00 y 18.00-23.00 ma y ju-do, 18.00-23.00 lu y mi; ⛴Ca' d'Oro) Aderezada con una animada clientela local que parece pegada a la barra, esta *osteria* de barrio encandila con platos del día a base de mariscos venecianos y carnes del Véneto a precios excelentes.

nice Stellato Veneciana €€€

lano p. 172; ☎041 72 07 44; Fondamenta della nsa 3272; principales 18-23 €; ⌚12.00-14.00 .9.30-23.00 mi-do; ⛴Madonna dell'Orto) Si ır con este oscuro rincón de Cannaregio sulta una aventura, hay que esperar al sfile de platos como chuletas de cor-ro con costra de pistachos, raviolis de mbas caseros o *moeche fritte* (cangre-s fritos). Las lámparas de hojalata y sus esas compartidas ceden el protagonis-o a la comida y la memorable compañía cal. Impera reservar.

ASTELLO

steria alla Staffa Veneciana moderna €€

ano p. 172; ☎041 523 91 60; Calle 'Ospedale 6397a; comidas 20-35 €; ⌚11.30-00 y 18.00-23.00; ⛴Ospedale) Elaboradas n pescados frescos del Rialto y verdu- y quesos biológicos, sus versiones de sicos venecianos se fundamentan en el oor. La cocina es casera pero con visos artísticos, como se observa en su magistral selección de mariscos.

Trattoria Corte Sconta Veneciana moderna €€€

(plano p. 172; ☎041 522 70 24; Calle del Pestrin 3886; comidas 50-65 €; ⌚12.30-14.30 y 19.00-21.30 ma-sa, cerrado ene y ago; ⛴Arsenale) Lugareños y visitantes enterados acuden por igual a este patio escondido cubierto de parras atraídos por sus distintivos *antipasti* de marisco y originales pastas caseras. Audaces sabores transforman clásicos reinventados como almejas al jengibre, *lingüine* con gambas y calabacín al azafrán, y anguila a la parrilla con una llovizna de reducción balsámica.

GIUDECCA

I Figli delle Stelle Italiana €€

(plano p. 172; ☎041 523 00 04; www.ifiglidellestelle.it; Zitelle 70; comidas 30-40 €; ⌚12.30-14.30 y 19.00-22.00 ma-do, cerrado med nov-med mar; ⛴Zitelle) Ojo con las declaraciones de amor en uno de los restaurantes más románticos de Venecia, pues las celestia-

En busca de... La 'dolce vita'

Los amantes del lujo se encontrarán en su elemento en Venecia.

1 **GRITTI PALACE**

(plano p. 178; 041 79 46 11; www.hotelgrittipalacevenice.com; Campo di Santa Maria del Giglio 2467; d 425-700 €, ste desde 1100 €; ; Santa Maria del Giglio) Dispuesto a lo largo del Gran Canal, este emblemático palacio de 1525 reabrió sus puertas en el 2013 tras una lujosa restauración que incluye desde damascos de seda de Rubelli en las *suites* de la planta superior a calefacción radiante bajo el suelo de terrazo de la Escuela Epicúrea de Gritti. También se han revitalizado sus clásicas habitaciones venecianas con confortables sofás antiguos, techos de estuco y baños revestidos de mármol.

2 **HARRY'S BAR**

(plano p. 178; 041 528 57 77; Calle Vallaresso 1323; cócteles 12-22 €; 10.30-23.00; San Marco) Aspirantes a escritor frecuentan este bar por el que desfilaron Ernest Hemingway, Charlie Chaplin, Truman Capote y Orson Welles, y saborean su insuperable Bellini (inventado aquí en 1948: zumo de melocotón y prosecco).

3 **BAR TERAZZA DANIELI**

(plano p. 172; 041 522 64 80; www.starwoodhotels.com; Riva degli Schiavoni 4196; cócteles 18-22 €; 15.00-18.30 abr-oct; San Zaccaria) Al atardecer, las góndolas se deslizan junto al muelle y el reflejo de la deslumbrante San Giorgio Maggiore pasa de dorado a rosa sobre las aguas del canal: una escena que sin duda invita a un brindis en el bar de la terraza del Hotel Danieli. Pídase un *spritz* (10 €) o su cóctel estrella, preparado con ginebra, zumo de naranja y albaricoque, y un chorro de granadina.

les creaciones del chef Luigi se apoderan del habla. La parrillada de langostinos, lenguado y sardinas, es un manjar, y el cremoso puré de habas con achicoria y tomates frescos envuelve el paladar.

EL LIDO

Le Garzette — Granja €€

(041 712 16 53; www.legarzette.it; Lungomare Alberoni 32, Lido; comidas 35-45 €; 12.30-14.30 y 19.00-22.30 med ene-med dic; ; Lido) Agazapado entre huertas se encuentra este *agriturismo* de color rojo óxido donde se elige entre un menú de carne o pescado, acompañado de un rosario de platos biológicos como crepes de espárragos, alcachofas de Malamocco y tarta de pera con huevos de corral.

La Favorita — Marisco €€

(041 526 16 26; Via Francesco Duodo 33; comidas 35-50 €; 12.30-14.30 y 19.30-22.30 mi-do, 19.30-22.30 ma, cerrado ene-med feb; Lido) Para disfrutar de largas comidas sin prisas, vinos excelentes y un servicio impecable. Entre sus creaciones de temporada destacan el *rhombo* (rodaballo) con alcaparras y aceitunas, los *gnochetti* (mini-ñoquis) con centollo, y el *risott*[o] de pescado. Resérvese con antelació[n] para conseguir mesa en su jardín, máxime durante el festival de cine.

Dónde beber y vida nocturna

PIAZZA SAN MARCO Y ALREDEDORES

I Rusteghi — Bar de vino

(plano p. 178; 041 523 22 05; www.osteriaiRusteghi.com; Corte del Tentor 5513; 10.30-15.00 y 18.00-23.30 lu-sa; Rialto) En homenaje a siglos de tradición vinícola el sumiller de cuarta generación Giovan[ni] d'Este se prestará a descorchar cualqui[er] botella de los estantes para servir una *ombra* (media copa de vino), incluidos v[i]nos de colección como el Cannubi Baro[lo]. Si se pide *"qualcosa di particolare"* (alg[o] excepcional), Giovanni agasajará al viaje[ro] con un sensual Ribolla Gialla acompa[ñ]ñado de mini-*panini* de queso a la trufa [y] jamón curado español y del Véneto.

DORSODURO

Cantinone Già Schiavi

Bar

(plano p. 172; ☎041 523 95 77; Fondamenta Nani 992; 🕗8.30-20.30 lu-sa; ⛴Zattere) Un alegre caos invade este mítico local junto al canal donde historiadores de la Academia se mezclan con gondoleros. No hay que dejar de probar sus *cicheti* de atún y puerro acompañados de un sensacional *soave* de la casa, ni los generosos *panini di sopressa* (de salami blando) regados con *pallottoline* (quintos de cerveza).

Osteria alla Bifora

Bar

(plano p. 172; ☎041 523 61 19; Campo Santa Margherita 2930; 🕗12.00-15.00 y 18.00-1.00 mi-lu; ⛴Ca' Rezzonico) Mientras otros bares de la zona atienden las necesidades de estudiantes sedientos de *spritz*, en esta cava medieval se puede degustar un corpulento merlot del Véneto. Las raciones de embutidos se preparan al momento y las mesas compartidas son perfectas para hacer nuevos amigos.

SAN POLO Y SANTA CROCE

Al Prosecco

Bar de vinos

(plano p. 178; ☎041 524 02 22; www.alprosecco.com; Campo San Giacomo dell'Orio, Santa Croce 1503; 🕗9.00-22.30 lu-sa, hasta 20.00 invierno; ⛴San Stae) No tiene nada de raro querer despedir cada atardecer con un brindis en el campo más encantador de Venecia. Este pionero bar se especializa en *vini naturi* (vinos de elaboración natural), desde el turbio *prosecco* sin filtrar al sedoso venegazzú del Véneto, que recorre el paladar y perdura en el recuerdo.

CANNAREGIO

Al Timon

Bar de vinos

(plano p. 172; ☎041 524 60 66; Fondamenta degli Ormesini 2754; 🕗11.00-1.00 ju-ma 18.00-1.00 mi; ⛴Guglie) Con un barco amarrado justo enfrente, donde es posible acomodarse, es ideal para contemplar el heterogéneo trajín de ávidos de *crostini* (tostas) de marisco y estupendos vinos biológicos y con D.O.C. servidos por *ombra* o en jarra. Con buen tiempo es amenizado por cantantes de *folk* a pie de canal; si hace fresco, los parroquianos habituales hacen hueco a los recién llegados en las mesas de dentro.

Agli Ormesini

'Pub'

(Da Aldo; plano p. 172; ☎041 71 58 34; Fondamenta degli Ormesini 2710; 🕗20.00-1.00 lu-sa; ⛴Madonna dell'Orto) Mientras que en el resto de Venecia prima el vino, Ormesini ofrece más de 100 tipos de cerveza, incluidas botellas a precios razonables de *ales* artesanales y la local Birra Venezia. Su ambiente festivo a veces inunda la calle, si bien no hay que alborotar en exceso para evitar que los vecinos se enojen.

☆ Ocio

Para estar al tanto de la agenda de Venecia durante la estancia, se recomienda

Escena callejera, Venecia.

consultar la programación de revistas gratuitas disponibles por toda la ciudad y en línea: **VeNews** (www.venezianews.it), **Venezia da Vivere** (www.veneziadavivere.com), y **2Venice** (www.2venice.it).

Para grandes eventos como la Biennale o las óperas de La Fenice, hay que reservar con antelación a través del sitio web correspondiente o en www.veniceconnected.com. A veces también se pueden comprar entradas en taquilla, en www.musicinvenice.com o en los **puestos de HelloVenezia** (**041 24 24; www.hellovenezia.it; entradas 15-20 €**), cerca de las paradas de *vaporetto*.

CASINOS

Casinò Di Venezia — Casino

(Palazzo Vendramin-Calergi; plano p. 172; 041 529 71 11; www.casinovenezia.it; Palazzo Vendramin-Calergi 2040; entrada 5 €, gratis comprando fichas por valor de 10 €; 11.00-2.30 do-ju, hasta 3.00 vi y sa; San Marcuola) Desde el s. XVI se han ganado y perdido fortunas en este casino palaciego. La zona de máquinas tragamonedas abre a las 11.00; para las mesas de juego, hay que llegar a partir de las 15.30 y vestir para la ocasión. El hotel del viajero puede dispensar entradas gratuitas. Desde Piazzale Roma sale un taxi acuático gratuito hasta el casino. Hay que ser mayor de 18 años para poder entrar.

ÓPERA Y MÚSICA CLÁSICA

Teatro La Fenice — Ópera

(plano p. 178; 041 78 65 11, circuitos 041 24 24; www.teatrolafenice.it; Campo San Fantin 1965; visita teatro adultos/reducida 8,50/6 €, entradas ópera desde 40 €; circuitos 9.30-18.00; Santa Maria dei Giglio) Se organizan circuitos previa reserva, aunque la mejor manera de verla es sumándose a los *loggione*, los entusiastas de la ópera que juzgan la representación desde el paraíso. Fuera de la temporada de ópera programan sinfonías y conciertos de música de cámara.

Palazetto Bru Zane — Música clásica

(Centre de Musique Romantique Française; plano p. 172; 041 521 10 05; www.bru-zane.com; Palazetto Bru Zane 2368, San Polo; adultos/reducida 25/15 €; taquilla 14.30-17.30 lu-vi; San Tomà) Pocas cosas superan en romanticismo al Palazetto Bru Zane en una noche de concierto, cuando las exquisitas armonías deleitan a los ángeles pintados por Sebastiano Ricci en sus techos estuca-

Los Dolomitas.

JOHN ELK III HOLGER LEUE/GETTY IMAGES

Desvío: Los Dolomitas

Los escarpados picos de los Dolomitas (Dolomiti en italiano) se extienden por las provincias de Trentino y Alto Adigio y se proyectan en el vecino Véneto. En invierno, visitantes de toda Europa acuden atraídos por su ambiente hospitalario, su idílico entorno natural y sus organizadas estaciones de esquí. Hay oportunidades para practicar esquí de descenso, de fondo y *snowboard*, así como *sci alpinismo*, una estimulante modalidad que combina esquí, montañismo, *freeride* y otros deportes de aventura de invierno.

La **Sella Ronda,** un recorrido de 40 km que rodea la cadena del Gruppo di Sella (3151 m, Piz Boé), conectada por varias telecabinas y telesillas, es una de las rutas de esquí más emblemáticas de los Alpes. El circuito cruza cuatro puertos de montaña y sus valles aledaños: el Val Gardena en Alto Adigio, el Val Badia, el Arabba (en el Véneto) y el Val di Fassa en Trentino. Los esquiadores más experimentados pueden completar la ruta naranja (en el sentido de las agujas del reloj) o verde (en sentido inverso) en un día.

Las estaciones de esquí más accesibles de la región son **Dolomiti Superski** (**www.dolomitisuperski.com; temporada alta pase 3/6 días 144/254 €**), que abarca el este, con acceso a 450 telesillas y unos 1200 km de pistas repartidas por 12 zonas de esquí, y **Superskirama** (**www.skirama.it; pase 1/3/7 días 47/136/277 €**), que abarca la parte oeste del macizo de Brenta, y cuenta con 150 telesillas, 380 km de pendientes y 8 zonas de esquí.

›s. Tras varios años de restauraciones, el ›lón de música Casino Zane (1695-1698) › recuperado su función original y atrae ›ntérpretes de clase mundial que fasci-›n con su magnífica acústica.

De compras

›rte Productos de papel
›ano p. 178; ☎320 024 87 76; www.carteve›zia.it; Calle dei Cristi 1731, San Polo; ⏲11.00-›00 lu-sa, hasta 15.00 nov-mar; ⛴Rialto-›rcato) Un sinfín de coloristas remolinos ›ubre el papel marmolado *(carta ›rmorizzata)* con que Rosanna Corrò ›cora los atrevidos collares y originales ›petas fruto de su destreza e imagina-›n inagotable. Tras años de dedicación › restauración de libros, un buen día se ›zó a crear anillos de cóctel, joyeros de ›e óptico y bolsos de diseño hipnótico. aquí el resultado.

Chiarastella Cattana Artículos para el hogar
(plano p. 178; ☎041 522 43 69; www.chiarastellacattana.it; Salizada San Samuele 3357; ⏲10.00-13.00 y 15.00-19.00 lu-sa; ⛴San Samuele) Cualquier hogar puede transformarse en un moderno *palazzo* con estos originales tejidos venecianos. Sus caprichosos cojines lucen rinocerontes y elefantes púrpura sacados de lienzos de Pietro Longhi, y sus toallas de mano *jacquard* con borlas agradarán al más refinado de los huéspedes. De visita obligada para amantes del interiorismo y el diseño, también tejen servilletas y cortinas a medida.

Gilberto Penzo Artesanías, barcos
(plano p. 178; ☎041 71 93 72; www.veniceboats.com; Calle 2 dei Saoneri 2681, San Polo; ⏲9.00-12.30 y 15.00-18.00 lu-sa; 👪; ⛴San Tomà) Cualquier apasionado de las maquetas del Museo Storico Navale se volverá loco entre estos ejemplares de madera hechos a mano, incluidos varios que son aptos para botar en el mar (o

cuando menos en la bañera). El *signor* Penzo también fabrica herramientas para los más pequeños.

Marina e Susanna Sent Cristal
(plano p. 178; ☎041 520 81 36; www.marinaesusannasent.com; Campo San Vio 669; ⏲10.00-13.00 y 15.00-18.30 ma-sa, 15.00-18.30 lu; ⛴Accademia) Los característicos collares realizados con cristal de Murano se han convertido en un emblema del estilo veneciano gracias a las hermanas Sent, cuyas joyas minimalistas se encuentran en tiendas de museos de todo el mundo.

Información

Información turística (Azienda di Promozione Turistica; ☎041 529 87 11; www.turismovenezia.it) Hay varias sucursales repartidas por la ciudad.

Aeropuerto Marco Polo (vestíbulo de llegadas; ⏲9.00-20.00)

Piazzale Roma (plano p. 172; Piazzale Roma, planta baja, aparcamiento de varias plantas; ⏲9.30-14.30; ⛴Santa Chiara)

Piazza San Marco (plano p. 178; Piazza San Marco 1º piso; ⏲9.00-19.00; ⛴San Marco)

Stazione di Santa Lucia (plano p. 172; Stazione di Santa Lucia; ⏲9.00-19.00 nov-mar, 13.30-19.00 abr-oct; ⛴Ferrovia Santa Lucia).

Cómo llegar y salir

Avión

La mayoría de los vuelos llegan y salen del aeropuerto Marco Polo (VCE; ☎041 260 92 60; www.veniceairport.it), situado 12 km a las afueras de Venecia, al este de Mestre. Ryanair también opera desde el aeropuerto San Giuseppe (☎042 231 51 11; www.trevisoairport.it), unos 5 km al suroeste de Treviso y a 30 km (1 h) de Venecia.

Cómo desplazarse

A/desde el aeropuerto

'Ferry'

Alilaguna (☎041 240 17 01; www.alilaguna.com; aeropuerto Marco Polo) opera varias líneas que conectan el aeropuerto con diferentes lugares de Venecia, incluidas la Linea Blu (línea azul, con paradas en el Lido, San Marco, la Stazione Marittima y varios puntos intermedios), la Linea Rossa (línea roja, con paradas en Murano y el Lido) y la Linea Arancio (línea naranja, con paradas en la Stazione Santa Lucia, Rialto y San Marco, pasando por el Gran Canal). Los *ferries* a Venecia cuestan 15 € y zarpan del muelle del aeropuerto (8 min a pie desde la terminal).

Autobús

ATVO (Azienda Trasporti Veneto Orientale; ☎0421 59 46 71; www.atvo.it) Enlaza la terminal del aeropuerto y Piazzale Roma (6 €, cada 30 min 8.00-24.00).

Trenes a/desde Venecia

El tren es la opción más habitual para viajar a/desde Venecia, pues además de ser rápido y asequible, ofrece magníficos paisajes y es menor su impacto sobre el medio ambiente. Hay numerosas frecuencias a la veneciana Stazione Santa Lucia (señalizada como "Ferrovia" en Venecia). También hay servicios directos a ciudades importantes de Francia, Alemania, Austria y Eslovenia.

DESTINO	TARIFA (€)	DURACIÓN (H)	FRECUENCIA (POR H)
Florencia	26-45	2-3	1-2
Milán	19-38	2½-3½	2-3
Nápoles	64-123	5½-9	1
Padua	3,50	½-1	3-4
Roma	46-80	3½-6	1-2
Verona	7,50	1¾	3-4

Vaporetto dell'Arte

Estrenado en el 2012, este **vaporetto** (**041 24 24; www.vaporettoarte.com; cada 30 min 9.00-19.00**) constituye una lujosa manera de recorrer el Gran Canal con paradas libres. A diferencia de los *vaporettos públicos,* a menudo atestados, el Vaporetto dell'Arte cuenta con asientos rojos afelpados dotados de monitores en la parte posterior de los reposacabezas con información en varios idiomas acerca de las atracciones que aguardan durante la travesía. Eso sí, el paisaje exterior resulta mucho más atrayente.

Para ahorrar algo de dinero, conviene comprar el billete a la vez que el bono Venice Card, pagando un suplemento de 10 €. El billete tiene la misma validez que la Venice Card.

Vaporetto'

:l principal medio de transporte local es el *'aporetto,* los distintivos 'autobuses acuáticos' 'enecianos. Los billetes se pueden comprar en as ventanillas de HelloVenezia (**041 24 24; /ww.hellovenezia.it**) en la mayoría de las paradas. 'ambién se venden a bordo; al viajar con equipaje uede cobrarse una tarifa doble.

Para evitar gastar 7 € en un sencillo, lo mejor s hacerse con la Venice Card, un bono de 'ansportes que ofrece viajes ilimitados durante n período de tiempo dado, a contar desde su primer uso. Los bonos de 12/24/36/48/72 horas cuestan 18/20/25/30/35 €. Un bono de una semana vale 60 €. No hay que olvidar validar la tarjeta cada vez que se utilice el servicio.

Taxis acuáticos

La tarifa estándar de un taxi acuático (**Consorzio Motoscafi Venezia; plano p. 178; 041 240 67 11, 24 h 041 522 23 03; www.motoscafivenezia.it**) entre el aeropuerto Marco Polo y Venecia es de 110 € (directo) y 32 € por persona en un taxi compartido. Las tarifas comienzan a partir de

ristal de Murano (p. 189).

8,90 €, más 1,80 €/min, con un recargo de 6 € por recogida en el hotel, que es mayor si se viaja entre las 22.00 y 7.00, con equipaje o en grupos numerosos. El precio se puede negociar de antemano u optar por usar el taxímetro.

EL VÉNETO

Verona

Shakespeare escogió Verona para ambientar la trágica *Romeo y Julieta* por un buen motivo: el romance, el dramatismo y las rencillas familiares han sido el sello distintivo de la ciudad desde hace siglos. En el s. III, Verona se consolidó como un centro comercial romano con su propio foro (actualmente Piazza delle Erbe) y un abrumador anfiteatro, todavía considerado uno de los principales escenarios de ópera del mundo. En la Edad Media, la ciudad floreció bajo el iracundo clan de los Scaligeri, tan vivaces en el mecenazgo de las artes como déspotas y sanguinarios. Las decoradas tumbas góticas de **Arche Scaligere** se encuentran junto a Piazza dei Signori.

Durante el reinado de Cangrande I [1308-1328], Verona conquistó Padua y Vicenza, al tiempo que Dante, Petrarca y Giotto se beneficiaban del patronazgo de la ciudad. Sin embargo, la cólera fratricida que siguió a Cangrande II [1351-1359] complicó las cosas, y los Scaligeri fueron expulsados en 1387.

Entre 1938 y 1945, la ciudad se convirtió en un centro de control fascista: un punto clave para practicar interrogatorios a la Resistencia y lugar de tránsito de los judíos italianos enviados a los campos de exterminio nazis. Hoy, a la espera de definir su identidad en el marco internacional, Verona se ha convertido en un bastión de la Liga Norte. Aun así, la ciudad es Patrimonio Mundial y un destino cosmopolita, sobre todo en verano, cuando el anfiteatro atrae a las grandes figuras de la ópera.

Puntos de interés

Museo di Castelvecchio

Museo

(**045 806 26 11; Corso Castelvecchio 2; adultos/reducida 6/4,50 €, o con la VeronaCard; 8.30-19.30 ma-do, 13.30-19.30 lu**) Cargado de almenas a lo largo del río Adigio, Castelvecchio fue mandado construir por Cangrande II hacia 1350. La fortaleza sufrió tales desperfectos durante la invasión napoleónica y los bombardeos de la II Guerra Mundial, que muchos la creyeron perdida. Ahora bien, en lugar de restaurarlo, Carlo Scarpa reinventó el edificio: tendiendo puentes sobre sus cimientos expuestos, cubriendo los huecos con cristal y poniendo una estatua de Cangrande I en el patio.

Casa de Julieta (p. 202), Verona.
JOHN FREEMAN/GETTY IMAGES ©

Verona

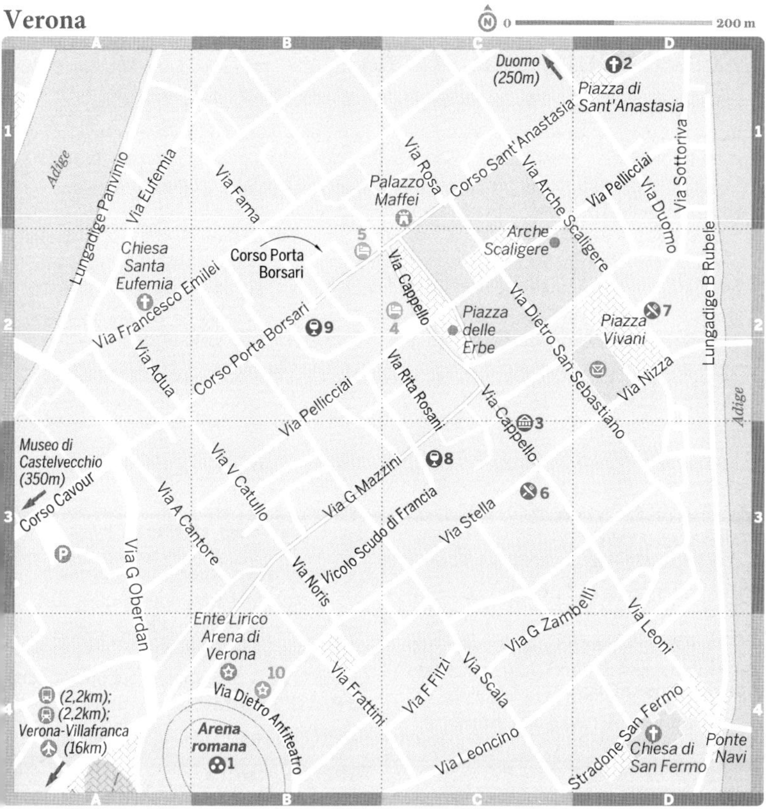

Basilica di San Zeno Maggiore — Basílica

www.chieseverona.it; Piazza San Zeno; adultos/niños 2,50 €/gratis, entrada combinada 6 €, o con la VeronaCard; ⌚8.30-18.00 ma-sa, 12.30-18.00 do mar-oct, 10.00-13.00 y 13.30-17.00 ma-sa, 12.30-17.00 do nov-feb) Obra maestra del románico, esta basílica de piedra y ladrillo a rayas está dedicada al patrón de la ciudad. Un florido claustro precede a la enorme nave, alineada por frescos de los ss. XII-XV. Los minuciosos trabajos de restauración han logrado revivir con precisión la obra que decora el retablo *Virgen en majestad* (1457-1459) de Mantegna.

Duomo — Catedral

☎045 59 28 13; www.chieseverona.it; Piazza Duomo; adultos/reducida 2,50/2 €, o con la VeronaCard; ⌚10.00-17.30 lu-sa, 13.30-17.30 do

Verona

Principales puntos de interés
1 Arena romana B4

Puntos de interés
2 Basilica di Sant'Anastasia D1
3 Casa di Giulietta C3

Dónde dormir
4 Albergo Aurora C2
5 Hotel Gabbia d'Oro B2

Dónde comer
6 La Taverna di Via Stella C3
7 Pescheria I Masenini D2

Dónde beber y vida nocturna
8 Antica Bottega del Vino C3
9 Osteria del Bugiardo B2

Ocio
10 Taquilla de la Arena romana B4

Romeo y Julieta en Verona

Shakespeare no sabía lo que iba a desencadenar al ambientar su fatídica historia de amor en Verona. No obstante, la ciudad ha recibido su potencial comercial con los brazos abiertos y absolutamente todo, desde *osterie* y hoteles hasta delantales, luce las iniciales de los amantes. Y pese a que las disputas familiares descritas en la obra tienen un origen real, los protagonistas son ficticios. En la década de 1930, las autoridades locales establecieron sin ninguna prueba una vivienda de Via Cappello como la casa de Julieta, y añadieron un balcón de estilo s. XIV y una estatua de bronce de la heroína. Se puede recorrer la siempre abarrotada **Casa di Giulietta** (casa de Julieta; 045 803 43 03; Via Cappello 23; adultos/reducida 6/4,50 €, o con la VeronaCard; 8.30-19.30 ma-do, 13.30-19.30 lu) hasta el mismísimo balcón, o contemplar el circo desde la plaza más abajo, empapelada de notas de amor.

mar-oct, 10.00-13.00 y 13.30-17.00 ma-sa, 13.30-17.00 do nov-feb) Datada del s. XII, la catedral románica de Verona es una imponente estructura a rayas en cuyo pórtico oeste se aprecian las estatuas de los paladines de Carlomagno, Roldán y Oliver, obra del maestro medieval Niccolo. En su sobria fachada no se encuentra ningún indicio que anuncie su extravagante interior engalanado con frescos de los ss. XVI-XVII salpicados de ángeles entre trampantojos. Al fondo de la nave, a la izquierda, se sitúa la **capilla Cartolari-Nichesola,** diseñada por el maestro renacentista Jacopo Sansovino y decorada con una soberbia *Asunción* de Tiziano.

Basilica di Sant'Anastasia Basílica
(www.chieseverona.it; Piazza di Sant'Anastasia; adultos/reducida 6/2 €, o con la VeronaCard; 9.00-18.00 ma-sa, 13.00-18.00 do mar-oct, 13.30-17.00 ma-sa, 13.00-17.00 do nov-feb) Construida entre los ss. XIII y XV, esta iglesia gótica es la mayor de Verona y alberga numerosas obras de arte local. Su conjunto de frescos es apabullante, a destacar *San Jorge y la princesa,* de Pisanello, que decora la **capilla Pisanelli,** así como la fuente bautismal grabada en 1495 por Gabriele Caliari, padre del Veronés.

Dónde dormir

La **Cooperativa Albergatori Veronesi** (045 800 98 44; www.veronabooking.com) puede reservar hoteles de dos estrellas sin coste alguno. Para alojamientos con familias fuera del centro, consúltese **Verona Bed & Breakfast** (www.bedandbreakfast-verona.com).

Albergo Aurora Hotel €€
(045 59 47 17; www.hotelaurora.biz; Piazza XIV Novembre 2; i 90-135 €, d 100-160 €;) Acogedor y sereno pese a su ubicación junto a la bulliciosa Piazza delle Erbe, cuenta con espaciosas habitaciones sin pretensiones, algunas con vistas de la ciudad. Hay habitaciones individuales con baño compartido más baratas (58-80 €). Su soleada terraza es perfecta para un trago con vistas a la *piazza*.

Hotel Gabbia d'Oro Hotel €€€
(045 59 02 93; www.hotelgabbiadoro.it; Corso Porta Borsari 4a; d desde 220 €; P @) Es uno de los alojamientos de referencia, y también uno de los más románticos del lugar, con lujosas estancias en un *palazzo* del s. XVIII, elegantes a la par que acogedoras. Remata la oferta una terraza en la azotea y su céntrica ubicación.

ALDO PAVAN/GETTY IMAGES ©

Indispensable
Arena de Verona

Construido en mármol rosa en el s. I, este colosal anfiteatro resistió un terremoto en el s. XII y hoy es la ópera al aire libre más legendaria de Verona, con aforo para 30 000 asistentes. Se puede visitar durante todo el año, aunque la mejor época es durante la temporada de ópera (jun-ago). La **taquilla** (045 800 51 51; Via Dietro Anfiteatro 6b) está en el exterior.

LO ESENCIAL

045 800 32 04; www.arena.it; Piazza Brà; entradas ópera 21-220 €, adultos/reducida 6/4,50 €, o con la VeronaCard; 8.30-19.30 ma-do, 13.30-19.30 lu;

Dónde comer

a Taverna di ia Stella
Veronesa €€

045 800 80 08; www.tavernadiviastella.com; a Stella 5c; comidas 20-30 €; 11.30-14.30 y .30-23.00 ju-do y ma, 11.30-14.30 lu) Pasados s *jamones* de la entrada se llega a un stico comedor con murales caballeres-s donde poder degustar especialida-es locales como *pastissada* (guiso de ballo), *bigoli* con ragú de pato y quesos e Lessinia.

Pescheria I Masenini
Marisco €€€

(045 929 80 15; www.imasenini.com; Piazzetta Pescheria 9; comidas 50 €; 12.30-14.00 mi-do, 19.30-22.00 ma-do) Situado en la *piazza* donde en su día se encontraba la lonja del pescado romana, Masenini agrada con los platos de pescado más modernos y originales de Verona. El *tartare* de mújol se acompaña de puré de tomate y albahaca; el pulpo a la plancha se guarnece con brócoli y anchoas; y las vieiras gratinadas se sirven con endivias asadas.

Desvío: Padua

Pese a encontrarse a menos de una hora de trayecto desde Venecia, Padua parece un mundo aparte con sus mercados medievales, fachadas de la época fascista y su población estudiantil a la última.

En la **Cappella degli Scrovegni** (**049 201 00 20; www.cappelladegliscrovegni.it; Piazza Eremitani 8; adultos/reducida 13/8 €; 9.00-19.00 lu, hasta 22.00 ma-do mar-oct, 9.00-19.00 nov-dic, previa reserva**), Dante, Da Vinci y Vasari rinden tributo a Giotto como el artista que puso fin a la Edad Oscura con sus frescos de 1303-1305. Su enfoque moderno y conmovedor cambió el concepto que la gente tenía sobre sí misma, dejando de verse como vasallos sino como parte del proyecto divino.

En otra ciudad, el ciclo de frescos del **Oratorio di San Giorgio** (**Piazza del Santo; entrada 4 €; 9.00-12.30 y 14.30-17.00 oct-mar, hasta 19.00 abr-sep**) y los cuadros de Tiziano de la Scoletta del Santo (en la planta superior) destacarían por encima de todas las cosas. Sin embargo, en Padua deben competir con la brillantez de Giotto en Scrovegni, lo que significa que tal vez se puedan apreciar a solas.

Al sur del *palazzo* se halla la catedral, construida a partir de un diseño bastante alejado del de Miguel Ángel y completamente eclipsada por el aledaño **baptisterio** (**049 65 69 14; adultos/niños 2,80/1 €; 10.00-18.00**), del s. XIII.

Oculto bajo un antiguo pórtico, el moderno **Godenda** (**049 877 41 92; www.godenda.it; Via Squarcione 4/6; comidas 25-40 €; 10.00-15.00 y 18.00-2.00 lu-sa**) es una popular propuesta entre los amantes del buen comer.

El tren es la forma más sencilla de viajar a Padua desde Venecia (4-19,50 €, 25-50 min, cada 20 min) o Verona (6-18 €, 40-90 min, cada 30 min).

Dónde beber y vida nocturna

Osteria del Bugiardo — Bar de vinos

(**045 59 18 69; Corso Porta Borsari 17a; 11.00-23.00, hasta 24.00 vi y sa**) Enclavado en el ajetreado Corso Porta Borsari, debe su popularidad a sus copas de excelente Valpolicella embotellado especialmente para la *osteria.* Sus tapas de polenta y *sopressa* casan a la perfección con su corpulento Amarone.

Antica Bottega del Vino — Bar de vinos

(**045 800 45 35; www.bottegavini.it; Vicolo Scudo di Francia 3; 3 platos de degustación 27 €; 12.00-23.00**) El vino manda en este histórico bar revestido de madera cuyo sumiller propone el mejor maridaje para platos como cochinillo, ensalada de langosta o *risotto* al Amarone. Algunos de sus mejores caldos se embotellan específicamente para la *bottega.*

Información

Información turística (**www.tourism.verona.it**) Hay oficinas en el aeropuerto (**045 861 91 63; aeropuerto de Verona-Villafranca; 10.00-16.00 lu y ma, hasta 17.00 mi-sa**) y en Via degli Alpini (**045 806 86 80; Via degli Alpini 9; 9.00-19.00 lu-sa, 10.00-16.00 do**); ambas de gran ayuda y provistas de información útil.

Cómo llegar y alrededores

Avión

El aeropuerto de Verona-Villafranca (p. 141) se sitúa a 12 km del centro y cuenta con conexiones aéreas con toda Italia y algunas de las principales ciudades europeas. Está conectado por el Aerob[us] de la ATV a/desde la estación de trenes (6 €, 15 min, cada 20 min, 6.30-23.30). Un taxi cuesta 30 €.

Tren

Salen al menos tres diarios a Venecia (7,50-23 €, 1¼-2½ h), Padua (6-18 €, 40-90 min) y Vicenza (4,70-16 €, 30 min-1 h). También hay frecuencias regulares a Milán (11,50-21,50 €, 1½-2 h) y Florencia (24-57 €, 1½-3 h) y destinos del sur, además de servicios directos a Austria y Alemania.

BOLONIA

Capaz de fusionar elegancia altiva y sencillez en una embriagadora cuadrícula medieval porticada, Bolonia es una ciudad de dos caras. Una, moderna e industriosa, emplazada en el boyante valle del Po y con una grácil población que se cita en los restaurantes más finos del país tras una noche en la ópera. La otra corresponde a una ciudad rebelde y provocadora que alberga la universidad más antigua del mundo y es famosa por sus *piazzas* recubiertas de grafitos, frecuentadas por estudiantes siempre a la última. Por eso, no es de extrañar que Bolonia reciba tantos apodos: *la Grassa* (la gorda) por su rico legado gastronómico (el *ragú* o salsa boloñesa se inventó aquí); *la Dotta* (la docta) por su universidad, fundada en el 1088; *la Rossa* (la roja) por sus edificios medievales de terracota y su histórica inclinación política de izquierdas.

Puntos de interés

PIAZZA MAGGIORE Y ALREDEDORES

Fontana del Nettuno Fuente

(fuente de Neptuno; Piazza del Nettuno) Adyacente a Piazza Maggiore, Piazza del Nettuno debe su nombre a la escultura de bronce realizada por Giambologna en 1566. Bajo el musculoso dios del mar, cuatro querubines representan a los vientos, y cuatro exuberantes sirenas simbolizan los cuatro continentes conocidos antes del descubrimiento de Oceanía.

Museo della Storia di Bologna Museo

(☎051 1993 6370; Via Castiglione 8; entrada 10 €; ⏲10.00-19.00 ma-do) Alojado en el despampanante Palazzo Pepoli, este flamante museo interactivo ofrece una experiencia de lo más instructiva. No en vano, los visitantes no iniciados saldrán siendo expertos en la historia de Bolonia.

Palazzo Comunale (p. 207), Bolonia.

RUSSELL MOUNTFORD/GETTY IMAGES ©

Bolonia

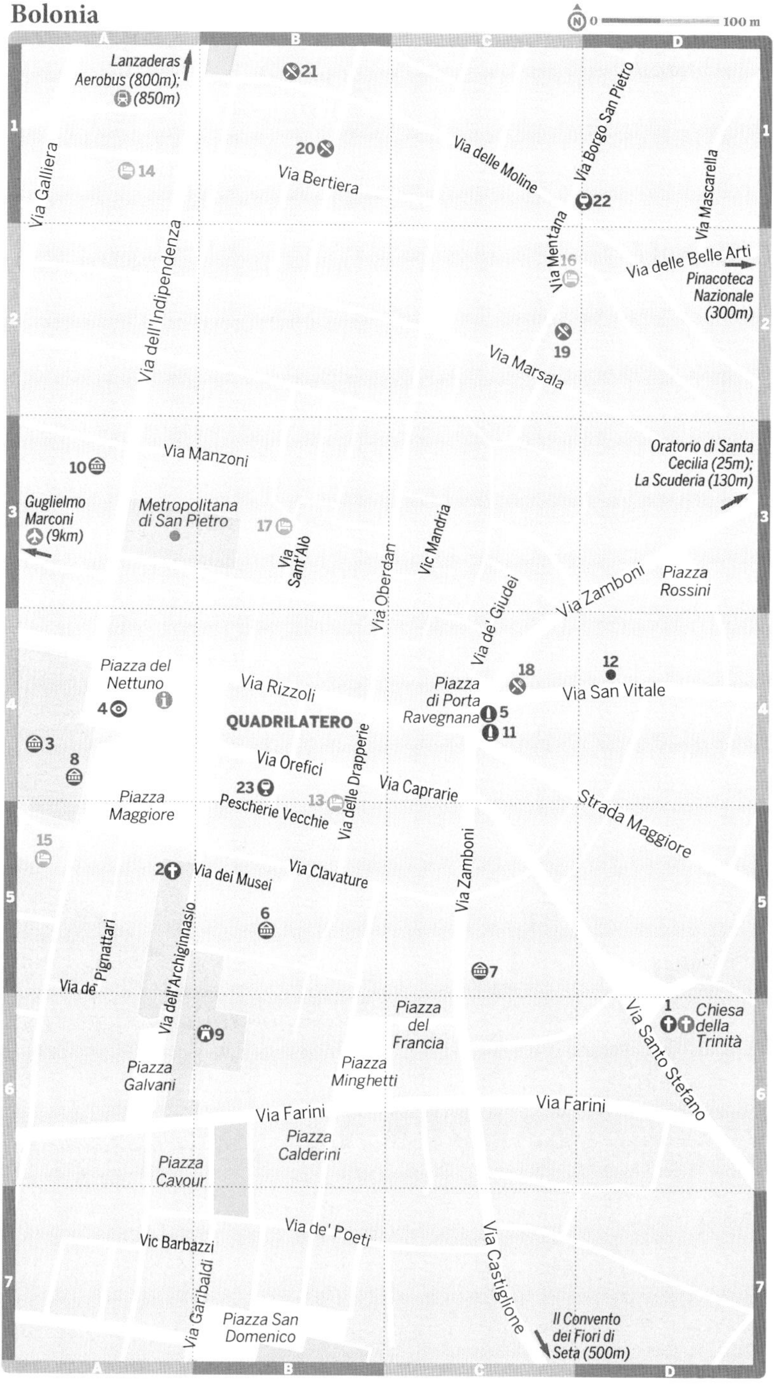
0 — 100 m
A
B
C
D
1
2
3
4
5
6
7
Lanzaderas Aerobus (800m); (850m)
21
20
14
Via Galliera
Via Bertiera
Via delle Moline
Via Borgo San Pietro
22
Via Mascarella
Via Mentana
16
Via delle Belle Arti
Pinacoteca Nazionale (300m)
Via dell'Indipendenza
19
Via Marsala
Via Manzoni
10
Oratorio di Santa Cecilia (25m); La Scuderia (130m)
Guglielmo Marconi (9km)
Metropolitana di San Pietro
17
Via Sant'Alò
Vic Mandria
Via Oberdan
Via de' Giudei
Via Zamboni
Piazza Rossini
Piazza del Nettuno
Via Rizzoli
Piazza di Porta Ravegnana
18
12
Via San Vitale
4
5
11
QUADRILATERO
3
8
Via Orefici
Via delle Drapperie
Via Caprarie
23
13
Piazza Maggiore
Pescherie Vecchie
Strada Maggiore
15
2
Via dei Musei
Via Clavature
Via Zamboni
6
Via de' Pignattari
Via dell'Archiginnasio
7
Piazza del Francia
1
Chiesa della Trinità
Via Santo Stefano
9
Piazza Galvani
Piazza Minghetti
Via Farini
Via Farini
Piazza Calderini
Piazza Cavour
Via de' Poeti
Vic Barbazzi
Via Castiglione
Via Garibaldi
Piazza San Domenico
Il Convento dei Fiori di Seta (500m)

Bolonia

Puntos de interés

1 Abbazia di Santo Stefano ... D6
2 Basilica di San Petronio ... A5
Biblioteca Comunale ... (véase 9)
3 Collezioni Comunali d'Arte ... A4
4 Fontana del Nettuno ... A4
5 Le Due Torri ... C4
6 Museo Civico Archeologico ... B5
7 Museo della Storia di Bologna ... C5
8 Palazzo Comunale ... A4
9 Palazzo dell'Archiginnasio ... B6
10 Palazzo Fava ... A3
Teatro Anatomico ... (véase 9)
11 Torre degli Asinelli ... C4

Actividades, cursos y circuitos

12 La Chiocciola ... D4

Dónde dormir

13 Albergo delle Drapperie ... B5
14 Hotel Metropolitan ... A1
15 Hotel Orologio ... A5
16 Hotel University Bologna ... C2
17 Prendiparte B&B ... B3

Dónde comer

18 Gelateria Gianni ... C4
19 Osteria dell'Orsa ... C2
20 Trattoria dal Biassanot ... B1
21 Trattoria del Rosso ... B1

Dónde beber y vida nocturna

22 Le Stanze ... D1
23 Osteria del Sole ... B4

Dotada de una proyección en 3D, una réplica de un viejo canal romano y ultramodernas presentaciones de objetos antiguos, la innovadora exposición comienza en un vestíbulo futurista y progresa por 34 salas que convierten los 2500 años de historia de la ciudad en una experiencia épica y fascinante.

Palazzo Comunale — Galería de arte

(Piazza Maggiore; galerías 9.00-18.30 ma-vi, 10.00-18.30 sa y do) GRATIS El palacio que conforma el flanco oeste de Piazza Maggiore ha sido la sede del Ayuntamiento de Bolonia desde 1336. Decorado en una miríada de estilos arquitectónicos, debe su aspecto actual a los retoques realizados en los ss. XV y XVI.

La estatua del papa Gregorio XIII, el prelado boloñés a quien se debe la creación del calendario gregoriano, se situó sobre el pórtico principal en 1580; mientras que en el interior, la escalinata de Donato Bramante, del s. XVI, fue diseñada para que los carruajes pudieran ascender directamente a la 1ª planta.

En la 2ª planta del *palazzo* se encuentra la **Collezioni Comunali d'Arte (051 20 36 29; adultos/reducida/niños 5/3 €/gratis; 9.00-18.30 ma-vi, 10.00-18.30 sa y do)**, con una interesante selección de cuadros, esculturas y muebles de los ss. XIII-XIX.

En el exterior del *palazzo* hay tres grandes paneles con fotografías de cientos de partisanos asesinados (muchos en este preciso lugar) durante la resistencia a la ocupación alemana.

Palazzo Fava — Galería

(051 1993 6305; www.genusbononiae.it; Via Manzoni 2; entrada 10 €; 10.00-19.00 ma-do) Este asombroso museo ocupa una mansión renacentista dedicada a albergar exposiciones temporales. Sin embargo, su mayor reclamo son los numerosos frescos de las salas de la 1ª planta, pintados en un estilo vivo y naturalista por unos precoces hermanos Carracci hacia 1580. En el recinto hay un encantador café.

Basilica di San Petronio — Iglesia

(Piazza Maggiore; 8.00-13.00 y 15.00-18.00) Con unas dimensiones extraordinarias, la quinta mayor iglesia del mundo augura varias singularidades interesantes. Por un lado, aunque las obras comenzaron en 1390, no fue consagrada hasta 1954. A su vez, en los últimos tiempos ha sido objeto de dos atentados terroristas frustrados. Y en su interior se expone una singular intromisión científica desde el ámbito religioso: un enorme reloj solar que se extiende a lo largo de 67,7 m por la nave este; diseñado en 1656 por Gian Cassini y Domenico Guglielmi, permitió descubrir las anomalías del calendario juliano, dando lugar a la creación del año bisiesto.

Si se observa la fachada, puede deducirse rápidamente que las obras de la iglesia nunca llegaron a terminarse. En un principio estaba previsto que

Abajo: Plato de espagueti
Dcha.: Tienda de ultramarinos, Bolonia.
(ABAJO) RHKAMEN/GETTY IMAGES ©; (DCHA.) SABINE SCHECKEL/GETTY IMAGES ©

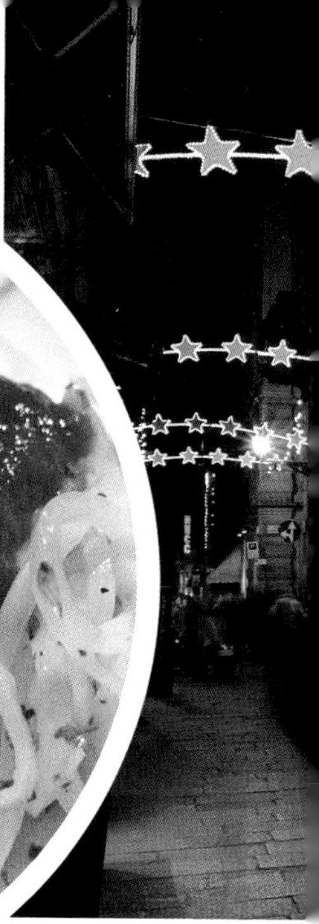

fuera mayor que la basílica de San Pedro, en el Vaticano. Sin embargo, en 1561, al cabo de 169 años de iniciadas las obras, el papa Pío IV suspendió la construcción tras haber encargado una nueva universidad en la parte este de la basílica. De hecho, al pasar por Via dell'Archiginnasio pueden verse extraños ábsides a medio construir.

Quadrilatero Barrio histórico
Al este de Piazza Maggiore, la cuadrícula de calles alrededor de Via Clavature (calle de los cerrajeros) se extiende por lo que en tiempos fue la Bolonia romana. Este compacto distrito, menos decadente que el lindante barrio universitario, pone énfasis en los delicatesen a la vieja usanza, surtidos de populares productos regionales como el *aceto balsamico di Modena*.

AL SUR Y AL OESTE DE PIAZZA MAGGIORE

Museo Civico Archeologico Museo
(Via dell'Archiginnasio 2; adultos/reducida/niños 5/3 €/gratis; ⌚9.00-15.00 ma-vi, 10.00-18.30 sa y do) Con una imponente amplitud que abarca todas las eras históricas, presenta exposiciones egipcias y romanas bien documentadas y una de las mejores colecciones etruscas del país.

Palazzo dell' Archiginnasio Museo
(Piazza Galvani 1) GRATIS Fruto del bloqueo de las obras de la Basilica di San Petronio, este palacio fue la sede de la Universidad de Bolonia entre 1563 y 1805. Hoy alberga la **Biblioteca Comunale (biblioteca municipal; ⌚9.00-18.45 lu-vi, 9.00-13.45 sa)**, con más de 700 000 volúmenes, y el fascinante **Teatro Anatomico (⌚9.00-18.45 lu-vi, hasta 13.45 sa)**, del s. XVII, donde se practicaban disecciones públicas bajo la siniestra mirada de un inquisidor presto a intervenir en caso de que el proceso

esultara demasiado comprometedor esde el plano espiritual.

an Colombano - Collezione agliavini Museo

051 1993 6366; www.genusbononiae.it; Via arigi 5; entrada 10 €; 10.00-13.00 y 15.00-.00 ma-do) Dotada de frescos originales una cripta medieval redescubierta en 2007, esta preciosa iglesia restauda atesora una fantástica colección mpuesta por más de 80 instrumentos usicales recopilados por el organista ctogenario Luigi Tagliavini.

ARRIO UNIVERSITARIO

afitos provocadores, vendedores de ensa comunistas y los signos de la tima cerveza de la noche anterior, son el llo de identidad de las calles desaliñas pero contagiosas del barrio universirio, antiguo gueto judío de Bolonia.

Due Torri Torre

azza di Porta Ravegnana; Torre degli Asinelli trada 3 €; 9.00-18.00, hasta 17.00 oct-may) Centinelas silenciosas sobre Piazza di Porta Ravegnana, las dos torres inclinadas de Bolonia son el principal icono de la ciudad. La mayor de ellas, **Torre degli Asinelli** (entrada 3 €; 9.00-18.00, hasta 17.00 oct-may), de 97,6 m de altura, abre al público, aunque no es aconsejable subir si se sufre de vértigo o artritis, ya que hay que ascender 498 peldaños por una escalera de madera semi-abierta.

Abbazia di Santo Stefano Iglesia

(www.abbaziasantostefano.it; Via Santo Stefano 24; 10.00-12.30 y 15.30-18.45) Más que una mera iglesia, Santo Stefano es un singular complejo religioso medieval. Constaba de siete iglesias –de ahí el sobrenombre de *Sette Chiese*–, aunque solo se conservan cuatro.

Se accede por la **Chiesa del Crocefisso,** del s. XI, que alberga las reliquias de san Petronio y desemboca en la **Chiesa del Santo Sepolcro,** una austera estructura octogonal utilizada como baptisterio. El adyacente **Cortile di Pilato** toma su nombre de la pila

ELLEN ROONEY/GETTY IMAGES ©

Indispensable

Basilica Santuario della Madonna di San Luca

Situada unos 3,5 km al suroeste del centro de Bolonia, esta iglesia encaramada en una colina ocupa una posición dominante con vistas a los tejados rojizos de la ciudad, más abajo. Su interior presume de una representación de la Virgen, supuestamente realizada por san Lucas y traída a Bolonia desde Oriente Próximo en el s. XII. El santuario, del s. XVIII, está unido a la muralla de la ciudad por el mayor soportal del mundo, respaldado por 666 arcos, que comienza en Piazza di Porta Saragozza. Para llegar, hay que tomar el autobús nº 20 del centro a Villa Spada, y desde ahí continuar en microbús hasta el santuario. Otra opción es seguir una parada más en el autobús nº 20, hasta el arco de Meloncello, y recorrer a pie los 2 km restantes bajo los arcos.

LO ESENCIAL

Via di San Luca 36; ⏲7.00-12.30 y 14.30-19.00 abr-sep, hasta 17.00 oct-feb, hasta 18.00 mar

central donde se dice que Poncio Pilato se lavó las manos tras condenar a muerte a Jesús; sin embargo, su origen es lombardo y data del s. VIII. Pasado el patio, la **Chiesa della Trinità** conecta con un modesto claustro y un pequeño **museo.** La cuarta iglesia, **Santi Vitale e Agricola,** es la más antigua de la ciudad, y pese a incorporar mampostería y esculturas romanas, el grueso del edificio data del s. XI.

Oratorio di Santa Cecilia Iglesi

(Via Zamboni 15; ⏲10.00-13.00 y 14.00-18.00) Es una de las joyas menos valoradas de Bolonia, con un sensacional interior recubierto de frescos del s. XVI, en los qu Lorenzo Costa plasma a todo color la vi y muerte de santa Cecilia y su marido ıleriano. En ocasiones alberga recitales ɜ música de cámara gratuitos. En el blón junto a la entrada se anuncia la ogramación.

inacoteca Nazionale Galería de arte

ia delle Belle Arti 56; entrada 4 €; 9.00-13.30 a-mi, 9.00-19.00 ju, 14.00-19.00 vi-do) La prin-pal galería de arte de la ciudad cuenta n una impactante colección compuesta r obras de artistas locales del s. XIV en lelante, incluidos varios lienzos notables ıtados en el s. XVI por los Carracci.

Circuitos

ırios operadores ofrecen circuitos iados a pie de dos horas (13 €, en in-ʒs). Los grupos salen frente a la oficina incipal de turismo, en Piazza Maggiore n reserva previa).

ı Chiocciola Circuito a pie

051 22 09 64; www.bolognawelcome.com/ da-turistica; Via San Vitale 22) Grupo de ías autorizados que organiza circuitos ie por la ciudad.

ty Red Bus Circuito en autobús

vw.cityredbus.com) Circuito en autobús n paradas libres; hay varias salidas rias desde la estación de trenes. Los etes (12 €) se pueden comprar a bordo.

Dónde dormir

mayor parte de los alojamientos están entados al sector de los negocios; ıchas opciones de precio medio y alto concentran en la zona del centro de ıvenciones, al norte de la ciudad.

tel University Bologna Hotel €

051 22 97 13; www.hoteluniversitybologna. ; Via Mentana 7; i/d 61/75 €; A os luz de las residencias universitarias antes, reconforta comprobar que la dad universitaria más antigua del ndo alardea de un hotel que no supera ı creces el presupuesto de su enorme lación estudiantil. Está catalogado no hotel de tres estrellas, pero tras su ovación se codea con los grandes.

Albergo delle Drapperie Hotel €

(051 22 39 55; www.albergodrapperie.com; Via delle Drapperie 5; i/d 70/85 €;) Situado en pleno Quadrilatero, es uno de esos hoteles 'escondidos' alojado en las plantas superiores de un edificio mayor. Basta con pulsar el timbre y subir las escaleras para descubrir 21 atractivas habitaciones de techos con vigas de madera, arcos de ladrillo y coloridos frescos. El desayuno cuesta 5 € adicionales.

Hotel Orologio Hotel de diseño €€

(051 745 74 11; www.bolognarthotels.it; Via IV Novembre 10; h desde 140 €; P @) Perteneciente a la exclusiva cadena Bologna Art Hotels, esta refinada apuesta seduce con un servicio intachable, elegantes habitaciones amuebladas, baños de mármol, bombones de cortesía y una ubicación inmejorable junto a Piazza Maggiore.

Hotel Metropolitan Hotel-'boutique' €€€

(051 22 93 93; www.hotelmetropolitan.com; Via dell'Orso 6; h desde 140 €; @) En esta auténtica clase magistral de interiorismo italiano se combinan con éxito funcionalidad y atractivos muebles modernos, sin olvidarse de la ubicua temática budista-tailandesa, que aporta una dosis de paz y tranquilidad a su trepidante localización en pleno centro.

Prendiparte B&B B&B €€€

(051 58 90 23; www.prendiparte.it; Via Sant'Alò 7; h desde 350 €) En esta incomparable propuesta el precio no solo incluye una habitación, sino una torre entera de 900 años de antigüedad. El área habitable (dormitorio, cocina y salón) abarca tres pisos y hay otros nueve para explorar. Remata la oferta una prisión del s. XVII y las vistas espléndidas desde la terraza.

Il Convento dei Fiori di Seta Hotel-'boutique' €€€

(051 27 20 39; www.silkflowersnunnery.com; Via Orfeo 34; h 140-420 €, ste 250-520 €;) Antes de barajar las opciones económicas, no hay que desaprovechar la oportunidad de fascinarse con las propuestas más caras, incluido este elegante hotel-*boutique* instalado en un convento del s. XIV. Aquí, los frescos de inspiración sacra conviven con fotos de flores al más puro estilo Mapplethorpe y una vistosa iluminación moderna; las camas tienen sábanas de lino y los baños lucen llamativos mosaicos de azulejos.

Dónde comer

Osteria dell'Orsa Italiana €
(051 23 15 76; www.osteriadellorsa.com; Via Mentana 1; comidas 22-25 €; 12.00-24.00) Si hubiera que hacer una lista de las maravillas de Italia, entre los canales de Venecia y el Coliseo estarían las *osterie* baratas y sin artificios como la Osteria dell'Orsa, donde la comida es sublime y los precios, un regalo. Por eso, ¿acaso importa si el camarero lleva la camiseta del AC Milan o el vino se sirve en vasos de agua?

Trattoria del Rosso 'Trattoria' €
(051 23 67 30; www.trattoriadelrosso.com; Via A Righi 30; platos principales 7,50-10 €; 12.00-23.00) No hace falta pagar una fortuna para comer bien en Bolonia. Y quienes lo duden, solo tienen que acercarse al Rosso, cuya decoración anodina y servicio ágil atraen a decenas de comensales solitarios que comen en un santiamén. Se dice que es la *trattoria* más antigua de la ciudad, lo que prueba que las viejas fórmulas son infalibles.

Gelateria Gianni Helado €
(www.gelateriagianni.com; Via San Vitale 2; 12.00-22.00) Acercándose a la cadena de heladerías con mayor presencia en Italia, Grom, aparece este templo local cuyos cremosos sabores han contribuido a un dulce final en incontables citas de universitarios.

Trattoria dal Biassanot 'Trattoria' €
(051 23 06 44; www.dalbiassanot.it; Via Piella 16a; comidas desde 25 €; 12.00-14.30 y 19.00-22.30 ma-sa, 12.00-14.30 do) Aunque la pajarita de sus camareros sugiera cierta pomposidad, lo cierto es que el Biassanot no tiene nada de pretencioso, y ello se refleja en su sencilla carta compuesta por clásicos rústicos como jabalí, cabra o ternera lechal con vinagre balsámico y champiñones. De postre, pruébese la tarta de pera o las natillas calientes. Conviene llegar temprano, ya que se lle enseguida.

Dónde beber y vida nocturna

La Scuderia Bar, ca
(www.lascuderia.bo.it; Piazza Verdi 2; 8.00-2.30;) Cuando la noche se pre ta, su elegancia estrafa ria envuelve la plaza pc completo. Y tratándose de Bolonia, la clientela suele estar compuesta por una nutrida nómina de holgazanes, góticos melenudos, estudiantes algún que otro aficionado

Piazza Maggiore (p. 205), Bolonia.

la ópera extraviado o atraído por la nostalgia de sus años universitarios.

Le Stanze Bar de vinos

(www.lestanzecafe.com; Via Borgo San Pietro 1; ⌚11.00-3.00 lu-sa) Si La Scuderia recuerda demasiado a aquellos años universitarios que es mejor olvidar, una buena alternativa es esta elegante propuesta instalada en una antigua capilla con cuatro salas diseñadas individualmente. El aperitivo de bufé es de primera e incluye paellas, pastas y pollo frito perfectos como acompañamiento de un vino o un cóctel.

Osteria del Sole Bar

(www.osteriadelsole.it; Vicolo Ranocchi 1d; ⌚10.30-21.30 lu-sa) Caótico al tiempo que placentero, el letrero exterior de este antiguo antro del Quadrilatero anuncia cuanto es preciso saber: "vino".

Información

Información turística (www.bolognaturismo.info; Piazza Maggiore 1e; ⌚9.00-19.00) También hay oficinas en el aeropuerto y en la estación de trenes.

Cómo llegar y salir

Avión

El **aeropuerto Guglielmo Marconi** de Bolonia **(☎051 647 96 15; www.bologna-airport.it)** se encuentra 8 km al noroeste de la ciudad. Recibe el servicio de más de una veintena de compañías.

Tren

Bolonia es un importante nudo de transportes para ir al norte de Italia. El tren de alta velocidad a Florencia (24 €) cubre el trayecto en apenas 37 minutos. Roma (56 €, 2¼ h) y Milán (regional 15,85 €, 2¼ h; Eurostar 40 €, 1 h) también ofrecen conexiones rápidas.

Hay frecuentes trenes desde Bolonia a numerosas poblaciones de Emilia-Romaña.

Cómo desplazarse

A/desde el aeropuerto

El **Aerobus de la ATC (www.atc.bo.it)** opera entre la estación principal de trenes y el aeropuerto Guglielmo Marconi cada 15-30 min de 5.30 a 23.10. Los billetes cuestan 5 € (se pueden comprar a bordo) y el trayecto dura 20 min.

De primera mano

Gastronomía de Bolonia y el Véneto

RECOMENDACIONES DE ALESSANDRA SPISNI, CHEF, PROFESORA DE COCINA Y ESCRITORA ESPECIALIZADA EN GASTRONOMÍA

1 ESPECIALIDADES MENOS CONOCIDAS

Se recomienda probar exquisiteces como los *marroni* (castañas) di Castel Del Rio y las trufas de Savigno. En las *salumerie* (delicatesen) de Bolonia y su provincia no hay que dejar de saborear el *salame rosa* (salami rosa), que aunque parece mortadela, en verdad se prepara como salami normal y después se cocina al vapor.

2 VINOS REGIONALES

Los viñedos en torno a Módena, Reggio Emilia y Piacenza producen excelente lambrusco, y buena parte de Romaña es celebrada por su sangiovese. En los Colli Bolognesi se da un merlot estupendo y mi preferido, el cabernet. Este último casa a la perfección con nuestros platos regionales, ya sea un *brodo da tortellini* (caldo con *tortellini*), una lasaña o un tentador *arrosto* (asado). En el vecino Véneto destacan vinos como el amarone, el valpolicella, el soave classico y el recioto di soave (los dos últimos son blancos). Los caldos de Emilia-Romaña tienden a ser más suaves que sus equivalentes del Véneto.

3 DESTINOS GASTRONÓMICOS

El primer puesto lo ocupa Bolonia, aunque Venecia, hogar de mecas gastronómicas históricas como la Pescaria o el mercado de Rialto, sin duda merece mención especial.

4 CURSOS DE COCINA

Una de las mejores formas de empaparse de la cultura italiana es a través del estómago, y un curso de cocina no solo constituye una divertida ventana hacia el país, sino una inversión para ser capaz de preparar deliciosas comidas más adelante.

Florencia, Toscana y Umbría

Cuando se oye la palabra "Italia", la mente vuela a la Toscana. Torres inclinadas, el *David* de Miguel Ángel y el bistec a la florentina acompañado de un tinto inolvidable, mientras se conversa sobre Dante... Los genios del Renacimiento toscano, que instauraron un ideal italiano e internacional de proporciones arquitectónicas sublimes, unas ideas radicales que en la actualidad llamamos "ciencia" y un arte que asombra y hace brotar las lágrimas, llevan siglos cautivando la imaginación humana. Pero esa actitud idealista no se consiguió en un día soleado en Chianti, sino tras años de pestes y guerras.

Por suerte, las ciudades-Estado de la región se recuperaron, dejaron sus luchar y ahora solo compiten por la atención de los visitantes. Si alguien prefiere poesía en Spoleto a la escultura florentina, las trufas umbras al bistec y el blanco de Orvieto al tinto toscano, sepa que Umbría espera junto a la Toscana. Miguel Ángel no se lo tomaría a mal.

Duomo (p. 228), Florencia.

Florencia, Toscana y Umbría

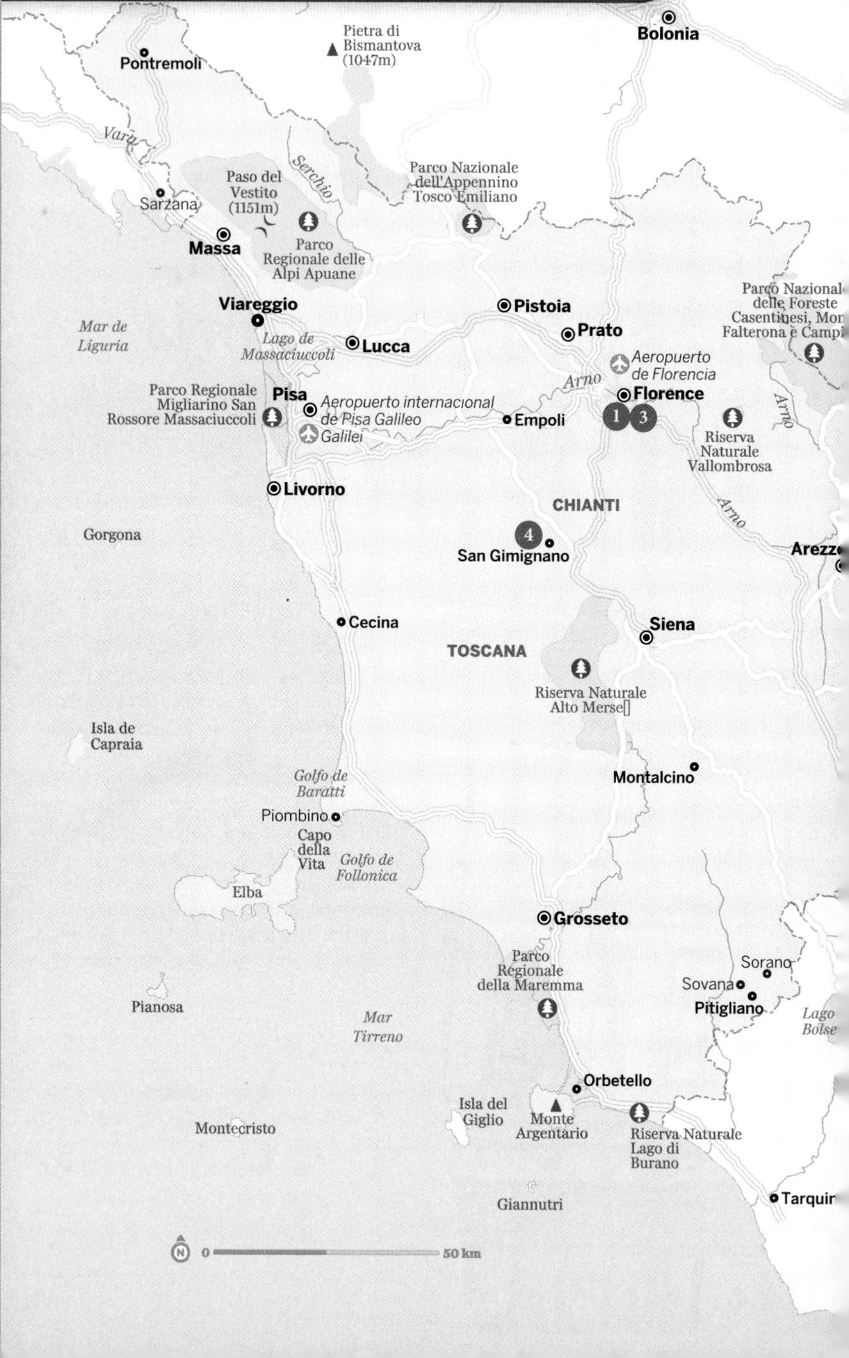

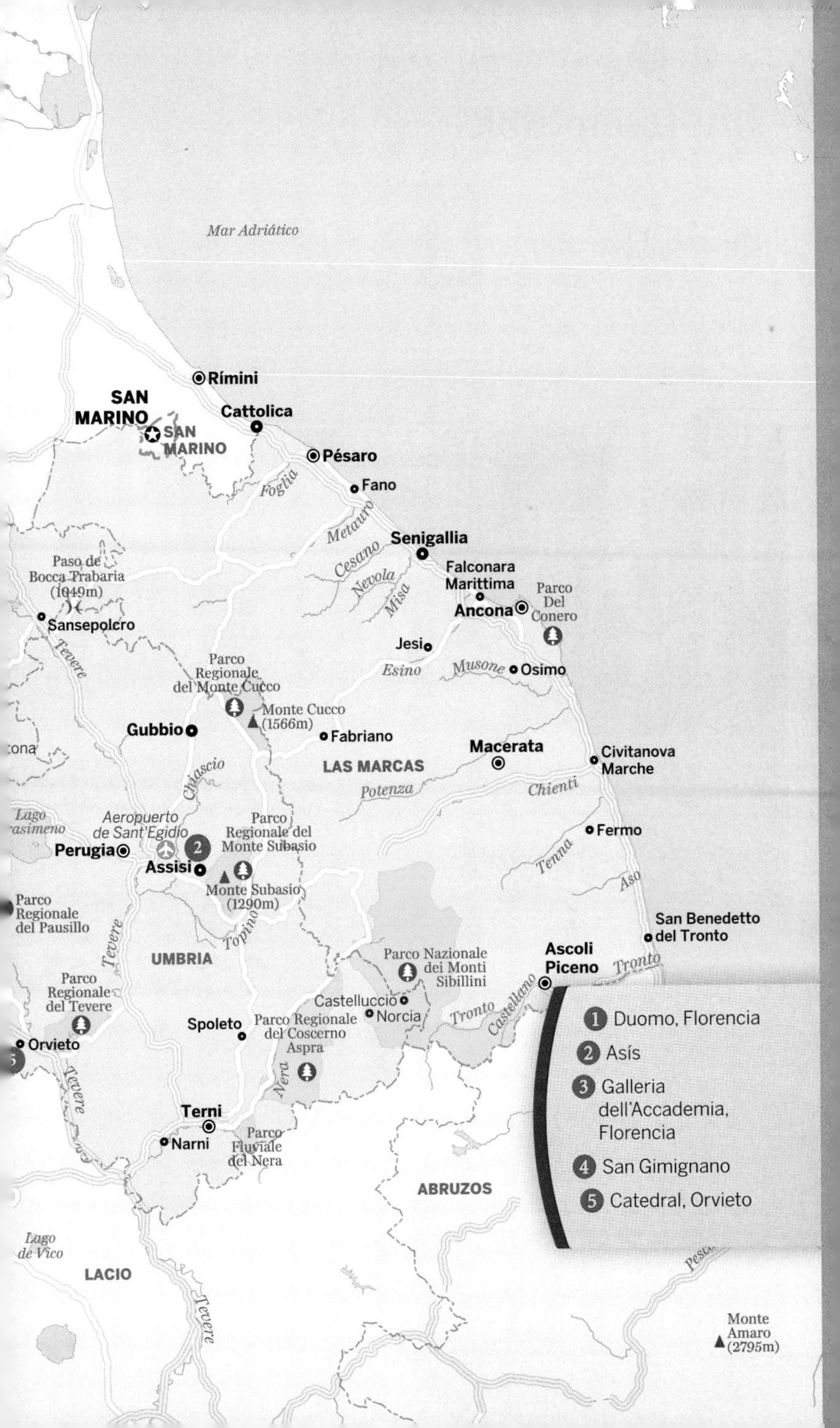
Mar Adriático
Rímini
SAN MARINO
SAN MARINO
Cattolica
Pésaro
Foglia
Fano
Metauro
Senigallia
Cesano
Nevola
Misa
Falconara Marittima
Ancona
Parco Del Conero
Paso de Bocca Trabaria (1049m)
Sansepolcro
Tevere
Jesi
Esino
Musone
Osimo
Parco Regionale del Monte Cucco
Monte Cucco (1566m)
Gubbio
Fabriano
LAS MARCAS
Macerata
Civitanova Marche
Chiascio
Potenza
Chienti
Lago Trasimeno
Aeropuerto de Sant'Egidio
Parco Regionale del Monte Subasio
Fermo
Perugia
Assisi
Monte Subasio (1290m)
Tenna
Aso
Parco Regionale del Pausillo
Topino
San Benedetto del Tronto
Tevere
UMBRIA
Parco Nazionale dei Monti Sibillini
Ascoli Piceno
Tronto
Parco Regionale del Tevere
Castelluccio
Norcia
Tronto
Castellano
Spoleto
Parco Regionale del Coscerno Aspra
Orvieto
Tevere
Nera
Terni
Narni
Parco Fluviale del Nera
ABRUZOS
Lago de Vico
LACIO
Tevere
Monte Amaro (2795m)
1 Duomo, Florencia
2 Asís
3 Galleria dell'Accademia, Florencia
4 San Gimignano
5 Catedral, Orvieto

●●● Imprescindible

Duomo, Florencia

Más que simple centro monumental y espiritual, el Duomo (p. 228) simboliza la riqueza de ciudad entre 1300 y 1500, y la consiguiente explosión artística y cultural que potenció. Sig dominando Florencia como una montaña de mármol coronada por un rubí gigante.

② Asís sagrada

Este tranquilo pueblo umbro medieval s convirtió en centro espiritual (casi mila groso) gracias a la vida y obras de san Francisco. En un paseo por As (p. 261) se ven lugares sagrados y ma ravillas artísticas con enlaces tangib al pasado y a generaciones de devot peregrinos.

FRANK WING/GETTY IMAGES ©

JOHN ELK/GETTY IMAGES ©

3

David, Galleria dell'Accademia

Como muchas superestrellas, solo responde a un nombre: *David*. Antes de que sus marcados abdominales aparecieran en imanes para frigoríficos y delantales de recuerdo, fue descubierto por Miguel Ángel en un bloque de mármol de Carrara. En la actualidad la gente espera horas para verlo en la Galleria dell'Accademia de Florencia (p. 233).

GLENN VAN DER KNIJFF/GETTY IMAGES ©

4

San Gimignano

En la Edad Media, la rivalidad vecinal por construir la torre más alta convirtió este pueblecito montañés (p. 254) en un pequeño Manhattan. Solo 11 de sus 72 estructuras han resistido el paso del tiempo. Las largas sombras de estas imponentes proezas ofrecen una nueva perspectiva sobre la edad oscura (y quizá inspire un nuevo diseño para la caseta del jardín).

5

Catedral de Orvieto

De frente, la catedral de Orvieto (p. 268) parece una preciosa tarta de bodas, pero los frescos de Signorelli del interior no anuncian un final feliz. El artista había sobrevivido a la peste, la quema de libros, terremotos y caza de brujas cuando pintó *El fin del mundo* en 1499. Quinientos años más tarde, permanece como un testamento a la capacidad humana para sobrevivir.

Lo mejor

Dónde comer y beber

Osteria il Buongustai Sublimes platos caseros toscanos (p. 238).

Trattoria Mario Legendario establecimiento familiar en Florencia (p. 239).

Il Teatro del Sale Fabio Picchi no para de cocinar; después de las comidas hay teatro (p. 239).

Ristorante la Mandragola Maravilloso restaurante en las murallas de San Gimignano (p. 254).

Antica Osteria de la Stella Ingenioso restaurante umbro en Urbino (p. 260).

Tesoros Patrimonio Mundial

Florencia Museos y arquitectura de primera, y fantásticas compras (p. 224).

Basílica de San Francisco Frescos bien restaurados tras un terremoto (p. 262).

Siena Acabó con la guerra de clanes gracias al arte público y las carreras de caballos (p. 248).

San Gimignano Pueblo medieval famos o por sus torres (p. 254).

Urbino Ciudad diseñada por un grupo de genios del Renacimiento (p. 260).

Vistas fantásticas

Torre inclinada La luz de la luna asciende 294 escalones en Pisa (p. 244).

Galleria dell'Accademia El eterno *David* de Miguel Ángel en Florencia (p. 233).

Chianti Beberse el paisaje, literalmente (p. 253).

Catedral di Orvieto *El juicio final* vaticinado en los frescos de Signorelli (p. 268).

Ponte Vecchio Puestas de sol en el Arno, Florencia (p. 234).

.ecuerdos sin el)avid'

)fficina Profumo- ırmaceutica di Santa ıaria Novella Perfume ·lestial elaborado con flores · un monasterio (p. 241).

Montalcino Excepcionales ·sechas de brunello que ·lo se encuentran en sus ·odegas (p. 255).

Giulio Giannini e Figlio ·tículos de escritorio en ıpel marmolado hechos a ·ano (p. 241).

Chianti Se prueba antes · comprarlo en los viñedos ·cales (p. 253).

Izda.: Torre inclinada (p. 244), Pisa
arriba: Viñedos, Chianti (p. 253).

Lo esencial

ANTES DE PARTIR

- **Tres meses antes** Reservar alojamiento y entradas para el festival de verano de Spoleto.
- **De uno a dos meses antes** Reservar alojamiento en temporada alta en Asís y Florencia.
- **Dos semanas antes** Reservar en línea la entrada a la torre inclinada de Pisa o a la Galleria dell'Accademia y los Uffizi de Florencia.
- **Un día antes** Reservar un circuito por el Palazzo Vecchio y la Cappella Brancacci en Florencia.

WEBS

- **APT Firenze** (www.firenzeturismo.it) Web de la oficina de turismo de Florencia.
- **Firenze Musei** (www.firenzemusei.it) Reservas para los museos florentinos.
- **Departamento de turismo de la Toscana** (www.turismo.intoscana.it) Itinerarios según preferencias.
- **InfoUmbria** (www.infoumbria.com) Listado de viajes por Umbría, con *agroturismo* (alojamiento en granjas).

CÓMO DESPLAZARSE

- **Avión** Servicios a Pisa y, en menor medida, a Florencia y Perugia.
- **Tren** Buena conexión entre ciudades importantes, con autobuses a pueblos.
- **Autobús** Lo mejor para ir a Siena y San Gimignano.
- **Bicicleta** Vistosa forma de recorrer Chianti; útil en Florencia.
- **Automóvil** Práctico para llegar a pueblos montañeses, hacer *agroturismo* y visitar bodegas.

ADVERTENCIAS

- **Museos** Muchos cierran los lunes.
- **Restaurantes** Suelen cerrar en agosto y algunos en enero.
- **Alojamiento** Se reserva con meses de antelación, en especial en fines de semana festivos, verano o en fiestas locales.
- **Catas de vinos** Las visitas a los viñedos suelen ser gratuitas, pero requieren reservar llamando o en la oficina local de turismo.

Itinerarios

Una vez vista la torre de Pisa y el David, *aún quedan incalculables maravillas que ver. ¿Por dónde empezar? Se puede pasear por los viñedos toscanos para alcanzar la iluminación espiritual o descubrir el esplendor de los pueblos montañeses de Umbría.*

3 DÍAS

DE FLORENCIA A MONTALCINO

VIÑEDOS TOSCANOS

Soleados viñedos, carreteras comarcales bordeadas de olivares y frecuentes (y sabrosas) paradas animan este apacible e indulgente viaje.

El primer día se pasa en ❶ **Florencia,** se visita el Duomo y la galería Uffizi, se pernocta en el *palazzo* del s. XI del Hotel Scoti y se toma comida casera con los lugareños en la Osteria Il Buongustai.

Al día siguiente se va hacia el sur por la SS222, a la histórica región vinícola de ❷ **Chianti**. Se visita el Castello di Verrazzano, en Lucca, para hacer una cata en un castillo y se prueban delicias *gourmet* como miel local y *vin santo.* Por la tarde se va hacia el sur por la SS2 hasta ❸ **Siena;** se visita el rayado *Duomo* y la plaza medieval del Campo antes de tomar el menú degustación del Ristorante Grotta Santa Caterina da Bagoga y dormir bajo techos con frescos en la Pensione Palazzo Ravizz

El tercer día se continúa hacia el sur por l SS2 a través de la zona vinícola de Brunello hasta ❹ **Montalcino,** para probar el famos vino y cenar en Osticcio antes de retirarse a la habitación rústica-chic del Hotel Vecchia Oliviera, una almazara reformada.

Antes de regresar a Siena o Florencia se para en la *fortezza de* Montalcino, un fuert con bodega en el que comprar brunello empaquetado para meter en la maleta.

5 DÍAS

DE ORVIETO A SPOLETO

PUEBLOS MONTAÑESES UMBROS

.a aventura comienza con un momento de ensión: ❶ **Orvieto,** donde Signorelli pintó ınos apuestos demonios en una relucien-e catedral gótica de color rosa. Se hace ·speleología en los pasadizos secretos con)rvieto Underground y se sale para probar ıs especialidades de la Trattoria dell'Orso.

Tras pernoctar en Villa Mercede, con ·escos del s. XVI, se sube al tren para ir a la iudad universitaria de ❷ **Perugia.** Se visita ·l impresionante Palazzo dei Priori medieval, ue alberga la excelente colección de arte le la Galleria Nazionale dell'Umbria, desde ʒizancio al Renacimiento, y el profusamente ecorado Nobile Collegio del Cambio.

Se dedican dos días a ❸ **Asís,** para contemplar en silencio los conmovedores frescos de Giotto en la Basílica de San Francisco e ir a clases de cocina umbra haciendo agroturismo en Alla Madonna del Piatto. La inspiración aguarda en ❹ **Spoleto,** que en verano organiza el mejor festival de arte de Italia en su anfiteatro romano. La imponente Rocca Albornoziana preside el pueblo y su Museo Nazionale del Ducato. Se termina con una exquisita comida local en Tempio del Gusto.

Bar de vinos, Montalcino (p. 255).

Descubrir Florencia, Toscana y Umbría

De un vistazo

- **Florencia** (p. 224) Belleza renacentista y soberbios tesoros artísticos.
- **Siena** (p. 248) Catedral de rayas y magníficos frescos.
- **Chianti** (p. 253) Vino sublime y entorno espléndido.
- **San Gimignano** (p. 254) Pueblo medieval amurallado.

Vino de Chianti (p. 253).

FLORENCIA

357 000 HAB.

Florencia, cuna del Renacimiento y patria de Maquiavelo, Miguel Ángel y los Médici, es magnética, romántica, incomparable y, sobre todo, activa.

Puntos de interés

PIAZZA DEL DUOMO

Battistero di San Giovanni Baptisterio

(Piazza di San Giovanni; entrada combinada cúpula, baptisterio, campanil, cripta y museo adultos/menores de 14 años 10 €/gratis; 11.15-18.30 lu-sa, 8.30-13.30 do y 1er sa de mes) Lorenzo Ghiberti diseñó los famosos bajorrelieves de bronce dorado que adornaban la puerta oriental del baptisterio románico octagonal del s. XI de Florencia (la actual es una copia, la original está en el Museo dell'Opera di Santa Maria del Fiore). Dante fue uno de los muchos florentinos famosos bautizados en su pila. Las entradas se compran en la oficina de Via de' Cerretani 7, frente a la puerta septentrional.

PIAZZA DELLA SIGNORIA Y ALREDEDORES

Palazzo Vecchio Museo

(055 276 82 24; www.musefirenze.it; Piazza della Signoria; museo adultos/reducida/niños 10/8 €/gratis, torre 6,50 €, circuitos guiados 2 €; museo 9.00-24.00 vi-mi, 9.00-14.00 ju verano, 9.00-19.00 vi-mi, 9.00-14.00 ju invierno; torre 9.00-20.30 vi-mi, 9.00-13.30 ju verano, 10.00-16.30 vi-mi, 10.00-13.30 ju invierno) Construido por Arnolfo di Cambio entre 1298 y 1314 para la *Signoria* (el más alto órgano de gobierno). Sus puntos de interés ncluyen la vista desde la **Torre d'Arnolfo** le 94 m y la decoración del **Salone dei Cinquecento,** un amplio salón creado en a década de 1490 para el Consiglio dei Cinquecento, que gobernó Florencia a inales del s. XV. Alberga la escultura *Genio de la Victoria* de Miguel Ángel.

Galleria degli Uffizi Museo

(www.uffizi.firenze.it; Piazzale degli Uffizi 6; adultos/reducida 6,50/3,25 €, exposiciones temporales incl. 11/5,50 €; ⌚8.15-18.05 ma-do) Esta galería de talla mundial instalada en el Palazzo degli Uffizi, construido entre 1560 y 1580 como oficina gubernamental (*uffizi* significa oficina en italiano), atesora la colección privada de arte de la familia Médici, legada a la ciudad en 1743 a condición de que nunca saliera de ella.

Gracias al proyecto de restauración y remodelación de 65 millones de euros, muy retrasado, se añadirá una nueva logia diseñada por el arquitecto japonés Arato Isozaki y se duplicará el espacio de exposición. Al más puro estilo italiano, nadie, incluido el arquitecto Antonio Godoli, se compromete a prever su finalización (originalmente 2013). Hasta que se termine la Nuovi Uffizi (www.nuoviuffizi.it), algunas de sus salas permanecerán cerradas y se cambiará el contenido de otras.

La colección abarca desde esculturas griegas a pintura veneciana del s. XVIII, dispuestas por escuelas y en orden cronológico.

Museo del Bargello Museo

(www.polomuseale.firenze.it; Via del Proconsolo 4; adultos/reducida 4/2 €, exposiciones temporales 6/3 €; ⌚8.15-16.20 ma-do y 1er y 3er lu de mes, hasta 14.00 invierno) La *podestà* impartió justicia desde finales del s. XIII hasta 1502 detrás del Palazzo del Bargello, primer edificio público de Florencia. En la actualidad acoge la colección más completa de escultura toscana renacentista de Italia.

La Galleria dell'Accademia se llena de público para ver el *David,* pero pocos contemplan las primeras obras de su creador, muchas de ellas expuestas en la **Sala di Michelangelo,** en la planta baja. En el primer piso se encuentra la **Sala di Donatello,** que exhibe dos

Pases para museos

La **Firenze Card (www.firenzecard.it; 72 €)** es válida durante 72 horas y permite la entrada a 72 museos, villas y jardines de Florencia, además del uso ilimitado del transporte público. Se compra en línea (se recoge al llegar) o en las oficinas de turismo, taquillas de los Uffizi (entrada nº 2), Palazzo Pitti, Palazzo Vecchio, Museo del Bargello, Cappella Brancacci, Basilica e Chiostri Monumentali di Santa Maria Novella y Giardini Bardini. Si se es ciudadano europeo incluye a los menores de 18 años.

versiones de David, un tema recurrente entre los escultores. Donatello realizó en mármol una esbelta figura juvenilmente ataviada en 1408 y la legendaria en bronce entre 1440 y 1450. Esta última es extraordinaria, si se tiene en cuenta que fue la primera estatua desnuda que se esculpió desde los tiempos clásicos.

SANTA MARIA NOVELLA

Basilica di Santa Maria Novella Iglesia, claustro

(www.chiesasantamarianovella.it; Piazza di Santa Maria Novella 18; adultos/reducida 5/3 €; ⌚9.00-17.30 lu-ju, 11.00-17.30 vi, 9.00-17.00 sa, 13.00-17.00 do) Este complejo monumental, con la fachada de mármol blanco y verde de los ss. XIII-XV de la **Basilica di Santa Maria di Novella** al frente, incluye los románticos claustros de la iglesia y unos imponentes frescos en la capilla. Es un tesoro de obras maestras que alcanza su cenit con los frescos de Domenico Ghirlandaio.

SAN LORENZO

Basilica di San Lorenzo Iglesia

(Piazza San Lorenzo; entrada 4,50 €, con Biblioteca Medicea Laurenziana 7 €; ⌚10.00-17.30 lu-sa, más 13.30-17.00 do mar-oct) En 1425, Cosme el Viejo encomendó a Brunelleschi la re-

Los Uffizi

Viaje al Renacimiento

Recorrer la colección de arte de los Uffizi, dispuesta cronológicamente en 45 salas en una única planta, es sencillo; elegir entre las aproximadamente 1500 obras de arte antes de caer rendido no lo es tanto. En la planta baja, se cambian el abrigo y la bolsa por un plano y una audioguía, para después adentrarse en la Toscana del s. XVI subiendo la magnífica escalera con bustos del *palazzo* (se recomienda evitar el ascensor, pues la arquitectura de los Uffizi es tan magistral como su arte).

Para este viaje por el Alto Renacimiento se necesitan 4 horas. En lo alto de la escalera se muestra el tique, se gira a la izquierda y hay que detenerse para admirar la extensión del primer pasillo, que discurre en dirección sur hacia el Arno. Después, a la izquierda, se entra a la sala 2 para comprobar los primeros pasos del arte toscano, con retablos de **Giotto** ❶ y otros artistas. A continuación se recorre el arte medieval hasta la sala 8 y el famoso retrato de **Piero della Francesca** ❷, y se vuelve a salir al pasillo para admirar los **frescos del techo** ❸. Tras los maestros renacentistas **Botticelli** ❹ y **Leonardo** ❺, hay que seguir adelante hasta pasar la Tribuna (posible desvío) y disfrutar de la luz del sol que entra a raudales por los enormes ventanales y de las panorámicas que se divisan desde el **segundo pasillo, paralelo al río** ❻: emotivas vistas del Arno, atravesado por el Ponte Vecchio, con los Alpes Apuanos en el horizonte. Luego, hay que pasar al tercer pasillo, parándose entre las salas 25 y 34 para contemplar la entrada del enigmático Corredor Vasariano. Para terminar, nada mejor que los maestros del Alto Renacimiento **Miguel Ángel** ❼ y **Rafael** ❽.

Madonna de Ognissanti
Sala 2
Humanizada Virgen de Giotto *(Maestà;* 1310*)* tímidamente ruborosa y con un pecho escultural, muy femenina en comparación con las de Duccio y Cimabue, pintadas 25 años antes.

Díptico del duque y la duquesa de Urbino
Sala 8
Retratos sin concesiones y con todos sus defectos (1465-1472), realizados por Piero della Francesca. No más grandes que el formato DIN A3, originalmente iban encajados en un marco portátil con bisagras que se abría y cerraba como un libro.

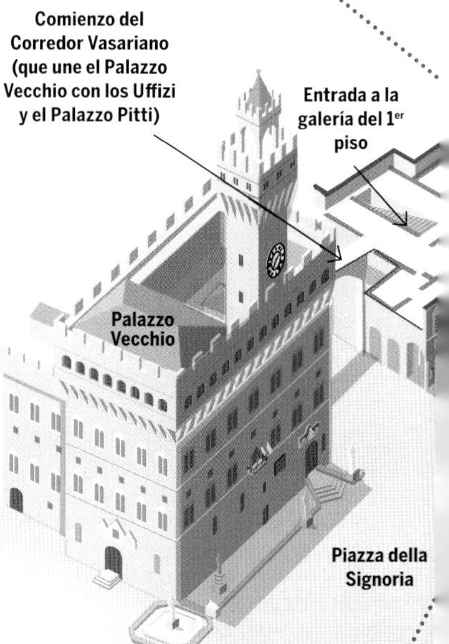

Grotescos frescos del techo
Primer pasillo
Hay que tomarse tiempo para estudiar los fantásticos monstruos y las más inesperadas obras burlescas (repárese en el sátiro que dispara flechas en el exterior de la sala 15) que recorren este fabuloso techo al fresco del pasillo oriental (158

La genialidad de Botticelli
Salas 10-14

El formato en miniatura de *El descubrimiento del cuerpo de Holofernes* (c. 1470), de Botticelli, hace aún más impresionante esta obra del Renacimiento temprano. No hay que perderse al artista contemplando a los visitantes en *La adoración de los Reyes Magos* (1475), a la izquierda de la salida.

Vistas del Arno

Desde este corto pasillo acristalado, una obra maestra de la arquitectura, las vistas de la ciudad son embriagadoras. Cerca de la cima de la colina puede verse una de las 73 torres exteriores construidas para defender Florencia y las 15 puertas que hay debajo.

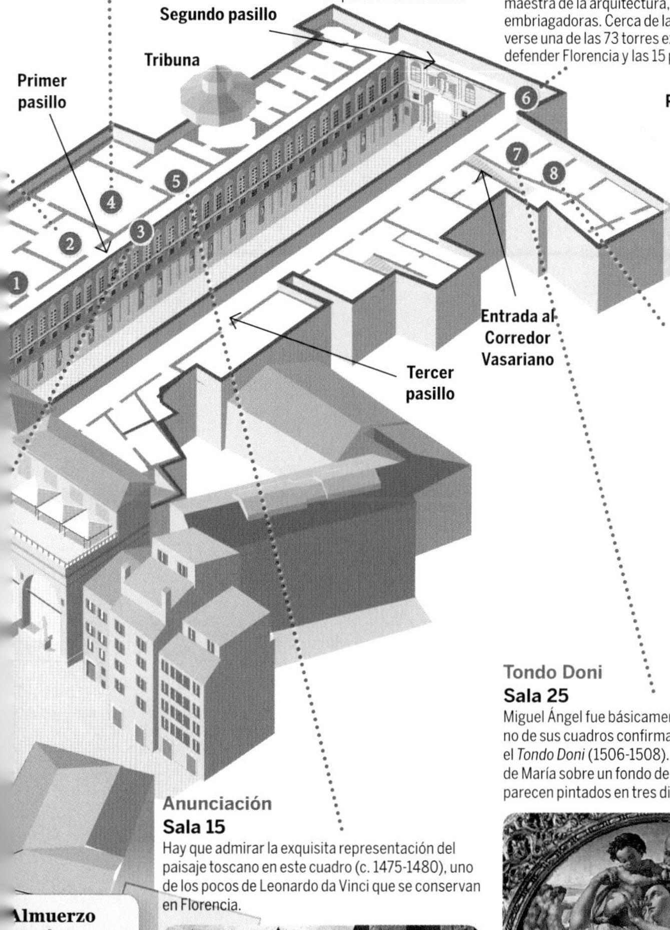

Retrato del papa León X
Sala 26

Habría que mirar a los ojos a los tres personajes de este cuadro de Rafael (1518) e intentar descifrar en qué están pensando. Una perfecta representación de las intrigas del Alto Renacimiento.

Dato práctico

La colección de los Uffizi abarca del s. XII al s. XVIII, pero sus obras renacentistas de los ss. XV y XVI son inigualables.

Tondo Doni
Sala 25

Miguel Ángel fue básicamente un escultor, y ninguno de sus cuadros confirma mejor este hecho que el *Tondo Doni* (1506-1508). Los musculosos brazos de María sobre un fondo de curvilíneos desnudos parecen pintados en tres dimensiones.

Anunciación
Sala 15

Hay que admirar la exquisita representación del paisaje toscano en este cuadro (c. 1475-1480), uno de los pocos de Leonardo da Vinci que se conservan en Florencia.

lmuerzo arato

e recomienda café de la rraza de los ffizi o –aún ás barato– un *anini gourmet* n 'Ino (www. o-firenze.com; a dei Georgofili 7r).

Duomo

El monumento más icónico de la ciudad, y uno de los "tres grandes" de Italia (con la torre de Pisa y el Coliseo de Roma). Su cúpula de ladrillo rojo, elegante *campanile* e impresionante fachada de mármol rosa, blanco y verde, maravillan a quien los contempla. Su construcción comenzó en 1296, a cargo del arquitecto sienés Arnolfo Di Cambio, y tardó casi 150 años en ser completada.

Cattedrale di Santa Maria del Fiore

www.operaduomo.firenze.it

Piazza del Duomo

entrada cúpula, baptisterio, *campanile*, cripta y museo 10 €

10.00-17.00 lu-mi y vi, hasta 16.00 ju, hasta 16.45 sa, 13.30-16.45 do; cúpula 8.30-18.00 lu-vi, hasta 17.00 sa; cripta 10.00-17.00 lu-mi y vi-sa, hasta 16.00 ju; *campanile* 8.30-18.50

Exterior

El arquitecto Emilio de Fabris diseñó su fachada neogótica en el s. xix para reemplazar el inacabado frontis original, demolido en el s. xvi. La parte más antigua y gótica de la catedral es la meridional, en la que se halla la Porta dei Canonici (por la que se sube a la cúpula).

La cúpula se construyó entre 1420 y 1436, según el diseño de Filippo Brunelleschi. Este se inspiró en el Panteón de Roma e ideó una innovadora solución de ingeniería de forma octogonal con cúpulas concéntricas interiores y exteriores que descansan sobre el tambor en vez de sobre el tejado, lo que permitió a los artesanos construir sin necesidad de utilizar una estructura de apoyo. La escalera en espiral (463 escalones) es empinada y no debería subirse si se sufre claustrofobia.

Interior

Tras el impacto visual que producen la fachada y la cúpula, sorprende que el amplio interior, 155 m de largo por 90 m de ancho, esté escasamente decorado. También es inesperadamente secular (reflejo de la amplia sección que no pagó la Iglesia): al fondo del pasillo izquierdo, los inmensos frescos de estatuas ecuestres homenajean a dos *condottieri*: a la izquierda Niccolò da Tolentino, de Andrea del Castagno (1456), y a la derecha sir John Hawkwood, de Uccello (1436).

Entre el brazo izquierdo (norte) del transepto y el ábside se encuentra la Sagrestia delle Messe, con unos maravillosos paneles de madera taraceada, obra de Benedetto y Giuliano da Maiano. Luca della Robbia realizó la exquisita puerta de bronce sobre la que se halla su *Resurrección de terracota vidriada*.

La ascensión de los 414 escalones del campanil de 85 m de altura (diseñado por Giotto) ofrece unas compensadoras vistas, casi tan impresionantes como las de la cúpula.

De primera mano

Duomo

POR PATRIZIO OSTICRESI, ADMINISTRADOR DE LA OPERA DI SANTA MARIA DEL FIORE (OPERA DEL DUOMO)

1 OBRAS DE ARTE INESTIMABLES

El Duomo está colmado de arte y artesanía. El cuadro *Alegoría de la Divina Comedia* (1465) de Domenico di Michelino es especialmente famoso. Las vidrieras del s. xv de la base de la cúpula, recientemente restauradas, son de Donatello, Lorenzo Ghiberti, Paolo Uccello y Andrea del Castagno. Sobre ellas, en la cúpula, se encuentran los maravillosos frescos del *Juicio final* de Giorgio Vasari y Federico Zuccari.

2 VISTAS DESDE LA CÚPULA

El panorama basta para subir a la cúpula de Brunelleschi, pero otros de sus incentivos son la excelente vista de los suelos de mármol taraceado del interior y ver de cerca los frescos del *Juicio final*.

3 BAPTISTERIO

Tanto el exterior como el interior del baptisterio del s. xi son un regalo para la vista y un ejemplo de genio arquitectónico y artístico. Los mosaicos del s. xiii del techo, el suelo de mármol taraceado, la puerta de bronce y el monumento funerario de Cossa, obra de Donatello y Michelozzo en 1428, son especialmente hermosos.

4 MUSEO DELL'OPERA DEL DUOMO

Alberga valiosas obras de arte retiradas de los monumentos de la *piazza*. Las más importantes son la estatua de *María Madgalena* de Donatello, la puerta original del baptisterio de Lorenzo Ghiberti, paneles originales del *campanil* de Giotto y la *Piedad* de Miguel Ángel, que esculpió para su tumba (aunque no le satisfizo).

Florencia

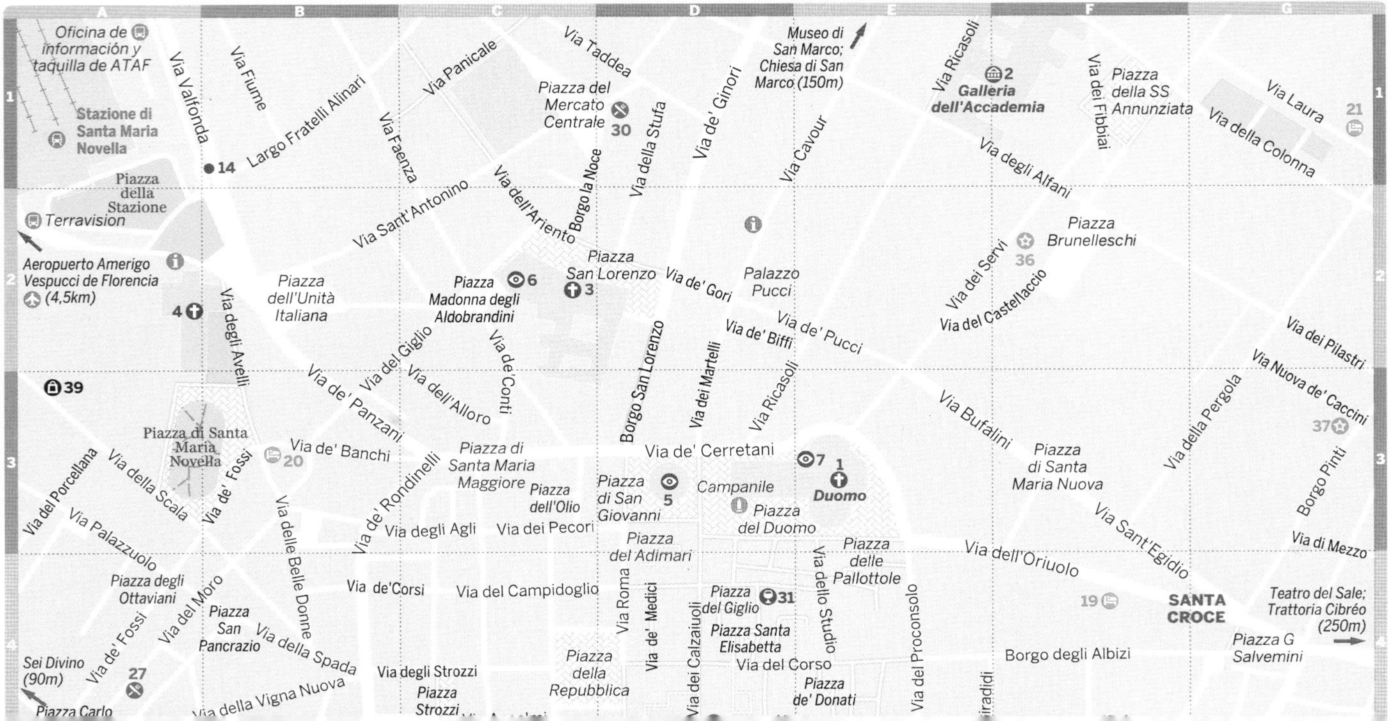
0 200 m
A
B
C
D
E
F
G
1
2
3
4
Oficina de información y taquilla de ATAF
Stazione di Santa Maria Novella
Piazza della Stazione
Terravision
Aeropuerto Amerigo Vespucci de Florencia (4,5km)
Via Valfonda
Via Fiume
Largo Fratelli Alinari
14
Via Faenza
Via Panicale
Via Sant'Antonino
Via Taddea
Piazza del Mercato Centrale
30
Borgo la Noce
Via della Stufa
Via dell'Ariento
Via de' Ginori
Museo di San Marco; Chiesa di San Marco (150m)
Via Cavour
Via Ricasoli
2
Galleria dell'Accademia
Via dei Fibbiai
Piazza della SS Annunziata
Via Laura
21
Via della Colonna
Via degli Alfani
Piazza Brunelleschi
36
Via dei Servi
Via del Castellaccio
4
Via degli Avelli
Piazza dell'Unità Italiana
Piazza Madonna degli Aldobrandini
6
Piazza San Lorenzo
3
Via de' Gori
Palazzo Pucci
Via de' Pucci
Via de' Biffi
Via del Giglio
Via de'Conti
Via dell'Alloro
Via de' Panzani
Borgo San Lorenzo
Via dei Martelli
Via Ricasoli
Via Bufalini
Via dei Pilastri
Via Nuova de' Caccini
37
Via della Pergola
39
Piazza di Santa Maria Novella
Via de' Banchi
20
Via de' Fossi
Via della Scala
Via del Porcellana
Via de' Rondinelli
Piazza di Santa Maria Maggiore
Piazza dell'Olio
Via de' Cerretani
Piazza di San Giovanni
5
Campanile
7
1
Duomo
Piazza del Duomo
Piazza di Santa Maria Nuova
Via Sant'Egidio
Borgo Pinti
Via di Mezzo
Via Palazzuolo
Via delle Belle Donne
Via degli Agli
Via dei Pecori
Piazza del Adimari
Piazza delle Pallottole
Via dell'Oriuolo
Piazza degli Ottaviani
Via del Moro
Piazza San Pancrazio
Via della Spada
Via de'Corsi
Via del Campidoglio
Via Roma
Via de' Medici
Via dei Calzaiuoli
Piazza del Giglio
31
Via dello Studio
Via del Proconsolo
19
SANTA CROCE
Teatro del Sale; Trattoria Cibrèo (250m)
Piazza G Salvemini
Piazza Santa Elisabetta
Via del Corso
Borgo degli Albizi
Sei Divino (90m)
Via de' Fossi
27
Via degli Strozzi
Piazza della Repubblica
Piazza de' Donati
Piazza Strozzi
Via della Vigna Nuova
Piazza Carlo

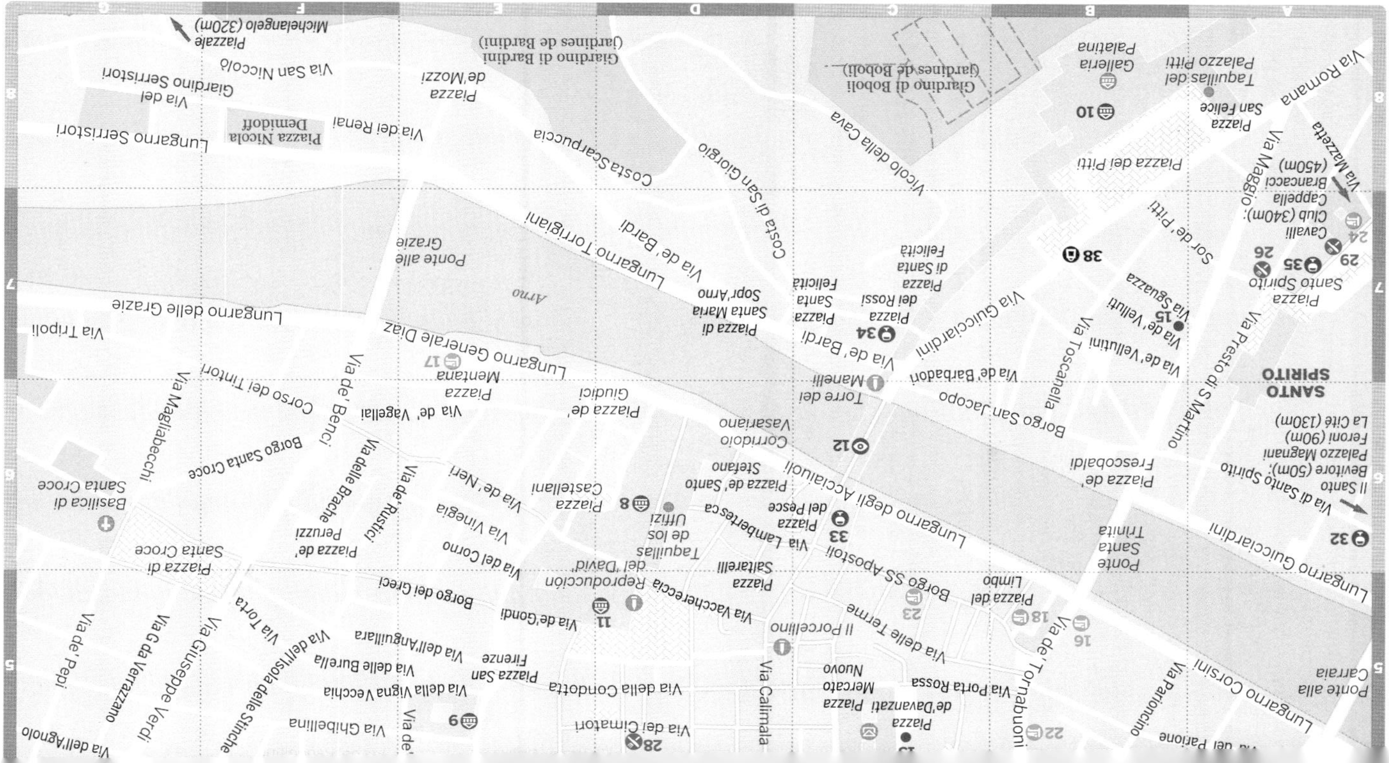
Via dell'Agnolo
Via de' Pepi
Via G da Verrazzano
Via Giuseppe Verdi
Via dell'Isola delle Stinche
Via Torta
Basilica di Santa Croce
Piazza di Santa Croce
Via Magliabecchi
Borgo Santa Croce
Corso dei Tintori
Via Tripoli
Lungarno delle Grazie
Lungarno Serristori
Via del Giardino Serristori
Piazza Nicola Demidoff
Via San Niccolò
Piazzale Michelangelo (320m)
Via Ghibellina
Via della Vigna Vecchia
Via delle Burella
Via dell'Anguillara
Piazza de' Peruzzi
Via delle Brache
Via de' Benci
Via de' Rustici
Via de'
Via de' Vagellai
Borgo dei Greci
Piazza Mentana
17
Lungarno Generale Diaz
Ponte alle Grazie
Via dei Renai
Piazza de'Mozzi
9
Piazza San Firenze
Via del Corno
Via Vinegia
Via de' Neri
Via de'Gondi
Arno
Giardino di Bardini (jardines de Bardini)
Costa Scarpuccia
Lungarno Torrigiani
Via della Condotta
11
Reproducción del 'David'
Piazza Castellani
Piazza de' Giudici
28
Via dei Cimatori
8
Taquillas de los Uffizi
Via Vacchereccia
Via de' Bardi
Piazza di Santa Maria Sopr'Arno
Costa di San Giorgio
Piazza Saltarelli
Via Lambertesca
Piazza de' Santo Stefano
Corridoio Vasariano
Via Calimala
Il Porcellino
Piazza del Pesce
33
Piazza Mercato Nuovo
Borgo SS Apostoli
Lungarno degli Acciaiuoli
12
Torre dei Manelli
Piazza Santa Felicità
34
Piazza dei Rossi
Vicolo della Cava
Piazza de'Davanzati
Via delle Terme
23
Via Porta Rossa
Piazza di Santa Felicità
Via de' Barbadori
Via Guicciardini
Giardino di Boboli (jardines de Boboli)
Piazza del Limbo
Borgo San Jacopo
22
18
Via de' Tornabuoni
16
Ponte Santa Trinita
Piazza de' Frescobaldi
Via Toscanella
38
10
Galleria Palatina
Via Parioncino
Via de' Vellutini
Via de' Velluti
15
Via Sguazza
Piazza dei Pitti
Via del Parione
Via Presto di S Martino
Sor de' Pitti
Lungarno Corsini
Lungarno Guicciardini
Piazza San Felice
Taquillas del Palazzo Pitti
SANTO SPIRITO
26
Via Maggio
Ponte alla Carraia
32
Via di Santo Spirito
Il Santo Bevitore (50m); Palazzo Magnani Feroni (90m) La Cité (130m)
Piazza Santo Spirito
35
29
Cavalli Club (340m); Cappella Brancacci (450m)
24
Via Mazzetta
Via Romana
A
B
C
D
E
F
G
5
6
7
8

Florencia

Principales puntos de interés
1 Duomo ... E3
2 Galleria dell'Accademia ... F1

Puntos de interés
3 Basilica di San Lorenzo ... C2
4 Basilica di Santa Maria Novella ... A2
5 Battistero di San Giovanni ... D3
6 Cappelle Medicee ... C2
7 Entrada a la cúpula del Duomo ... E3
8 Galleria degli Uffizi ... D6
9 Museo del Bargello ... E5
10 Palazzo Pitti ... B8
11 Palazzo Vecchio ... D5
12 Ponte Vecchio ... C6

Actividades, cursos y circuitos
13 ArtViva ... C5
14 City Sightseeing Firenze ... B1
15 In Tavola ... B7

Dónde dormir
16 Antica Torre di Via de' Tornabuoni 1 ... B5
17 Hotel Balestri ... E7
18 Hotel Cestelli ... B5
19 Hotel Dalí ... F4
20 Hotel L'O ... B3
21 Hotel Morandi alla Crocetta ... G1
22 Hotel Scoti ... B5
23 Hotel Torre Guelfa ... C5
24 Palazzo Guadagni Hotel ... A7

Dónde comer
25 Cantinetta dei Verrazzano ... D4
26 La Casalinga ... A7
27 L'Osteria di Giovanni ... A4
28 Osteria Il Buongustai ... D5
29 Tamerò ... A7
30 Trattoria Mario ... D1

Dónde beber y vida nocturna
31 Coquinarius ... D4
32 Il Santino ... A6
33 La Terrazza ... C6
34 Le Volpi e l'Uva ... C7
35 Volume ... A7

Ocio
36 Be Bop Music Club ... F2
37 Jazz Club ... G3

De compras
38 Giulio Giannini e Figlio ... B7
39 Officina Profumo-Farmaceutica di Santa Maria Novella ... A3

construcción de la basílica original del s. IV. El nuevo edificio se convertiría en la iglesia parroquial y mausoleo de los Médici.

En 1518 se encargó a Miguel Ángel el diseño de la fachada, pero su proyecto en mármol blanco de Carrara no prosperó y de ahí el aspecto inacabado del edificio.

Cappelle Medicee — Mausoleo

(☎055 294 883; www.polomuseale.firenze.it; Piazza Madonna degli Aldobrandini; adultos/reducida 6/3 €; ⏰8.15-13.20, cerrado 2º y 4º do y 1er, 3er y 5º lu de mes) Ningún lugar refleja con tanta rotundidad la vanidad de los Médici como su mausoleo, las capillas de los Médici. En ellas, adornadas suntuosamente con granito, mármol, piedras semipreciosas y algunas de las esculturas más bonitas de Miguel Ángel, están sepultados 49 miembros de la dinastía.

SAN MARCO

Museo di San Marco — Museo

(www.polomuseale.firenze.it; Piazza San Marco 1; adultos/reducida 4/2 €; ⏰8.15-13.20 lu-vi, hasta 16.20 sa y do, cerrado 1er, 3er y 5º do y 2º y 4º lu de mes) La dominica **Chiesa di San Marco** y su anejo monasterio del s. XV, en los que el genial pintor Fra Angelico (c. 1395-1455) y el mordaz Savonarola sirvieron a Dios, se encuentran en la zona universitaria de Florencia. El monasterio, que expone obras de Fra Angelico, es uno de los museos de Florencia que más eleva el espíritu.

Se entra por el **Chiostro di Sant' Antonino** (1440) en via Michelozzo y se tuerce a la derecha para ir a la **Sala dell'Ospizio,** en la que el cuidado que Fra Angelico ponía en la perspectiva y la representación realista de la naturaleza están presentes en grandes obras como el *Descendimiento de la cruz* (1432).

El fresco *La cena milagrosa de santo Domingo* (1536), de Giovanni Antonio Sogliani, domina el antiguo **refectorio** de los monjes en el claustro, y el fresco *Crucifixión y santos* (1441-1442), de Fra Angelico, decora la antigua sala capitular.

Lo más destacado se encuentra en el primer piso. En lo alto de las escaleras la obra más famosa de Fra Angelico, *La anunciación* (c. 1440), atrae todas las miradas. Más allá, las 44 celdas

FIRENZE
MVSEI

BIGLIETTO INTEGRATO
Galleria dell'Accademia

L'arte di Francesco

31/03 - 10/11/2015

Data/Date 22.09.2015

Ingresso previsto
11:00 - 11:15
Scheduled Entry Time

Prezzo/Price Eur 12,50

Prev./Fees Eur 4,00

Serie

N.
2973440 11007 01265

UF11001100UF

RAPHAEL VAN BUTSELE/GETTY IMAGES ©

Indispensable
Galleria dell'Accademia

En la puerta de esta galería, construida para albergar una de las obras maestras del Renacimiento, el *David* de Miguel Ángel, siempre hay cola, pero la estatua más conocida del mundo merece la espera.

Este guerrero desnudo, tallado en un solo bloque de mármol, subió a su pedestal frente al Palazzo Vecchio de la Piazza della Signoria en 1504 y procuró a los florentinos un vigoroso emblema de poder, libertad y orgullo cívico.

Miguel Ángel también realizó el inacabado *San Mateo* (1504-1508) y cuatro *Prisioneros (*1521-1530) expuestos en la galería. Las salas contiguas albergan cuadros de Andrea Orcagna, Taddeo Gaddi, Domenico Ghirlandaio, Filippino Lippi y Sandro Botticelli.

LO ESENCIAL

www.polomuseale.firenze.it; Via Ricasoli 60; adultos/reducida 6,50/3,25 €; 8.15-18.50 ma-do

monásticas revelan fragmentos de relieves religiosos del fraile toscano, que decoró las celdas entre 1440 y 1441 con frescos devotos que guiaran la meditación de sus compañeros monjes.

SANTA CROCE

Basilica di Santa Croce — Iglesia

(www.santacroceopera.it; Piazza di Santa Croce; adultos/reducida 6/4 €, entrada familia 12 €, entrada combinada con Museo Casa Buonarroti 8,50 €; 9.30-17.00 lu-sa, 14.00-17.00 do)

Cuando Lucy Honeychurch, heroína de *Una habitación con vistas* de E. M. Forster, se encuentra en la Santa Croce sin una guía de viaje, mira a su alrededor y se pregunta por qué la basílica es un edificio tan importante. "Parece un establo", piensa. Muchos visitantes, al entrar en esta enorme iglesia franciscana comparten la

misma opinión, pues su austero interior sorprende después de contemplar su magnífica fachada neogótica enriquecida con mármol de distintos tonos.

A pesar de que uno de sus reclamos sean las tumbas de los famosos florentinos enterrados en ella –como Miguel Ángel, Galileo, Ghiberti y Maquiavelo–, destaca por los frescos de Giotto y su escuela en las capillas de la derecha del altar.

Poco antes de su muerte, en 1446, Brunelleschi diseñó el segundo de los claustros de la Santa Croce.

EL OLTRARNO

Ponte Vecchio — Puente

El emblemático puente de Florencia ha destellado con el brillo de las mercancías de los joyeros desde el s. XVI, cuando Fernando I de Médici les ordenó que reemplazaran la maloliente presencia de los carniceros, que acostumbraban a arrojar las sobras al río. El puente, tal como se ve ahora, data de 1345 y es el único que los alemanes no destruyeron durante su retirada en 1944.

Palazzo Pitti — Museo

(www.polomuseale.firenze.it; Piazza dei Pitti; adultos/18-25 UE/niños UE y senior entrada 1 8,50/4,25 €/gratis, entrada 2 7/3,50 €/gratis, entrada 3 11,50/5,75 €/gratis; 8.15-18.05 ma-do, jardín de Bóboli hasta 19.30 jun-ago, hasta más temprano resto del año) El banquero Luca Pitti encargó su diseño a Brunelleschi en 1457, pero cuando lo acabó, la menguada fortuna de la familia le obligó a venderlo a los Médici. Posteriormente se convirtió en la residencia de los gobernantes de la ciudad y de 1865 a 1919 residencia de la familia real de Saboya (cuando pasó a pertenecer al Estado). Alberga varios museos de arte.

En la envidiable colección de arte de los ss. XVI a XVIII reunida por los Médici y los duques de Lorena, las obras de Rafael y Rubens compiten por ser el centro de atención en la **Galleria Palatina** (**8.15-18.50 ma-do verano, menos horas en invierno**) del primer piso, a la que se llega por varios tramos de escalera desde el patio central.

Izda.: Galleria Palatina, Palazzo Pitti, Florencia
Abajo: cocina local.

Piazzale Michelangelo

Mirador

(13) Se da la espalda a los puestos de recuerdos chabacanos que venden calzoncillos y estatuas de *David* y se admira la sensacional vista de la ciudad (la puesta de sol es espectacular) desde esta espaciosa plaza decorada con una de las dos copias del *David* de Florencia. Está 10 minutos a pie por la serpenteante calle, senderos y escaleras que ascienden la ladera desde el Arno y la Piazza Giuseppe Poggi; desde la Piazza San Niccolò se sube y se tuerce a la izquierda en el tramo de escaleras señalado como Viale Michelangelo.

Cappella Brancacci

Capilla

(055 276 82 24; www.musefirenze.it; Piazza del Carmine 14; adultos/reducida 6/4,50 €; 10.00-16.30 mi-sa y lu, 1-16.30 do) Un incendio en el s. XVIII destruyó la **Basilica di Santa Maria del Carmine** del s. XIII, a excepción de los magníficos frescos de su capilla, a la derecha de la entrada. Las visitas se hacen en circuito guiado de 30 personas (20 min, cada 20 min), por lo que se recomienda reservar con antelación en temporada alta.

Circuitos

City Sightseeing Firenze

Circuito en autobús

(055 29 04 51; www.firenze.city-sightseeing.it; Piazza della Stazione 1; adultos 1/2/3 días 20/25/30 €) Para conocer Florencia en un autobús rojo descubierto y bajar y subir en 15 paradas repartidas por la ciudad.

500 Touring Club

Automóviles antiguos

(346 826 23 24; www.500touringclub.com; Via Gherardo Silvani 149a) Ofrece circuitos guiados en automóviles antiguos. Todos los Fiat 500 de su flota de la década de 1960 tienen nombre.

ArtViva

Circuito a pie

(055 264 50 33; www.italy.artviva.com; Via de' Sassetti 1; desde 25 €/persona) Anunciados como los "originales y mejores", estos

excelentes paseos por la ciudad de 1-3 horas (desde 25 €) están guiados por historiadores o licenciados en Historia del Arte; incluyen la Galería Uffizi, un circuito dedicado al *David* y un misterioso circuito nocturno.

Dónde dormir

ALREDEDORES DE LA PIAZZA DEL DUOMO Y LA PIAZZA DELLA SIGNORIA

Hotel Scoti Hotel histórico **€**
(**055 29 21 28; www.hotelscoti.com; Via de' Tornabuoni 7; i/d/tr/c 80/125/150/175 €;**) Es una espléndida mezcla de encanto anticuado y buena relación calidad-precio, entre Prada y McQueen. Está entronizado en un *palazzo* del s. XVI en la calle de tiendas más elegante de Florencia.

Hotel Cestelli Hotel-'boutique' **€**
(**055 21 42 13; www.hotelcestelli.com; Borgo SS Apostoli 25; d 100-115 €, i/d con baño compartido 60/80 €, cama extra 25 €; cerrado 4 semanas ene-feb, 3 semanas ago**) Este hotel de ocho habitaciones en un *palazzo del* s. XII, a un paso del Arno y de la moderna Via de Tornabuoni, es una joya. Sus espaciosas y silenciosas habitaciones rezuman estilo, con lavabos serigrafiados y arte antiguo. Antes de salir hay que preguntar a la pareja anfitriona –el fotógrafo italiano Alessio y la refinada japonesa Asumi– por nuevos establecimientos para comer, beber y comprar.

Hotel Torre Guelfa Hotel histórico **€€**
(**055 239 63 38; www.hoteltorreguelfa.com; Borgo SS Apostoli 8; d/tr/c 200/250/300 €;**) ¿Apetece hospedarse en un *palazzo* florentino sin arruinarse? La respuesta es este hotel de 31 habitaciones con fachada estilo fortaleza. Subir a su torre del s. XIII de 50 m de altura –la torre privada más alta de Florencia– para tomar una copa a la puesta de sol con vistas a Florencia es impresionante.

Antica Torre di Via de' Tornabuoni 1 Hotel-'boutique' **€€€**
(**055 21 92 48; www.tornabuoni1.com; Via de' Tournabuoni 1; d desde 325 €; recepción 7.00-22.00;**) Este elogiado hotel languidece a pocos pasos del Arno, en el interior del hermoso Palazzo Gianfigliazzi del

Ponte Vecchio (p. 234), Florencia.

JOHN ELK/GETTY IMAGES ©

s. XIV. Sus 20 habitaciones tienen estilo y son amplias y contemporáneas, pero lo que se lleva la palma es la imponente terraza para desayunar.

SANTA MARIA NOVELLA

Hotel Azzi Hotel €€

(Locanda degli Artistis; ☎055 21 38 06; www.hotelazzi.com; Via Faenza 56/88r; d 105-115 €, tr/c 130/150 €;) Estar a cinco minutos a pie del mercado central y la estación de trenes incrementa la comodidad de alojarse en este hotel. Su estilo clásico, unido al salón, la biblioteca llena de libros, la terraza y el *jacuzzi* lo hacen muy popular entre los viajeros de más edad. También ofrece habitaciones más baratas y apartamentos independientes.

Hotel L'O Hotel de lujo €€€

(☎055 27 73 80; www.hotelorologioflorence.com; Piazza di Santa Maria Novella 24; d desde 315 €; P @) Diseñado como escaparate de la colección de relojes de pulsera de lujo del dueño, L'O (abreviación de Hotel L'Orologio) tiene cuatro estrellas, habitaciones con nombres de relojes, y relojes por todas partes.

SAN MARCO

Hotel Morandi alla Crocetta Hotel-'boutique' €€

(☎055 234 47 47; www.hotelmorandi.it; Via Laura 50; i 70-120 €, d 100-170 €, tr 130-210 €, c 150-250 €; P) Este convento medieval transformado en hotel es una preciosidad. Las habitaciones son refinadas y están llenas de mobiliario y cuadros de época. Un par de habitaciones cuentan con diminutos jardines, pero el plato fuerte es la nº 29, la antigua capilla decorada con frescos.

SANTA CROCE

Hotel Dalí Hotel €

(☎055 234 07 06; www.hoteldali.com; Via dell'Oriuolo 17; d/tr 85/110 €, apt desde 95 €, con baño compartido i/d 40/70 €; P @) Este agradable hotel es la niña de los ojos de los trotamundos Marco y Samanta. La guinda la aportan tres bonitos apartamentos independientes –uno con vistas al *Duomo*– con capacidad para dos, cuatro o seis personas.

Hotel Balestri Hotel histórico €€

(☎055 21 47 43; www.hotel-balestri.it; Piazza Mentana 7; d 100-160 €, tr 140-165 €; @) Este hotel de 1888 en la orilla del Arno es el único alojamiento ribereño en el centro de Florencia. Forma parte del distinguido grupo hotelero Whythebest (dirigen el Hotel L'O, Villa Cora y otros establecimientos elegantes) y es cómodamente contemporáneo sin perder su encanto antiguo.

EL OLTRARNO

Palazzo Guadagni Hotel Hotel €€

(☎055 265 83 76; www.palazzoguadagni.com; Piazza Santo Spirito 9; i 100-140 €, d 140-180 €, cama extra 35 €;) Este legendario hotel y su romántica logia, están en la plaza más animada de Florencia en verano. Los florentinos Laura y Ferdinando son el creativo dúo responsable de la transformación de este palacio renacentista en un hotel de excelente precio, con 15 espaciosas habitaciones que fusionan con gusto lo antiguo y lo nuevo.

Palazzo Magnani Feroni Hotel de lujo €€€

(☎055 239 95 44; www.florencepalace.com; Borgo San Frediano 5; d desde 379 €; P @) Un extraordinario *palazzo* del material con el que se alimentan los sueños. Sus 12 elegantes *suites*, repartidas en cuatro pisos, con la residencia familiar intercalada, son enormes y cuentan con mobiliario de época, telas exquisitas y artículos de tocador de Bulgari.

Dónde comer

ALREDEDORES DE LA PIAZZA DEL DUOMO Y PIAZZA DELLA SIGNORIA

Osteria Il Buongustai 'Osteria' €

(Via dei Cerchi 15r; comidas 15 €; 11.30-15.30 lu-sa) Este establecimiento, regentado con presteza y garbo por Laura y Lucia, se llena a la hora del almuerzo de lugareños que trabajan cerca y estudiantes que acuden por su sabrosa cocina casera toscana a precio asequible. Es sencillo, se comparten mesas y se paga en efectivo; no acepta tarjetas de crédito.

Cantinetta dei Verrazzano

Panadería €

(Via dei Tavolini 18-20; focaccia 2,50-3 €; 12.00-21.00 lu-sa, 10.00-16.30 do) Un *forno* y una *cantinetta* (bodega pequeña) hacen buena pareja. Para sentarse a una mesa con tablero de mármol, admirar las antigüedades de los armarios de cristal y tomar una copa de vino (4-10 €) de la finca Verrazzano de Chianti.

SANTA MARIA NOVELLA

L'Osteria di Giovanni

Toscana €€

(055 28 48 97; www.osteriadigiovanni.it; Via del Moro 22; comidas 35 €; cena lu-vi, almuerzo y cena sa y do) En este agradable establecimiento de barrio no destaca la decoración, sino su cocina, toscana y creativa. Sirve garbanzos con pulpo y *tortelli* (una especie de ravioli) rellenos de pera y ricota, con crema de puerro y almendra. Como aperitivo se puede tomar una copa de *prosecco* y el plato de *coccoli* (buñuelos tradicionales florentinos) obsequio de la casa.

SAN LORENZO Y SAN MARCO

Trattoria Mario

Toscana €

(www.trattoriamario.com; Via Rosina 2; comidas 20 €; 12.00-15.30 lu-sa, cerrado 3 semanas ago) Para conseguir sitio en una mesa compartida de esta ruidosa, concurrida y genial *trattoria* –una leyenda que conserva su esencia (y atractivo entre los lugareños) a pesar de aparecer en todas las guías de viajes–, hay que llegar a las 12.00. El encantador Fabio, cuyo abuelo abrió el establecimiento en 1953, está al frente del negocio y su hermano mayor, Romeo, y sobrino, Francesco, se ocupan de la cocina.

Antica Trattoria da Tito

'Trattoria' €€

(055 47 24 75; www.trattoriadatito.it; Via San Gallo 112r; comidas 30 €; almuerzo y cena lu-sa) El cartel "No servimos carne muy hecha" lo dice todo: esta icónica *trattoria* solo sirve lo mejor de la tradición culinaria toscana. Lleva abierta desde 1913 y lo prepara todo bien, desde sabrosos platos típicos como sopa de cebolla a pasta con jabalí, servidos con entusiasmo a una clientela local.

Productos locales, Florencia.

GIORGIO COSULICH/GETTY IMAGES ©

SANTA CROCE

Il Giova 'Trattoria' €

(☎ 055 248 06 39; www.ilgiova.com; Borgo La Croce 73r; comidas 25 €; ⏲ almuerzo y cena lu-sa) Esta acogedora, diminuta y abarrotada *trattoria* es como deberían de ser todos los restaurantes tradicionales florentinos. El viajero puede pedir platos centenarios como *zuppa della nonna* (sopa de la abuela), *risotto del giorno* o *mafalde al ragù* (pasta larga y ondulada con salsa de carne).

Il Teatro del Sale Toscana €€

(☎ 055 200 14 92; www.teatrodelsale.com; Via dei Macci 111r; desayuno/almuerzo/cena 7/20/30 €; ⏲ 9-11.00, 12.30-14.15 y 19.00-23.00 ma-sa, cerrado ago) El chef Fabio Picchi es uno de los tesoros vivos de Florencia y acapara protagonismo en Sant'Ambrogio con este excéntrico club (cuota anual 7 €) en un antiguo teatro. Prepara desayunos, almuerzos y cenas que culminan a las 21.30 con una actuación de teatro, música o comedia organizada por su mujer, la directora artística y cómica Maria Cassi.

EL OLTRARNO

Tamerò Bar de pasta €

(☎ 055 28 25 96; www.tamero.it; Piazza Santa Spirito 11r; comidas 20 €; ⏲ almuerzo y cena ma-do) Su cocina abierta permite ver cómo se prepara la pasta, mientras se espera mesa junto a la animada clientela que acude por sus imaginativos platos de pasta fresca (7,50-10 €), enormes ensaladas (7,50 €) y copiosas fuentes de queso/salami (9 €). Los fines de semana hay DJ a partir de las 22.00.

La Casalinga 'Trattoria' €

(☎ 055 21 86 24; www.trattorialacasalinga.it; Via de' Michelozzi 9r; comidas 25 €; ⏲ almuerzo y cena lu-sa) Esta concurrida y sencilla *trattoria* familiar, muy querida en el vecindario, es una de las más baratas de Florencia. No hay que extrañarse si Paolo, el patriarca que la dirige desde la barra, coloca al viajero detrás de los lugareños en la cola; se compensa con sus sustanciosos platos toscanos cocinados a la perfección.

En busca de... Gastronomía

Si el viajero no solo gusta de comer, sino también de aprender a cocinar, catar vinos y buscar los mejores ingredientes, se recomiendan estas actividades.

1 ACCIDENTAL TOURIST

(☎ 055 69 93 76; www.accidentaltourist.com) Tras pagar la cuota de Accidental Tourist (10 €) se puede elegir entre circuito de vino (60 €), clase de cocina (70 €), *picnic gourmet* (35 €) u otras ofertas; los circuitos se hacen en Florencia y alrededores.

2 FAITH WILLINGER: CLASES Y CIRCUITOS

(www.faithwillinger.com) Circuito a pie para amantes de la comida: paseo por el mercado, cata de *gelato* y mucho más, a cargo de la escritora gastronómica estadounidense residente en Florencia Faith Willinger, que dirige cursos de cocina, sesiones prácticas "del mercado a la mesa", catas, demostraciones y visitas culinarias como sustanciosos viajes a Panzano, en Chianti.

3 IN TAVOLA

(☎ 055 21 76 72; www.intavola.org; Via dei Velluti 18r) Se elige entre docenas de cursos para principiantes y profesionales: *pizza* y *gelato*, elaboración de pasta, comidas toscanas fáciles, etc.

Il Santo Bevitore Toscana moderna €€

(☎ 055 21 12 64; www.ilsantobevitore.com; Via di Santo Spirito 64-66r; comidas 35 €; ⏲ almuerzo y cena sep-jul) Para conseguir la última mesa en este publicitado establecimiento, una oda a la comida con estilo, en el que los gastrónomos se deleitan a la luz de las velas, en un interior abovedado, encalado y lleno de botellas, hay que reservar o llegar a las 19.30 en punto. La carta es una creativa reinvención de clásicos de temporada, distinta en el almuerzo y la cena.

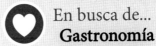

Dónde beber y vida nocturna

ALREDEDORES DE LA PIAZZA DEL DUOMO Y PIAZZA DELLA SIGNORIA

La Terrazza Bar

(www.continentale.it; Vicolo dell Oro 6r; 14.30-23.30 abr-sep) A este bar en una azotea con terraza de madera se llega desde el 5º piso del elegante Hotel Continentale, propiedad de Ferragamo. Su bufé de *aperitivo* es modesto, pero su reclamo son las fabulosas y bellísimas vistas. Imprescindible vestir para la ocasión.

Coquinarius Bar de vinos

(www.coquinarius.com; Via delle Oche 11r; *crostini y carpacci* 4 €; 12.00-22.30) Esta *enoteca* regentada por el dinámico y carismático Igor es espaciosa y posee estilo, bóvedas de piedra, mesas de madera y ambiente moderno. En su carta figuran buenos y desconocidos vinos toscanos, así como *crostini* (tostadas) y *carpacci*.

SANTA MARIA NOVELLA

Sei Divino Bar de vinos

(Borgo Ognissanti 42r; 10.00-2.00) Bajo el techo abovedado de ladrillo rojo de este elegante bar de vinos se toma uno de los aperitivos más animados de Florencia.

SANTA CROCE

Drogheria Bar salón

(www.drogheriafirenze.it; Largo Annigoni 22; 10.00-3.00) Espacioso local antiguo-chic con muebles de madera oscura y sillas cómodas, perfectas para relajarse durante horas. En primavera la acción se traslada a la terraza de la amplia *piazza* detrás del mercado de Sant'Ambrogio.

EL OLTRARNO

Il Santino Bar de vinos

(Via Santo Spirito 34; vino y crostini 6,50-8 €; 10.00-22.00) Este diminuto bar de vinos está a pocos pasos de uno de los mejores restaurantes para *gourmets* de Florencia, Il Santo Bevitore, regentado por el mismo personal.

Volume Bar

(www.volumefirenze.com; Piazza Santo Spirito 3r; 9.00-1.30) Unos fabulosos sillones, mobiliario antiguo reciclado y mejorado, libros y una máquina de discos confieren encanto a este café-bar-galería instalado en un antiguo taller de sombrerería.

Le Volpi e l'Uva Bar de vinos

(www.levolpieluva.com; Piazza dei Rossi 1; *crostini* 6,50 €, tabla de queso/embutido 8-10 €; 11.00-21.00 lu-sa) Este íntimo local con barra de mármol sobre dos antiguos toneles de roble cuenta con una impresionante carta de vinos y es la mejor *enoteca con degustazione de la* ciudad. Para alcanzar el éxtasis se piden *crostini* con *lardo* (6,50 €), o una tabla de quesos toscanos.

Ocio

La Cité Música en directo

(www.lacitelibreria.info; Borgo San Frediano 20r; 15.00-1.00 lu-ju, 17.00-2.00 vi y sa;) De día, este café-librería es un espacio con una ecléctica mezcla de mobiliario antiguo para tomar un capuchino. A partir de las 22.00 se transforma en un animado local con música en directo. La escalera junto a la barra conduce a un altillo.

Jazz Club 'Jazz'

(Via Nuovo de' Caccini 3; 22.00-2.00 ma-sa, cerrado jul y ago) En el mejor local de *jazz* de Florencia se escucha salsa, *blues*, *dixieland* y músicas del mundo, además de *jazz*.

Be Bop Music Club Música en directo

(Via dei Servi 76r; 20.00-2.00) En este querido local inspirado en los vibrantes años sesenta se oye desde grupos que tocan Led Zeppelin y Beatles a *swing*, *jazz* y *funk* de la década de 1970.

De compras

Officina Profumo-Farmaceutica di Santa Maria Novella Perfumería

(www.smnovella.it; Via della Scala 16; 9.30-19.30) Esta perfumería que data de 1612 nació cuando los frailes dominicos de Santa Maria Novella comenzaron a preparar curas y ungüentos con hierbas medicinales del jardín del monasterio.

Vende una amplia gama de perfumes, remedios, tés y productos para el cuidado de la piel.

Giulio Giannini e Figlio

Artículos de papelería

(www.giuliogiannini.it; Piazza Pitti 37r; 10.00-19.00 lu-sa, 11.00-18.30 do) Esta pintoresca y antigua tienda ha visto al Palazzo Pitti tornarse rosa al atardecer desde 1856. Los Giannini, una de las familias de artesanos más antigua de Florencia, confeccionan y venden papel marmolado, libros hermosamente encuadernados, artículos de papelería y similares. No hay que perderse el taller del piso superior.

Información

Oficinas de turismo

Aeropuerto (055 31 58 74; Via del Termine; 9.00-19.00 lu-sa, hasta 16.00 do)

Piazza della Stazione (055 21 22 45; Piazza della Stazione 4; 9.00-19.00 lu-sa, hasta 14.00 do)

Via Cavour (055 29 08 32, www.firenzeturismo.it; Via Cavour 1r; 8.30-18.30 lu-sa)

Cómo llegar y salir

Avión

Aeropuerto de Florencia (www.aeroporto.firenze.it) También conocido como Amerigo Vespucci o aeropuerto Peretola, está 5 km al noroeste de la ciudad; vuelos nacionales y algunos europeos.

Aeropuerto de Pisa (www.pisa-airport.com) El principal aeropuerto internacional de Toscana (Galileo Galilei) está cerca de Pisa, pero está bien conectado con Florencia por transporte público.

Tren

La estación central de trenes de Florencia es la **Stazione Santa Maria Novella**. La **consigna (Deposito Bagagliamano; primeras 5 h 5 €, después 0,70 €/h; 6.00-23.50)** está en el andén nº 16 y la oficina de *Assistenza Disabili* en el nº 5. Florencia está en la línea férrea Roma-Milán. Sus servicios incluyen los siguientes:

Bolonia 10,50-25 €, 1-1¾ h

Lucca 5,10 €, 1½-1¾ horas, cada 30 min

Milán 29,50-53 €, 2¼-3½ h

Pisa 5,80 €, 45 min-1 h, cada 30 min

Roma 17,25 €, 1¾-4¼ h

Venecia 24-43 €, 2¾-4½ h

Cómo desplazarse

A/desde el aeropuerto

Autobús

Hay una lanzadera (6 €, 25 min) entre el aeropuerto y la estación de trenes Stazione di Santa Maria Novella de Florencia cada 30 minutos de 6.00 a 23.30 (5.30-23.00 desde el centro de la ciudad). **Terravision (www.terravision.eu)** ofrece servicios diarios (5 €, 1¼ h, cada hora) entre la parada de autobús de la Stazione di Santa Maria Novella de Florencia (bajo el reloj digital) y el

…de vinos, Florencia.
…N WATSON/GETTY IMAGES ©

aeropuerto Galileo Galilei de Pisa. Los billetes se compran en línea, a bordo o en el mostrador de Terravision del Deanna Bar.

Taxi

La tarifa fija de un taxi entre el aeropuerto de Florencia y la ciudad es de 20 €, más recargo de 2 € en domingos y festivos (3,30 €, 22.00-6.00) y 1 €/maleta. La parada está a la derecha de la terminal.

Tren

Hay trenes frecuentes entre la Stazione di Santa Maria Novella de Florencia y el aeropuerto Galileo Galilei de Pisa (8 €, 1½ h, cada hora 4.30-22.25).

Transporte público

La ciudad cuenta con autobuses, *bussini* eléctricos (microbuses) y tranvías de la ATAF (800 424500, 199 104245; www.ataf.net). La mayor parte de los autobuses salen/terminan en las paradas frente a la salida suroriental de la Stazione di Santa Maria Novella.

Un billete válido durante 90 minutos (solo ida) cuesta 1,20 € (2 € a bordo; los conductores no devuelven cambio) y se venden en quioscos, estancos y la **oficina de información y taquilla de la ATAF** (Piazza della Stazione; 7.30-19.30) contigua a la estación de trenes.

Un bono de 1/3/7 días cuesta 5/12/18 €. Hay que sellar el billete o arriesgarse a una multa.

Taxi

Los taxis no paran en la calle. Se toman en la estación de trenes o se llama al 055 42 42 o 055 43 90.

TOSCANA

Pisa

Antaño potencia marítima que competía con Génova y Venecia, en la actualidad es famosa por un proyecto arquitectónico que no salió bien, aunque la famosa torre inclinada solo es uno de los muchos puntos de interés de esta compacta e irresistible ciudad.

Puntos de interés

JUNTO AL ARNO

Palazzo Blu Galería de arte
(www.palazzoblu.it; Lungarno Gambacorti 9; 10.00-19.00 ma-vi, hasta 20.00 sa y do) GRATIS
Este magnífico edificio restaurado del

Baptisterio, Pisa.

JEAN-PIERRE LESCOURRET/GETTY IMA

. XIV, con una llamativa fachada azul grisácea, da al río. Su exquisita decoración interior del s. XIX es el perfecto escenario para la colección de arte de la fundación CariPisa, en la que predominan las obras pisanas de los ss. XIV-XX, y exposiciones temporales (en ocasiones de pago).

Museo Nazionale di San Matteo

Galería de arte

(Piazza San Matteo in Soarta; adultos/reducida 5/2,50 €; 8.30-19.00 ma-sa, hasta 13.30 do) Este museo de obras maestras medievales se encuentra en un convento benedictino del s. XIII, en el bulevar norte del Arno. Destaca su colección de pintura de la escuela toscana (ss. XII-XIV), con obras de Lippo Memmi, Taddeo Gaddi, Gentile da Fabriano y Ghirlandaio.

PIAZZA DEI MIRACOLI

Duomo

Catedral

(www.opapisa.it; Piazza dei Miracoli; gratis con entrada para otro punto de interés de la Piazza dei Miracoli o con cupón de la taquilla; 10.00-12.45 y 14.00-16.30 ene-feb y nov-dic, 10.00-17.30 mar, 10.00-19.30 abr-sep, 10.00-18.30 oct) La catedral de Pisa fue financiada con el botín que consiguieron los pisanos al atacar la flota árabe que llegó a Palermo en 1063. Se comenzó un año después, se colocó su llamativo revestimiento de franjas de mármol verde y crema, y se convirtió en el modelo de las iglesias románicas de la Toscana. Su cúpula elíptica, la primera de la Europa de su época, se añadió en 1380.

En el interior destaca el extraordinario **púlpito** octagonal de comienzos del s. XIV del pasillo norte. Esculpido en mármol de Carrara por Giovanni Pisano, con figuras desnudas y heroicas; su atención al detalle y realce de los sentimientos aportó una nueva expresión histórica a la escultura gótica.

Baptisterio

Baptisterio

(www.opapisa.it; Piazza dei Miracoli; entrada combinada: baptisterio, camposanto, Museo dell'Opera del Duomo y Museo delle Sinópie 1/2/3/4 puntos de interés 5/7/8/9 €, reducida 3/4/5/6 €; 10.00-16.30 ene-feb y nov-dic, 9.00-17.30 mar, 8.00-19.30 abr-sep, 9.00-18.30 oct) Este inusual baptisterio redondo posee una cúpula encima de otra, cada una rematada mitad en plomo y mitad en teja, coronadas por un brillante san Juan Bautista de bronce (1395). Su construcción comenzó en 1152, pero Nicola y Giovanni Pisano lo remodelaron más de un siglo después y no se completó hasta el s. XIV. El nivel inferior con arcos es de estilo pisano-románico y el superior, con pináculos y cúpula, gótico.

Lo más destacado del interior es el **púlpito** (1259-1260) de mármol hexagonal de Nicola Pisano. El científico pisano Galileo Galilei (que descubrió las leyes del péndulo al ver balancearse una lámpara de la catedral de Pisa) fue bautizado en la pila octogonal (1246).

Imprescindible subir a la **galería superior** para oír la demostración de la extraordinaria acústica de la doble cúpula que realiza el vigilante cada media hora.

Museo dell'Opera del Duomo

Museo

(www.opapisa.it; Piazza dei Miracoli; entrada combinada: baptisterio, camposanto, Museo dell'Opera del Duomo y Museo delle Sinópie 1/2/3/4 puntos de interés 5/7/8/9 €, reducida 3/4/5/6 €; 10.00-16.30 ene-feb y nov-dic, 9.00-17.30 mar, 8.00-19.30 abr-sep, 9.00-18.30 oct) Lo más destacado de este museo, que alberga obras de arte que se exponían en la catedral y el baptisterio, es la talla en marfil de *Virgen con el Niño* (1299) de Giovanni Pisano, realizada para el altar mayor de la catedral, y la *Virgen del coloquio* de mediados del s. XIII, que perteneció a una puerta del *Duomo*. No hay que perderse el tranquilo claustro con jardín y vistas de la torre.

Dónde dormir y comer

Hotel Bologna

Hotel €€

(05 050 21 20; www.hotelbologna.pisa.it; Via Mazzini 57; d 134-198 €, tr 188-278 €, c 194-298 €;) Esta opción de cuatro estrellas en la orilla sur del Arno, lejos del caos de la Piazza dei Miracoli (pero a 1 km a pie o en bicicleta), es un remanso de paz y tranquilidad de 68 habitaciones con

JOHN ELK/GETTY IMAGES ©

Indispensable
Torre inclinada

Sí, es cierto, la torre no está recta. Su construcción comenzó en 1173, pero se interrumpió una década después, cuando sus primeros pisos empezaron a inclinarse. En 1272 se retomaron las obras y los artesanos y albañiles intentaron reforzar los cimientos, pero fracasaron. A pesar de todo, continuaron y compensaron la inclinación enderezando gradualmente el edificio desde los pisos más bajos.

La torre se inclinaba 1 mm por año. En 1993 presentaba un desplome de 4,47 m, más de cinco grados respecto a la vertical. En la reparación más reciente se colocaron abrazaderas de acero con cables sujetos a edificios vecinos, que sujetaron la torre mientras los ingenieros extraían el suelo bajo los cimientos septentrionales. Tras retirar 70 toneladas de tierra, la torre recuperó el nivel que tenía en el s. XVIII y rectificó su inclinación en 43,8 cm. Los expertos creen que se ha garantizado su futuro durante los tres próximos siglos.

El acceso está limitado a 40 personas a la vez, no se permite la entrada a niños menores de ocho años y los de ocho a doce años han de ir de la mano de un adulto. Para evitar decepciones se recomienda reservar con antelación en línea o ir a la taquilla al llegar a Pisa para reservar la visita a lo largo del día. Las visitas duran 30 minutos e implican la ascensión de unos 300 escalones, en ocasiones muy resbaladizos.

LO ESENCIAL

Torre Pendente; www.opapisa.it; Piazza dei Miracoli; entrada catedral incl. 18 €; ⌚10.00-16.30 dic y ene, 9.40-16.30 nov y feb, 9.00-17.30 mar, 8.30-20.00 abr-sep, 9.00-18.30 oct

suelos de madera, altos techos y algunas con bonitos frescos. Las cuádruples son prácticas para familias, aunque caras. El aparcamiento/alquiler de bicicletas cuesta 10/12 € por día.

Hotel Relais dell'Orologio

Hotel €€€

(05 083 03 61; www.hotelrelaisorologio.com; Via della Faggiola 12-14; i/d desde 120/195 €;) El hotel de cinco estrellas de ensueño de Pisa, como para pasar la luna de miel, ocupa una torre fortificada del s. XIV restaurada con gusto en una tranquila calle. Algunas habitaciones poseen frescos originales y el restaurante del patio es un refugio contra las multitudes. En su web se consiguen las reservas más baratas.

Osteria Bernardo

Toscana moderna €€

(05 057 52 16; www.osteriabernardo.it; Piazza San Paolo all'Orto 1; comidas 30 €; almuerzo y cena ma-do) Esta pequeña *osteria* en una de las plazas más encantadoras de Pisa ofrece una fusión perfecta de comida relajada y excelencia para *gourmets*. Su carta es limitada –solo cuatro o cinco opciones en cada plato– y su cocina creativa.

Osteria del Porton Rosso

'Osteria' €€

(05 058 05 66; www.portonrosso.com; Vicolo del Porton Rosso 11; comidas 25 €; almuerzo y cena lu-sa) No hay que desanimarse por el húmedo callejón que conduce a esta *osteria*, una manzana al norte del río. Cuenta con agradable personal y una excelente cocina regional de la tierra y el cercano mar. Las especialidades pisanas, como los ravioli con bacalao y garbanzos, coexisten con clásicos toscanos como bistec a la brasa; el almuerzo por 10 € es inmejorable.

Cómo llegar y salir

Avión

Aeropuerto Galileo Galilei (www.pisa-airport.com) El principal aeropuerto internacional de la Toscana, 2 km al sur de la ciudad, ofrece vuelos a la mayor parte de las ciudades europeas importantes.

Tren

La estación de trenes Pisa Centrale (Piazza della Stazione), no confundir con la estación Pisa San Rossore al norte de la ciudad, cuenta con una práctica consigna (Deposito Bagagli; 1as 12 h 4 €, siguientes 12 h 2 €; 6.00-21.00). Servicios regionales a/desde Pisa Centrale:

Florencia 7 €, 1¼ horas, frecuente

Livorno 2,50 €, 15 min, frecuente

Lucca 3,30 €, 30 min, cada 30 min

Cómo desplazarse

A/desde el aeropuerto

La línea de autobús LAM Rossa (roja; 1,10 €, 10 min, cada 10-20 min) pasa por el centro de la ciudad y la estación de trenes, de camino a/desde el aeropuerto. Los billetes se compran en la máquina azul junto a las paradas de autobuses a la derecha de la salida de la estación de trenes.

Un taxi entre el aeropuerto y la ciudad cuesta 10 €. Llamar a Radio Taxi Pisa (05 054 16 00; www.cotapi.it).

Hay trenes a/desde Pisa Centrale (2,50 €, 5 min, al menos 30 diarios); el billete se compra y se convalida antes de subir.

Automóvil y motocicleta

El aparcamiento cuesta hasta 2 €/hora si no está en la zona de tráfico limitado. Hay uno gratuito en Lungarno Guadalongo, cerca de la Fortezza di San Gallo, en la ribera meridional del Arno.

Lucca

La rica historia, bonitas iglesias y excelentes restaurantes de esta hermosa ciudad provocan amor a primera vista. Escondida tras unas imponentes murallas renacentistas, es parada obligada en todo circuito toscano y una base perfecta para explorar los Alpes Apuanos y la Garfagnana.

Puntos de interés

Palazzo Pfanner

Palacio

(www.palazzopfanner.it; Via degli Asili 33; palacio o jardín adultos/reducida 4,50/4 €, ambos 6/5 €; 10.00-18.00 verano) Un paseo por este hermoso palacio del s. XVII, en el que se rodaron escenas de *Retrato de una dama*

(1996) protagonizada por Nicole Kidman y John Malkovich, despierta al romántico que se lleva dentro. El estanque decorativo, el jardín de invierno *belle époque* y las estatuas del s. XVIII de dioses griegos entre las macetas con limoneros de su jardín de estilo barroco –el único interesante dentro de las murallas– son irresistibles.

Murallas Murallas

Las monumentales *mura* de Lucca fueron construidas alrededor del casco antiguo en los ss. XVI y XVII, y se conservan en perfecto estado gracias a los largos períodos de paz que disfrutó la ciudad. Tiene 12 m de altura y 4 km de largo, y está coronda por un sendero bordeado de árboles con vistas al *centro storico* y los Alpes Apuanos.

Catedral de San Martino Catedral

(Piazza San Martino; sacristía adultos/reducida 3/2 €, con museo catedral y Chiesa dei SS Giovanni e Reparata 7/5 €; 7.00-18.00 verano, hasta 17.00 invierno; sacristía 9.30-16.45 lu-vi, 9.30-18.45 sa, 11.30-17.00 do) La predominantemente románica catedral de Lucca data de comienzos del s. XI. Su fachada fue construida en el imperante estilo lucano-pisano y se diseñó para acomodar el *campanil*. Se cree que los relieves sobre la puerta izquierda del pórtico son obra de Nicola Pisano.

Dónde dormir

Las oficinas de turismo proporcionan listados de alojamiento y, si se va en persona, hacen reservas (gratis); se paga el 10% del precio como depósito y el resto, en el hotel.

Piccolo Hotel Puccini Hotel €

(05 835 54 21; www.hotelpuccini.com; Via di Poggio 9; i/d 73/98 €;) Este pequeño hotel está a la vuelta de la esquina del propio Puccini (o al menos de su estatua de bronce) y de la casa donde nació. La decoración es anticuada y sus 14 habitaciones tienen techos altos, baños modernos y ventiladores de techo. El desayuno cuesta 3,50 € y los precios son un 30% más bajos en invierno.

2italia Apartamento €€

(392 9960271; www.2italia.com; Via della Anfiteatro 74; apt 2 adultos y hasta 4 niños 190 €;) Ofrece cinco apartamentos independientes orientados a familias, con vistas a la Piazza Anfiteatro y sala de juegos para los niños en el ático. Disponibles por noches (mínimo 2), son creación de unos padres muy viajados de tres hijos, Kristin (inglés) y Kaare (noruega). Tienen capacidad hasta para seis personas y disponen de cocina completa, sábanas y toallas.

Alla Corte degli Angeli Hotel-'boutique' €€

(05 8346 9204; www.allacortedegliangeli.com; Via degli Angeli 23; i/d 120/190 €;) Este hotel-*boutique* de cuatro estrellas, en tres pisos de una casa del s. XV, solo cuenta con 10 habitaciones y un encantador salón. Las habitaciones con frescos tienen nombres de flores: en la romántica habitación Rosa se duerme bajo una pérgola y un cielo lleno de golondrinas, y la Orquídea dispone de ducha-sauna.

Dónde comer

Da Felice Pizzería €

(www.pizzeriadafelice.com; Via Buia 12; focaccias 1-3 €, porciones de 'pizza' 1,30 €; 10.00-20.30 lu-sa) Este concurrido local que lleva detrás de la Piazza San Michele desde 1960 es fácil de localizar al mediodía por la multitud que congrega, ya sea sentada a sus dos pequeñas mesas en el interior, esperando en la puerta o en un banco de la calle. La *cecina* y *castagnacci* son su razón de ser.

Trattoria da Leo 'Trattoria' €

(05 8349 2236; Via Tegrimi 1; comidas 25 €; almuerzo y cena lu-sa) Veterano conocido (y adorado) por su acogedor ambiente y comida barata, que va de aceptable a deliciosa. En verano hay que ir pronto para conseguir una de sus 10 mesas con manteles de cuadros bajo parasoles en la calle. No acepta tarjetas de crédito.

Cantine Bernardini Toscana €€

(05 8349 4336; www.cantinebernardini.com; Via del Suffragio 7; comidas 40 €; almuerzo y cena ma-do) Este híbrido *osteria-enoteca* escondido en el abovedado sótano de adrillo rojo del Palazzo Bernardini del . XVI, está perfectamente equilibrado. Los latos toscanos de temporada son tentaores y la carta de vinos, excepcional. Su arta para niños es digna de mención hay DJ los viernes por la noche.

Canuleia Toscana **€€**

(05 8346 7470; Via Canuleia 14; comidas 5 €; almuerzo y cena ma-do) Este restaurante destaca por su jardín amurallado de parte trasera, lugar perfecto para escapar de las hordas de turistas y escuchar canto de los pájaros mientras se toma *sotto* con perdiz, espagueti con alcachos y gambas o una *peposa* tradicional guiso de ternera y pimienta).

Información

ficina de turismo (05 8358 3150; www.mune.lucca.it; Piazzale Verdi; 9.00-19.00 rano, hasta 17.30 invierno) Reserva de hotel atuita; alquiler de bicicletas y consigna.

Cómo llegar y salir

utobús

ibus (www.vaibus.it) ofrece servicios por da la región, incluido el aeropuerto de Pisa (3,20 €, 45 min-1 h, 30 diarios) y Castelnuovo di Garfagnana (4,20 €, 1½ h, 8 diarios) desde las paradas de autobús de la Piazzale Verdi.

Tren

La estación está al sur de las murallas: se toma el sendero que cruza el foso y se pasa el túnel bajo el Baluardo San Colombano.

Florencia 7 €, 1¼-1¾ h, cada hora

Pisa 3,30 €, 30 min, cada 30 min

Viareggio 3,30 €, 25 min, cada hora

Siena

La rivalidad entre Siena y Florencia no se limita a los lugareños, sino que la mayoría de los viajeros tiende a manifestar su preferencia por una u otra, aunque suele limitarse a una predilección estética: mientras que Florencia prosperó durante el Renacimiento, Siena alcanzó su esplendor artístico en el gótico.

Puntos de interés

Piazza del Campo Plaza

La inclinada *piazza* conocida como Il Campo ha sido el centro cívico y social de

azzo Pfanner, Lucca.

PHILIP GAME/GETTY IMAGES ©

Siena desde que el Consiglio dei Nove la marcó con estacas a mediados del s. XII. Fue construida sobre un antiguo mercado romano y su pavimento está dividido en nueve secciones, que representan los miembros del consejo. En la parte baja se alza el sobrio y distinguido **Palazzo Comunale (Palazzo Pubblico),** construido a finales del s. XIII como punto focal de la *piazza*, que alberga el Museo Civico. Es uno de los edificios góticos más elegantes de Italia y posee una fachada cóncava ingeniosamente diseñada para reflejar la curva convexa que conforma la plaza.

Museo Civico Museo

(www.comune.siena.it; Palazzo Comunale, Il Campo; adultos/UE reducida 8/4,50 €; ⏲10.00-18.15 med mar-oct, hasta 17.15 nov-med mar) El museo más famoso de la ciudad ocupa unas salas con frescos de artistas de la escuela sienesa.

Duomo Iglesia

(www.operaduomo.siena.it; Piazza del Duomo; entrada mar-oct 4 €, nov-feb gratis; ⏲10.30-18.30 lu-sa, 13.30-17.30 do mar-oct, hasta 17.00 nov-feb) Su construcción comenzó en 1215 y se prolongó hasta el s. XIV. Su espléndida fachada de mármol blanco, verde y rojo fue diseñada por Giovanni Pisano (las estatuas de filósofos y profetas son copias, las originales están en el Museo dell'Opera).

El interior es impresionante. Las paredes y columnas reproducen las rayas blancas y negras del exterior y las bóvedas están pintadas de azul con estrellas doradas. El suelo de mármol taraceado, decorado con 56 paneles de unos 40 artistas y realizado a lo largo de 200 años (ss. XIV-XVI), tiene temática histórica y bíblica. Por desgracia, casi la mitad de los paneles están oscurecidos por una antiestética capa protectora y solo se muestran del 21 de agosto al 27 c octubre (entrada 6 € en esas fechas).

Una puerta del pasillo norte conduce a la encantadora **Libreria Piccolomini,** construida para conservar los libros de Enea Silvio Piccolomini, más conocido como Pío II. Las paredes de su reducido salón están decoradas con frescos de vivos colores pintados entre 1502 y 1507 por Bernardino Pinturicchio y relatan sucesos en la vida de Piccolomini.

Venta de productos locales.

RACHEL LEWIS/GETTY IMA

ꞩiena

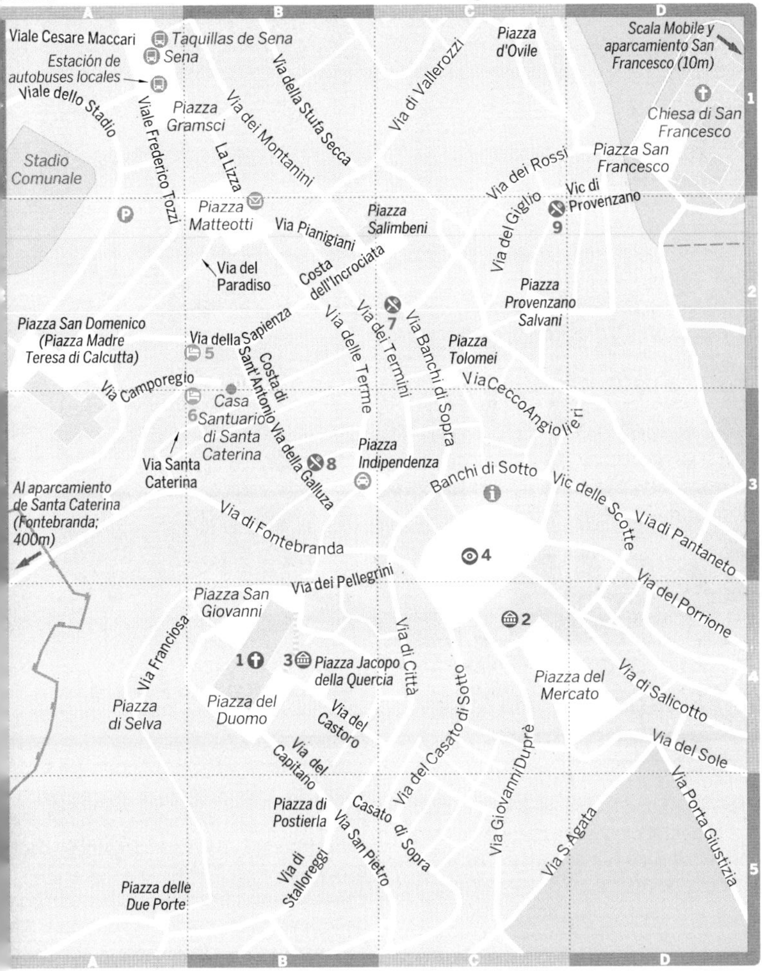

ꟿuseo dell'Opera del Duomo

.Museo

ꟿiazza del Duomo; entrada 7 €; ⏲10.30-18.30 -sa, 13.30-17.30 do mar-oct, hasta 17.00 nov-feb)

ꟿxpone una colección de obras de arte ꟿue adornaban la catedral, incluidas las 2 estatuas de profetas y filósofos de Gio-ꟿanni Pisano que decoraban la fachada. Su ꟿreador las diseñó para que se observaran nivel de la calle y parecen distorsionadas, ꟿues se inclinan hacia delante.

Siena

Puntos de interés

1 Duomo B4
2 Museo Civico C4
3 Museo dell'Opera del Duomo B4
4 Piazza del Campo C3

Dónde dormir

5 Campo Regio Relais B2
6 Hotel Alma Domus B3

Dónde comer

7 Morbidi C2
8 Ristorante Grotta Santa Caterina da Bagoga B3
9 Tre Cristi C2

Fiestas y celebraciones

En el espectacular **Il Palio** anual, que data de la Edad Media, se celebran coloridos espectáculos y una carrera de caballos el 2 de julio y el 16 agosto. Diez de los 17 *contrade* (distritos) de Siena compiten por el preciado *palio*. Cada *contrada* tiene sus propias tradiciones, símbolos, colores, iglesia y museo del *palio*.

Dónde dormir

Hotel Alma Domus Hotel €

(0577 4 41 77; www.hotelalmadomus.it; Via Camporegio 37; i 40-48 €, d sin vista 60-75 €, d con vista 65-85 €, c 95-125 €;) Propiedad de la diócesis católica y hogar de seis monjas dominicas, funciona como hotel económico y, aunque sus precios son bajos, el nivel de las habitaciones del 4º piso recién renovadas no lo es. La mayor parte dispone de baños y camas nuevos, aire acondicionado y vistas del *Duomo* a través del estrecho y verde valle de Fontebranda.

Pensione Palazzo Ravizza
Hotel-'boutique' €€

(0577 28 04 62; www.palazzoravizza.it; Pian dei Mantellini 34; loft 80-150 €, d 100-220 €, ste 180-320 €; P) Este acogedor hotel, que ocupa un *palazzo* renacentista en un tranquilo, pero práctico rincón de la ciudad, ofrece habitaciones estándar con techos con frescos, camas enormes y baños pequeños, pero bien equipados. Las *suites* son incluso más impresionantes, con vistas al delicioso jardín trasero. Su aparcamiento gratuito es uno de sus mayores reclamos y los precios en temporada baja, una auténtica ganga.

Campo Regio Relais
Hotel-'boutique' €€€

(0577 22 20 73; www.camporegio.com; Via della Sapienza 25; i 150-300 €, d 190-300 €, ste 250-600 €;) El hotel más encantador de Siena solo cuenta con seis habitaciones decoradas individualmente y equipadas a todo lujo. El desayuno se sirve en un salón suntuosamente decorado o en la terraza, con sensacionales vistas al *Duomo* y la Torre del Mangia.

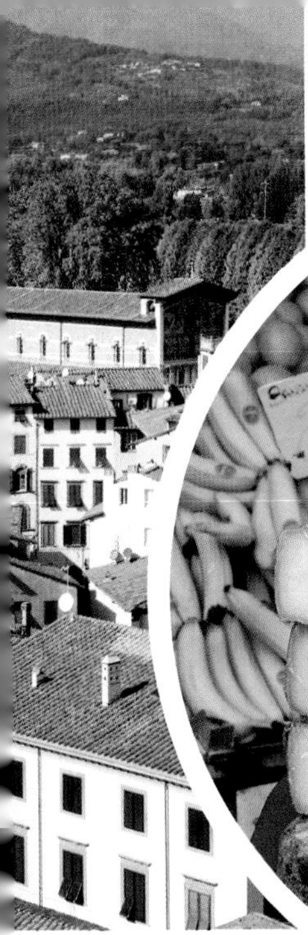

Izda.: vista de Lucca (p. 246)
Abajo: quesos a la venta.
(IZDA.) RACHEL LEWIS/GETTY IMAGES ©; (ABAJO) RUSSELL MOUNTFORD/GETTY IMAGES ©

Dónde comer

Morbidi Delicatesen €
www.morbidi.com; Via Banchi di Sopra 75; 9.00-20.00 lu-sa, bufé de almuerzo 12.30-14.30) Es donde compran los gastrónomos locales, pues ofrece la mejor selección de quesos, fiambres y delicias importadas de Siena. También destaca su bufé de almuerzo, a un precio fantástico. Por solo 12 € se toman bandejas de *antipasti*, ensaladas, pastas y el postre del día. El agua mineral está incluida, el vino y café se pagan aparte.

Ristorante Grotta Santa Caterina da Bagoga Toscana €€
0577 28 22 08; www.bagoga.it; Via della Galluzza 26; comidas 28 €; 12.30-14.30 y 7.30-22.30 ma-sa, 12.30-14.30 do) Pierino Fagnani ('Bagoga"), uno de los jinetes más famosos del Palio, cambió la silla de montar por un delantal en 1973 y desde entonces dirige este adorado restaurante junto a la Casa Santuario di Santa Caterina. Su carta ofrece delicias tradicionales toscanas, que se disfrutan más en sus menús de cuatro platos *tipico* (35 €) o *degustazione* (50 € con vino).

Tre Cristi Marisco €€€
(0577 28 06 08; www.trecristi.com; Vicolo di Provenzano 1; menú degustación 3 platos 35-45 €, 5 platos 65 €; 12.30-15.00 y 7.30-22.30 lu-sa) Los restaurantes de marisco escasean en esta región obsesionada con la carne, así que debería celebrarse la larga existencia del Tre Cristi (desde 1830). Su carta es tan elegante como la decoración y los detalles (como una copa gratis de *prosecco* al comienzo de la comida) aportan calidad a la experiencia.

Información

Oficina de turismo (0577 28 05 51; www.terresiena.it; Piazza del Campo 56; 9.30-18.30 Semana Santa-sep, 9.30-17.30 lu-vi, hasta 12.30

En busca de... **Vinos**

La cuna de los vinos de Chianti está cerca de Greve, en la SR222, 26 km al sur de Florencia, en las hileras de viñas de las colinas toscanas bañadas por el sol. En las bodegas locales se catan algunos de los mejores caldos de Italia.

1 ANTINORI NEL CHIANTI CLASSICO

(www.antinorichianticlassico.it; Via Cassia per Siena 133, Località Bargino; circuito y cata 20 €, reserva imprescindible; 11.00-18.00 lu-sa, hasta 14.00 do) Visitar este complejo de bodegas es una experiencia digna de James Bond. Se muestra la reserva en la puerta vigilada de la entrada y después se va al edificio principal esculpido en la ladera. En el interior se realiza un circuito guiado de una hora (inglés e italiano) que finaliza con una cata de tres vinos Antinori en una sala de cristal suspendida sobre los toneles de la bodega.

2 BADIA A PASSIGNANO

(www.osteriadipassignano.com) Esta abadía del s. XI, 6 km al oeste de Montefioralle, es propiedad de los vallumbrosanos, una orden religiosa benedictina. Esta rodeada por un pintoresco viñedo, propiedad de los Antinori, una de las familias vinícolas más conocidas de la Toscana. El edificio principal está cerrado por unas interminables reformas, pero los viñedos y sus históricas bodegas se visitan en un circuito guiado.

3 CASTELLO DI VERRAZZANO

(055 85 42 43; www.verrazzano.com; Via Citille, Greti) Este castillo, 3 km al norte de Greve, fue hogar de Giovanni da Verrazzano (1485-1528), explorador de la costa de Norteamérica (en Nueva York se le conmemora con el puente Verrazano Narrows; el capitán perdió una "z" a mitad del Atlántico). En la actualidad preside un histórico viñedo de 220 Ha. Ofrece varios circuitos guiados, que incluyen una corta visita a la histórica bodega y los jardines, y catas de vino (incluido el Chianti Classico, su producto estrella) y otros productos (miel, aceite de oliva o vinagre balsámico).

do oct-Semana Santa) Reserva alojamiento, vende mapas de Siena (1 €), alquila vehículos o vespas y vende billetes de tren (con comisión).

Cómo llegar y salir

Siena no está en ninguna línea férrea principal, por lo que los autobuses son más prácticos. Siena Mobilità **(800 570530; www.sienamobilita.it)**, parte de la red Tiemme, ofrece servicios entre Siena y otras partes de la Toscana. Su taquilla **(6.30-19.30 lu-vi, 7.00-19.30 sa y do)** está bajo la estación de autobuses de Piazza Gramsci, donde también hay consigna (5,50 €/24 h).

Los frecuentes autobuses *Corse Rapide* van a Florencia (7,80 €, 1¼ h) y son mejor opción que los estándar *Corse Ordinarie*, que paran en Poggibonsi y Colle di Val d'Elsa. Otros destinos regionales son:

San Gimignano 6 €, 1-1½ h, 10 diarios, directos o con transbordo en Poggibonsi

Montalcino 3,65 €, 1½ h, 6 diarios

Montepulciano 5,15 €, 1¾ h

Los autobuses Sena **(861 199 19 00; www.sena.it)** van a/desde Roma Tibertina (23 €, 3½ h, 6 diarios), aeropuerto Fiumicino (23 €, 3¾ h, 2 diarios), Turín (36 €, 8¼ h, 1 diario), Milán (36 €, 4¼ h, 2 diarios), Venecia (29 €, 5½ h, 1 diario) y Perugia (12 €, 1½ h, 1 diario). La taquilla **(8.30-19.45 lu-sa)** también está junto a la estación de autobuses de Piazza Gramsci.

Cómo desplazarse

Hay un autobús de Siena Mobilità que enlaza el aeropuerto de Pisa y Siena (ida/ida y vuelta 14/26 €, 2 h), que sale de Siena a las 7.10 y de Pisa a las 13.00. Hay que comprar los billetes a menos con un día de adelanto en la estación de autobuses o en línea.

Montalcino

Este pueblo medieval es famoso por su codiciado vino brunello. Todos los años se celebra la nueva cosecha en el **Benvenuto Brunello,** un fin de semana de febrero con catas y premios organizada por el Consorzio del Vino Brunello di Montalcino (www.consorziobrunellodimontalcino.it), la asociación de productores locales.

/GETTY IMAGES ©

Indispensable
Viñedos de Chianti

Los antiguos viñedos de esta bonita parte de la Toscana producen las uvas que se utilizan en el Chianti Classico, un caldo con predominio de la variedad sangiovese que se vende con la marca Gallo Nero.

Está repartida entre las provincias de Florencia (Chianti Fiorentino) y Siena (Chianti Sienese), normalmente se accede por la SR222 (Via Chiantigiana) y está surcada por una pintoresca red de *strade provinciale* (carreteras provinciales) y *strade secondaria* (secundarias), algunas sin asfaltar. Se pasa por viñedos y olivares impecablemente cuidados, granjas de piedra color miel, atractivas *pieve* (iglesias rurales) románicas, bonitas villas renacentistas e imponentes castillos construidos por señores de la guerra florentinos y sieneses en la Edad Media.

Para información sobre el Consorzio Vino Chianti Classico (la prominente asociación de productores locales) visitar www.chianticlassico.com

Puntos de interés

principal actividad del pueblo es visitar enoteche. El modesto **Museo Civico Diocesano d'Arte Sacra** (**0577 84 14; Via Ricasoli 31; adultos/niños 4,50/3 €; 10.00-13.00 y 14.00-17.50 ma-do)**, junto a Piazza Sant'Agostino, proporciona un tretenimiento no alcohólico y expone a excelente colección de esculturas de escuela sienesa.

En el interior de la **fortaleza** (**Piazzale rtezza; patio gratis, murallas adultos/niños 4/2 €, entrada combinada con museo 6 €; 9.00-20.00 abr-oct, 10.00-18.00 nov-mar)** del s. XIV hay una *enoteca* en la que se prueban y compran vinos locales (cata 2/3/5 brunellos 9/13/19 €) y se puede subir a las murallas.

Dónde dormir

Hotel Vecchia Oliviera Hotel-'boutique' **€€**
(**0577 84 60 28; www.vecchiaoliviera.com; Via Landi 1; i 70-85 €, d 120-190 €, ste 200-**

RACHEL LEWIS/GETTY IMAGES ©

Indispensable San Gimignano

Con sus 15 torres, este pueblo amurallado en la colina parece un Manhattan medieval. Antigua aldea etrusca, recibió el nombre del obispo de Módena, san Gimignano, que la habría salvado de Atila. Se convirtió en *comune* en 1199, prosperó gracias a su ubicación en la Via Francigena y las familias pudientes demostraron su poder y riqueza construyendo torres más altas (había 72) que las del pueblo vecino.

La **Collegiata** (Duomo Collegiata o Basilica di Santa Maria Assunta; Piazza del Duomo; adultos/niños 3,50/1,50 €; 10.00-19.10 lu-vi, hasta 17.10 sa, 12.30-19.10 do abr-oct, menos horas resto del año, cerrado 2ª mitad nov y ene) románica de San Gimignano recibió el nombre del colegio de sacerdotes que la gestionaron. Partes del edificio datan de la segunda mitad del s. XI, pero sus vívidos frescos, que recuerdan una extensa historieta medieval, datan del s. XIV.

El Palazzo Comunale del s. XII, que alberga el **Museo Civico** (Piazza del Duomo 2; adultos/reducida 5/4 €; 9.30-19.00 abr-sep, 11.00-17.30 oct-mar), siempre ha sido el centro de gobierno local; en la sala di Dante, el gran poeta se dirigió al consejo municipal en 1299 para que apoyara la causa güelfa y su pinacoteca contiene una encantadora colección de pintura de las escuelas sienesa y florentina de los ss. XII a XV.

A los lugareños les encanta el **Ristorante la Mandragola** (0577 94 03 77; www.locandalamandragola.it; Via Berignano 58; comidas 37 €, menús del día 14-25 €, menú niños 10 €; 12.00-14.30 y 19.30-21.30, cerrado ju nov-ppios mar). Construido en las murallas, tiene capacidad para los habituales, los italianos de excursión, los extranjeros que hacen circuitos y el resto de los mortales.

Hay autobuses frecuentes a Florencia y Siena.

240 €; cerrado dic–med feb; P) Esta antigua almazara junto a la Porta Cerbaia ha sido restaurada con gusto y se ha convertido en un hotel elegante. Sus 1 habitaciones están decoradas individualmente y las más caras ofrecen vistas y

acuzzi. La terraza del jardín posee unas 'istas impresionantes y la piscina es muy ıtractiva.

lotel Il Giglio Hotel **€€**

(0577 84 81 67; www.gigliohotel.com; Via ;occorso Saloni 5; i 95 €, d 135-145 €, anexo i/d ;0/95 €, apt 100-150 €; P) Sus cómodas :amas de hierro forjado están embelle- :idas con un *giglio* (lirio) pintado y todas as dobles del edificio principal ofrecen 'istas panorámicas. La habitación nº 1 iene terraza.

Dónde comer y beber

)sticciο Bar de vinos **€€**

www.osticcio.it; Via Matteotti 23; antipasto 13- 4 €, comidas 37 €; 12.00-16.00 y 19.00-23.00 ı-mi, 12.00-19.00 ju) Esta excelente *enoteca* uenta con una amplia selección de ırunellos, de su modesto, pero acepta- le hermano, Rosso di Montalcino, y de ocenas de vinos de todo el mundo. Tras onocerlos, se puede ocupar una mesa n el restaurante de arriba para acompa- ar la copa con un plato de *antipasto*.

'iaschetteria Italiana 1888 Café

Piazza del Popolo 6; 7.30-24.00, cerrado ju oct- emana Santa) Esta *enoteca*/café cargada de mbiente en la *piazza* principal, que lleva ,rviendo café y brunello a los lugare- os desde 1888 y ha conservado su ecoración y su encanto, es para uitarse el sombrero.

Información

ficina de turismo

(0577 84 93 31; www. 'olocomontalcino.com; Costa el Municipio 1; 10.00- ;.00 y 14.00-17.50)

Cómo llegar 'salir

ay autobuses frecuentes de ena Mobilità ,90 €, 1½ h, 6 diarios lu-sa) 'desde Siena.

Montepulciano

Explorar esta estrecha cadena de roca volcánica agota los cuádriceps. De suceder, lo mejor es automedicarse con una generosa copa del reputado "vino noble" mientras se contemplan las espectaculares vistas a los valles de Chiana y Orcia.

Puntos de interés

Las calles de Montepulciano cuentan con un tesoro de *palazzi,* iglesias y refinados edificios. La principal, llamada por tramos Via di Gracciano nel Corso, Via di Voltaia del Corso y Via dell'Opio nel Corso ("el Corso"), asciende desde la Porta dal Prato, junto al aparcamiento de la Piazza Don Minzoni. A mitad de camino está la **Chiesa di Sant'Agostino** (Piazza Michelozzo; 9.00-12.00 y 15.00-18.00) de Michelozzo y la **Torre di Pulcinella,** una casa-torre medieval coronada por la figura de Pulcinella (polichinela), que da las horas en el reloj del pueblo.

Tras pasar por el histórico **Caffè Poliziano,** abierto desde 1868, el Corso tuerce en Via del Teatro y pasa por la

lazzo Comunale (p. 248), Siena.
DAVID C TOMLINSON/GETTY IMAGES ©

Cantine Contucci (www.contucci.it; Via del Teatro 1; catas de pago; 9.30-12.30 y 14.30-18.00 lu-vi, desde 9.30 sa y do), instalada bajo el bonito *palazzo* del mismo nombre, donde se pueden visitar sus históricas bodegas y probar los caldos locales. El Palazzo Contucci da a la **Piazza Grande,** el punto más alto del pueblo, en la que también se alzan el **Palazzo Comunale** (terraza panorámica 2 €) del s. XIV y el **Duomo** de finales del s. XVI, con fachada inacabada. Detrás del altar mayor está el bonito tríptico de la *Asunción* de Taddeo di Bartolo (1401).

Via Ricci baja desde la Piazza Grande y pasa por el **Palazzo Ricci** (www.palazzoricci.com; Via Ricci 9-11) en cuyo encantador salón principal se organizan conciertos durante todo el año (véase su web para más información). En el patio del *palazzo,* unas escaleras conducen a una histórica bodega, la **Cantina del Redi** (catas de pago; 10.30-19.00 med mar-ene, sa y do solo ene-med mar). Via Ricci pasa por el **Museo Civico** (www.museocivicomontepulciano.it; Via Ricci 10; adultos/reducida 5/3 €; 10.00-13.00 y 15.00-18.00 ma-do mar-jul y sep-oct, 10.00-19.00 ago, sa y do solo nov-feb), que alberga una ecléctica colección de obras de arte, y termina en la Piazza San Francesco, con vistas panorámicas al Val di Chiana.

Dónde comer

Osteria Acquacheta 'Osteria' €

(0578 71 70 86; www.acquacheta.eu; Via del Teatro 22; comidas 20 €; 12.00-16.00 y 19.30-22.30 mi-lu) Este concurrido establecimiento, muy popular entre lugareños y turistas, se especializa en enormes y sabrosos *bistecca alla fiorentina.* Sirve el almuerzo a las 12.15 y 14.15 y la cena, a las 19.30 y 21.15; reservar con antelación.

La Grotta Italiana tradicional €€€

(0578 75 74 79; www.lagrottamontepulciano.it; Via San Biagio 15; comidas 44 €, menú 6 platos 48 €; 12.30-14.30 y 19.30-22.00 ju-ma, cerrado med ene–med mar) Posee unos elegantes comedores y un bonito patio con jardín, perfecto para cenar en verano, frente al Tempio di San Biagio, en la carretera a Chiusi. Su comida es tradicional con un toque moderno y el servicio, ejemplar. No hay que perderse el postre.

Cómo llegar y desplazarse

La estación de autobuses está junto al aparcamiento nº 5. Siena Mobilità ofrece cuatro autobuses diarios entre Siena y Montepulciano (6,60 €, 1 h vía Pienza). Hay tres servicios diarios a/desde Florencia (11,20 €, 90 min) y autobuses frecuentes a Chiusi-Chianciano Terme (3,40 €, 40 min), desde donde se toma un tren a Florencia (12,50 €, 2 h vía Arezzo).

UMBRÍA

Perugia

162 100 HAB.

Es la pequeña y agradable capital de Umbría, elevada en una colina sobre un valle alfombrado de campos por el que el Tíber fluye raudo y claro. Su *centro storico* se alza entre un tropel de calles adoquinadas, escaleras con arcos y *piazzas* enmarcadas por magníficos *palazzi*. .

La Perugia del s. XXI es una festiva y hedonista ciudad universitaria, con estudiantes que animan la vida nocturna y llenan las terrazas de los cafés.

Puntos de interés

Palazzo dei Priori Museo

Las ventanas tripartitas, portal gótico y almenas tipo fortaleza son arquitectónicamente impresionantes. Este palacio construido entre los ss. XIII y XIV, que se eleva orgulloso sobre la *piazza* principal, fue sede de la magistratura de la ciudad.

En la actualidad acoge algunos de los mejores museos de la ciudad, como la impresionante **Galleria Nazionale dell'Umbria** (www.gallerianazionaleumbria.it; Corso Vannucci 19; adultos/reducida 8/4 €; 8.30-19.30 ma-do), la galería de arte umbro más importante. Se entra por vía Corso Vannucci y es el sueño de todo historiador, con 30 salas con obras que van desde arte bizantino a creaciones del Renacimiento de los héroes locales Pinturicchio y Perugino.

También contiene lo que está
onsiderado el banco más bonito del
nundo, el profusamente decorado **Nobile
:ollegio del Cambio** (Corso Vannucci 25;
ntrada 4,50 €, comb. con Nobile Collegio della
ercanzia 5,50 €; 9.00-12.30 y 14.30-17.30
-sa, 9.00-13.00 do). Cuenta con tres salas:
Sala dei Legisti (de los legistas), con
llas de madera del s. XVII talladas por
iampiero Zuccari; la Sala dell'Udienza
le la audiencia), con extraordinarios
escos renacentistas de Perugino; y la
apilla de San Giovanni Battista, pintada
or Giannicola di Paolo, alumno de
erugino.

asa Museo di Palazzo
orbello Museo

ww.casamuseosorbello.org; Piazza Piccinino 9;
ultos/reducida 5/3 €; circuitos guiados 11.00-
.00) Esta exquisita mansión del s. XVII,
pocos pasos de la Piazza IV Novembre
antaño propiedad de la noble familia
orbello, ha sido restaurada recientemente
ra devolverle el dorado esplendor a sus
escos y arañas de luz del s. XVIII. Los circui-
s guiados (en italiano) permiten admirar
opulenta colección de arte, porcelana,
rdados y manuscritos de la familia.

Dónde dormir y comer

B&B San Fiorenzo B&B **€€**

(393 3869987; www.sanfiorenzo.com; Via Alessi 45; r 70-120 €;) En este encantador *palazzo* del s. XV en el centro medieval de Perugia, Luigi y Monica dan la bienvenida a sus tres excepcionales habitaciones. Un arquitecto florentino se encargó de incorporar todo el confort y baños de mármol en unos espaciosos aposentos con bóvedas de ladrillo, paredes encaladas y mobiliario antiguo.

Hotel Brufani Palace Hotel de lujo **€€€**

(075 573 25 41; www.brufanipalace.com; Piazza Italia 12; i 115-175 €, d 125-220 €, ste 263-530 €; P @) Este hotel de cinco estrellas en lo alto de una colina cuenta con unas fascinantes vistas del valle y las colinas. Sus salas comunes con frescos, dormitorios impecablemente decorados, baños de mármol, jardín con terraza para cenar en verano y su atento personal trilingüe engrandecen su esplendor. En su gimnasio se nada entre ruinas etruscas y cuenta con acceso para discapacitados.

ugia.

JAMES BRAUND/GETTY IMAGES ©

Pizzeria Mediterranea Pizzería €
(☎075 572 13 22; Piazza Piccinino 11/12; pizzas 5-12 €; ⏰diario) Los perusinos saben que sirve la mejor *pizza* de la ciudad, preparada en un horno de leña en forma de cohete; desde la sencilla *margherita* a una con 12 ingredientes. Los sábados por la noche hay que hacer cola.

La Taverna Italiana €€
(☎075 572 41 28; www.ristorantelataverna.com; Via delle Streghe 8; comidas 30-40 €; ⏰almuerzo y cena diario) Continúa cosechando elogios entre los gastrónomos locales, en lo más alto de la lista de restaurantes de Perugia. El chef Claudio cocina los productos frescos del mercado con talento y precisión, mientras los camareros tratan como si se fuera de la *famiglia*.

Información

Hay bancos con cajeros automáticos en Corso Vannucci.

InfoUmbria (☎075 3 26 39; www.umbriabest.com; Via della Pallotta 5; ⏰9.00-13.00 y 14.30-18.30 lu-vi, 9.00-13.00 sa) También conocida como InfoTourist, proporciona información sobre toda Umbría y es un estupendo recurso para hacer *agroturismo* (alojamiento en granja

Trenes a/desde Perugia

La principal **estación de trenes** (☎075 963 78 91; Piazza Vittorio Veneto) de Perugia, al suroeste de la ciudad, ofrece trenes a los siguientes destinos:

DESTINO	TARIFA (€)	DURACIÓN	FRECUENCIA
Asís	2,50	20 min	cada hora
Florencia	13,50-19	2 h	cada 2 horas
Orvieto	7-14,50	1¾-3 h	10 al día
Roma	11-23	2¼-3½ h	17 al día

Izda.: pasteles, Perugia
Abajo: fresco en Asís (p. 261).
(IZDA.) FRANK WING/GETTY IMAGES ©; (ABAJO) DIANA MAYFIELD/GETTY IMAGES ©

SCENDI LE SCALE E TROVERAI L'OSTELLO DOVE NACQUE FRANCESCO IL POVERELLO

ficina de turismo (☎075
3 64 58; http://turismo.comune.
rugia.it; Piazza Matteotti 18; ⌚9.00-
.00) La oficina principal de turismo
Perugia, instalada en la Loggia dei Lanari del
XIV, cuenta con abundante información sobre
ciudad, mapas y horarios actualizados
autobuses y trenes.

Cómo llegar y salir

vión

roporto Sant'Egidio (PEG; ☎075 59 21
www.airport.umbria.it; Via dell'Aeroporto,
nt'Egidio), está 13 km al este de la ciudad, es
queño y resulta fácil orientarse.

Cómo desplazarse

/desde el aeropuerto

ıbria Mobilità (☎075 963 70 01; www.
briamobilita.it) ofrece un servicio de autobús
cuente desde el aeropuerto a Perugia (3 €,
min) y Asís (3 €, 20 min); los chóferes no
ı cambio. Los billetes son más baratos si se
npran en el bar del aeropuerto. También hay un autobús lanzadera (8 €) que sale de la Piazza Italia hacia el aeropuerto, unas dos horas antes de cada vuelo, y para en la estación de trenes. Desde el aeropuerto, los autobuses salen cuando todo el mundo está a bordo. Un taxi cuesta 30 €.

Autobús

Desde la estación de trenes de Perugia hay una empinada cuesta de 1,5 km, por lo que se recomienda subir en autobús (esencial si se viaja con equipaje), que lleva a la Piazza Italia. Un billete cuesta 1,50 € en el quiosco de la estación de trenes o 2 € a bordo, que hay que validar para no pagar una multa. Un bono de 10 viajes cuesta 12,90 €.

Minimetrò

Estos trenes de un solo vagón circulan cada minuto entre la estación de trenes y Pincetto (junto a la Piazza Matteotti). El billete de 1,50 € es válido para el autobús y el Minimetrò. Salen de un largo andén frente a la estación de trenes.

Taxi

Disponibles de 6.00 a 2.00 (24 h jul-sep); se llama al ☎075 500 48 88 para solicitar la recogida. El

Desvío: **Urbino**

La vibrante ciudad universitaria de Urbino fue el refugio renacentista de Rafael. El duque Federico da Montefeltro, patriarca de la familia Montefeltro, estimuló el ambiente artístico más progresista del s. XV al reunir a grandes artistas, arquitectos y eruditos de su tiempo para crear una especie de laboratorio de ideas. El esplendor de la ciudad fue refrendado por la Unesco, que declaró su centro Patrimonio Mundial.

El **Palazzo Ducale** (www.palazzoducaleurbino.it; adultos/reducida 5/2,50 €; 8.30-19.15 ma-do, hasta 14.00 lu), una obra maestra del Renacimiento con caprichosos torreones, palacio de Federico da Montefeltro y microcosmos de la arquitectura, arte e historia renacentistas, contiene la **Galleria Nazionale delle Marche**, el **Museo Archeologico** y el **Museo della Ceramica**.

Al norte de la Piazza della Repubblica se encuentra la **Casa Natale di Raffaello** (Via Raffaello 57; adultos/reducida 3,50/2,50 €; 9.00-13.00 y 15.00-19.00 lu-vi, 10.00-13.00 sa y do verano, 9.00-14.00 lu-vi invierno) del s. XV en la que nació el genio renacentista (en 1483) y pasó 16 años. En el primer piso se exhibe uno de los primeros frescos de Rafael, una *Madonna con Niño*.

En una tranquila bocacalle se encuentra la rústicamente elegante **Antica Osteria de la Stella** (0722 32 02 28; www.anticaosteriadalastella.com; Via Santa Margherita 1; comidas 25-40 €; almuerzo y cena ma-do), una posada del s. XV en tiempos frecuentada por Piero della Francesca. Local legendario, aporta un toque inventivo a la comida de temporada. Todos los platos están equilibrados, ya sean los raviolis de cacao o el venado con bayas y polenta.

Adriabus (0722 37 67 38, 0800 66 43 32; www.adriabus.eu) circula cada hora entre Urbino y Pésaro (3,20 €, 48 min), desde donde se toma un tren a Bolonia.

trayecto desde el centro de la ciudad a la estación principal de trenes cuesta 10-15 €, más 1 € por maleta.

Asís

27 400 HAB.

La simple visión de Asís en el rosado resplandor del atardecer, como rodeado por unas manos celestiales, con la llanura extendiéndose pintorescamente por debajo y el monte Subasio alzándose empinado y arbolado encima, basta para enviar el alma de los peregrinos directamente al cielo. En ese momento, cuando desaparece el bullicio de los excursionistas y la ciudad queda envuelta en un angelical silencio, se siente con más intensidad el verdadero espíritu de san Francisco de Asís, nacido allí en 1181.

Puntos de interés

Rocca Maggiore Fortalez[a]

(Via della Rocca; adultos/reducida 5/3,50 €; 10.00-puesta de sol) La enorme Rocca Maggiore del s. XIV domina la ciudad. Fortaleza varias veces ampliada, saqueada y reconstruida, tiene vistas de 360° de Perugia hacia el norte y los valles circundantes debajo. Para llegar a las aspilleras que utilizaron los arqueros locales contra los perusinos, hay que subir unas serpenteantes escaleras y atravesar claustrofóbicos pasadizos.

Basilica di Santa Chiara Iglesi[a]

(Piazza Santa Chiara; 6.30-12.00 y 14.00-19. verano, hasta 18.00 invierno) Fue construida en el s. XIII en estilo románico, con escarpadas murallas y una impresionante fachada de color rosa en honor a santa Clara, contemporánea espiritual de san

-rancisco y fundadora de las Sorelle ?overe di Santa Chiara, conocidas en la ıctualidad como clarisas pobres. Está ›nterrada en la cripta de la iglesia, que ılberga la cruz bizantina que supuesta-nente habló a san Francisco.

3asilica di Santa Maria degli \ngeli Iglesia

Santa Maria degli Angeli; 6.15-12.30 y 14.30-9.30) Esta enorme y abovedada iglesia lel s. XVI, que se ve cuando se llega a Asís ›or el valle del Tíber (4 km al oeste y unos ientos de metros bajando la colina desde l antiguo Asís), es la séptima iglesia nás grande del mundo. Construida entre 565 y 1685, sus enormes y adornados onfines albergan la diminuta y humilde **apilla Porziuncola,** donde san Francisco e refugió tras descubrir su vocación y re-ınciar a los bienes mundanos, y donde e considera que comenzó el movimiento anciscano. San Francisco murió en el gar en el que se edificó la **Cappella del ransito,** el 3 de octubre de 1226.

remo delle Carceri Lugar religioso

ww.eremocarceri.it; 6.30-19.00 verano, ısta 18.00 invierno) GRATIS En 1205, san ancisco eligió estas cuevas cercanas a sís como ermita en la que retirarse para editar sobre cuestiones espirituales y tar en armonía con la naturaleza. Las *rceri* (prisiones) de las arboladas lade-s del monte Subasio son tan tranquilas la actualidad como en los tiempos de n Francisco, a pesar de estar rodeadas edificios religiosos.

Se recomienda dar un paseo ntemplativo o hacer un *picnic* bajo los bles. Está 4 km al este de Asís y cuenta n una docena de senderos señalados.

ıiesa di San Damiano Iglesia

a San Damiano; 10.00-12.00 y 14.00-18.00, ta 16.30 invierno) Para llegar a la iglesia la que san Francisco oyó por primera z la voz de Dios (y en la que escribió el *ntico de las criaturas)* hay que recorrer sendero de 1,5 km bordeado de olivos. sereno entorno es muy popular entre peregrinos.

De primera mano

Asís sagrada

POR FRA MIRKO, FRANCISCANO

1 BASÍLICA DE SAN FRANCISCO

Construida tras la muerte del santo para albergar y venerar su cuerpo, la basílica (p. 262) tiene una gran importancia artística. La iglesia superior es famosa por los frescos de Giotto y la inferior por las obras de Cimabue, Lorenzetti y Simone Martini. Creo que la iglesia inferior es más evocadora. La cripta de san Francisco es muy espiritual.

2 CHIESA DI SAN DAMIANO

Este convento (p. 263) fuera de las murallas del casco antiguo ofrece unas bonitas vistas del valle de Spoleto. Es un lugar maravillosamente silencioso y visualmente arrebatador. No hay que dejar de ver el verde y florido Giardino del Cantico, donde san Francisco escribió el *Cantico di Frate Sole* hacia 1225.

3 EREMO DELLE CARCERI

Estas cuevas (p. 262), 4 km al este de Asís, son un buen ejemplo de una ermita franciscana. Es el lugar en el que san Francisco hacía meditación silenciosa (su ubicación por encima de la ciudad incrementa la sensación de aislamiento). Sorprende sobremanera que haya cambiado tan poco con el paso del tiempo.

4 BASILICA DI SANTA MARIA DEGLI ANGELI

Esta magnífica basílica del s. XVI alberga la diminuta capilla Porziuncola, del s. X. Es el lugar en que san Francisco vivió con los

Foro Romano Yacimiento histórico

(Via Portica; adultos/reducida 4/2,50 €, con Rocca Maggiore 8/5 €; 10.00-13.00 y 14.30-18.00 verano, hasta 17.00 invierno) En la Piazza del Comune, cerca de la oficina de turismo, está la entrada al foro romano del pueblo,

FRANK VAN DEN BERGH/GETTY IMAGES ©

Indispensable
Basílica de San Francisco

Visible a kilómetros de distancia, es la joya de la corona espiritual y arquitectónica del conjunto patrimonial de Asís. Durante casi 600 años, sus iglesias han sido un faro para peregrinos que caminan de rodillas con ampollas en los pies, frailes de sotanas marrones, amantes del arte italiano y turistas santurrones.

La penumbra y sencillez arquitectónica de la iglesia inferior románica personifica el espíritu ascético e introspectivo de la vida franciscana; la iglesia superior, más luminosa, es una maravilla gótica que contiene unos elaborados frescos. Las divinas obras de maestros sieneses y florentinos como Giotto, Cimabue, Pietro Lorenzetti y Simone Martini representan la dirección artística de su desarrollo estilístico a lo largo de los años.

La basílica cuenta con su propia **oficina de información** (075 819 00 84; Piazza di San Francesco; 9.15-12.00 y 14.15-17.30 lu-sa) frente a la entrada de la iglesia inferior, en la que se solicita un circuito de una hora guiado por un franciscano residente (en inglés o italiano). Los circuitos guiados son de 9.00 a 17.00 de lunes a sábado; se recomienda hacer un donativo de 5-10 €/persona.

LO ESENCIAL

Piazza di San Francesco; iglesia superior 8.30-18.45 verano, hasta 18.00 invierno, iglesia inferior 6.00-18.45 verano, hasta 18.00 invierno

parcialmente excavado, y en el lado norte de la *piazza* se encuentra la bien conservada fachada de un templo romano del s. I, el **Tempio di Minerva** (entrada gratis; 7.30-12.00 y 14.00-19.00 lu-sa, 8.30-12.00 y 14.00-19.00 do), que esconde una anodina iglesia del s. XVII.

Duomo di San Rufino Iglesia

(Piazza San Rufino; 8.00-13.00 y 14.00-19.00, hasta 18.00 invierno) Esta iglesia románica del s. XIII reformada por Galeazzo Alessi en el s. XVI contiene la pila en la que se bautizó a san Francisco y santa Clara.

Dónde dormir

Hotel Ideale B&B €

(075 81 35 70; www.hotelideale.it; Piazza Matteotti 1; i/d 50/85 €; P ❄ wifi) Este acogedor B&B familiar en la Piazza Matteotti es realmente ideal. Muchas de sus luminosas y sencillas habitaciones tienen balcones con inspiradoras vistas a la Rocca Maggiore. Prepara el desayuno como es debido, con bollería recién hecha, fruta y un espumoso capuchino, todo servido en el jardín (cuando el tiempo lo permite).

Alla Madonna del Piatto 'Agroturismo' €€

(075 819 90 50; www.incampagna.com; Via Petrata 37; d 85-105 €; mar-nov; P) Despertarse con vistas a prados y olivares que se extienden hasta Asís seguro que infunde ánimos. Este tranquilo establecimiento de *agroturismo* está a menos de 15 minutos en automóvil desde la basílica. Sus seis habitaciones están diseñadas con cuidado, cariño y carácter, con camas de hierro forjado, mobiliario antiguo e intrincadas telas hechas a mano.

Nun Assisi Hotel de lujo €€€

(075 815 51 50; www.nunassisi.com; Via Eremo delle Carceri 1a; i 230-280 €, d 280-330 €, ste 320-550 €; P @) Este antiguo convento se ha transformado en un hotel muy elegante, con estética limpia y moderna. Sus arcos de piedra y vigas dan un estilo original a sus reducidas habitaciones de paredes blancas y TV de pantalla plana. El restaurante (comidas 30-40 €) introduce un toque contemporáneo en la comida umbra de temporada y su bonito *spa* subterráneo está instalado en unas ruinas romanas del s. I.

Dónde comer

Trattoria Pallotta Umbra €€

(075 81 26 49; www.pallottaassisi.it; Vicolo della Volta Pinta; menús del día 18-27 €; almuerzo y cena mi-lu;) Se atraviesa el Volta Pinta junto a la Piazza del Comune y se llega a este agradable establecimiento con paredes de ladrillo y techos abovedados con vigas de madera. Preparan todos los clásicos umbros: conejo, *strangozzi* (tallarines de trigo) caseros y pichón.

Osteria dei Priori Umbra €€

(075 81 21 49; Via Giotto 4; comidas 25-35 €; ma-do) Sabrina cree incondicionalmente en servir los mejores ingredientes locales en esta maravillosa y acogedora *osteria*, en la que las mesas con manteles de lino blancos están dispuestas bajo bóvedas de ladrillo. Si ha reservado, el viajero se podrá dar un festín de especialidades umbras –como *norcina* (pasta con una cremosa salsa de setas y chorizo) o guiso de jabalí– muy sabrosas y bien presentadas.

La Locanda del Podestà Umbra €€

(075 81 65 53; www.locandadelpodesta.it; Via San Giacomo 6; comidas 20-30 €; diario) En este atractivo y diminuto restaurante abunda el encanto a la antigua, con arcos bajos y paredes de piedra. Sus auténticos platos umbros como *torta al testo* con jamón y *strangozzi* con trufa se maridan expertamente con vinos regionales. Su cordial servicio acentúa el ambiente familiar.

Cómo llegar y desplazarse

Autobús

Umbria Mobilità (075 963 70 01; www.umbriamobilita.it) ofrece autobuses a Perugia (4 €, 45 min, 9 diarios) y Gubbio (7 €, 70 min, 11 diarios) desde Piazza Matteotti. Los autobuses de **Sulga (075 500 96 41; www.sulga.it)** salen de Porta San Pietro hacia Florencia (12 €, 2½ h, 1 diario a las 7.00) y Roma (18,50 €, 3¼ h, 3 diarios).

Tren

Asís está en la línea férrea Foligno-Terontola y cuenta con servicios frecuentes a Perugia (2,50 €, 20 min, cada hora). En Terontola se puede cambiar para ir a Florencia (14,50-21 €, 2-3 h, 11 diarios) y en Foligno para ir a Roma (10-22 €, 2-3 h, 14 diarios). La estación de trenes de Asís está 4 km al oeste, en Santa Maria degli Angeli;

hay un autobús lanzadera C (1 €, 13 min) entre la estación de trenes y la Piazza Matteotti cada 30 minutos. Los billetes se compran en el estanco (*tabaccaio*) de la estación o en el pueblo.

Spoleto

Visualmente sensacional, está presidido por una formidable fortaleza medieval con los Apeninos como telón de fondo.

En la actualidad acapara la atención por su colosal **Festival dei Due Mondi** (www.festivaldispoleto.it; finales jun-med jul), de 17 días en verano con ópera, danza, música y arte.

Puntos de interés

Rocca Albornoziana Fortaleza, museo

(Piazza Campello; adultos/reducida 7,50/6,50 €; 9.30-19.30 verano, hasta 18.30 invierno) Esta antigua fortaleza papal del s. XIV se alza en una colina por encima de Spoleto. Se accede con un rápido y pintoresco viaje en ascensor desde Via della Ponzianina. Contiene el **Museo Nazionale del Ducato,** que traza la historia del ducado de Spoleto con una serie de objetos romanos, bizantinos, carolingios y lombardos; desde sarcófagos del s. V a joyería bizantina.

Duomo di Spoleto Catedral

(Piazza Duomo; 8.30-12.30 y 15.30-19.00 verano, hasta 18.00 invierno) Un tramo de escaleras conduce a la bonita catedral de piedra clara de Spoleto, construida en el s. XI con enormes bloques de piedras de edificios romanos para su esbelto campanario.

Dónde dormir y comer

Hotel San Luca Hotel-'boutique' €€

(0743 22 33 99; www.hotelsanluca.com; Via Interna delle Mura 21; s 110-240 €, d 210-300 €;) Este antiguo convento es un celestial hotel-*boutique* con refinado servicio y elegantes interiores que rivaliza con cualquier hotel de cinco estrellas de Umbría, aunque su ambiente es relajado y atrae a ciclistas y senderistas. Los tonos pastel y mobiliario antiguo complementan el cuidado jardín del s. XVII y los pasteles caseros son las estrellas del bufé de desayuno.

Tempio del Gusto Moderna italiana €€

(0743 4 71 12; www.iltempiodelgusto.com; Via Arco di Druso 11; comidas 25-40 €; vi-mi) Íntimo, inventivo y de visita obligada, ofrece buena cocina sin el precio de las estrellas Michelin. La comida dice mucho de un chef que cree en el abastecimiento local, cocina con orgullo y presenta con resolución. Eros Patrizi es el as de los fogones. Pasta fresca casera, un trío de pescado ahumado, cerdo con hierbas... todos los platos están equilibrados.

Cómo llegar y desplazarse

Los trenes de la estación principal conectan con Roma (8-12,30 €, 1½ h, cada hora), Perugia (4,80 €, 1 h, 9 diarios) y Asís (3,25 €, 40 min, cada hora).

Orvieto

21 100 HAB.

Asentada en una roca de origen volcánico sobre campos de viñas, olivos y cipreses, seduce en cuanto se le ve. Situada entre Roma y Florencia, la historia se ha adherido a las adoquinadas calles, *piazzas* medievales e iglesias de esta hermosa ciudad con aires cinematográficos. Pocas catedrales de Italia están a la altura de su catedral gótica, cuyas capas de exquisito detalles despiertan admiración.

La **Carta Unica Orvieto** (www.cartaunica.it; adultos/reducida 18/15 €) permite la entrada a los nueve puntos de interés principales de la ciudad (incluida la Cappella di San Brizio de la catedral, el Museo Claudio Faina e Civico, Orvieto Underground, la Torre del Moro y el Museo dell'Opera del Duomo), un viaje de ida y vuelta en el funicular y desplazamientos en autobús. Se puede comprar en gran parte de esos lugares, en las oficinas de turismo y en la estación de trenes.

Puntos de interés

Orvieto Underground

Lugar histórico

(www.orvietounderground.it; Piazza Duomo 24; adultos/reducida 6/5 €; circuitos 11.00, 12.15, 16.00 y 17.15 diario) Los lugareños utilizaron estas 440 cuevas durante siglos y por diversos motivos: refugio antiaéreo en la II Guerra Mundial, frigoríficos, pozos y, durante los sitios romanos y bárbaros, como palomares con los que proveerse cenas de pichón. Los circuitos de 45 minutos en inglés salen de la oficina de turismo.

Museo Claudio Faina e Civico

Museo

(www.museofaina.it; Piazza Duomo 29; adultos/reducida 4,50/3 €; 9.30-18.00 verano, 10.00-17.00 ma-do invierno) Alberga una de las mejores colecciones de objetos etruscos, incluidos muchos sarcófagos de piedra, piezas de terracota e importantes obras de cerámica griega.

Torre del Moro

Edificio histórico

(Corso Cavour 87; adultos/reducida 2,80/2 €; 10.00-20.00 verano, 10.30-13.00 y 14.30-17.00 invierno) Desde la Piazza Duomo se va hacia el noroeste por la Via del Duomo hasta Corso Cavour y la Torre del Moro del s. XIII y se suben sus 250 escalones para disfrutar de unas magníficas vistas de la ciudad.

Chiesa di San Giovenale

Iglesia

(Piazza San Giovenale; 8.00-12.30 y 15.30-18.00) Esta robusta iglesia construida en el año 1000 se encuentra en el extremo oeste de la ciudad. Sus obras de arte y frescos románico-góticos de la escuela medieval de Orvieto representan un asombroso contraste. Al norte se disfrutan de unas excelentes vistas desde las murallas.

Museo Archeologico Nazionale

Museo

(Piazza Duomo, Palazzo Papale; adultos/reducida 3/1,50 €; 8.30-19.30) Este museo arqueológico instalado en el Palazzo Papale medieval alberga numerosos objetos interesantes, algunos con más de 2500 años de antigüedad. Entre los que se exhiben hay cerámica etrusca, reliquias de necrópolis, bronces y cámaras mortuorias con frescos.

Orvieto.

DAVID C. TOMLINSON/GETTY IMAGES ©

Orvieto

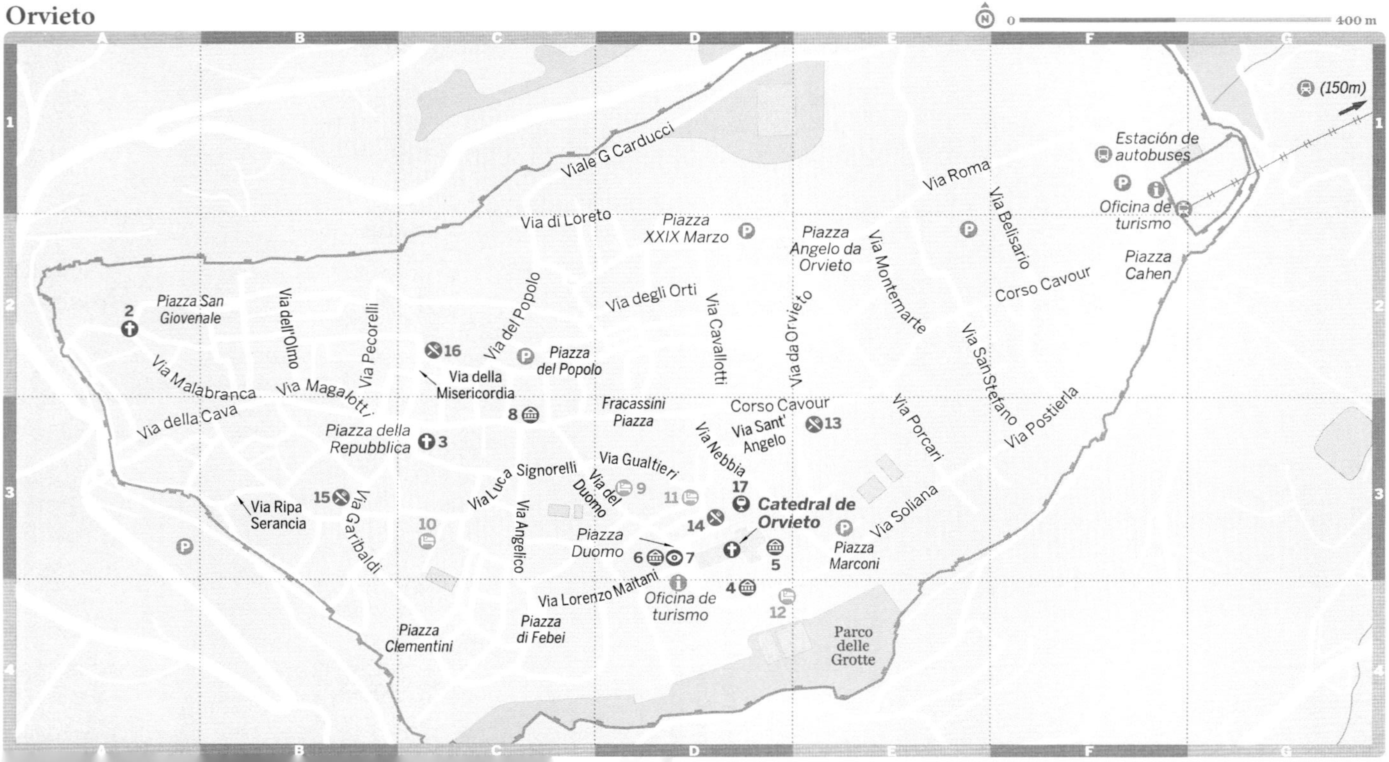
0
400 m
(150m)
Estación de autobuses
Oficina de turismo
Piazza Cahen
Via Roma
Via Belisario
Corso Cavour
Viale G Carducci
Via di Loreto
Piazza XXIX Marzo
Piazza Angelo da Orvieto
Via Montemarte
Via San Stefano
Via Postierla
Piazza San Giovenale
2
Via dell'Olmo
Via Pecorelli
16
Via del Popolo
Piazza del Popolo
Via degli Orti
Via Cavallotti
Via da Orvieto
Via Malabranca
Via Magalotti
Via della Misericordia
Via della Cava
8
Fracassini Piazza
Corso Cavour
Via Sant' Angelo
13
Via Porcari
Piazza della Repubblica
3
Via Nebbia
Via Gualtieri
Via Luca Signorelli
Via del Duomo
9
11
17
Catedral de Orvieto
Via Soliana
15
Via Ripa Serancia
Via Garibaldi
10
Via Angelico
Piazza Duomo
14
6
7
5
Piazza Marconi
Via Lorenzo Maitani
Oficina de turismo
4
12
Parco delle Grotte
Piazza Clementini
Piazza di Febei

Orvieto

Principales puntos de interés
1 Catedral D3

Puntos de interés
2 Chiesa di San Giovenale A2
3 Chiesa di Sant'Andrea C3
4 MODO D4
5 Museo Archeologico Nazionale D3
6 Museo Claudio Faina e Civico D3
7 Orvieto Underground D3
8 Torre del Moro C3

Dónde dormir
9 B&B La Magnolia D3
10 B&B Michelangeli C3
11 Hotel Duomo D3
12 Villa Mercede D4

Dónde comer
13 I Sette Consoli E3
14 Pasqualetti D3
15 Ristorante Zeppelin B3
16 Trattoria dell'Orso C2

Dónde beber y vida nocturna
17 Vinosus D3

Chiesa di Sant'Andrea Iglesia
(**Piazza della Repubblica; 8.30-12.30 y 15.30-19.30**) Esta iglesia del s. XII cuenta con un curioso campanario decagonal y preside la Piazza della Repubblica, antiguo foro romano de Orvieto, en la actualidad bordeado de cafés. Está en el centro de lo que queda de la ciudad medieval.

Fiestas y celebraciones

Palombella Religiosa
(**do Pentecostés**) Para los tradicionalistas, este rito ha conmemorado al Espíritu Santo y la buena suerte desde 1404. Para los defensores de los derechos de los animales solo festeja asustar de muerte a una paloma: se mete una en una jaula, se encienden fuegos artificiales a su alrededor y se desliza por 300 m de cable hacia las escaleras de la catedral. Si sobrevive (normalmente lo hace), la última pareja casada en la catedral se queda con ella.

Umbria Jazz Winter Música
(**www.umbriajazz.com; final dic-ppios ene**) Este festival acoge diversos estilos musicales (no solo *jazz*) y anima la apagada temporada de invierno, con una gran fiesta de Año Nuevo.

Dónde dormir

Es aconsejable reservar con antelación en verano, fines de semana o Año Nuevo,

El sabor de Orvieto

Si el viajero gusta de cocinar, el chef Lorenzo Polegri prepara banquetes umbros en sus clases de un día en el **Ristorante Zeppelin** (**0763 34 14 47; www.ristorantezeppelin.it; Via Garibaldi 28; comidas 30-35 €; lu-sa, almuerzo do;**). Se aprende a cocinar especialidades como ragú de jabalí y pasta *umbricelli* casera. También ofrece un menú de cinco platos como culminación de la búsqueda de trufas, visitas al mercado y circuitos en productores locales de *pecorino,* aceite de oliva y vino. Los precios oscilan entre 50-120 €/persona.

La finca **Decugnano dei Barbi** (**0763 30 82 55; www.decugnanodeibarbi.com; Località Fossatello 50**), encaramada sobre viñedos a 18 km al este de Orvieto ofrece excepcionales catas y clases de cocina de cuatro horas. Esta bodega tiene un linaje viticultor de 800 años y el maestro sumiller guía por las bodegas y explica las catas de sus blancos minerales y tintos Orvieto Classico con mucho cuerpo. Se puede reservar con antelación una comida de cuatro platos, maridada con vinos de cosecha propia y servidos en el evocador entorno de una capilla restaurada.

DAVID C TOMLINSON/GETTY IMAGES ©

Indispensable
Catedral de Orvieto

Nada prepara para el impacto visual que produce esta catedral gótica comenzada en 1290. El ribeteado en mármol blanco y negro del cuerpo principal de la iglesia queda eclipsado por los frescos multicolores, preciosos mosaicos, bajorrelieves y delicados trenzados de flores y enredaderas -tan intrincados como un bordado- que adornan la fachada. Dorada al atardecer, es una visión conmovedora.

Su construcción tardó 30 años en diseñarse y tres siglos en realizarse. La comenzó Fra Bevignate y posteriormente trabajaron en ella el maestro sienés Lorenzo Maitani, Andrea Pisano (famoso por la catedral de Florencia) y su hijo Nino Pisano, Andrea Orcagna y Michele Sanicheli.

En su interior, el fresco *El Juicio Final* de Luca Signorelli, a la derecha del altar de la **Cappella di San Brizio**, resplandece lleno de vida. Signorelli lo comenzó en 1499 y se dice que Miguel Ángel se inspiró en él para la Capilla Sixtina. De hecho, para algunos, la obra maestra de Miguel Ángel es inferior a la de Signorelli. La **Cappella del Corporale** posee un paño de altar del s. XIII manchado con la sangre que milagrosamente brotó de la hostia de un sacerdote que no creía en la transubstanciación.

Junto a la catedral se encuentra el **MODO** (Museale dell'Opera del Duomo di Orvieto; ☎0763 34 24 77; www.museomodo.it; Piazza Duomo 26; entrada 4 €, incluye Palazzi Papali y Chiesa S Agostino; ⏲9.30-19.00 verano, 10.00-17.00 mi-lu invierno), un museo que contiene reliquias religiosas de la catedral, antigüedades etruscas y obras de artistas como Simone Martini y los tres Pisano: Andrea, Nino y Giovanni.

LO ESENCIAL

☎0763 34 11 67; www.opsm.it; Piazza Duomo; entrada 3 €; ⏲9.30-19.00 lu-sa, 13.00-18.30 do verano, 9.30-13.00 y 14.30-17.00 lu-sa, 14.30-17.30 do invierno

cuando el Umbria Jazz Winter está en plena efervescencia.

B&B Michelangeli B&B **€**
(☎ 0763 39 38 62; www.bbmichelangeli.com; Via Saracinelli 22; i 60-100 €, d 70-160 €; P) Francesca es la amable anfitriona de este agradable B&B del centro histórico de Orvieto, a dos minutos del Duomo. Es un luminoso y espacioso apartamento con decoración hogareña y una cocina bien provista donde se puede preparar un plato de pasta si apetece. Destacan sus bonitas tallas de madera y camas de hierro forjado.

B&B La Magnolia B&B **€**
(☎ 349 4620733, 0763 34 28 08; www.bblamagnolia.it; Via del Duomo 29; d 60-90 €; ❄) Esta residencia renacentista llena de luz, con bonitas habitaciones y apartamentos, gran cocina comunal y balcón con vistas a los tejados está en una bocacalle al norte del Duomo (el cartel no es muy visible). Serena informa sobre todo lo relacionado con Orvieto, solo hay que preguntarle.

Villa Mercede B&B **€**
(☎ 0763 34 17 66; www.villamercede.it; Via Soliana 2; i/d/tr 50/70/90 €; P) Divinamente cerca del Duomo, en sus 23 habitaciones cabe un buen grupo de peregrinos. El edificio data del s. XVI y algunas habitaciones están decoradas con frescos. Sus techos altos, tranquilo jardín y aparcamiento gratuito completan la oferta. Hay que salir de la habitación a las 9.30 para no incomodar a la limpiadora.

Misia Resort
Hotel-'boutique' **€€**
(☎ 0763 34 23 36; Località Rocca Ripesena 51/52; i 80 €, d 130-160 €; ❄) Merece la pena andar un poco más (6 km al oeste de Orvieto), hasta este hotel-*boutique* con fabulosas vistas de Orvieto desde una aldea montañesa. La restauración de esta casa de campo se realizó con mucho gusto. La luz, las amplias habitaciones en tonos suaves y terrosos se combinan con detalles *retro* como un sofá *chesterfield* o alguna viga de madera envejecida.

Hotel Duomo Hotel **€€**
(☎ 0763 34 18 87; www.orvietohotelduomo.com; Vicolo di Maurizio 7; i 70-90 €, d 100-130 €, ste 120-160 €; P) Desde este hotel casi se puede tocar el Duomo con la mano; de hecho, las campanas sirven de despertador. El artista local Livio Orazio Valentini dejó su atrevida y abstracta huella en las refinadas habitaciones en tonos neutros (con baños de mármol) de este *palazzo* modernista. Cuenta con un servicio discreto y educado.

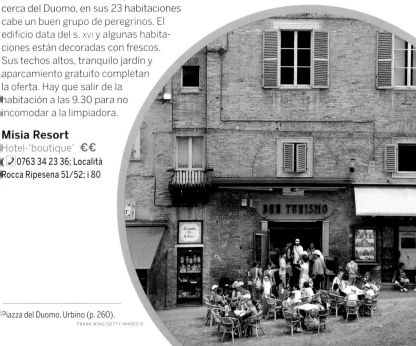

Piazza del Duomo, Urbino (p. 260).
FRANK WING/GETTY IMAGES ©

Dónde comer

Pasqualetti Helado €
(Piazza Duomo 14; cucurucho 3 bolas 3 €) Esta *gelateria* ofrece un exquisito *gelato* y mesas en la *piazza* desde las que apreciar el esplendor de la catedral.

Trattoria dell'Orso 'Trattoria' €€
(0763 34 16 42; Via della Misericordia 18; comidas 25-35 €; mi-do) Gabriele, propietario del restaurante más antiguo de Orvieto, no ve necesarias las extravagancias modernas como las cartas y recita los platos del día en cuanto se entra. Siempre acierta en sus recomendaciones –como *zuppa di farro* (sopa de espelta) seguida de *fettuccine* con *porcini*–, pues sabe de lo que habla. No hay que tener prisa.

I Sette Consoli Italiana moderna €€€
(0763 34 39 11; www.isetteconsoli.it; Piazza Sant'Angelo 1a; comidas 40 €, menú degustación 6 platos 42 €; 12.30-15.00 y 19.30-22.00 ju-ma) Este restaurante camina por la cuerda floja culinaria, con platos inventivos presentados con ingenio, de pasta tan ligera que flota en el tenedor a pintada rellena de castañas elegantemente cocinada. Con buen tiempo, es mejor sentarse en el jardín con vistas al Duomo. Hay que vestirse para la ocasión y reservar con antelación.

Vinosus Bar de vinos
(Piazza Duomo 15; ma-do) Este bar de vinos-restaurante se encuentra junto a la pared noroeste de la catedral. Se recomienda la tabla de queso con miel y peras locales como elegante acompañamiento al vino. Abierto hasta tarde.

Información

Oficina de turismo (0763 34 17 72; info@iat.orvieto.tr.it; Piazza Duomo 24; 8.15-13.50 y 16.00-19.00 lu-vi, 10.00-13.00 y 15.00-18.00 sa y

Izda.: Asís (p. 261).

(IZDA.) JOHN ELK III/GETTYS IMAGES ©; (ABAJO) DAVID TOMLINSON/GETTY IMAGES ©

o) En verano vende billetes de
ınicular, autobús y la Carta Unica
ʳrvieto.

Cómo llegar y salir

os autobuses salen de la estación de la Piazza ahen y paran en la estación de trenes. Hay ervicios a Todi (5 €, 2 h, 1 diario) y Terni (7 €, h, 2 diarios).

Las conexiones de tren incluyen Roma (7,50-6 €, 1¼ h, cada hora), Florencia (15-21 €, 1½-½ h, cada hora) y Perugia (7,10-14,40 €, 1½ h, ada 2 h).

Cómo desplazarse

Un centenario **funicular** **(ida 1 €; cada 10 min 7.05-20.25 lu-vi, cada 15 min 8.15-20.00 sa y do)** sube traqueteando la arbolada colina desde la estación de trenes al oeste del centro hasta la Piazza Cahen. El billete incluye el transporte en autobús de la Piazza Cahen a la Piazza Duomo.

El autobús nº 1 sube al casco antiguo desde la estación de trenes (1 €). El autobús A de la ATC conecta la Piazza Cahen con la Piazza Duomo y el autobús B va a la Piazza della Repubblica.

Nápoles, Pompeya y la Costa Amalfitana

Puede que el viajero prepare su visita a Nápoles ansiando su famoso plato bandera, la 'pizza'.

Aunque nada le preparará para afrontar el vibrante y complejo sabor de esta ciudad inspiradora, histórica y tentadora. El derroche teatral que impregna sus míticos mercados compite con las representaciones de su innovadora ópera, al tiempo que panaderías de la época romana yacen bajo iglesias barrocas. Y pese a que el Vesubio no ha arrojado lava desde 1944, el volcán que sepultó Pompeya aún amenaza en el horizonte. Muchos lo consideran un recordatorio de que la vida es corta. Por eso no hay mejor momento que el presente para mimarse en la paradisíaca isla de Capri, o embarcarse en una escapada romántica por la Costa Amalfitana. Es entonces cuando se empieza a comprender que el secreto de la *pizza* napolitana está en la salsa de la vida.

Positano (p. 307).
CHRISTOPHER GROENHOUT/GETTY IMAGES ©

Nápoles, Pompeya y la Costa Amalfitana

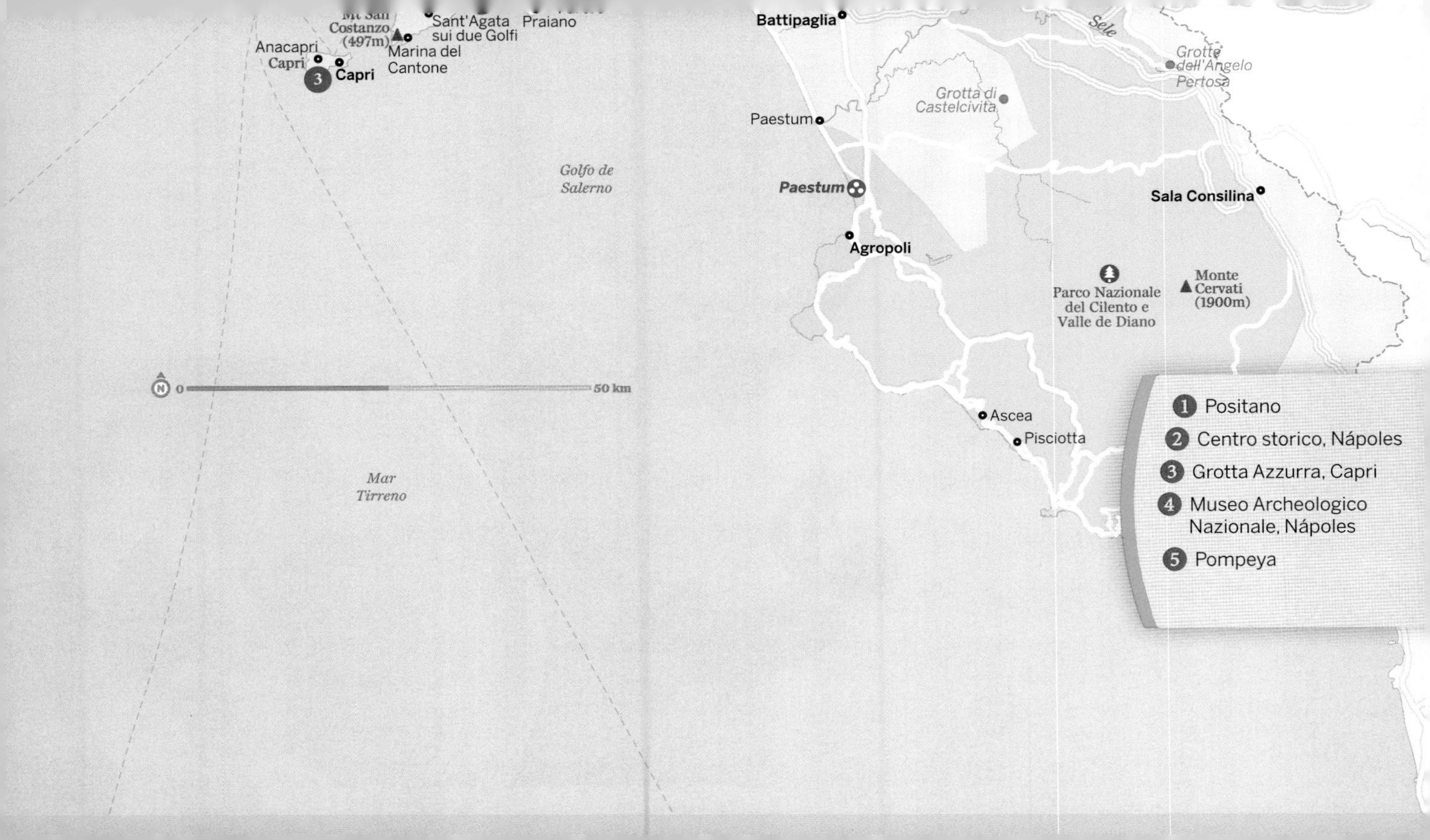
Costanzo
(497m)
Sant'Agata
sui due Golfi
Praiano
Anacapri
Capri
3
Capri
Marina del
Cantone
Battipaglia
Sele
Grotte
dell'Angelo
Pertosa
Grotta di
Castelcivita
Paestum
Golfo de
Salerno
Paestum
Sala Consilina
Agropoli
Parco Nazionale
del Cilento e
Valle de Diano
Monte
Cervati
(1900m)
0
50 km
Ascea
Pisciotta
Mar
Tirreno
1 Positano
2 Centro storico, Nápoles
3 Grotta Azzurra, Capri
4 Museo Archeologico Nazionale, Nápoles
5 Pompeya

Imprescindible

Llenarse de alegría en Positano

Un pequeño edén que aguarda con una arquitectura celestial, suculentas mariscadas y m
morables puestas de sol sobre un mar azul cobalto. La cala de Positano (p. 307) puede qu
esté repleta de sombrillas, pero esta asequible y palpitante población de la Costa Amalfita
sabrá encandilar incluso a los más solitarios con su animado carácter sociable.

1

2

'Pizza' en el centro históric

La centenaria rivalidad 'pizzera' entre Roma y Nápoles es legendaria. Para r solver la pugna entre masa fina o ma esponjosa, hay que ir al lugar donde nació la *pizza* –admitido incluso po romanos– cerca del histórico Merc di Porta Nolana, en el *centro storicc* Nápoles (p. 291), y probarla. Tras es experiencia inolvidable, a ver quién t hueco para la *pizza* romana...

Grotta Azzurra

3

Con un inquietante eco y una mágica luz celeste que resplandece a través de su angosta entrada, la Grotta Azzurra (p. 297) es exactamente la clase de lugar donde se podrían encontrar sirenas cantando. En las exploraciones más recientes no se vio ninguna, aunque hay un antiguo santuario romano dedicado a una ninfa local.

4

5

Museo Archeologico Nazionale

En el s. XVIII, Pompeya y Herculano habían sido saqueadas varias veces, aunque por suerte el botín más valioso se quedó en el palacio real de Nápoles, hoy Museo Archeologico Nazionale (p. 287). El rey borbón de Nápoles tenía un gusto excepcional, y el museo que fundó ofrece una perspectiva íntima e inusual de la vida romana, que abarca desde épicos mosaicos pompeyanos a pornografía romana.

Ruinas de Pompeya

"¡Increíble!" es la expresión más oída entre los viajeros que visitan Pompeya (p. 302) por primera vez. Muchos quedan fascinados por su grandiosidad y se ven transportados a otra dimensión. Su encanto reside en que hay vida, amor e historias atrapadas en cada piedra.

Lo mejor

Para 'gourmets'

ō **Pizzeria Gino Sorbillo** Sublimes *pizzas* napolitanas (p. 291).

ō **President** Festines dignos de un emperador moderno (p. 303).

ō **Ristorantino dell'Avvocato** Cocina creativa de la mano de Raffaele Cardillo (p. 293).

ō **Da Vincenzo** Marisco fresco preparado con sencillez (p. 307).

Dónde susurrar 'ti amo'

ō **Villa Rufolo** En su terraza, en Ravello (p. 309).

ō **Teatro San Carlo** Antes del final del tercer acto, en Nápoles (p. 293).

ō **Grotta Azzurra** Una hechizante cueva en Capri (p. 297).

ō **Giardini di Augusto** Los románticos jardines de Capri (p. 297).

ō **Seggiovia del monte Solaro** Un telesilla con vistas de órdago (p. 298).

Joyas barrocas

ō **Duomo** Bustos plateados y frescos en la imponente catedral de Nápoles (p. 286).

ō **Certosa e Museo di San Martino** Un monasterio nada austero y repleto de frescos (p. 286).

ō **Palazzo Reale di Capodimonte** Sus 160 salas apenas dan abasto con tantas obras maestras del barroco (p. 289).

ō **Catedral de Sant'Andrea** Su gran escalinata no deja indiferente a nadie (p. 306).

ujos asequibles

- **La Fontelina** Encantadora aya bañada por el sol de apri (p. 298).
- **Hotel Lidomare** Elegancia vistas de la Costa malfitana (p. 306).
- **Unico Capri** Bono válido ara el telesilla del monte olaro (p. 298).
- **Villa Rufolo** Jardines aradisíacos, en Ravello). 309).

appella di San Gennaro (p. 286), Nápoles
Arriba: Ravello (p. 309).

(IZDA.) RICHARD I'ANSON/GETTY IMAGES ©; (ARRIBA) LAURENCE DELDERFIELD/GETTY IMAGES ©

Lo esencial

ANTES DE PARTIR

- **Tres meses antes** Reservar alojamiento, máxime si se va a Capri o la Costa Amalfitana entre junio y mediados de septiembre.
- **Uno o dos meses antes** Reservar entradas del Festival de Ravello y de la ópera en el Teatro San Carlo de Nápoles.
- **Una semana antes** Reservar mesa en el Palazzo Petrucci, Nápoles; y un circuito de espeleología urbana con Napoli Sotterranea (p. 301).

WEBS

- **Departamento de Turismo de Nápoles** (www.inaples.it)
- **Napoli Unplugged** (www.napoliunplugged.com) Las principales atracciones, eventos y noticias.
- **Capri** (www.capri.net) Información general, itinerarios y horarios de ferry.

CÓMO DESPLAZARSE

- **Avión** El aeropuerto de Nápoles-Capodichino recibe vuelos nacionales e internacionales.
- **A pie** Ideal para descubrir Nápoles, las islas, los pueblos o las rutas costeras.
- **Tren** Nápoles es un gran nudo ferroviario con conexiones frecuentes a Pompeya, Herculano y Sorrento.
- **Autobús** Hay servicios regulares entre Nápoles y la Costa Amalfitana.
- **'Ferries' e hidroplanos** Servicios regulares en verano entre Nápoles y Capri, Sorrento y la Costa Amalfitana. En invierno disminuyen.

ADVERTENCIAS

- **Museos** Suelen cerrar lunes o martes.
- **Restaurantes** En Nápoles, muchos cierran en agosto; en Capri y la Costa Amalfitana, de noviembre a marzo.
- **Alojamiento** Muchos hoteles cierran de noviembre a marzo en Capri y la Costa Amalfitana.
- **Carteristas y ladrones en moto** Activos de noche en Nápoles y Pompeya.

Itinerarios

En este paisaje privilegiado no hacen falta ni elixires de amor ni máquinas del tiempo para disfrutar de una escapada romántica: desde grutas azules a antiguas ciudades romanas eternizadas a los pies de un volcán que sigue activo.

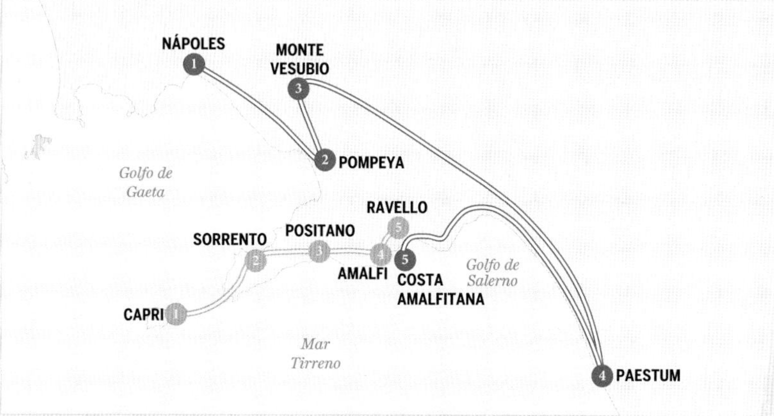

3 DÍAS

DE NÁPOLES A LA COSTA AMALFITANA
VIAJE AL PASADO

La ruta arranca bajo tierra, en ❶ **Nápoles,** donde se exploran pasadizos secretos romanos a la luz de las velas con Napoli Sotterranea. De vuelta a la superficie, se viaja al futuro en el vanguardista museo de arte contemporáneo MADRE, antes de regresar al pasado en el barroco Duomo de Nápoles. Para redondear la experiencia, no hay como hospedarse en el artístico Hotel Piazza Bellini, situado en un palacio del s. XVI.

El segundo día se retrocede un par de milenios con los mosaicos exquisitos y el erotismo antiguo del Museo Archeologico Nazionale. Pero hay que regresar a tiempo para la cita de ❷ **Pompeya** con el destino; hacia el año 79, una erupción sepultó esta antigua ciudad romana bajo una capa de ceniza volcánica. Luego se puede tomar un autobús hasta el todavía activo ❸ **monte Vesubio.** Al día siguiente se viaja al pasado siguiendo la costa en automóvil (o en tren o autobús, si atrae algo más pausado) hasta los fascinantes templos griegos de ❹ **Paestum,** del s. VI a.C. Después, se regresa al presente para deleitarse con las playas de la ❺ **Costa Amalfitana.**

5 DÍAS

DE CAPRI A RAVELLO

IDILIO AMALFITANO

ˌl sur de Nápoles todo está dispuesto para l romanticismo. Basta con tomar un *ferry* ❶ **Capri,** desde cuyas playas se puede ontinuar en barco hasta la Grotta Azzurra, tomar un telesilla para disfrutar de magnícas vistas desde la cima del monte Solaro.

Tras pernoctar entre limoneros en el Hotel 'illa Eva o La Minerva, se toma l *ferry* a ❷ **Sorrento,** una población obre acantilados ideal para deambular sin risas, disfrutar de la playa y degustar la ɛgendaria *mozzarella di búfala* local en Inn ʒufalito. Al día siguiente, la ruta continúa n autobús hasta ❸ **Positano,** para otra pacible jornada curioseando por sus callejas jalonadas de *boutiques*. A la mañana siguiente se realiza una bonita travesía en barco hasta ❹ **Amalfi.** Aquí se puede buscar inspiración en el medieval Museo della Carta, o mimarse en el Ristorante La Caravella, con más de 1750 vinos para elegir. Al día siguiente se enfila hacia ❺ **Ravello,** donde el viajero quedará imbuido por las espléndidas vistas desde la terraza panorámica del Hotel Villa Cimbrone, o tal vez se anime a recrear. shakespearianas escenas de balcón en el Hotel Villa Amore.

Ravello (p. 309).

Descubrir Nápoles, Pompeya y la Costa Amalfitana

De un vistazo

- **Nápoles** (p. 282) Mercados callejeros, encanto barroco y la mejor *pizza* del mundo.
- **Pompeya** (p. 302) Ciudad antigua conservada por ceniza volcánica a los pies del Vesubio.
- **Capri** (p. 296) Elegante sin pretenderlo, es la isla de escapada predilecta del Mediterráneo.
- **Costa Amalfitana** (p. 306) De belleza desgarradora, salpicada de altos acantilados sobre calas.

Productos locales, Nápoles.

NÁPOLES

970 400 HAB.

La ciudad menos comprendida de Italia es también una de las más fascinantes: un estimulante batiburrillo de ampulosas iglesia barrocas, camareros altaneros y una vida callejera electrizante. Declarado Patrimoni Mundial por la Unesco, el *centro storico* de Nápoles cuenta con museos en los que se exhiben algunos de los mejores hallazgos arqueológicos y obras de arte de Europa, y sus suntuosos palacios no desmerecen en nada a los de Roma. Ahora bien, ¿acaso no está plagado de carteristas y es el centro d operaciones de la Camorra? No cabe duda de que Nápoles tiene una buena dosis de problemas. Aun así, la ciudad es mucho más segura de lo que muchos imaginan y en sus calles se pueden topar con algunos de los habitantes más amables y hospitalarios de Italia.

Puntos de interés

CENTRO STORICO

Cappella Sansevero

Capilla

(**081 551 84 70; www.museosansevero.it; Via Francesco de Sanctis 1; adultos/reducida 7/5 €; 9.00-17.4 lu y mi-sa, hasta 13.10 do; M Dante**)

De inspiración masónica, custodi la formidable escultura en mármol Cristo con velo, ejecutada con tal realismo por Giuseppe Sanmartino que entran ganas de levantar el velo que cubre a Jesús. También pueden apreciarse otras maravillas artísticas como la escultura Desilusión, de Francesco Queirolo; Modestia, de Antonio Corradini; y los vívidos frescos de Francesco Maria Russo, intactos desde su creación en 1749.

FRANZ ABERHAM/GETTY IMAGES ©

Indispensable
Mercato di Porta Nolana

Los estómagos resuenan al llegar a este evocador mercado callejero, considerado entre los mejores de la ciudad. Toma su nombre de la homónima **Porta Nolana,** una puerta medieval situada al principio de Via Sopramuro. Sus dos torres cilíndricas (de la Fe y la Esperanza) sostienen un arco decorado con un bajorrelieve ecuestre de Fernando I de Aragón.

Pasada la puerta, se llega al *mercato,* donde los estridentes pescaderos y *frutti vendoli* (verduleros) conviven con impecables delicatesen, panaderías y cada vez más tiendas de productos étnicos. Cabe esperar desde exuberantes tomates y mozzarella hasta crujientes hogazas de *casareccio,* así como maletas baratas y toda clase de CD piratas.

LO ESENCIAL

Porta Nolana; 8.00-18.00 lu-sa, hasta 14.00 do; R2 hasta Corso Umberto I

Basilica di Santa Chiara Iglesia

(**081 797 12 31; www.monasterodisantachiara.eu; Via Benedetto Croce; claustros adultos/reducida 6/4,50 €; basílica 7.30-13.00 y 16.30-20.00, claustros 9.30-17.00 lu-sa, 9.00-14.00 do; M Dante)** Vasta, gótica y algo engañosa, esta imponente **basílica** es en realidad una réplica del s. XX de la original angevina del s. XIV, obra de Gagliardo Primario, que fue dañada durante los bombardeos aliados de agosto de 1943. Con todo, el plato fuerte es el **claustro de mayólica,** adyacente a la basílica.

Pio Monte della Misericordia

Iglesia, museo

(**081 44 69 44; www.piomontedellamisericordia.it; Via dei Tribunali 253; entrada 6 €; 9.00-14.00 ju-ma; C55 hasta Via Duomo)** La obra maestra de Caravaggio *Las siete obras de*

Nápoles

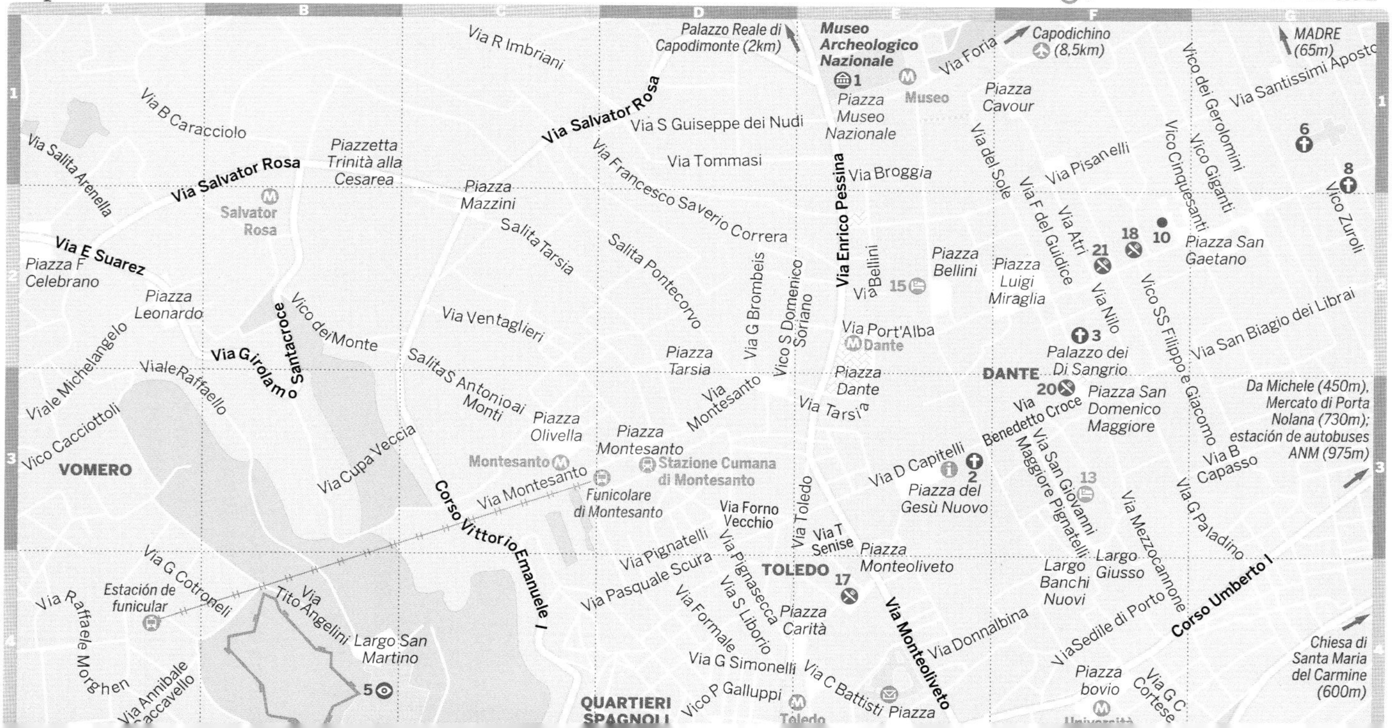
0
400 m
A
B
C
D
E
F
G
1
2
3
4
Palazzo Reale di Capodimonte (2km)
Museo Archeologico Nazionale
1
Museo
Capodichino (8,5km)
MADRE (65m)
Via Santissimi Apostoli
Via R Imbriani
Via Salvator Rosa
Via S Guiseppe dei Nudi
Piazza Museo Nazionale
Piazza Cavour
Via Foria
Vico dei Gerolomini
Vico Giganti
Vico Cinquesanti
6
8
Vico Zuroli
Via B Caracciolo
Via Salita Arenella
Piazzetta Trinità alla Cesarea
Salvator Rosa
Via Tommasi
Via Francesco Saverio Correra
Via Enrico Pessina
Via Broggia
Via del Sole
Via Pisanelli
Via F del Guidice
Via Atri
18
10
21
Piazza San Gaetano
Piazza Mazzini
Salita Tarsia
Salita Pontecorvo
Via G Brombeis
Vico S Domenico Soriano
Via Bellini
15
Piazza Bellini
Piazza Luigi Miraglia
Via Nilo
Vico SS Filippo e Giacomo
Via San Biagio dei Librai
Via E Suarez
Piazza F Celebrano
Piazza Leonardo
Via Girolamo Santacroce
Vico dei Monte
Via Ventaglieri
Via Port'Alba
Dante
3
Palazzo dei Di Sangrio
DANTE
Piazza Tarsia
Piazza Dante
Viale Michelangelo
Viale Raffaello
Salita S Antonio ai Monti
Via Montesanto
Via Tarsia
20
Via Benedetto Croce
Piazza San Domenico Maggiore
Da Michele (450m), Mercato di Porta Nolana (730m); estación de autobuses ANM (975m)
Vico Cacciottoli
VOMERO
Piazza Olivella
Piazza Montesanto
Montesanto
Stazione Cumana di Montesanto
Via Cupa Veccia
Via Montesanto
Funicolare di Montesanto
Via D Capitelli
2
Piazza del Gesù Nuovo
Via San Giovanni Maggiore Pignatelli
13
Via B Capasso
Corso Vittorio Emanuele I
Via Forno Vecchio
Via Toledo
Via T Senise
Piazza Monteoliveto
Via Mezzocannone
Via G Paladino
Via G Cotroneli
Via Pignatelli
Via Pasquale Scura
Via Pignasecca
TOLEDO
17
Largo Banchi Nuovi
Largo Giusso
Corso Umberto I
Via Raffaele Morghen
Estación de funicular
Via Tito Angelini
Largo San Martino
5
Via Formale
Via S Liborio
Piazza Carità
Via Monteoliveto
Via Donnalbina
Via Sedile di Porto
Chiesa di Santa Maria del Carmine (600m)
Via Annibale Caccavello
Via G Simonelli
Via C Battisti
Piazza
Piazza bovio
Via G C Cortese
QUARTIERI SPAGNOLI
Vico P Galluppi
Toledo

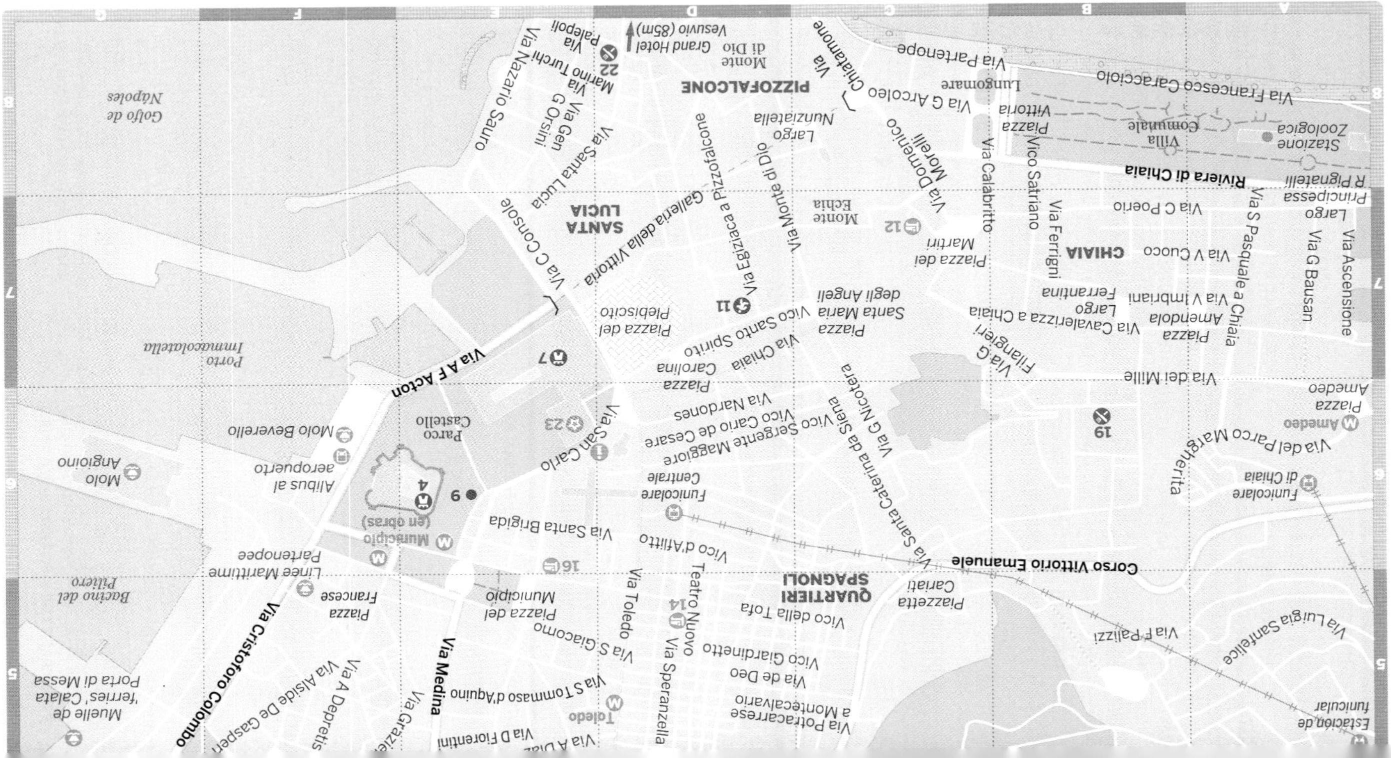
Via Cristoforo Colombo
Via Alside De Gasperi
Via A Depretis
Via Medina
Via D Fiorentini
Via S Tommaso d'Aquino
Toledo
Via S Giacomo
Piazza del Municipio
Via Toledo
Via Speranzella
Teatro Nuovo
14
Via Potracarrese a Montecalvario
Via de Deo
Vico Giardinetto
Vico della Tofa
QUARTIERI SPAGNOLI
Piazzetta Cariati
Via F Palizzi
Via Luigia Sanfelice
Estación de funicular
Muelle de 'ferries' Calata Porta di Messa
Bacino del Piliero
Piazza Francese
Linee Marittime Partenopee
Municipio (en obras)
16
Via Santa Brigida
Vico d'Afitto
Funicolare Centrale
Corso Vittorio Emanuele
Via Santa Caterina da Siena
Via G Nicotera
Molo Angioino
Alibus al aeropuerto
Molo Beverello
4
9
Parco Castello
Via San Carlo
23
Vico Sergente Maggiore
Vico Cario de Cesare
Via Nardones
Piazza Carolina
Via Chiaia
Via Santo Spirito
Vico Santa Maria degli Angeli
Piazza Santa Maria degli Angeli
Via G Filangieri
Via Cavalerizza a Chiaia
Via dei Mille
Funicolare di Chiaia
Via del Parco Margherita
Amedeo
Piazza Amedeo
19
Porto Immacolatella
Via A F Acton
7
Piazza del Plebiscito
11
Via Egiziaca a Pizzofalcone
Via Monte di Dio
Monte Echia
12
Piazza dei Martiri
Largo Ferrantina
Piazza Amendola
Via V Imbriani
CHIAIA
Via V Cuoco
Via C Poerio
Via S Pasquale a Chiaia
Via G Bausan
Via Ascensione
Largo Principessa R Pignatelli
Via C Console
Galleria della Vittoria
SANTA LUCIA
Via Santa Lucia
Via Gen G Orsini
Via Nazario Sauro
Via Marino Turchi
22
Via Palepoli
Grand Hotel Vesuvio (85m)
Monte di Dio
PIZZOFALCONE
Largo Nunziatella
Via Chiatamone
Via Domenico Morelli
Via G Arcoleo
Via Calabritto
Vico Satriano
Via Ferrigni
Piazza Vittoria
Lungomare
Via Partenope
Riviera di Chiaia
Villa Comunale
Stazione Zoologica
Via Francesco Caracciolo
Golfo de Nápoles

Nápoles

Principales puntos de interés

1 Museo Archeologico Nazionale........... E1

Puntos de interés

2 Basilica di Santa Chiara........................E3
3 Cappella Sansevero..............................F2
4 Castel Nuovo E6
5 Certosa e Museo di San Martino........ B4
6 Duomo G1
7 Palazzo Reale...E7
8 Pio Monte della Misericordia...............G1

Actividades, cursos y circuitos

9 City Sightseeing Napoli E6
10 Napoli Sotterranea...............................F2
11 Túnel Borbónico.................................. D7

Dónde dormir

12 B&B Cappella Vecchia......................... C7
13 Decumani Hotel de Charme F3
14 Hotel Il Convento.................................. D5
15 Hotel Piazza Bellini................................E2
16 La Ciliegina Lifestyle Hotel.................. E6

Dónde comer

17 Il Garum E4
18 La Campagnola F2
19 L'Ebbrezza di Noè B6
20 Palazzo Petrucci.....................................F3
21 Pizzeria Gino Sorbillo............................F2
22 Ristorantino dell'Avvocato................. D8

Ocio

23 Teatro San Carlo E6

misericordia es considerada por muchos el cuadro más importante de Nápoles. Y es aquí, en esta pequeña iglesia octogonal del s. XVII, donde puede verse.

Duomo — Catedral

(081 44 90 97; www.duomodinapoli.com/it/main.htm; Via Duomo; entrada al baptisterio 1,50 €; catedral y baptisterio 8.00-12.30 y 16.30-19.00 lu-sa, 8.00-13.30 y 17.00-19.30 do; C55 hasta Via Duomo) Tanto si se visita atraído por el fresco de Giovanni Lanfranco que decora la Cappella di San Gennaro, los mosaicos del s. IV del baptisterio o el milagro de san Jenaro (que ocurre tres veces al año), no hay que dejar de visitar el eje espiritual de Nápoles. Levantada en una zona donde hubo iglesias anteriores y un templo a Neptuno, la catedral fue mandada construir por Carlos I de Anjou en 1272, consagrada en 1315 y casi destruida por un terremoto en 1456.

MADRE — Muse

(Museo d'Arte Contemporanea Donnaregina; 081 1931 3016; www.coopculture.it; Via Settembrini 79; entrada 7 €, gratis lu; 9.00-19.30 lu, mi-sa, hasta 20.00 do; M Piazza Cavour) No hay como visitar este sorprendente museo de arte contemporáneo para descansar un poco de la Antigüedad. La 1ª planta alberga instalaciones artísticas como la inquietante *Spirits*, de Rebecca Horn, y el fresco de carga erótica *Ave Ov* de Francesco Clemente; mientras que la colección de pintura, fotografía, escultur e instalaciones de la 2ª planta cuenta co grandes nombres como Damien Hirst, Cindy Sherman y Olafur Eliasson.

VOMERO

Certosa e Museo di San Martino — Monasterio, muse

(848 800288; www.coopculture.it; Largo San Martino 5; adultos/reducida 6/3 €; 8.30-19.30 ju-ma, última entrada 18.30; M Vanvitelli, funicular de Montesanto a Morghen) Esta impresionante cartuja del s. XIV convertida en museo es la cúspide del barroco napolitano. Su decoración fue encargada a lo largo de los siglos a algunos de los mayores talentos italianos, incluidos Giovanni Antonio Dosio (s. XVI) y el maestro del barroco Cosimo Fanzago (s. XVII).

La **iglesia** del monasterio y las salas que la flanquean contienen una antología de frescos y óleos de los mayores artistas napolitanos del s. XVII, entre ellos Francesco Solimena, Massimo Stanzione José de Ribera y Battista Caracciolo. La nave presenta una extraordinaria obra en mármol taraceado de Cosimo Fanzago.

Junto a la iglesia, el **Chiostro dei Procuratori** conduce por un majestuoso pasillo hasta el **Chiostro Grande**, uno de los mejores del país. Diseñado por Dosio a finales del s. XVI y retocado luego por Fanzago, se trata de una sublime composición de pórticos dóricos toscanos, jardines y estatuas de mármol.

La pequeña **Sezione Navale** documenta la historia de la armada borbónica entre 1734 y 1860, y presenta una colección de barcazas reales.

GREG ELMS/GETTY IMAGES ©

Indispensable

Museo Archeologico Nazionale

He aquí una de las mejores colecciones de arte grecorromano del mundo. Unas antiguas caballerizas –que sirvieron de sede a la universidad– fueron convertidas en museo por el rey Carlos VII, a fin de albergar la rica colección de antigüedades que había heredado de su madre, Isabel de Farnesio, además de tesoros Hallados en Pompeya y Herculano.

El sótano contiene la colección Borgia de objetos y epígrafes egipcios, mientras que la planta baja alberga la **colección Farnesio,** compuesta por espectaculares esculturas griegas y romanas entre las que figuran el *Toro Farnesio* en la sala XVI y el musculoso Hércules de la sala XI.

Si el tiempo apremia, tras admirar estas dos obras maestras hay que dirigirse al entrepiso, donde se exhibe una exquisita colección de **mosaicos,** en su mayoría de Pompeya, entre la que destaca la sala LXI *con La batalla de Alejandro contra Darío,* de la casa del Fauno. Pasados los mosaicos, el **Gabinetto Segreto** aloja una pequeña pero estudiada colección de pornografía antigua.

En su día ocupada por la biblioteca real, la enorme **sala Meridiana,** en la 1ª planta, alberga el Atlante Farnesio, una estatua de Atlas cargando el globo terráqueo, así como varios cuadros de la colección Farnese. Si se mira al techo podrá contemplarse un colorista fresco de Pietro Bardellino (1781) que representa el triunfo de Fernando IV. El resto de la 1ª planta está dedicado a piezas procedentes de Pompeya, Herculano, Boscoreale, Estabia y Cumas.

LO ESENCIAL

081 44 01 66; www.coopculture.it; Piazza Museo Nazionale 19; entrada 8 €; 9.00-19.30 mi-lu; M Museo, Piazza Cavour

DEA / A. DAGLI ORTI/GETTY IMAGES ©

Indispensable
Catacomba di San Gennaro

Compuesta por un evocador rosario de tumbas, pasillos y vestíbulos, es la catacumba más antigua y sagrada de Nápoles. Aquí no solo pueden apreciarse frescos cristianos del s. II y mosaicos del s. V, sino la imagen más antigua conocida de san Jenaro como protector de Nápoles. Se cree que el cuerpo del santo fue enterrado aquí en el s. V, por lo que se convirtió en un lugar de peregrinación cristiano.

LO ESENCIAL

081 744 37 14; www.catacombedinapoli.it; Via Tondo di Capodimonte 13; adultos/reducida 8/5 €; circuitos de 1 h cada hora 9.00-17.00 lu-sa, hasta 13.00 do

La **Sezione Presepiale** alberga una colección de pintorescos *presepi* (pesebres) napolitanos de los ss. XVIII y XIX, incluida una colosal creación de Cuciniello, que cubre una pared de lo que fuera la cocina del monasterio.

El **Quarto del Priore,** en el ala sur, contiene el grueso de la colección pictórica, además de una de las piezas más célebres del museo, la tierna *Virgen con el Niño y san Juan Bautista*, de Pietro Bernini.

En la sección **Immagini e Memorie di Napoli** se despliega una historia pictórica de la ciudad.

SANTA LUCIA Y CHIAIA

Palazzo Reale Palacio, museo
(Palacio Real; 081 40 04 54; www.coopculture.it; Piazza del Plebiscito; adultos/reducida 4/3 €; 9.00-19.00 ju-ma; R2 hasta Via San Carlo) Oda a la gloria de España (en el s. XVI Nápoles era dominio español), aloja al **Museo del Palazzo Reale,** hogar de una rica y ecléctica colección de muebles, porcelana, tapices, estatuas y cuadros barrocos y neoclásicos repartidos por las dependencias reales del palacio.

Castel Nuovo Castillo, museo
(081 795 58 77; Piazza Municipio; entrada 6 €; 9.00-19.00 lu-sa, última entrada 18.00; R2 hasta Piazza Municipio) Más conocido como el Maschio Angioino (fortaleza de Anjou), este robusto castillo fue construido a finales del s. XIII, en el marco de un ambicioso proyecto urbanístico promovido por Carlos I de Anjou. Bautizado como Castrum Novum (castillo nuevo) para distinguirlo de los más antiguos Castel dell'Ovo y Castel Capuano, lo único que perdura de la estructura original es la Cappella Palatina. El resto es fruto de las renovaciones aragonesas realizadas dos siglos más tarde, junto con una meticulosa restauración previa a la II Guerra Mundial.

CAPODIMONTE Y LA SANITÀ

Palazzo Reale di Capodimonte Palacio, museo
(081 749 91 11; www.coopculture.it; Parco di Capodimonte; museo adultos/reducida 7,50/3,75 €; parque gratis; museo 8.30-19.30 ju-ma, última entrada 1 h antes del cierre; parque 7.00-20.00 a diario; 2M o 178) Emplazado al norte de la ciudad, este mastodóntico palacio precisó más de un siglo para su construcción (concluyó en 1759). Concebido como residencia de caza para Carlos VII de Borbón, a medida que avanzaban las obras también lo hacían los planes por convertirlo en un lugar cada vez más suntuoso. Hoy alberga el **Museo Nazionale di Capodimonte.**

Repartido por tres plantas y 160 salas, resulta imposible recorrer todo el museo en un solo día. Para la mayoría de los visitantes, basta con dedicarle una mañana o una tarde; es recomendable invertir 5 € en una audioguía.

En la 1ª planta se exhiben obras de Bellini, Botticelli, Caravaggio y Tiziano. Aunque cuenta con numerosos atractivos, conviene no perderse la *Crucifixión* de Masaccio, ni la *Antea* de Parmigianino.

Las salas de la 2ª planta deparan obras de artistas napolitanos de los s. XIII al XIX, además de varios tapices belgas espectaculares, del s. XVI; aunque el verdadero gancho es la *Flagelación* (1607-1610) de Caravaggio, expuesta en la sala 78, al final de un largo pasillo.

Circuitos

City Sightseeing Napoli Circuito en autobús
(081 551 72 79; www.napoli.city-sightseeing.it; adultos/reducida 22/11 €) Opera un servicio de autobús con paradas libres en cuatro rutas por toda la ciudad, todas ellas con salida desde Piazza Municipio-Largo Castello. Los billetes se venden a bordo y se ofrecen comentarios en ocho idiomas.

Túnel Borbónico Circuito
(366 2484151, 081 764 58 08; www.tunnelborbonico.info; Vico del Grottone 4; circuito estándar 75 min adultos/reducida 10/5 €; 9.00, 12.00, 15.30 y 17.30 vi-do; R2 hasta Via San Carlo) Con un trazado que recorre cinco siglos de historia, este túnel mandado construir por Fernando II en 1853 conecta el Palazzo Reale con los barracones y el mar: una ruta de escape inacabada, parte de la red de acueductos realizados por Carmignano en el s. XVII, que a su vez incorpora cisternas del s. XVI. Utilizado como refugio antiaéreo y hospital militar durante la II Guerra Mundial, este laberinto subterráneo reaviva el pasado con su magnífica parafernalia bélica, desde grafitos y juguetes hasta automóviles de contrabando.

Dónde dormir

CENTRO STORICO Y ZONA DEL PUERTO

Hotel Piazza Bellini Hotel-'boutique' €€
(081 45 17 32; www.hotelpiazzabellini.com; Via Santa Maria di Costantinopoli 101; i 70-140 €, d 80-165 €; ; Dante) Estrambótico hotel con visos artísticos instalado en un *palazzo* del s. XVI. Sus espacios blancos están tachonados de azulejos de mayólica originales y obras de artistas emergentes, mientras que las habitaciones ofrecen un aire moderno a la par

que sencillo, con instalaciones de diseño, baños elegantes y marcos de espejo dibujados sobre las paredes.

Decumani Hotel de Charme
Hotel-'boutique' **€€**

(081 551 81 88; www.decumani.it; Via San Giovanni Maggiore Pignatelli 15; i 99-124 €, d 99-164 €; ❄ @ 📶; 🚌 R2 hasta Via Mezzocannone) Certera propuesta en el antiguo *palazzo* del cardenal Sisto Riario Sforza, el último obispo durante el reinado borbónico. Sus sencillas pero estilosas habitaciones lucen techos altos, suelos de parqué, mobiliario del s. XIX y modernos baños con duchas holgadas y encimeras de madera rústica. Las de lujo cuentan con *jacuzzi* propio.

TOLEDO Y QUARTIERI SPAGNOLI

La Ciliegina Lifestyle Hotel
Hotel-'boutique' **€€**

(081 1971 8800; www.cilieginahotel.it; Via PE Imbriani 30; d 170-230 €, ste júnior 260-300 €; ❄ @ 📶; 🚌 R2 hasta Piazza del Municipio) Las 13 espaciosas habitaciones minimalistas de este favorito de vocación moderna incluyen excepcionales camas Hästens, TV con pantalla plana y baños revestidos de mármol con duchas de hidromasaje (una *suite* júnior tiene *jacuzzi*). Se puede desayunar en la cama o en la terraza de la azotea, con tumbonas, *jacuzzi* y vistas del Vesubio.

Hotel Il Convento Hotel **€**

(081 40 39 77; www.hotelilconvento.com; Via Speranzella 137a; i 45-90 €, d 55-150 €, tr 65-140 €; ❄ 📶; 🚌 R2 hasta Via San Carlo) Con una sosegada composición de muebles antiguos, estanterías con libros ilustrados y escaleras a la luz de las velas, este hotel apacible se encuentra en el emblemático Quartieri Spagnoli. Sus elegantes habitaciones combinan tonos crema y madera con secciones de enladrillado del s. XVI. Hay habitaciones con jardín privado en azotea (80-180 €).

Izda.: Nápoles
Abajo: tienda de pastas, Nápoles.
(IZDA.) TONY C FRENCH/GETTY IMAGES ©; (ABAJO) ROCCO FASANO/GETTY IMAGES ©

ANTA LUCIA Y HIAIA

&B Cappella Vecchia B&B €
081 240 51 17; www.cappellavecchia11.it; Vico ınta Maria a Cappella Vecchia 11; i 60-65 €, d -90 €; ; C24 hasta Piazza dei Mar-) Magnífica opción regentada por una nable pareja. Dispone de seis habitaones sencillas y acogedoras con baños egres y una variada decoración de mática napolitana. Hay una espaciosa na común para desayunar. En su web uncian promociones mensuales.

rand Hotel Vesuvio Hotel de lujo €€€
081 764 00 44; www.vesuvio.it; Via Partenope ; i 199-500 €, d 215-520 €; ; 154 sta Via Santa Lucia) Conocido por haber spedado a celebridades como Rita yworth o Humphrey Bogart, este peso sado de cinco estrellas es un paraíso arañas de cristal, antigüedades nabitaciones opulentas.

Dónde comer

CENTRO STORICO

Pizzeria Gino Sorbillo Pizzería €
(**081 44 66 43; www.accademiadellapizza.it; Via dei Tribunali 32; 'pizzas' 3-7,30 €; 12.00-15.30 y 19.00-23.30 lu-sa; M Dante)** De haber un rey de la *pizza,* no puede ser sino Gino Sorbillo. Pruébense sus impecables *pizzas* gigantescas cocinadas en horno a leña, seguidas de un aterciopelado *semifreddo* de chocolate y *torroncino* (turrón). Hay que llegar temprano para evitar la cola.

La Campagnola Campana €€
(**081 45 90 34; www.campagnolatribunali.com; Via dei Tribunali 47; comidas 18 €; 12.30-16.00 y 19.00-23.30 mi-lu; M Dante)** Bullicioso y de carácter afable, esta institución napolitana sirve tentadores clásicos como su

exquisita *pasta alla genovese* (con ragú de cordero) o sus sabrosos *penne alla siciliana* (con berenjena frita, tomate, albahaca y queso fior di latte).

Palazzo Petrucci

Italiana moderna **€€€**

(**☎081 552 40 68; www.palazzopetrucci.it; Piazza San Domenico Maggiore 4; comidas 50 €; ⏲13.00-14.30 y 19.30-22.30 ma-sa, solo cena lu, solo almuerzo do; Ⓜ Dante)** El innovador Petrucci sabe cómo sorprender con creaciones como crema de garbanzos con gambas y café concentrado, o su suculento cordero con albaricoques deshidratados, *pecorino* (queso de oveja) y menta. Su servicio intachable y ambiente elegante lo convierten en el lugar perfecto para una celebración especial.

TOLEDO, QUARTIERI SPAGNOLI Y VOMERO

Il Garum

Italiana **€€**

(**☎081 542 32 28; Piazza Monteoliveto 2a; comidas 35 €; ⏲12.00-15.30 y 19.00-23.30; Ⓜ Toledo)** De los contados restaurantes que abren los domingos por la noche, Il Garum agrada con clásicos renovados en un marco de iluminación tenue. Los calamares a la plancha rellenos de verduras de estación y queso son una apuesta segura.

SANTA LUCIA Y CHIAIA

L'Ebbrezza di Noè

Campana **€€**

(**☎081 40 01 04; www.lebbrezzadinoe.com; Vico Vetriera 9; comidas 30 €; ⏲20.30-24.00 ma-do; Ⓜ Piazza Amedeo)** Tienda de vinos de día, meca del buen comer de noche. Se puede tomar un vino y conversar junto a la barra, o acomodarse en alguno de sus íntimos comedores alineados entre botellas y entregarse a las creativas propuestas dictadas por los productos frescos del mercado. A destacar sus más de 2000 vinos, seleccionados por Luca Di Leva, su dueño y sumiller.

Ristorantino dell'Avvocato

Campana **€€**

(**☎081 032 00 47; www.ilristorantinodellavvocato.it; Via Santa Lucia 115-117; comidas 37 €, menús de degustación; ⏲12.00-15.00 y 19.30-23.00, solo almuerzo lu y do; 📶; 🚌154 hasta Via Santa Lucia)** Elegante establecimiento comandado por Raffaele Cardillo, su

Teatro San Carlo, Nápoles.

GREG ELMS/GETTY IMAGES

mable chef y propietario, que combina u pasión por la cocina campana con oques originales y sutiles en platos como oquis con mejillones, almejas, pistachos achacados, limón, jengibre y ajo.

Ocio

ay un sinfín de opciones, desde fre-éticos partidos de fútbol hasta ópera e categoría mundial. La programación ultural se puede consultar en www.campania.it; los clubes nocturnos de oda aparecen en la revista gratuita *Zero* www.zero.eu, en italiano), disponible en uchos bares.

eatro San Carlo Ópera, 'ballet'
081 797 23 31; www.teatrosancarlo.it; Via n Carlo 98; taquilla 9.00-19.00 lu-sa, hasta .30 do; R2 hasta Via San Carlo) Entre los incipales escenarios del país, ofrece na programación continua de ópera, *llet* y conciertos, aunque puede resultar mplicado conseguir entradas.

Información

s siguientes oficinas de turismo ofrecen ormación y planos de la ciudad:

azza del Gesù Nuovo 7 **(Piazza del Gesù ovo 7; 9.30-13.30 y 14.30-18.30 lu-sa, 9.00-.30 do)**

azione Centrale **(Stazione Centrale; 9.00-.00)**

a San Carlo 9 **(Via San Carlo 9; 9.30-13.30 4.30-18.30 lu-sa, 9.00-13.30 do; R2 hasta zza Trieste e Trento)**

Cómo llegar y salir

vión

uado 7 km al noreste del centro urbano, el opuerto de Nápoles-Capodichino **(NAP; 081 789 61 11; www.gesac.it)** es el más portante del sur de Italia y conecta Nápoles con ayor parte de las ciudades italianas y varias opeas.

arco

lo Beverello, frente al Castel Nuovo, cuenta *ferries* rápidos e hidroplanos a Capri, rento, Isquia (Isquia Porto y Forio) y Prócida. Algunos hidroplanos a Capri, Isquia y Prócida también zarpan desde Mergellina, 5 km al oeste.

Molo Angioino, junto al Molo Beverello, ofrece *ferries* lentos a Sicilia, las islas Eolias y Cerdeña.

Calata Porta di Massa, junto al Molo Angioino, recibe servicios a/desde Isquia, Prócida y Capri.

Autobús

La mayor parte de los autobuses nacionales e internacionales salen desde Corso Meridionale, en la parte norte de la Stazione Centrale.

En Piazza Garibaldi, la Biglietteria Vecchione **(081 563 03 20; Piazza Garibaldi; 6:30-19.30 lu-sa)** dispone de horarios y vende billetes para la mayoría de los servicios regionales e interurbanos. También venden billetes para los autobuses de Unico Napoli y el metro.

Numerosas compañías ofrecen servicios regionales, pero los más útiles son los de SITA Sud **(089 40 51 45; www.sitasudtrasporti.it)**, cuyos billetes se pueden comprar tanto en Porto Immacolatella, cerca de Molo Angioino, como junto a la entrada de la Stazione Centrale. También venden billetes en los bares y estancos con el distintivo de Unico Campania.

ATC **(0823 96 90 57; www.atcbus.it)** viaja de Nápoles a Asís (5¼ h, 2 diarios) y Perugia (4½ h, 2 diarios).

Tren

Nápoles es el principal nudo ferroviario del sur de Italia. La mayor parte de los trenes nacionales llegan o salen desde la Stazione Centrale **(081 554 31 88; Piazza Garibaldi)** o la de Garibaldi, en el piso inferior. Algunos servicios también paran en la estación de Mergellina.

La compañía estatal Trenitalia (p. 402) opera casi todos los trenes InterCity, incluidos 42 convoyes diarios a Roma. El tiempo de trayecto y las tarifas varían. Las opciones a/desde Roma incluyen los trenes Frecciarossa (alta velocidad; ida en 2ª clase 43 €, 70 min); InterCity (IC; ida en 2ª clase 24,50 €, 2 h); y Regionale (ida 11,20 €, 2¾ h).

La privada Italo **(060708; www.italotreno.it)** ofrece trenes de alta velocidad entre la Stazione Centrale de Nápoles y varias ciudades italianas, incluida Roma (ida en 2ª clase 43 €, 70 min). Nótese que los trenes de Italo llegan a la estación de Roma-Tiburtina y no a la de Roma-Termini.

Los trenes de Circumvesuviana **(800 211388; www.eavcampania.it)** conectan Nápoles con Sorrento (4,10 €, 68 min, 30 diarios aprox.); realizan paradas en Herculano (2,20 €, 19 min) y Pompeya (2,90 €, 38 min), entre otros lugares; y salen desde la Stazione Circumvesuviana (800 211388; www.eavcampania.it; Corso Garibaldi), adyacente a la Stazione Centrale (síganse los letreros desde el vestíbulo principal).

Cómo desplazarse

Los billetes del transporte público en Nápoles y la región de Campania están gestionados por Unico Campania (www.unicocampania.it) y se venden en estaciones, puestos de ANM y estancos. Hay varias tarifas dependiendo del destino.

Unico Napoli (90 min 1,30 €; a diario 3,70 € entre semana; 3,10 € fines de semana) Permite viajes ilimitados en autobús, tranvía, funicular, metro, Ferrovia Cumana y Circumflegrea.

Unico 3T (3 días 20 €) Ofrece viajes ilimitados por Campania e incluye el Alibus, los autobuses de EAV al Vesubio y el transporte en las islas de Isquia y Prócida.

Unico Capri (60 min 2,70 €; 24 h 8,60 €) Viajes ilimitados en Capri. El billete de 60 minutos también incluye un viaje sencillo en el funicular Marina Grande-Capri (monte Solaro; p. 298); el billete de 1 día, incluye dos viajes.

Unico Costiera (45 min 2,50 €; 90 min 3,80 €; 1/3 días 7,60/18 €) Permite ahorrar dinero si se tiene previsto viajar bastante en los autobuses de SITA Sud o EAV y/o en los trenes de Circumvesuviana por el golfo de Nápoles y la Costa Amalfitana.

A/desde el aeropuerto

De optar por el transporte público, puede tomarse el Alibus (800 639525; www.unicocampania.it), un servicio lanzadera (3 €, 45 min, cada 20-30 min) a/desde Molo Beverello o Piazza Garibaldi. Los billetes se venden a bordo.

Un taxi al aeropuerto cuesta 23 € desde los hoteles del paseo marítimo o la terminal de hidroplanos de Mergellina; 19 € desde Piazza del Municipio; y 15,50 € desde la Stazione Centrale.

Autobús

En Nápoles, los autobuses están operados por l a empresa de transportes ANM (800 639525; www.anm.it). No hay una estación central, pero la mayor parte de las líneas pasan por Piazza Garibaldi, el caótico centro de transportes de la ciudad.

Funicular

Los billetes de Unico Napoli también son válidos para los funiculares. Tres de las cuatro líneas de funicular de Nápoles conectan el centro con Vomero; la restante, Funicolare di Mergellina, une Via Mergellina (en el paseo marítimo) y Via Manzoni.

Funicolare Centrale Cubre el trayecto entre Via Toledo y Piazza Fuga.

Funicolare di Chiaia Conecta Via del Parco Margherita con Via Domenico Cimarosa.

Funicolare di Montesanto Une Piazza Montesanto y Via Raffaele Morghen.

Metro

La red de metro de Nápoles, Metropolitana (800 568866; www.metro.na.it), funciona con los billetes de Unico Napoli.

Taxi

Los taxis oficiales son de color blanco y dispone[n] de taxímetro; conviene asegurarse de que esté conectado en todo momento. Hay paradas de taxis en casi todas las plazas importantes, aunq[ue] también se puede llamar a alguna de las siguientes cooperativas:

Consortaxi (081 22 22)

Consorzio Taxi Napoli (081 88 88; www.consorziotaxinapoli.it)

Radio Taxi La Partenope (081 01 01; www.radiotaxilapartenope.it)

La tarifa mínima es de 4,50 € (3 € de los cua[les] corresponden a la bajada de bandera). La tarifa mínima entre las 2.00 y 7.00 asciende a 5,50 €, también los domingos y festivos. Además, hay que contar con los recargos, incluidos 1 € por pedir un radio taxi y 0,50 € por pieza de equipaj[e] transportada en el maletero.

En algunas rutas se aplica una tarifa plana, incluida la ruta a/desde el aeropuerto, la Stazio[ne] Centrale y las terminales de *ferries*. Siempre qu[e] sea posible, hay que pedir que se aplique al inic[io] del trayecto.

Desde la Stazione Centrale, hay varios destin[os] para los que la tarifa se acuerda de antemano, incluidos Mergellina (13,50 €), los hoteles del paseo marítimo (11,50 €) y Molo Beverello (10,50 €).

Sorrento

500 HAB.

ese a su descarado cartel como destino ırístico, Sorrento sigue siendo el clásico ueblo civilizado con multitud e estupendas tiendas antiguas de cerá- ıica, encaje e *intarsio* (marquetería) de roducción local. Su principal desventaja s la falta de una playa de arena, pues se ncuentra atrincherada entre los acanti- dos que miran a Nápoles y al Vesubio.

Actividades

agni Regina Giovanna Playa

ollio Felix) Para darse un chapuzón ıy que dirigirse a las aguas limpias y istalinas de Bagni Regina Giovanna, ıa playa de rocas unos 2 km al oeste Sorrento, entre las ruinas de la villa mana Pollio Felix. Aunque se puede gar a pie siguiendo Via Capo, conviene mar el autobús de SITA en dirección a Massa Lubrense y, de paso, reservar algo de energía para nadar y tomar el sol.

City Sightseeing Sorrento Circuito en autobús

(081 877 47 07; www.sorrento.city-sightseeing.it; adultos/reducida 12/6 €; abr-oct) Opera un circuito en autobús por Sorrento y sus alrededores con paradas libres. Hay salidas diarias a las 9.30, 11.30, 13.30 y 15.30 desde Piazza De Curtis (estación de Circumvesuviana). Los billetes se compran a bordo y son válidos durante seis horas.

Dónde comer

Inn Bufalito Campana **€€**

(081 365 69 75; www.innbufalito.it; Vico Fuoro 21; comidas 25 €; 12.00-24.00 verano, horario reducido en invierno;) Su dueño cultiva una verdadera pasión por los ingredien- tes de producción local; no en vano, esta quesería-restaurante está adherida al movimiento Slow Food. Elegante sin pretenderlo, presume de una carta con exquisiteces como *fondue* de queso a la sorrentina y *carpaccio* de búfalo. También ofrece degustaciones de queso, exposi-

rrento

GREG ELMS/GETTY IMAGES©

ciones de arte y fotografía y música en vivo.

Transporte

Barco

Caremar (081 807 30 77; www.caremar.it) Opera hidroplanos a Capri (13 €, 25 min, 4 diarios).

Metrò del Mare (199 60 07 00; www.metrodelmare.net; jun-sep) Ofrece *ferries* a Positano (15 €, 35 min, 2 diarios), Amalfi (15 €, 1 h, 2 diarios), Nápoles-Beverello (11 €, 30 min, 1 diario) y Salerno (15 €, 1 h, 20 min, 1 diario).

Tren

Circumvesuviana (800 211388; www.eavcampania.it) Sorrento es la última parada de la línea férrea desde Nápoles. Hay trenes cada media hora hacia Nápoles (70 min) vía Pompeya (30 min) y Herculano (50 min). Sale a cuenta comprar el bono *Unico Costiera*.

Autobús

SITA (199 73 07 49; www.sitabus.it) Viaja a Nápoles, la Costa Amalfitana y Sant'Agata, con salida desde la parada de autobuses frente a la estación de trenes de Circumvesuviana. Vende billetes en el bar de la estación y en las tiendas con el distintivo de SITA.

Capri

13 400 HAB.

Compuesta por una masa de roca caliza desnuda que se eleva en vertical entre aguas de azules imposibles, Capri es el microcosmos perfecto del encanto mediterráneo, con una delicada combinación de plazas y cafés de moda, ruinas romanas, paisajes accidentados y una nómina de veraneantes de lo más granada. Pese a ser un popular destino para una excursión de un día, conviene pasar un par de noches para explorar su competidora colina arriba, Anacapri. Es aquí, en el interior, donde la isla seduce con su vegetación frondosa, estucos inmaculados y senderos de fábula.

Puntos de interés

CAPRI Y ALREDEDORES

Villa Jovis Ruina

(casa de Júpiter; 081 837 06 86; Via Amaiuri; adultos/reducida 2/1 €; 11.00-15.00, cerrado 1er y 2do ma de cada mes, cerrado do el resto del mes) A un cómodo paseo de 2 km por Via Tiberio, era la mayor y más suntuosa de las 12 villas romanas de la isla, y la residencia habitual de Tiberio en Capri. Pese a estar en ruinas, permite hacerse una idea del estilo de vida de su dueño.

Certosa di San Giacomo Monaster

(081 837 62 18; Viale Certosa 40; 9.00-14.00 ma- GRATIS El mejor ejemplo de arquitectura caprese que se conserva, alberga en la

Vista desde el monte Solaro (p. 298), Capri.

CHRISTOPHER GROENHOUT/GETTY IMAGES ©

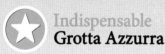

MAREMAGNUM/GETTY IMAGES ©

Indispensable
Grotta Azzurra

Bañada por una resplandeciente luz etérea, la hechizante Grotta Azzurra es indudablemente la atracción más famosa de Capri.

Conocida desde antiguo por los pescadores de la zona, la legendaria cueva marina fue redescubierta por dos alemanes en 1826. Sin embargo, las investigaciones posteriores revelaron que el emperador Tiberio había construido un muelle en la gruta hacia el año 30, rematado con un *altar a una ninfa local*. Todavía puede verse la rampa tallada por la que se descendía, al fondo de la gruta.

La forma más sencilla de visitarla es en un circuito en barco desde Marina Grande. La excursión cuesta 26 € e incluye la travesía en lancha hasta la entrada, el bote hasta el interior de la cueva y el precio de la entrada; se recomienda dedicarle una hora larga.

LO ESENCIAL

Gruta Azul; entrada 12,50 €, travesía en barco ida y vuelta 13,50 €; 9.00-1 h antes anochecer

tualidad un colegio, una biblioteca, un ntro de exposiciones temporales y un ıseo con cuadros del s. XVII. Y aunque la pilla contiene varios frescos notables l s. XVII, su mayor reclamo son sus dos ıustros de belleza decadente (el menor ta del s. XIV y el mayor, del s. XVI).

Para llegar, hay que enfilar Via Vittorio ıanuele (al este de Piazza Umberto I) sta el monasterio.

Giardini di Augusto Jardín

(jardines de Augusto; entrada 1 €; 9.00-1 h antes anochecer) Para escapar del gentío, lo mejor es caminar hacia el suroeste desde el monasterio hasta el final de Via G. Matteotti, donde el viajero topará con este inesperado oasis fundado por el emperador Augusto. Hay que dedicar unos minutos a contemplar las vistas de las

islas Faraglioni, que se alzan imponentes sobre el mar.

ANACAPRI Y ALREDEDORES

Seggiovia del Monte Solaro

Mirador

(☎081 837 14 28; ida/ida y vuelta 7,50/10 €; 9.30-16.30 verano, hasta 15.30 invierno) Este *seggiovia* (telesilla) asciende hasta la cima del **monte Solaro** (589 m), el techo de Capri, desde donde se obtienen unas vistas sin igual que, en días despejados, alcanzan todo el golfo de Nápoles, la Costa Amalfitana y las islas de Isquia y Prócida.

Actividades

Playas

Playa

Con la llegada del verano, es difícil resistirse a las aguas color turquesa de Capri. **La Fontelina** (☎081 837 08 45; www.fontelina-capri.com), accesible por Via Tragara, se encuentra entre las mejores para nadar. La entrada a la playa privada cuesta 20 € pero está junto a las Faraglioni y es una de las pocas donde se puede disfrutar d los rayos del sol hasta tarde.

En la costa oeste, **Lido del Faro** (☎08 837 17 98; www.lidofaro.com), en Punta Carena, es otra buena opción; los 20 € de la entrada brindan acceso a la playa privada, con piscina y un restaurante ca pero fabuloso. Para bañarse gratis, se puede optar por la vecina playa pública tomar un tentempié en el bar Da Antoni Para llegar desde Anacapri, se ha de tomar el autobús hasta Faro (cada 20 min, abr-oct) y descender las escaleras hasta la playa.

Sercomar

Submarinism

(☎081 837 87 81; www.capriseaservice.com; Via Colombo 64, Marina Grande; abr-oct; Marina Grande es el palpitante corazón de los deportes acuáticos de Capri, y es operador es una opción recomendable para los fanáticos del submarinismo. La tarifas van desde 100 € por una inmersión (máx. 3 personas) hasta 150 € por

Izda.: Marina Grande, Capri
Abajo: plato de espaguetis.
(IZDA.) Y (ABAJO) RICHARD I'ANSON/GETTY IMAGES ©

na inmersión en solitario. n curso de iniciación de ıatro sesiones cuesta 350 €.

anana Sport Navegación
081 837 51 88; Marina Grande; alquiler 2 h/día 0/220 €; may-oct) Ubicado en el paseo arítimo de Marina Grande, alquila botes otorizados (máx. 5 personas) ideales ıra explorar las calas y grutas más ıartadas.

Dónde dormir

illa Eva Hotel €€
081 837 15 49; www.villaeva.com; Via La ıbrica 8, Anacapri; d 100-140 €, tr 150-180 €, t 55-65 €/persona; Semana Santa-oct;) agnífica opción 'económica' con una queña piscina y un exuberante jardín ɔeteado por palmeras. Ya se trate de ıa vidriera o una chimenea de época, das las habitaciones difieren entre sí; gunas tienen terraza con vistas al mar. Los apartamentos para 4 o 6 personas son perfectos para familias o grupos.

Casa Mariantonia
Hotel-'boutique' €€
(081 837 29 23; www.casamariantonia.com; Via Guiseppe Orlandi 80, Anacapri; h 100-260 €; P) Este espléndido retiro cuenta con Jean-Paul Sartre y Alberto Moravia entre sus antiguos huéspedes, algo en lo que recrearse mientras uno se relaja junto a su fantástica piscina. Las habitaciones destilan elegancia gracias a sus tonos serenos y hay terrazas privadas con bonitas vistas al jardín.

La Minerva Hotel-'boutique' €€€
(081 837 70 67; www.laminervacapri.com; Via Occhio Marino 8, Capri; d superior 170-410 €, d de lujo 230-520 €; med mar-ppios nov;) Estiloso hotel familiar de gran demanda (resérvese con 5-6 meses de antelación), con 16 habitaciones impecables equipadas con cortinas de seda, sofás afelpados

y sábanas de lino. Las de lujo tienen *jacuzzi* y terrazas más grandes. Hay una maravillosa piscina con vegetación exuberante y vistas de ensueño.

Dónde comer

Salumeria da Aldo Delicatesen €
(Via Cristoforo Colombo 26, Marina Grande; 'panini' desde 3,50 €) Lo mejor es poner la directa a esta sencilla propuesta junto al puerto y pedir el legendario *panino alla Caprese* (mozzarella y tomates de cultivo propio), acompañado de una botella de falanghina.

Da Gelsomina Campana €€
(☎081 837 14 99; www.dagelsomina.com; Via Migliera 72, Anacapri; comidas 38 €; ⏲almuerzo y cena lu-do may-sep, horario reducido resto del año; 📶) Con ingredientes selectos y vino de producción propia, vistas al mar y los viñedos, y una piscina ideal para un chapuzón, a nadie sorprende que se aconseje reservar con tres días de antelación en verano. Da Gelsomina se deshace de los clichés culinarios en clásicos como *coniglio alla cacciatore* (conejo con tomate, salvia y romero) o *ravioli alla caprese* rellenos de queso cacciotta.

Pulalli Bar de vinos €€
(☎081 837 41 08; Piazza Umberto I 4, Capri; comidas 25 €; ⏲almuerzo y cena mi-lu Semana Santa-oct) Subir las escaleras a la derecha de la oficina de turismo de Capri tiene recompensa: un distendido bar frecuentado por lugareños donde el preciado vino riega una acertada selección de quesos, *salumi* (embutidos) y platos más copiosos como espaguetis con flores de *zucchini* (calabacín).

Información

Oficina de turismo (Marina Grande; ⏲9.15-13.00 y 15.00-18.15 lu-sa, 9.00-15.00 do abr-sep) La oficina de turismo ofrece un mapa gratuito de la isla (con planos de Capri y Anacapri) y otro más detallado por 1 €. Para listados de hoteles y demás información de utilidad, pídase un ejemplar gratuito de *Capri è*. Hay sucursales en Capri **(☎081 837 06 86; www.capritourism.com; Piazza Umberto I; ⏲8.30-20.00)** y Anacapri **(☎081 837 15 24; Via G Orlando 59; ⏲9.00-15.00 lu-sa abr-sep).**

Puerto deportivo de Nápoles (p. 282).

RICHARD I'ANSON/GETTY IMAGES

Cómo llegar y salir

Para ampliar detalles sobre *ferries* e hidroplanos a la isla, véase la sección correspondiente a Nápoles. En verano hay hidroplanos que conectan con Positano (17,40-19,30 €, 30-40 min) y Sorrento. Nótese que algunas compañías cobran un pequeño recargo por viajar con equipaje (aprox. 2 €).

Cómo desplazarse

Autobús

Sippic (081 837 04 20; **Via Roma, Capri pueblo; 1,80 €**) Ofrece servicios regulares entre Capri, Marina Grande, Anacapri y Marina Piccola.

Staiano Autotrasporti (081 837 24 22; **Via Tommaso, Anacapri; 1,80 €**) Viaja a las inmediaciones de la Grotta Azzurra y al faro de Punta Carena.

Funicular

Funicular (**1,80 €; 6.30-0.30**) Conecta Marina Grande con Capri.

Taxi

Desde Marina Grande, un taxi (**en Anacapri 081 837 11 75, en Capri 081 837 05 43**) ronda los 20 € a Capri y los 25 € a Anacapri; de Capri a Anacapri cuesta unos 16 €.

AL SUR DE NÁPOLES

Monte Vesubio

Inquietante telón de fondo de Nápoles y sus alrededores, el monte Vesubio (1281 m) es el único volcán activo de Europa continental. Desde su histórica explosión en el año 79, en la que sepultó Pompeya y Herculano y redibujó la costa ganándole varios kilómetros al mar, ha entrado en erupción en más de 30 ocasiones. La más devastadora fue en 1631 y la más reciente, en 1944.

Creado en 1995, el **Parco Nazionale del Vesuvio** (**081 239 56 53; adultos/reducida 10/8 €; 9.00-19.00 jul y ago, hasta 18.00 abr-jun y sep, hasta 16.00 mar y oct, hasta 15.00 nov-feb, la taquilla cierra 1 h antes que el acceso al cráter**) atrae más de 400 000 visitantes al año. Desde el aparcamiento en la cima, un sendero de 860 m conduce al **cráter** del volcán (**entrada 8 € circuito incl.;**

En busca de... Maravillas antiguas

Quienes sientan fascinación por Pompeya y la colección de objetos romanos del Museo Archaeologico Nazionale, no querrán perderse los siguientes yacimientos:

1 **RUINAS DE HERCULANO**
(**081 732 43 38; www.pompeiisites.org; Corso Resina 6, Ercolano; adultos/reducida 11/5,50 €, entrada combinada con Pompeya incl. 20/10 €; 8.30-19.30 verano, hasta 17.00 invierno, última entrada 90 min antes del cierre; Circumvesuviana hasta Ercolano-Scavi**) Inmerecidamente eclipsado por Pompeya, Herculano posee una riqueza arqueológica única. En su día era un pueblo pesquero romano de 4000 habitantes; hoy se encuentra muy bien conservado, es más pequeño que Pompeya y se puede explorar con un plano y una audioguía (6,50 €). Las excavaciones se retomaron en 1927 y todavía continúan.

2 **NAPOLI SOTTERRANEA**
(**Nápoles subterránea; 081 29 69 44; www.napolisotterranea.org; Piazza San Gaetano 68; circuitos 9 €; circuitos en inglés 9.00, 12.00, 14.00, 16.00 y 18.00; C55 hasta Via Duomo**) Este evocador circuito guiado lleva al viajero 40 m bajo tierra y explora el antiguo laberinto de acueductos, pasadizos y cisternas de la ciudad.

3 **MAV**
(**Museo Archeologico Virtuale; 081 1980 6511; www.museomav.com; Via IV Novembre 44; adultos/niños 7,50/6 €, documental en 3D 4 €; 9.00-16.30 ma-vi, hasta 17.30 sa y do; Ercolano-Scavi**) Valiéndose de hologramas de alta tecnología e imágenes generadas por ordenador, este museo arqueológico 'virtual' devuelve a la vida ruinas como el foro de Pompeya o la Villa Jovis, en Capri.

Pompeya

Visitar las ruinas de Pompeya no tiene precio. La ciudad no fue arrasada por el Vesubio en el año 79, sino más bien sepultada bajo una capa de *lapilli* (fragmentos incandescentes de piedra pómez). El resultado: una porción de vida antigua en un excelente estado de conservación, donde los visitantes pueden transitar calles romanas y husmear en casas y tiendas milenarias.

☎ 081 857 53 47

www.pompeiisites.org

entrada al recinto en Porta Marina y Piazza Anfiteatro

adultos/reducida 11/5,50 €, entrada combinada con Herculano 20/10 €

🕑 8.30-19.30 verano, hasta 17.00 invierno, última entrada 90 min antes del cierre

Visita al yacimiento

Tras su catastrófico final, Pompeya literalmente desapareció hasta 1594, cuando el arquitecto Domenico Fontana descubrió las ruinas durante la construcción de un canal (aunque la exploración no comenzó hasta 1748). De las 66 Ha originales que ocupaba Pompeya, 44 han sido excavadas. Eso, como es natural, no significa que se pueda acceder libremente a todo el recinto (Patrimonio Mundial). De hecho, cabe esperar toparse con zonas acordonadas sin motivo aparente y con una falta de letreros manifiesta. Se recomienda invertir en una audioguía y en una buena guía.

La entrada principal al yacimiento se encuentra en Porta Marina, la más imponente de las siete puertas de la antigua muralla. Tan ajetreado como entonces, el corredor al que da acceso conectaba la ciudad con el cercano puerto (de ahí su nombre). Casi con total certeza, el viajero será abordado por algún guía a la entrada. Los guías autorizados portan una acreditación y sus tarifas oscilan entre 100 y 120 € por un circuito de dos horas, ya se visite solo o en grupo. Entre los operadores de confianza figuran **Yellow Sudmarine** (**☎334 1047036, 329 1010328; www.yellowsudmarine.com**) y **Torres Travel** (**☎081 856 78 02; www.torrestravel.it**).

Lo esencial

Para aplacar el hambre, pruébese el ostentoso **President** (**☎081 850 72 45; www.ristorantepresident.it; Piazza Schettini 12; comidas 35 €; ⏲11.40-15.30 y 19.00-24.00 ma-do, cerrado ene; 🚆FS hasta Pompeya, 🚆Circumvesuviana hasta Pompei Scavi-Villa dei Misteri**), que emplea ingredientes locales en creaciones como *millefoglie* (milhoja) de berenjenas con anchoas de Cetara.

Los trenes de Circumvesuviana conectan la estación de Pompei-Scavi-Villa dei Misteri con Nápoles (2,90 €, 35 min) y Sorrento (2,20 €, 30 min). El autobús nº 4 de **CSTP** (**☎800 016659; www.cstp.it**) viaja a/desde Salerno (2,20 €, 90 min). Los autobuses lanzadera al Vesubio salen frente a la estación de trenes de Pompei-Scavi-Villa dei Misteri.

De primera mano

Ruinas de Pompeya

RECOMENDACIONES DE VALENTINA VELLUSI, GUÍA TURÍSTICA

1 CASA DEL FAUNO

Los mosaicos más notables de Pompeya fueron descubiertos en la casa del Fauno, incluido uno de Alejandro Magno. El original se exhibe en el napolitano Museo Archeologico Nazionale (p. 287), aunque una fiel copia lo reemplaza. Con un sofisticado uso de la perspectiva y el color, captura el momento culminante de la batalla de Issos.

2 FORO

Era la plaza principal de la ciudad: un enorme espacio rectangular flanqueado por columnas de piedra caliza. Al norte se alzan el Tempio di Giove (Júpiter) y el Grano del Foro (granero). Es muy bello a la luz del atardecer, cuando los visitantes, exhaustos, se sientan y se abren al espíritu del lugar.

3 LA FULLONICA DI STEPHANUS

Esta casa representa el período final de Pompeya, entre el sismo del 63 d.C. y la erupción del Vesubio en el año 79. Aún pueden observarse las cubas utilizadas para lavar, escurrir y teñir ropa en esta lavandería. Era común usar orina para blanquear la ropa y facilitar el proceso de teñido; frente a la entrada se encuentra un lugar con forma fálica donde la gente 'contribuía' al suministro de orina.

4 ORTO DEI FUGGIASCHI

Las figuras de escayola aquí expuestas capturan los momentos finales de dos familias que intentaron huir de la erupción: los gritos, el vano esfuerzo por protegerse de la lluvia de *lapilli*...

Tragedia en Pompeya

24 de agosto del 79

8.00 Algunos edificios, como las **Termas Suburbanas** 1 y el **foro** 2, aún están en obras para reparar los daños causados por el terremoto del año 63. Pese a los violentos temblores de tierra que se han producido por la noche, los habitantes no imaginan la catástrofe que se les viene encima.

Mediodía Los ciudadanos hambrientos llenan el **Thermopolium de Vetutius Placidus** 3. Los lujuriosos entran al **lupanar** 4 y los gladiadores entrenan para los juegos de la tarde en el **anfiteatro** 5. Un enorme estruendo anuncia la erupción. Los testigos presencian horrorizados una nube oscura de materia volcánica elevarse 14 km sobre el cráter.

15.00-17.00 Llueve lapilli sobre Pompeya. Los aterrorizados habitantes comienzan a huir; otros se refugian. En 2 horas, la columna de humo alcanza los 25 km de altura y el cielo se oscurece. Los tejados se derrumban bajo el peso de los detritos, sepultando a quienes están debajo.

25 de agosto del 79

Medianoche El lodo sepulta la ciudad de Herculano. Sobre Pompeya continúa cayendo lapilli y ceniza, que penetran en los edificios y asfixian a los que en ellos se refugian.

4.00-8.00 Una avalancha de cenizas y gas arrasa Herculano. Nuevas oleadas sepultan Pompeya, matando a todos los habitantes que han quedado, incluidos los del **jardín de los Fugitivos** 6. La "manta" volcánica preservará tesoros como la **casa del Menandro** 7 y la **villa de los Misterios** 8, con sus frescos, durante casi dos milenios.

CONSEJOS

Visitar por la tarde

Calcular 3 horas de visita

Vestir calzado cómodo y sombrero

Llevar agua para beber

No hacer fotos con *flash*

CRISTIAN BONETTO

Termas Suburbanas
El *laconicum* (sauna), el *caldarium* (baño caliente) y la gran piscina caldeada no eran las únicas fuentes de calor; las paredes de las termas muestran frescos muy picantes.

Foro
Especie de plaza mayor de la Antigüedad, el foro se ubica en la intersección de las calles principales de Pompeya y fue cerrado al tráfico en el s. I. Los plintos del borde meridional contenían estatuas de la familia imperial.

CRISTIAN BONETTO

'illa de los Misterios

lberga el famoso *Friso Dionisíaco* al fresco. ambién destacan los trampantojos del *cubicu-ım* (dormitorio) y las obras de temática egipcia el *tablinum* (recepción).

Lupanar

Las prostitutas del burdel a menudo eran esclavas de origen griego o asiático. Las camas de piedra se cubrían con colchones, y los nombres grabados en las paredes quizá son los de las trabajadoras y sus clientes.

CRISTIAN BONETTO

Thermopolium de Vetutius Placidus

El mostrador de esta antigua casa de comidas contenía urnas llenas de alimentos calientes. El *lararium* (altar doméstico) de la pared trasera muestra a Baco (dios del vino) y Mercurio (dios del comercio y el lucro).

Testigo ocular

Plinio el Joven (61-c. 112) describe la catástrofe de primera mano en sus cartas a Tácito (56-117).

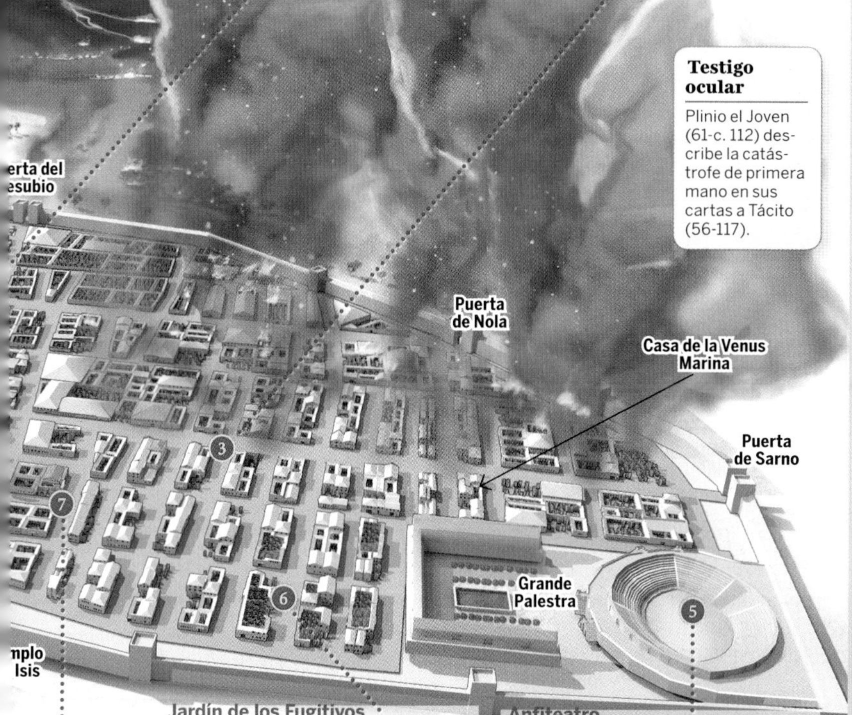

ɪasa del ɪenandro

ɪta vivienda proba-ɪmente perteneció ı familia de Popea ɔina, segunda ɔosa de Nerón. a habitación a la uierda del atrio ɪtiene pinturas de ɪuerra de Troya ɪ mosaico polí-ɪmo de pigmeos ɪando por el Nilo.

Jardín de los Fugitivos

En el *Orto dei Fuggiaschi* se muestran los moldes de escayola de 13 personas que buscaron refugio durante la erupción del Vesubio; es el mayor número de víctimas descubiertas en un solo lugar. Los cuerpos acurrucados componen una escena conmovedora.

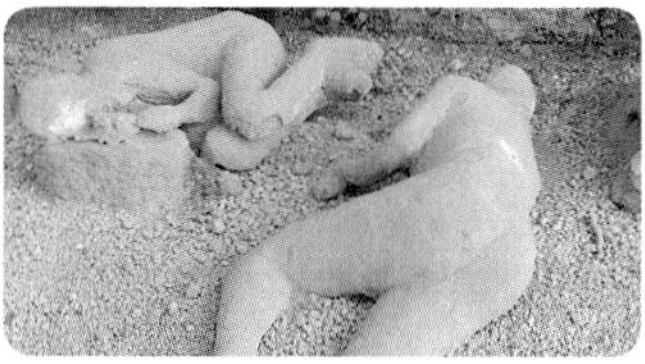

CRISTIAN BONETTO

Anfiteatro

Magistrados, senadores y los organizadores y mecenas de los juegos disfrutaban de asientos de primera fila en el veterano anfiteatro, donde tenían lugar batallas de gladiadores y algún disturbio que otro. El parapeto que rodea el estadio estaba decorado con pinturas de combates, victorias y escenas de caza.

CRISTIAN BONETTO

⌚9.00-18.00 jul y ago, hasta 17.00 abr-jun y sep, hasta 16.00 mar y oct, hasta 15.00 nov-feb).

Los autobuses lanzadera **Vesuvio Express** (☎081 739 36 66; www.vesuvioexpress.it) ofrecen servicios desde Herculano hasta el monte Vesubio, con salida desde Piazza Stazione Circumvesuviana, frente a la estación de trenes de Ercolano-Scavi. Los autobuses salen cada 40 minutos a diario, de 9.30 a 16.00, y cubren el trayecto en 20 min. Los billetes de ida y vuelta (entrada a la cima incl.) cuestan 18 €.

Desde Pompeya, **Busvia del Vesuvio** (☎340 9352616; www.busviadelvesuvio.com) ofrece un servicio lanzadera desde la estación de trenes de Pompeya (cada hora, 9.00-15.00) hasta la cercana Boscoreale. Desde aquí, el trayecto continúa en un autobús todoterreno durante otros 25 min. Los billetes de ida y vuelta (entrada a la cima incl.) cuestan 22 €.

COSTA AMALFITANA

Extendiéndose unos 50 km por el extremo sur de la península Sorrentina, la Costa Amalfitana (Costiera Amalfitana) es una de las franjas de litoral más bellas de Europa. Acantilados en terraza sembrados de limoneros se precipitan hacia un mar centelleante, villas en tonos vivos brotan encaramadas de laderas memorables, y el cielo y el mar se funden creando un vasto horizonte azul.

Con todo, su asombrosa topografía no siempre ha sido una bendición. Durante siglos, tras el apogeo de Amalfi como superpotencia marítima, la región se empobreció y sus remotos pueblos padecieron continuas incursiones extranjeras, terremotos y desprendimientos de tierra. Precisamente, fue su aislamiento lo que atrajo a los primeros visitantes a principios de la década de 1900, allanando el camino para la llegada del turismo en la segunda mitad del siglo. Hoy es uno de los principales destinos turísticos del país, frecuentado por la *jet set* y parejas de enamorados.

Cómo llegar y salir

Barco

Alicost (☎089 87 14 83; www.alicost.it; Salita Sopramuro 2, Amalfi) Opera un *ferry* diario de Salerno a Amalfi (7 €), Positano (11 €) y Capri (20,70 €), de abril a octubre.

TraVelMar (☎089 87 29 50; www.travelmar.it) Conecta Salerno con Amalfi (8 €, 6 diarios) y Positano (12 €, 6 diarios), de abril a octubre.

Tren

Desde Nápoles se toma el tren de Circumvesuviana a Sorrento, o uno de Trenitalia a Salerno, y se continúa en el autobús de SITA Sud por la costa.

Amalfi

5160 HAB.

Cuesta creer que la pequeña y coqueta Amalfi, con sus plazas soleadas y su playita, fuera en su día una superpotencia marítima con más de 70 000 habitantes. De entrada, no es un lugar grande (se puede cruzar en 20 min) y, además, posee contados edificios históricos notables. La explicación es escalofriante: casi todo el casco antiguo (y su población) se desprendió y cayó al mar durante un terremoto en 1343.

Puntos de interés

Catedral de Sant'Andrea Catedral
(☎089 87 10 59; Piazza del Duomo; ⌚7.30-19.30) Crisol de estilos arquitectónicos, la icónica catedral de Amalfi provoca una impresión estremecedora al observarla desde lo alto de su escalinata. De 9.00 a 17.00 (desde 12.15 do), la entrada a la catedral se realiza por el adyacente Chiostro del Paradiso, donde se abonan 3 € por entrar, sin duda bien invertidos.

Museo della Carta Museo
(☎089 830 45 61; www.museodellacarta.it; Via delle Cartiere 23; entrada 4 €; ⌚9.00-18.30) Fascinante museo alojado en una fábrica de papel del s. XIII (la más antigua de Europa). En su interior se conservan prensas originales que aún funcionan, como se

GLENN BEANLAND/GETTY IMAGES ©

Indispensable
Positano

La perla de la Costa Amalfitana es la ciudad más fotogénica y cara de la costa. Su enjambre de casas en pendiente presentan una mezcla de tonos melocotón, rosas y terracotas, y sus empinadas calles (muchas de ellas, escaleras) están jalonadas por tiendas de moda, puestos de bisutería, elegantes hoteles y restaurantes.

La **Chiesa di Santa Maria Assunta** (Piazza Flavio Gioia; 8.00-12.00 y 16.00-21.00) es el mayor reclamo de Positano. Su interior destila un delicioso aire clásico, con columnas coronadas por capiteles jónicos dorados y querubines que asoman por doquier. Sobre el altar mayor se encuentra una Virgen negra con el Niño, de estilo bizantino (s. XIII). Para relajarse, lo mejor es enfilar hacia **Spiaggia Grande,** la bonita playa de arena del pueblo.

Para una experiencia contemporánea en un marco elegante, **Next2** (089 812 35 16; www.next2.it; Viale Pasitea 242; comidas 40 €; 6.30-23.30) es un bar de vinos-restaurante que imprime gratificantes giros en clásicos regionales. Sus ingredientes locales y biológicos se combinan grácilmente en creaciones como *parmigiana di pesce bandiera,* la versión marinera del clásico a base de berenjenas.

Da Vincenzo (089 87 51 28; Viale Pasitea 172-178; comidas 40 €; 12.00-14.30 y 18.00-23.00 mi-lu, 18.30-23.00 ma) sirve exquisitos platos elaborados por profesionales de la hostelería de tercera generación. La carta pone énfasis en los pescados y en platos de pasta de temporada.

Positano goza de excelentes conexiones en *ferry* a las poblaciones costeras y a Capri (abr-oct). **Alicost** (089 87 14 83; www.alicost.it) ofrece un servicio diario a Amalfi (7 €), Sorrento (8,50 €) y Capri (17,40 €). **TraVelMar** (089 87 29 50; www.travelmar.it) opera *ferries* diarios a Amalfi (8 €), y **Linee Marittime Partenopee** (081 704 19 11; www.consorziolmp.it) dispone de frecuentes hidroplanos y *ferries* a Capri (19 €).

verá en la visita guiada que explica la primitiva producción de papel a partir de algodón y la posterior manufactura con pasta de celulosa.

Dónde dormir

Hotel Lidomare Hotel **€€**
(**089 87 13 32; www.lidomare.it; Largo Duchi Piccolomini 9; i/d 50/120 €;**) Hotel familiar con carácter. Las habitaciones son espaciosas, con una atractiva decoración aleatoria, baldosas antiguas y hermosas antigüedades. Algunas tienen *jacuzzi;* otras, terraza con vistas al mar; y unas cuantas, ambas cosas. El desayuno se sirve sobre un maravilloso piano de cola. Muy recomendable.

Hotel Luna Convento Hotel **€€€**
(**089 87 10 02; www.lunahotel.it; Via Pantaleone Comite 33; i 230-290 €, d 250-300 €;** P @) Este antiguo convento fundado por san Francisco en 1222 lleva casi dos siglos funcionando como hotel. Las habitaciones del edificio original ocupan las antiguas celdas de los monjes, pero sus baldosas, terrazas y vistas del mar no son lo que se dice un martirio. El ala nueva es encantadora, con frescos religiosos sobre las camas, y el patio enclaustrado, todo un primor.

Dónde comer

Le Arcate Campana **€€**
(**089 87 13 67; www.learcate.net; Largo Orlando Buonocore, Atrani; pizzas desde 6 €, comidas 25 €; 12.30-15.00 y 19.30-23.30 ma-do, abierto lu jul y ago**) En un día soleado es difícil superar su ubicación en el extremo oriental del puerto, con vistas a la playa y respaldado por los tejados antiguos de Atrani. Enormes sombrillas resguardan las mesas, aunque se puede optar por su comedor en una cueva natural. La comida es buena pero no tanto como el entorno.

Trattoria Il Mulino Italiana **€€**
(**Via delle Cartiere 36; pizzas 6-11 €, comidas 29 €; 12.00-24.00**) Una TV por aquí, niños correteando entre las mesas por allá... Il

Izda.: Catedral de Sant'Andrea (p. 306), Amalfi
Abajo: jardines de Villa Cimbrone (p. 310), Ravello.
(IZDA.) MICHELE FALZONE/GETTY IMAGES ©; (ABAJO) RICHARD I'ANSON/GETTY IMAGES ©

Mulino es la *trattoria* más
auténtica de todo Amalfi.
Nada de peripecias culinarias. La
carta se reduce a reconfortantes platos
de pasta y sencillas carnes, pescados y
marisco a la plancha. Los *calamari alla
griglia* son exquisitos.

**Ristorante
La Caravella** Campana €€€
☑089 87 10 29; www.ristorantelacaravella.
it; Via Matteo Camera 12; menús de degustación
50-120 €; ◷12.00-14.30 y 19.30-23.00 mi-lu) Su
comida regional le ha valido una reciente
estrella Michelin, gracias a platos con un
toque innovador como los ravioli a la tinta
de calamar con gambas y ricota, u otros
más sencillos como la pesca del día a la
plancha sobre hojas de limonero.

❶ Información

Oficina de turismo (www.amalfitouristoffice.
it; Corso delle Repubbliche Marinare 27; ◷9.00-
13.00 y 14.00-18.00 lu-sa, 9.00-13.00 do, cerrado

do abr, may y sep, cerrado sa y do oct-mar)
Horarios de autobuses y *ferries*.

❶ Cómo llegar y salir

Barco

De abril a octubre hay salidas diarias a/desde
Amalfi.

Alicost (☑089 87 14 83; www.alicost.it) Opera
un servicio diario a Amalfi (7 €), Sorrento
(8,50 €) y Capri (19 €).

TraVelMar (☑089 87 29 50; www.travelmar.it)
Ofrece *ferries* a Positano (8 €, 7 diarios).

Linee Marittime Partenopee (☑081 704 19 11;
www.consorziolmp.it) Tres hidroplanos y cuatro
ferries diarios a Capri (21/20,50 €).

Coop Sant'Andrea (☑089 87 29 50; www.
coopsantandrea.com; Lungomare dei Cavalieri 1)
Conecta Amalfi con Positano (8 €, 7 diarios).

Autobús

SITA Sud (☎089 40 51 45; www.sitasudtrasporti.it) Ofrece como mínimo 17 servicios diarios entre Piazza Flavio Gioia y Sorrento (3,80 €, 100 min) vía Positano (2,50 €, 50 min) y 24 servicios diarios a Ravello (2,50 €, 25 min).

A primera hora de la mañana hay dos servicios a Nápoles (4,10 €, 2 h) y ninguno los domingos, por lo que hay que tomar un autobús hasta Sorrento y continuar en el tren de Circumvesuviana hasta Nápoles.

Ravello

En lo alto de las colinas sobre Amalfi, el refinado Ravello es un lustroso pueblo dedicado hoy al turismo. De impecables credenciales bohemias (Wagner, D. H. Lawrence y Virginia Woolf pasaron tiempo aquí), hoy es conocida por sus arrebatadores jardines y estupendas vistas.

La **oficina de turismo** (☎089 85 70 96; www.ravellotime.it; Via Roma 18bis; 9.00-20.00) dispensa un práctico plano con rutas a pie.

Puntos de interés

Villa Rufolo Jardín

(☎089 85 76 21; Piazza Duomo; adulto/reducida 5/3 €; 9.00-anochecer) Al sur de la catedral de Ravello, una torre del s. XIV marca la entrada a esta villa famosa por sus preciosos jardines terraplenados en cascada. Creados por el escocés Scott Neville Reid en 1853, presumen de una belleza sin igual y regalan soberbias panorámicas cargadas de colores exóticos, una vegetación deliciosa y una arquitectura a la par.

Catedral Catedral

(Piazza Duomo; entrada al museo 3 €; 8.30-12.00 y 17.30-20.30) Conformando el flanco oeste de Piazza Duomo, la catedral de Ravello fue construida en el 1086, aunque ha sufrido varias modificaciones desde entonces. La fachada es del s. XVI, aunque la puerta central de bronce (una de las pocas que existen en Italia) es original, de 1179; su interior, del s. XX, recrea el aspecto que se cree que tenía.

Villa Rufolo (p. 309), Ravello.

GLENN BEANLAND/GETTY IMAGES

Desvío: Paestum

Llamada originalmente Poseidonia (en honor a Poseidón, el dios griego del mar), fue fundada en el s. VI a.C. por colonos griegos, aunque cayó bajo control romano en el 273 a.C. Más tarde llegaría la decadencia con la caída del Imperio romano, incursiones bárbaras y brotes periódicos de malaria que obligarían a la menguante población a abandonar la ciudad.

En caso de visitar las **ruinas** (**0828 72 26 54; adultos/reducida 10/5 € museo incl.; 8.45-2 h antes anochecer**) en primavera, no hay que perderse sus tres templos entre praderas de flores silvestres. Al acceder por la entrada principal, la primera estructura que cautiva al viajero es el templo de Ceres, del s. VI a.C. Inicialmente dedicado a Atenea, fue utilizado como iglesia cristiana en la Edad Media.

El templo de Neptuno (450 a.C.) es el de mayor tamaño y mejor conservado de todos; apenas faltan algunas secciones de sus muros interiores y del tejado. Casi lindando con este se encuentra la 'basílica' (templo de Hera), el monumento más antiguo de Paestum (s. VI a.C.), con nueve columnas al frente y 18 a los costados.

El autobús nº 34 de **CSTP** (**089 48 70 01; www.cstp.it**) cubre el trayecto entre Paestum y Piazza della Concordia, en Salerno (3,40 €, 1 h 20 min, 12 diarios).

Villa Cimbrone Jardín

(**089 85 80 72; Via Santa Chiara 26; adultos/reducida 6/3 €; 9.00-anochecer**) He aquí el antídoto ideal para aliviar la melancolía que puedan haber despertado los jardines de la Villa Rufolo: vistas espectaculares desde jardines decadentes entre arquitectura del s. XII.

Fiestas y celebraciones

Festival de Ravello Arte

(**089 85 83 60; www.ravellofestival.com; jun-med sep**) Con la llegada del verano, el centro de Ravello se convierte en un escenario al aire libre. La programación abarca desde conciertos de orquesta y música de cámara hasta representaciones de *ballet;* varios lugares emblemáticos albergan proyecciones de cine y exposiciones, entre otros, la famosa terraza de los jardines de la Villa Rufolo.

Dónde dormir y comer

Hotel Villa Amore Pensión **€€**

(**089 85 71 35; www.villaamore.it; Via dei Fusco 5; i/d 80/120 €; may-oct; @**) Cálida y familiar, es la mejor opción de precio económico del pueblo. Todas las habitaciones tienen terraza y algunas, bañera.

Cumpà Cosimo Campana **€€**

(**089 85 71 56; Via Roma 44-46; pizzas 7-12 €, comidas 40 €; 12.30-15.00 y 19.30-24.00**) La comida rural de Netta Bottone es tan buena que algunos canales estadounidenses han intentado llevársela para que muestre sus dotes culinarias en la televisión. Por suerte, parece que Hollywood puede esperar.

Cómo llegar y salir

SITA Sud opera como mínimo 24 autobuses diarios desde el lado este de Piazza Flavio Gioia, en Amalfi (2,50 €, 25 min).

Sicilia y el sur de Italia

Desde playas con vistas a volcanes hasta hoteles en cuevas, el sur de Italia es un destino fascinante. Puede que haya quien se pregunte por qué alguien viviría a las faldas de un volcán, pero los sicilianos tienen sus motivos, empezando por sus playas, historia y cocina. Griegos, árabes y españoles son algunos de los que alcanzaron sus bellas costas en los últimos 25 siglos, de ahí el legado multicultural de la isla. Los pistachos, las almendras y los cítricos proliferan en su suelo volcánico y están presentes en sus distintivos dulces y *gelato.*

Pero hay que reservarse para el 'talón' de la bota italiana, donde Apulia y Basilicata conservan lugares declarados Patrimonio Mundial por la Unesco y ofrecen la mejor cocina rural del país desde el s. VIII a.C. Además, el viajero podrá dormir como un cavernícola en un hotel subterráneo o como un gnomo en una peculiar casita cónica, y siempre con la playa a dos pasos.

Vieste (p. 346).

Sicilia y el sur de Italia

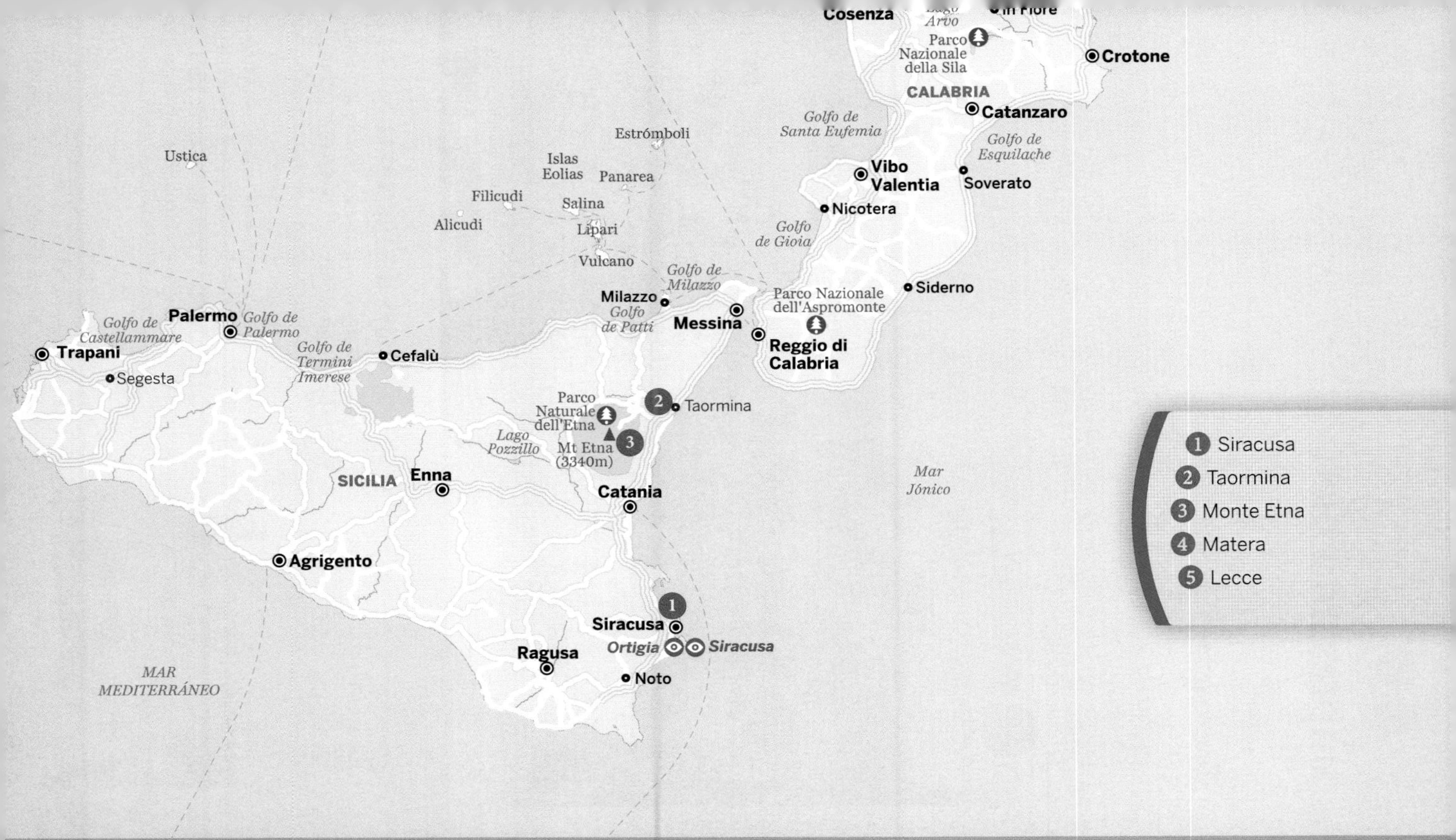
Cosenza
Arvo
Parco Nazionale della Sila
Crotone
CALABRIA
Catanzaro
Golfo de Santa Eufemia
Golfo de Esquilache
Estrómboli
Ustica
Islas Eolias
Panarea
Vibo Valentia
Soverato
Filicudi
Salina
Nicotera
Alicudi
Lipari
Golfo de Gioia
Vulcano
Golfo de Milazzo
Siderno
Milazzo
Parco Nazionale dell'Aspromonte
Palermo
Golfo de Palermo
Golfo de Castellammare
Golfo de Patti
Messina
Reggio di Calabria
Trapani
Golfo de Termini Imerese
Cefalù
Segesta
Parco Naturale dell'Etna
Taormina
Lago Pozzillo
Mt Etna (3340m)
Mar Jónico
SICILIA
Enna
Catania
Agrigento
Siracusa
Ortigia
Siracusa
Ragusa
Noto
MAR MEDITERRÁNEO
1 Siracusa
2 Taormina
3 Monte Etna
4 Matera
5 Lecce

Imprescindible

Teatro griego de Siracusa

En su apogeo helénico, Siracusa era el Broadway de la Magna Grecia, con grandes autores como Esquilo. Si una obra fracasaba, los directores podían pedir ayuda a los dioses en Ara di Gerone II, un altar de sacrificios en el que morían más de 450 bueyes. En la actualidad, Siracusa cuenta con la única escuela de teatro griego clásico fuera de Atenas, al tiempo que el Teatro Greco (p. 339) estrena grandes producciones en mayo y junio.

1

2 Playa de Taormina

La playa medieval de Taormina es todo un espectáculo atemporal. El antiguo teatro griego todavía acoge concierto de verano; las tiendas siguen vendier cerámicas artesanales y alcaparras c producción local; y los barcos de pes aún se mecen en la cala de Isola Bell Lo más moderno es el teleférico a la playa de Lido Mazzarò (p. 337) y la cc na creativa de Casa Grugno (p. 338).

PHILIP AND KAREN SMITH/GETTY IMAGES ©

M. GEBICKI/GETTY IMAGES ©

;a cumbre del Etna

.os sicilianos viven temerariamente ı la sombra de este volcán activo p. 336), cuya cumbre puede visi- arse con un teleférico (hasta unos !500 m) y luego a pie hasta la zona lel cráter. Lo más probable es que 10 se vea magma (en verdad, mejor ısí), aunque hubo ríos de lava ın el 2002. Si se prefiere mantener as distancias, se puede tomar :l tren Ferrovia Circumetnea, que la la vuelta a la base del monte.

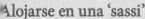

DAVID BORLAND/GETTY IMAGES ©

ˈlojarse en una 'sassi'

as increíbles *sassi* (casas-cueva; . 347) de Matera, conforman el mayor omplejo de cuevas del Mediterráneo y ıno de los asentamientos humanos más ntiguos del mundo, declarado Patrimo- io Mundial. Se pueden recorrer salas y scaleras talladas en la roca, antiguas glesias decoradas con frescos, angostos orrales y edificios de dos pisos, además e cuevas convertidas en hoteles con aneles solares y piscinas subterráneas.

El barroco en Lecce

Palpitante ciudad universitaria, Lecce (p. 346) rebosa de bellos edificios construi- dos con la piedra arenisca autóctona, el blando material que despertó la imagina- ción de los escultores, a quienes se debe la profusa decoración de las iglesias barrocas locales. Las noches de verano, sus calles presentan una emocionante mezcla de italianos, lugareños y extranjeros que las conviertse en el destino más cosmopoli- ta de Apulia.

Lo mejor

Playas

Vieste, Apulia Deslumbrante pueblo de casas blancas con playas doradas (p. 346)

Baia dei Turchi, Apulia Blancas playas rodeadas de pinares, cerca de Otranto (p. 349)

Taormina, Sicilia Un trayecto en teleférico lleva a una cala deslumbrante (p. 337)

Cefalú, Sicilia Montañas, playas y *boutiques* a tiro de piedra (p. 331)

Tesoros Patrimonio Mundial

Matera, Basilicata Asombrosas casas-cueva e iglesias subterráneas (p. 347)

Alberobello, Apulia Fascinante poblado de *trulli,* casas cónicas de piedra (p. 346)

Islas Eolias, Sicilia Colinas verdes, lava negra y aguas turquesa (p. 332)

Siracusa, Sicilia Teatro griego con pedigrí sobre una ciudad antigua (p. 338)

Castel del Monte, Apulia Castillo octogonal de inspiración islámica (p. 345)

Emociones baratas

Ferrovia Circumetnea Vistas de 360º del Etna desde el tren (p. 336)

Mercato di Ballarò Regatear en el mercado de Palermo e ir de *picnic* a la playa (p. 324)

Vulcano Reparadoras fuentes termales y saludables baños de barro (p. 332)

Piazza Mercantile Esquivar la Colonna della Giustizia, donde se azotaba a los morosos en Bari (p. 343)

:xperiencias
:ulinarias

Ferro di Cavallo *Cannoli* icilianos recién hechos, n Palermo (p. 329)

La Pescheria El ajetreado nercado de pescado de :atania (p. 333)

Mercato di Ballarò :omida a tutiplén en l principal mercado alermitano o. 324)

'Orecchiette' Probar las orejitas' de pasta en Bari p. 343), Alberobello (p. 346) Lecce (p. 346).

Izda.: dulces sicilianos
Arriba: Estrómboli, islas Eolias (p. 332).

Lo esencial

ANTES DE PARTIR

- **Tres meses antes** Reservar alojamiento para la temporada alta en la playa (finales jun-ago) o para hospedarse en un hotel-cueva en Matera o en un *trullo* en Alberobello u Ostuni.
- **De uno a dos meses antes** Consultar la programación del festival Taormina Arte (www.taoarte.it) y la semana del teatro griego de Siracusa (www.indafondazione.org/en/).
- **Una semana antes** Reservar mesa en las *trattorias* Il Maestro del Brodo o Ai Cascinari.

WEBS

- **Departamento de Turismo de Sicilia** (www.regione.sicilia.it/turismo/web_turismo)
- **Best of Sicily** (www.bestofsicily.com)
- **Viajar en Apulia** (www.viaggiareinpuglia.it) Información e itinerarios clave en la región.
- **Ferula Viaggi** (www.materaturismo.it) Información sobre Matera y Basilicata.

CÓMO DESPLAZARSE

- **Avión** Varias aerolíneas europeas operan rutas a/desde los aeropuertos Falcone-Borsellino de Palermo, Fontanarossa de Catania y Palese de Bari.
- **Tren** Eficaz servicio costero; más lento hacia destinos del interior. Hay servicios frecuentes entre Bari, Matera y las poblaciones de Apulia.
- **Autobús** Práctico para recorrer el interior de Sicilia y llegar a lugares donde no hay tren.
- **Automóvil** Fuera de las ciudades, ideal para explorar de verdad.
- **'Ferries' e hidroplanos** Se ofrecen servicios regulares entre Sicilia y las islas Eolias en verano, con una notable reducción el resto del año. También hay servicios entre Sicilia y el continente, sobre todo a Calabria y *ferries* nocturnos a Nápoles.

ADVERTENCIAS

- **Museos** Muchos cierran los lunes o martes.
- **Carteristas y ladrones de bolsos** Muy activos en Palermo; conviene controlar las pertenencias en las playas muy concurridas.

Itinerarios

Entre la elegancia arabesca de los pueblos costeros sicilianos y las extravagancias arquitectónicas de Apulia, el sur de Italia dejará al viajero boquiabierto. Para recuperarse de la impresión, puede relajarse en las playas o con un gelato.

2-3 DÍAS

DE PALERMO A CEFALÚ

SICILIA ARABESCA

Repleta de cúpulas y con una cocina salpicada de sabores dulces y especiados, Sicilia combina elementos de todo el Mediterráneo y Oriente Medio. Se puede dedicar uno o dos días a explorar el patrimonio de ❶ **Palermo,** la antigua joya de un imperio normando de influencias árabes, con lugares emblemáticos como la reluciente Cappella Palatina o el bullicioso Mercato di Ballarò, parecido a un zoco. El viajero también puede deleitarse con los arabescos y las cúpulas de mayólica de la catedral de Palermo. Después podrá recuperarse en un tórrido *hammam* de mármol o viendo marionetas que cuentan leyendas árabe-normandas e[illegible] el Museo Internazionale delle Marionette.

El día siguiente puede empezar con *pan[illegible] e panelle* (buñuelos de garbanzos), uno de los muchos manjares callejeros con sabor oriental. A continuación se toma un tren vespertino hasta ❷ **Cefalú,** uno de los destinos vacacionales más populares de Sicilia, donde visitar su bella catedral de estilo árabe-normando. Otro vestigio de su herencia árabe es la Salita Saraceno, u[illegible] escalera que recorre las antiguas murallas con magníficas vistas.

4-5 DÍAS

DE VIESTE A MATERA

EL SALVAJE SUROESTE ITALIANO

as vistas desde el 'talón' de la bota italiana on de las más salvajes y curiosas del país. n esta fabulosa tierra blanqueada por el ol, con calas de color zafiro, los lugareños e han acomodado en los lugares más in- ospechados: casas-cueva de dos plantas, asitas de piedra con tejados cónicos y alacios barrocos de piedra caliza como normes castillos de arena.

Para mimetizarse con el paisaje, no hay omo conducir por los blancos acantilados ue desembocan en las playas y calas ecretas de ❶ **Vieste.** Al día siguiente, se rosigue hasta ❷ **Alberobello,** que parece n poblado de gnomos con sus pequeños *trulli de* tejados cónicos. Más adelante se llega a ❸ **Ostuni,** donde se puede pasear por un casco antiguo inmaculado y maravillarse con las vistas del mar azul celeste, antes de pernoctar en La Terra, un palacio del s. XIII. La ruta prosigue hasta la costera ❹ **Lecce,** para perderse en el esplendor barroco del Palazzo Rollo. Pero nada de ello prepara para ❺ **Matera,** en Basilicata, cuyas colinas están salpicadas de antiguas *sassi* (casas-cueva) y escaleras zigzagueantes talladas en la roca.

Vieste (p. 346).

PHILIP AND KAREN SMITH/GETTY IMAGES ©

Descubrir Sicilia y el sur de Italia

De un vistazo

- **Palermo** (p. 322) Palacios y sabor árabe-normando.
- **Cefalú** (p. 331) Aletargada, playera y bizantina.
- **Taormina** (p. 337) Localidad costera medieval artística.
- **Catania** (p. 333) Barroco esculpido en lava bajo el volcán.
- **Lecce** (p. 346) La ciudad universitaria de Apulia, construida en piedra dorada.
- **Ostuni** (p. 346) Destellante joya puliesa encaramada a una colina.
- **Matera** (p. 347) Cuevas decoradas con frescos; Patrimonio Mundial.

Catedral de Palermo (p. 324).

SICILIA

Con mayor predilección por un *espresso* cargado de azúcar que por un espumoso capuchino, Sicilia recompensa al viajero con una experiencia repleta de intensidad: por un lado, rebosa de tesoros artísticos y belleza natural; pero, por otro, presenta un déficit de infraestructuras y está en continua lucha contra la corrupción vinculada a la mafia... las complejidades de Sicilia a veces parecen insondables. En todo caso, para apreciarla de verdad, es fundamental venir con la mente abierta y buen apetito.

Palermo

657 000 HAB.

Ciudad de esplendor y decadencia, Palermo depara un sinfín de atractivos, siempre y cuando el viajero sea capaz de lidiar con su tensa energía conducción temeraria y caos. Antiguo emirato árabe y sede de un reino normando, Palermo se erigió en la ciudad europea más imponente del s. XII, recibió una nueva ronda de transformaciones estéticas durante 500 años de dominio español. El botín de palacios, castillos e iglesias resultante es fruto de una singular fusión arquitectónica compuesta por joyas bizantinas, árabes, normanda renacentistas y barrocas.

Puntos de interé y actividades

QUATTRO CANTI

La Martorana Iglesia

(Chiesa di Santa Maria dell'Ammiraglio; Piazza Bellini 3; donativo recomendado; 8.30-13.00 y 15.30-17.30 lu-sa, 8.30-13.00 do) Situada en la

cilia

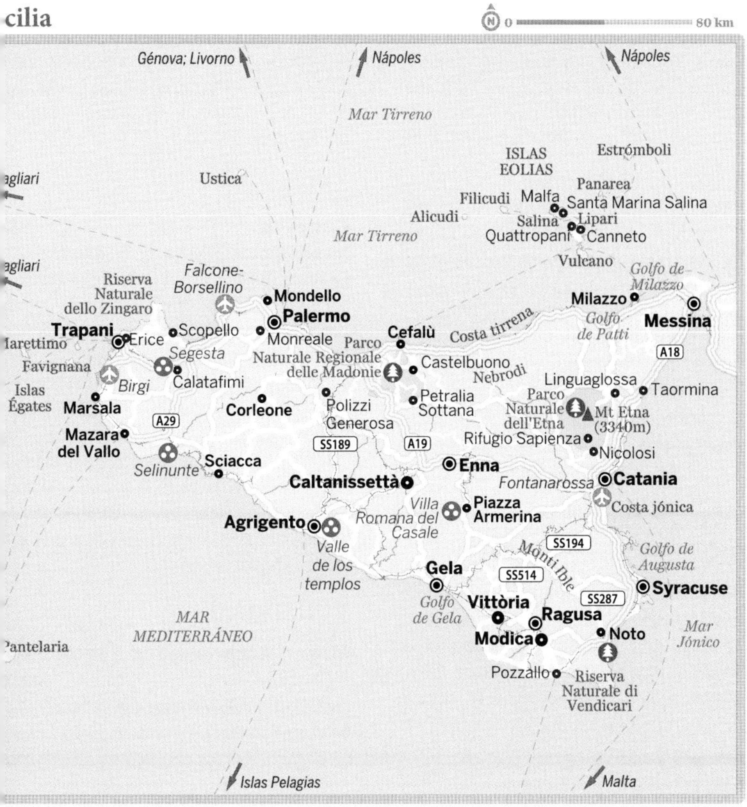

rte sur de Piazza Bellini, esta despam-
nante iglesia del s. XII, recientemente
staurada, fue concebida como una
ezquita y donada por Jorge de Antio-
ía, emir sirio del rey Rogelio.

iesa Capitolare di San Cataldo
Iglesia

**azza Bellini 3; entrada 2,50 €; ⌚9.30-12.30
5.00-18.00)** Construida en el del s. XII en
tilo árabe-normando, se trata de uno
los edificios más llamativos de Paler-
o, e ilustra a la perfección la síntesis de
estilos arquitectónicos árabe y nor-
ando con sus pequeñas cúpulas rosa,
ida forma rectangular, arcadas ciegas
razo delicado.

ntana Pretoria
Fuente

n piscinas en varias alturas y escul-
as que forman círculos concéntricos, esta enorme y ornamentada fuente constituye el principal atractivo de **Piazza Pretoria,** una espaciosa plaza al sur de Quattro Canti. Fue adquirida por la ciudad en 1573, pero sus provocativas ninfas desnudas escandalizaban a los sicilianos que iban a misa enfrente, que la apodaron la "fuente de la vergüenza".

ALBERGHERIA

Cappella Palatina
Capilla

(capilla palatina; adultos 8,50 €; reducida para ciudadanos UE hasta 25 años y mayores de 65 años; ⌚8.15-17.00 lu-sa, 8.15-9.45 y 11.15-12.15 do) Situada en la planta intermedia de la logia de tres niveles del palacio normando, esta sensacional capilla recubierta de mosaicos, diseñada por Rogelio II en 1130, es el principal reclamo turístico de Palermo. Impecable tras cinco años de minuciosa restauración, su armonía estética está realzada por su suelo de mármol con incrustaciones y su techumbre de mocárabes de madera: una verdadera obra maestra islámica, que refleja la complejidad cultural de la Sicilia normanda.

Palazzo dei Normanni Palacio

(Palazzo Reale; Piazza Indipendenza 1; adultos 8,50 €, 18-25 años 6,50 €, mayores de 65 años 5 €, menores de 18 años gratis, Cappella Palatina incl.; 8.15-17.00 vi, sa y lu, hasta 12.15 do) Los fines de semana, cuando el venerable palacio de los normandos no es utilizado por el Parlamento de Sicilia, se organiza un circuito autoguiado por varias salas de la planta superior, incluidas la bella **sala Pompeiana,** decorada con frescos de Venus y Eros; la **sala dei Venti,** con mosaicos de inspiración faunística y botánica, y la **sala di Ruggero II,** la alcoba adornada con mosaicos del rey Rogelio.

Mercato di Ballarò Mercado

Extendiéndose a lo largo de varias manzanas al este del Palazzo dei Normanni se encuentra el más ajetreado de los mercados locales, cuya actividad no decae hasta entrada la noche. Es una fascinante amalgama de sonidos, aromas y vida callejera, y el lugar más económico para encontrar desde sujetadores acolchados chinos hasta verduras, pescado, carne, aceitunas y quesos. Basta con sonreír para probarlo todo.

CAPO

Catedral Catedr

(www.cattedrale.palermo.it; Corso Vittorio Emanuele; tumbas y tesoro adultos/reducida 3/1,50 €; 8.00-19.00) Engalanada con ur constelación de motivos geométricos, a menas escalonadas, cúpulas de azulejo y arcadas ciegas, la catedral de Palermo es un excelente ejemplo del estilo árabe normando de Sicilia. En su interior desta can las tumbas normandas de Rogelio I de otros miembros de la realeza sicilian junto con el tesoro, donde se halla la fabulosa corona con pedrería de Constan de Aragón, del s. XIII.

VUCCIRIA

Museo Archeologico Regionale Muse

(091 611 68 05; www.regione.sicilia.it/benic turali/salinas; Piazza Olivella 24; 8.30-13.30

Cappella Palatina (p. 323), Palermo.

RUSSELL MOUNTFORD/GETTY IMAG

5.00-18.30 ma-vi, 8.30-13.30 sa y do) Cuando concluya la exhaustiva renovación a la que sigue sometido, este espléndido museo volverá a exhibir algunos de los objetos grecorromanos más valiosos de Sicilia, como la serie de frisos decorativos de los templos de Selinunte, el helenístico *Ariete di Bronzo* (El carnero de bronce) de Siracusa y la mayor colección de anclas antiguas del mundo.

Oratorios Capilla

(Tesori della Loggia; entrada combinada adultos/estudiantes/niños menores de 6 años 5/4 €/gratis; Tesori della Loggia 9.00-13.00 lu-sa) Los dos mayores tesoros arquitectónicos de la Vucciria son sus dos oratorios barrocos: el **oratorio del Rosario di Santa Zita** (Via Valverde; entrada 2,50 €,; 9.00-18.00 lu-vi, 9.00-15.00 sa) y el **oratorio del Rosario di San Domenico** (Via dei Bambinai 2; entrada 2,50 €; 9.00-18.00 lu-vi, 9.00-15.00 sa), recubiertos de arriba abajo con el florido estuco de Giacomo Serpotta (1652-1732).

LA KALSA

Galleria Regionale della Sicilia Museo

(Palazzo Abatellis; 091 623 00 11; www.regione.sicilia.it/beniculturali/palazzoabatellis; Via Alloro 4; adultos/jóvenes UE 18-25 años/mayores 65 años y menores de 18 años UE 8/4 €/gratis; 9.00-18.00 ma-vi, hasta 13.00 sa y do) Ubicado en el señorial Palazzo Abatellis del s. XV, este excelente museo contiene obras de artistas sicilianos, desde la Edad Media al s. XVIII. Su plato fuerte es el *Trionfo della Morte*, un magnífico fresco en el que la muerte aparece representada como un esqueleto malévolo que cabalga guadaña en mano a lomos de un caballo exangüe.

Galleria d'Arte Moderna Museo

(091 843 16 05; www.galleriadartemodernapalermo.it; Via Sant'Anna 21; adultos 7 €, jóvenes entre 19-25 años y mayores de 60 años 5 €, hasta 18 años gratis; 9.30-18.30 ma-do) Este encantador museo con acceso para silla de ruedas ocupa un *palazzo* del s. XV, convertido en convento en el s. XVII. Repartida por tres plantas, su extensa colección de arte siciliano de los ss. XIX-XX está dispuesta a la perfección. Dispone,

De primera mano

Arqueología en Sicilia

RECOMENDACIONES DE MICHELE GALLO, GUÍA TURÍSTICO

1 **VALLE DE LOS TEMPLOS**

Nueve templos, fortificaciones, el barrio helenístico, un precioso museo de arte griego, un parque arqueológico con almendros y olivos centenarios. He aquí algunos de los atractivos que el visitante encontrará en lo que en su día fue la ciudad más bella del mundo.

2 **TAORMINA**

De todas las joyas de Taormina, la más preciada es el teatro antiguo (p. 337), provisto de un decorado atemporal y levantado en un marco espectacular con vistas al mar Jónico y al monte Etna, el volcán más grande de Europa.

3 **MOTIA**

La mayor laguna de Sicilia tiene una superficie en la que se reflejan molinos y montañas de sal. Al cruzarla, de camino a la maravillosa isla de Motia, parece como si el tiempo se detuviera. Una vez allí, se aprecia una arqueología compleja y misteriosa que incluye *El efebo de Motia* (450 d.C.), una espléndida escultura que se alza orgullosa e indiferente entre los tesoros del Museo Whitaker.

4 **SIRACUSA**

Si es cierto que existen varias 'sicilias', Siracusa las engloba todas: la griega, la normanda, la árabe, la barroca, la *art nouveau*. Perenne centro del Mediterráneo, su poder aterraba incluso a Atenas. Aquí se puede caminar entre palacios barrocos en busca de la bella Aretusa escapando entre los papiros de Alfeo. O se puede encontrar a Platón cavilando sobre su ideal de Estado sentado en los peldaños del mayor teatro griego de Occidente (p. 339). Su oferta artística es tan rica y variada que es casi imposible no rendirse a ella.

Palermo

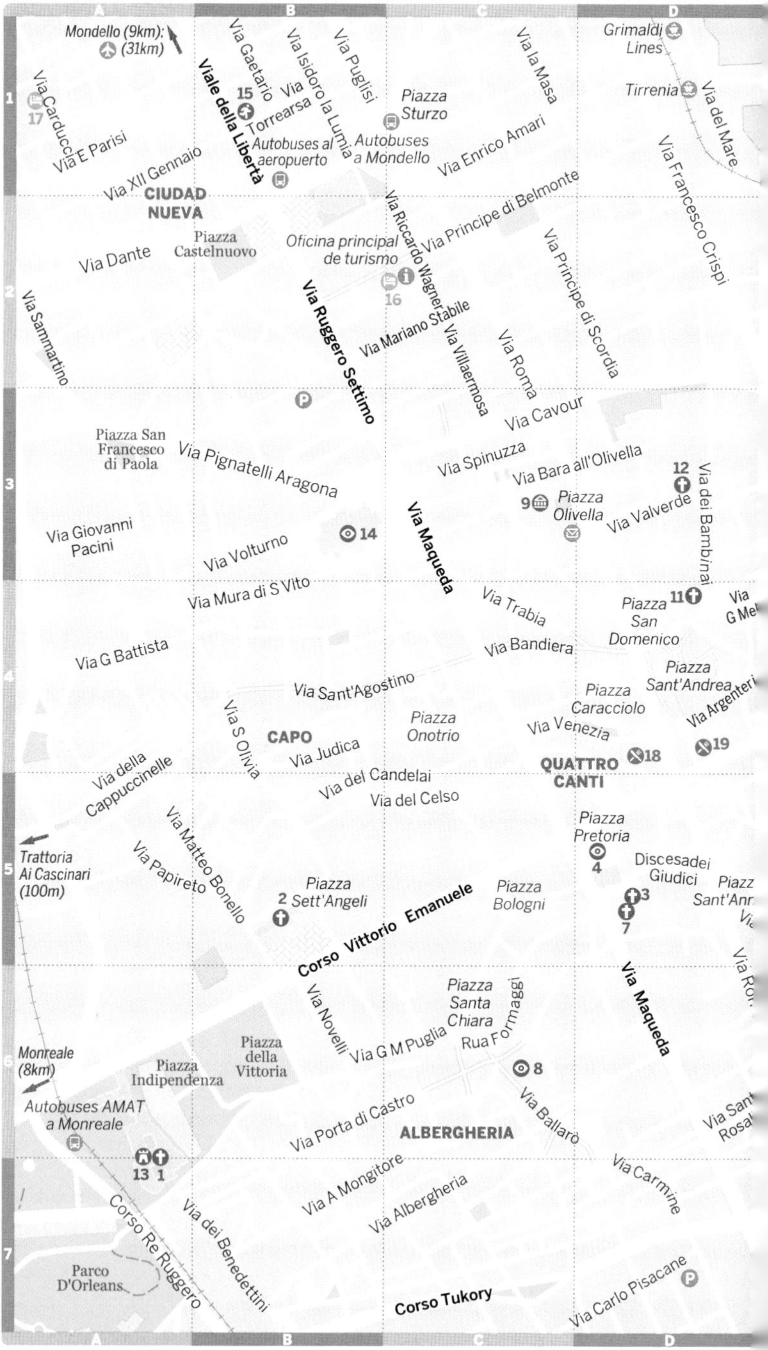
A
B
C
D
1
2
3
4
5
6
7
Mondello (9km); (31km)
Via Carducci
17
Via E Parisi
Via XII Gennaio
CIUDAD NUEVA
Viale della Libertà
Via Gaetario
15
Via Torrearsa
Via Isidoro la Lumia
Via Puglisi
Autobuses al aeropuerto
Autobuses a Mondello
Piazza Sturzo
Via la Masa
Via Enrico Amari
Grimaldi Lines
Tirrenia
Via del Mare
Via Francesco Crispi
Via Dante
Piazza Castelnuovo
Oficina principal de turismo
16
Via Riccardo Wagner
Via Principe di Belmonte
Via Principe di Scordia
Via Sammartino
Via Ruggero Settimo
Via Mariano Stabile
Via Villaermosa
Via Roma
Via Cavour
Piazza San Francesco di Paola
Via Pignatelli Aragona
Via Spinuzza
Via Bara all'Olivella
12
Via dei Bambinai
9
Piazza Olivella
Via Valverde
Via Giovanni Pacini
14
Via Maqueda
Via Volturno
Via Mura di S Vito
Via Trabia
Piazza San Domenico
11
Via G Me
Via G Battista
Via Bandiera
Via Sant'Agostino
Piazza Caracciolo
Piazza Sant'Andrea
Via Argenteri
Via S Olivia
CAPO
Piazza Onotrio
Via Venezia
Via Judica
18
19
QUATTRO CANTI
Via della Cappuccinelle
Via del Candelai
Via del Celso
Piazza Pretoria
4
Trattoria Ai Cascinari (100m)
Via Matteo Bonello
Via Papireto
Piazza Sett'Angeli
2
Piazza Bologni
Discesa dei Giudici
3
7
Piazza Sant'Ann
Corso Vittorio Emanuele
Via Novelli
Piazza Santa Chiara
Rua Formaggi
Via Maqueda
Via G M Puglia
Monreale (8km)
Piazza Indipendenza
Piazza della Vittoria
8
Autobuses AMAT a Monreale
Via Porta di Castro
ALBERGHERIA
Via Ballarò
Via Sant Rosal
13
1
Via A Mongitore
Via Albergheria
Via Carmine
Corso Re Ruggero
Via dei Benedettini
Parco D'Orleans
Corso Tukory
Via Carlo Pisacane

Palermo

Puntos de interés

1 Cappella Palatina A6
2 Catedral B5
3 Chiesa Capitolare di San Cataldo D5
4 Fontana Pretoria D5
5 Galleria d'Arte Moderna E5
6 Galleria Regionale della Sicilia F5
7 La Martorana D5
8 Mercato di Ballarò C6
9 Museo Archeologico Regionale C3
10 Museo Internazionale delle Marionette F4
11 Oratorio del Rosario in San Domenico D4
12 Oratorio del Rosario in Santa Zita D3
13 Palazzo dei Normanni A6
14 Teatro Massimo B3

Actividades, cursos y circuitos

15 Hammam B1

Dónde dormir

16 B&B Amélie C2
17 Hotel Principe di Villafranca A1

Dónde comer

18 Ferro di Cavallo D4
19 Trattoria Il Maestro del Brodo D4

además, de una programación regular de exposiciones de arte moderno y de una fantástica librería y tienda de regalos.

Museo Internazionale delle Marionette

Museo

(**091 32 80 60; www.museomarionettepalermo.it; Piazzetta Antonio Pasqualino 5; adultos/reducida 5/3 €; 9.00-13.00 y 14.30-18.30 lu-sa todo el año, además 10.00-13.00 do sep-may)** Este caprichoso museo alberga más de 3500 marionetas y títeres de Palermo, Catania y Nápoles, así como lugares lejanos como Japón, el sureste asiático, África, China o la India. De octubre a mayo se celebran representaciones semanales (adultos/niños 6/4 €) en la planta superior del museo, en un bonito teatro tradicional amenizado con un organillo.

Fundado por la Asociación para la Conservación de las Tradiciones Populares de Palermo, el museo se toma este arte con la seriedad que merece, promoviendo la investigación, aportando información sobre las piezas expuestas y albergando la Festa di Morgana (www.

festivaldimorgana.com), una cita anual que congrega en el museo a titiriteros y marionetistas de todo el mundo para disfrutar de charlas y funciones.

CIUDAD NUEVA

Teatro Massimo Ópera
(☎ circuitos 091 605 32 67; www.teatromassimo.it/servizi/visite.php; Piazza Giuseppe Verdi; circuitos adultos/reducida 8/5 €; ⏲ 9.30-16.30 ma-do) El imponente teatro de la ópera tardó más de 20 años para ser construido y se ha convertido en uno de los mayores iconos de la ciudad. La escena final de *El padrino III*, con su asombrosa yuxtaposición visual de cultura, crímenes, drama y muerte, fue rodada aquí. Se ofrecen circuitos guiados de 25 minutos (varios idiomas, ma-do).

Hammam Casa de baños
(☎ 091 32 07 83; www.hammam.pa.it; Via Torrearsa 17d; entrada 40 €; ⏲ mujeres 14.00-21.00 lu y mi, 11.00-21.00 vi, parejas 14.00-20.00 ju, hombres 14.00-20.00 ma, 10.00-20.00 sa) Toda una experiencia para sibaritas, estos lujosos baños árabes de mármol de estilo morisco, permiten mimarse co[n] un una vigorosa exfoliación, una sauna y varios tipos de masajes y terapias. Se cobran 10 € por el uso de zapatillas y u[n] guante exfoliante.

Dónde dormir

B&B Amélie B&B €
(☎ 091 33 59 20; www.bb-amelie.it; Via Princip[e] di Belmonte 94; i 40-60 €, d 60-80 €, tr 90-100 € ❄ @ 📶) En una calle peatonal de la ciudad nueva, a un paso del Teatro Politeama, la afable y políglota Angela ha convertido el espacioso piso de su abue[la] en un jovial B&B. Las habitaciones rebosan color y algunas cuentan con balcón propio. Palermitana de pura cepa, la anf[i]triona comparte su enorme conocimien[to] local y sirve un suculento desayuno a base de tartas y mermeladas caseras.

Hotel Principe di Villafranca Hotel-'boutique' €
(☎ 091 611 85 23; www.principedivillafranca.it;

Izda.: Lipari, islas Eolias (p. 332)
Abajo: tomates y chiles deshidratados, Cefalú.
(IZDA.) ANDREW BAIN/GETTY IMAGES ©; (ABAJO) DALLAS STRIBLEY/GETTY IMAGES ©

'ia Turrisi Colonna 4; d 108-97 €; P ❄ @) Provisto de xquisita ropa de cama y antigüe-ades, este sofisticado hotel se ubica al este de Viale della Libertá, en uno de los barrios más apacibles y exclusivos e Palermo. Sus zonas comunes incluyen n acogedor salón con biblioteca, chimeea y arte de diseñadores locales; entre us confortables habitaciones, de techos ltos, despunta la *suite junior* nº 105, urtida de obras en préstamo del museo e arte moderno de Palermo.

Dónde comer y beber

'erro di Cavallo 'Trattoria' **€**
(091 33 18 35; Via Venezia 20; comidas 13-17 €; almuerzo a diario, cena mi-sa) Mesas a pie e calle y cuadros religiosos caracterizan esta *trattoria* pequeña y alegre cerca de)uattro Canti. Su compacto menú de clási-os sicilianos (7 €) es insuperable. Los más olosos no querrán perderse sus *cannoli* 1,50 €), de los mejores de Palermo.

Trattoria Il Maestro del Brodo 'Trattoria' **€€**
(Via Pannieri 7; comidas 19-30 €; 12.30-15.30 ma-do, 20.00-23.00 vi y sa) Recomendada por el movimiento Slow Food, esta propuesta sin pretensiones de la Vucciria ofrece deliciosas sopas, una fresquísima selección de marisco y un sensacional bufé de *antipasti* (8 €), con más de una docena de delicias caseras, como *sarde a beccafico* (sardinas rellenas), involtini de berenjena, pescado ahumado, alcachofas con perejil, tomates deshidratados, aceitunas y mucho más.

Trattoria Ai Cascinari Siciliana **€€**
(091 651 98 04; Via d'Ossuna 43/45; comidas 20-28 €; almuerzo ma-do, cena mi-sa) Servicio amable, sillas de playa y manteles blanquiazules aportan un tono relajado a esta *trattoria* de barrio, elogiada por Slow Food, 1 km al norte de la Cappella Palatina. Los lugareños atestan sus laberínticas salas al fondo, mientras los camareros

circulan incansablemente cargados de tentadores platos de *antipasti* de temporada y deliciosos principales. Se aconseja dejar hueco para probar el helado casero y los exquisitos postres de la popular Pasticceria Cappello.

Kursaal Kalhesa Bar
(091 616 21 11; www.kursaalkalhesa.it; Foro Italico Umberto I 21; 12.00-15.00 y 18.00-1.30 ma-sa, 12.00-1.30 do) El punto de encuentro de los vanguardistas locales ocupa los restos de un bonito palacio de principios del s. XIX junto a la Porta dei Greci, la puerta de la ciudad del s. XVI. Lo mejor es ponerse cómodo en sus divanes bajo techos altos abovedados y deleitarse con sus cócteles y tentempiés mientras se escucha música en vivo o el repertorio del DJ residente.

Información

Oficina central de turismo (091 58 51 72; informazionituristiche@provincia.palermo.it; Via Principe di Belmonte 42; 8.30-14.00 y 14.30-18.00 lu-vi) Dispensa planos y folletos, además de la útil publicación bimensual *Un Ospite a Palermo* (www.unospiteapalermo.it), con la programación de museos, centros culturales, guías turísticos y compañías de transporte.

Puesto de información (Piazza Bellini; 8.30-13.00 y 15.00-19.00 lu-sa) El más fiable de los puestos municipales de información, junto a las iglesias de San Cataldo y La Martorana. Otros puestos (p. ej. el del puerto, la estación de trenes, Piazza Castelnuovo o Piazza Marina) tienen horarios erráticos.

Oficina de información del aeropuerto Falcone-Borsellino (091 59 16 98; vestíbulo planta inferior; 8.30-19.30 lu-vi, 8.30-14.30 sa)

Cómo llegar y salir

Avión

El aeropuerto Falcone-Borsellino (PMO; 091 702 01 11; www.gesap.it) está en Punta Raisi, 31 km al oeste de Palermo.

Alitalia, EasyJet, Ryanair y otras compañías operan entre Palermo y varias ciudades europeas.

Barco

La terminal de *ferries* se encuentra al este de la confluencia entre Via Francesco Crispi y Via Emerico Amari.

Grandi Navi Veloci (091 58 74 04, 010 209 45 91; www.gnv.it; Calata Marinai d'Italia) Opera *ferries* de Palermo a Civitavecchia (desde 73 €) Génova (desde 90 €), Nápoles (desde 44 €) y Túnez (desde 72 €).

Grimaldi Lines (091 611 36 91, 081 49 64 44; www.grimaldi-lines.com; Via del Mare) Servicios entre Palermo y Salerno (desde 65 €).

Tirrenia (091 976 07 73; www.tirrenia.it; Calata Marinai d'Italia) Viaja a Cagliari (desde 51 €, solo sa) y Nápoles (desde 47 €).

Autobús

Cuenta con dos puntos principales de salida, la **terminal de autobuses de Piazzetta Cairoli,** al sur de la entrada este a la estación de trenes, y la **parada de autobuses interurbanos,** en Via Paolo Balsamo, al este de la estación de trenes.

Cuffaro (091 616 15 10; www.cuffaro.info; Via Paolo Balsamo 13) Servicios a Agrigento (8,70 € 2 h, 3-8 diarios).

SAIS Autolinee (091 616 60 28; www.saisautolinee.it; Piazza Cairoli) Salidas a Mesina (15,80 €, 2¾ h, 3-5 diarios) y Catania (14,90 €, 2½ h, 10-14 diarios).

Segesta (091 616 79 19; www.segesta.it; Piazza Cairoli) Servicios a Trapani (9 €, 2 h, como mínimo 10 diarios). También viaja a Siracusa (12 €, 3¼ h, 2-3 diarios).

Tren

Desde la estación de Palermo Centrale, al sur del centro (al pie de Via Roma), salen convoyes a Mesina (desde 11,80 €, 2¾-3½ h, cada hora), Agrigento (8,30 €, 2 h, 8-10 diarios) y Cefalú (desde 5,15 €, 1 h, cada hora).

Para Catania o Siracusa, por lo general conviene más tomar un autobús.

Cómo desplazarse

A/desde el aeropuerto

Prestia e Comandè (091 58 63 51; www.prestiaecomande.it) opera un servicio de autobús entre el aeropuerto y el centro (ida/ida y vuelta 6,10/11 €, cada 30 min), con paradas frente al Teatro Politeama Garibaldi (30 min) y la estación de trenes de Palermo Centrale (45 min).

El tren Trinacria Express (5,80 €, 45 min-1¼ h), que conecta el aeropuerto (estación de Punta Raisi) con Palermo, tarda más en cubrir el trayecto y opera con menor frecuencia que el autobús.

Un taxi del aeropuerto al centro cuesta 45 €.

Cefalú

14 300 HAB.

Este popular centro vacacional encajonado entre un espectacular risco y una amplia franja de arena tiene todo cuanto se puede desear: una playa fabulosa, un encantador casco antiguo con una imponente catedral y sinuosas calles medievales flanqueadas por restaurantes y tiendas.

Puntos de interés

Duomo di Cefalù Catedral

(☎0921 92 20 21; Piazza del Duomo; ⌚8.00-19.00 abr-sep, 8.00-17.00 oct-mar) La catedral de Cefalú es una de las joyas de estilo árabe-normando de Sicilia, solo igualada en cuanto a grandiosidad por la catedral de Monreale y la palermitana Cappella Palatina. Rellenando el ábside central surge una elevada figura de Cristo Pantocrátor como eje de los elaborados mosaicos bizantinos del s. XII, los mejores y más antiguos de Sicilia.

La Rocca Mirador

(entrada 3 €; ⌚9.00-18.45 may-sep, 9.00-16.45 oct-abr) Cerniéndose sobre la ciudad, esta imponente masa rocosa fue el lugar elegido por los árabes para erigir su ciudadela, en donde se instalaron hasta que la conquista normanda les obligó a retirarse al puerto. Una enorme escalera, la **Salita Saraceno,** serpentea hasta la cima (30 min) previo paso por tres niveles de la muralla.

Dónde dormir y comer

B&B Casanova B&B €

(☎0921 92 30 65; www.casanovabb.it; Via Porpora 3; i 40-70 €, d 55-100 €, c 80-140 €; ❄📶) Posado sobre la cornisa marítima, cuenta con habitaciones de tamaño dispar, desde una estrecha individual con una ventana minúscula hasta la Ruggero, un espacio palaciego que puede acomodar de dos a cuatro personas, con un techo abovedado decorado con frescos, suelos embaldosados y puertas de estilo francés que brindan soberbias vistas del casco medieval. Hay una pequeña terraza que mira al mar.

Hotel Kalura Hotel €€

(☎0921 42 13 54; www.hotel-kalura.com; Via Vincenzo Cavallaro 13; d 89-179 €; P ❄ @ 🏊) Encaramado sobre un promontorio rocoso al este del centro, es un hotel de dueños alemanes apto para familias, con playa de guijarros propia, restaurante y una fabulosa piscina. Casi todas las habitaciones dan al mar. Organizan numerosas actividades como ciclismo de montaña, senderismo, piragüismo, submarinismo y noches de baile. Está a 20 minutos a pie del centro.

Ti Vitti Siciliana €€

(www.ristorantetivitti.com; Via Umberto I 34; comidas 30-40 €) En esta prometedora

Cefalù.

SLOW IMAGES/GETTY IMAGES ©

Indispensable
Islas Eolias

Un increíble mar de color azul cobalto, playas espléndidas, algunas de las mejores rutas de senderismo del país y un impresionante paisaje volcánico son parte del encanto del paraíso en miniatura que constituyen las islas Eolias. Con una historia y mitología fascinantes que se remontan varios milenios atrás –se hace referencia a las Eolias en la *Odisea* de Homero– se pueden apreciar vestigios de su lejano pasado por doquier, en especial en el excelente museo arqueológico de Lipari.

Las siete islas que conforman el archipiélago (Lipari, Vulcano, Salina, Panarea, Estrómboli, Alicudi y Filicudi) pertenecen a una enorme cordillera volcánica de 200 km que se extiende entre el humeante monte Etna y el inquietante Vesubio. Las islas son un compendio de características geológicas volcánicas y están declaradas Patrimonio Mundial. La isla de Vulcano, en concreto, es célebre por sus fuentes termales y baños terapéuticos de lodo, aunque su principal baza sigue siendo la Fossa di Vulcano, el volcán que asoma sobre la costa noreste de la isla.

Tanto **Ustica Lines** (www.usticalines.it) como **Siremar** (www.siremar.it) ofrecen hidroplanos durante todo el año desde Milazzo, la población continental más próxima a las islas. Entre las islas hay servicios regulares de *ferries* e hidroplanos. Todas las islas cuentan con oficinas de venta de billetes en muelles.

apuesta, que toma su nombre de un juego de naipes siciliano, el talentoso chef Vincenzo Collaro agrada con sublimes platos de pastas, pescados fresquísimos y unos de los mejores *cannoli* de Sicilia.

Información

Oficina de turismo (**0921 42 10 50; strcefalu@regione.sicilia.it; Corso Ruggero 77; 9.00-13.00 y 15.00-19.30 lu-sa**) Su personal facilita buenos folletos, planos y mapas.

Cómo llegar y salir

arco

SMIV (Società Marittima Italiana Veloce; www.iv.it) opera servicios entre Cefalú y las islas ias de mayo a septiembre. Los precios incluyen raslado desde cualquier hotel de Cefalú. Se eden comprar billetes en Turismez Viaggi (0921 42 12 64; www.turismezviaggi.it), junto a oficina de turismo.

'en

mejor forma de viajar a/desde Cefalú. Hay enes cada hora a Palermo (desde 5 €, 45 min-h) y a casi todas las poblaciones costeras.

atania

6 000 HAB.

uena parte de la cuidad está construida on la lava que sepultó la ciudad en la erupón de 1669, en la que murieron casi 12 000 ersonas. Su color también es negro lava, omo si una fina capa de hollín cubriera sus egantes edificios, muchos de ellos obra del aestro barroco Giovanni Vaccarini.

Puntos de interés

iazza del Duomo Plaza
a plaza mayor de Catania (Patrimonio lundial) gira en torno a su majestuosa atedral, ribeteada por edificios diseñaos en el peculiar estilo barroco local, onde la negra piedra volcánica contrasta on la blanca caliza. La estrella del elenco s la sonriente **Fontana dell'Elefante** (Piaza del Duomo), coronada por un elefante de iva de la época romana, sobre el cual, a u vez, descansa un obelisco egipcio.

attedrale di Sant'Agata Catedral
(095 32 00 44; Piazza del Duomo; 8.00-2.00 y 16.00-19.00) Con una impresionante achada de mármol (con columnas del nfiteatro romano de Catania), la catedral stá dedicada a santa Águeda, la patrona e la ciudad. La joven virgen, cuyas reliuias se encuentran en su fresco interior bovedado, se resistió a las perversas ntenciones del gobernador Quintiliano 250 d.C.) y fue horriblemente mutilada. a efigie de la santa, saturada de joyas, se venera con fervor el 5 de febrero en una de las mayores festividades de Sicilia.

La Pescheria Mercado
(Via Pardo; 7.00-14.00) Este estridente mercado de pescado es el mejor espectáculo de Catania. Los vendedores vocean sus ofertas en dialecto siciliano, al tiempo que los peces espada clavan la mirada en las sardinas apiladas sobre el hielo.

Teatro grecorromano y odeón Yacimiento arqueológico
(Via Vittorio Emanuele II 262; adultos/reducida 4/2 €, Casa Liberti incl.; 9.00-13.00 y 14.30-1 h antes del anochecer ma-do) Estos teatros gemelos, al oeste de Piazza del Duomo, constituyen el yacimiento grecorromano más impresionante de Catania. Erigidos en un maltrecho barrio residencial, el teatro principal, cuyo escenario se encuentra medio sumergido, está flanqueado por la **Casa Liberti**, un elegante *palazzo* restaurado del s. XIX, que alberga los objetos hallados durante la excavación de los teatros.

Dónde dormir

B&B Crociferi B&B €
(095 715 22 66; www.bbcrociferi.it; Via Crociferi 81; d 75-85 €, tr 100-110 €, apt 4 camas 120 €;) Cerca de la animada vida nocturna local, ocupa una preciosa casa familiar y es una excelente base de operaciones. Sus tres espaciosas habitaciones (todas con baño propio al otro lado del pasillo) y dos formidables apartamentos de la planta superior lucen techos altos, baldosas antiguas, frescos y recuerdos artísticos de los viajes de los dueños.

Palazzu Stidda Apartamentos €
(095 34 88 26; www.palazzu-stidda.com; Vicolo della Lanterna 5; d 70-100 €, c 120-140 €;) Ubicado en un *palazzo* ubicado en un sereno callejón sin salida, sus tres maravillosos apartamentos aúnan confort y extravagancia; todos están decorados con obras de los dueños, muebles hechos a mano, reliquias de familia y hallazgos de los mercados de antigüedades locales. Ideales para viajar en familia, los apar-

tamentos nº 2 y 3 están equipados con lavadora, cocina, trona y andador. El nº 1 es más pequeño y barato.

UNA Hotel Palace Hotel €€
(☎095 250 51 11; www.unahotels.it; Via Etnea 218; i 99-125 €, d 125-175 €, ste 201-329 €) Perteneciente a una cadena con presencia en todo el país, esta propuesta de cuatro estrellas aporta un toque urbano a una ciudad con un serio déficit en la oferta de precio alto. Su interior es impecable, el servicio refinado y las habitaciones elegantes. Posee un bar con jardín en la terraza, ideal para tomar cócteles y aperitivos al atardecer, con vistas al Etna. Hay gimnasio y baño turco, pero no piscina. Los precios se reducen con generosidad en invierno.

Dónde comer y beber

Trattoria di De Fiore 'Trattoria' €
(☎095 31 62 83; Via Coppola 24/26; comidas 15-25 €; ⏱desde 13.00 ma-do) Esta *trattoria* de barrio está comandada por la septuagenaria chef Mamma Rosanna, quien emplea productos frescos locales para recrear recetas de su bisabuela, como la sublime *pasta alla Norma* o los *zeppoline di ricotta*. El servicio puede ser lento y no siempre abre a las 13.00, pero merece la espera.

Me Cumpari Turridu Siciliana €€
(☎095 715 01 42; Via Ventimiglia 15; comidas 35-40 €; ⏱lu-sa) Conjugando tradición y modernidad tanto en su carta como en su decoración, este singular local sabe cómo deleitar a los carnívoros con un buen surtido de carnes a la parrilla y pastas frescas. También se sirven platos vegetarianos como guiso de lentejas de Ústica con habas e hinojo.

Le Tre Bocche 'Trattoria' €€
(☎095 53 87 38; Via Mario Sangiorgi 7; comidas 35-45 €; ⏱ma-do) Recomendada por Slow Food, esta estupenda *trattoria* se enorgullece de usar los pescados y mariscos más frescos del lugar, hasta el punto de contar con un puesto en La Pescheria. Sus pastas se acompañan de suculentas salsas como *bottarga* (huevas de pescado) y alcachofas; los espaguetis se ponen en remojo con erizos de mar o en tinta de calamar; y el *risotto* se sirve con calabacín y langostinos. Está unos 800 m al norte de la estación de trenes.

Heaven Bar
(Via Teatro Massimo 39; ⏱21.00-2.00) Por la noche, la peatonal Via Teatro Massimo bulle cuando los parroquianos salen a beber a la puerta de los bares. Este es uno de los más conocidos, con estrambóticos diseños en blanco y negro y una barra de 12 m iluminada con *leds*. Fuera hay enormes sofás negros de piel. Los DJ animan la velada los miércoles, viernes y sábados.

Agorá Bar Bar
(www.agorahostel.com; Piazza Curró 6; ⏱18.00-tarde) Este bar con carácter ocupa una cueva con iluminación de neón, a 18 m de profundidad, por donde fluye un río subterráneo. Los romanos la utilizaban como *spa;* hoy congrega una cosmopolita clientela que acude atraída por sus tragos.

Ocio

Teatro Massimo Bellini Ópera
(☎095 730 61 11; www.teatromassimobellini.it; Via Perrotta 12; ⏱nov-jun) El principal escenario de Catania lleva el nombre de su hijo más ilustre, el compositor Vincenzo Bellini. Decorado en rojo y dorado, ofrece una temporada de ópera continua y una programación de música clásica de noviembre a junio. Las entradas cuestan desde 13 €.

Información

Oficina de turismo (☎095 742 55 73; www.comune.catania.it; Via Vittorio Emanuele II 172; ⏱8.15-19.15 lu-vi, hasta 12.15 sa)

Cómo llegar y salir

Avión

El **aeropuerto de Catania-Fontanarossa** (☎095 723 91 11; www.aeroporto.catania.it) está 7 km al suroeste del centro. Para llegar, tómese el Alibus nº 457 (1 €, 30 min, cada 30 min, 5.00-24.00) junto a la estación de trenes. **Etna Transporti/**

BETHUNE CARMICHAEL/GETTY IMAGES ©

Indispensable
Villa Romana del Casale

Declarada Patrimonio Mundial, la Villa Romana del Casale es la mayor atracción del centro de Sicilia y, tras años de reconstrucción, volvió a abrir en la primavera de 2013. Está decorada con los mejores suelos de mosaicos romanos que se conozcan, que cubren la práctica totalidad de los espacios, y a los que se considera únicos por su estilo narrativo natural, la amplitud de su temática y la variedad de colores utilizados.

Situada en un frondoso valle 5 km al suroeste del centro de la localidad de Piazza Armerina, se cree que la villa (lujosa incluso desde el desmedido punto de vista romano) fue el retiro rural de Maximiano, coemperador de Roma en tiempos de Diocleciano [286-305]. La envergadura del complejo (cuatro grupos de edificios diseminados por una ladera, pero interconectados) y los 3535 m² de suelos de mosaicos multicolores denotan un palacio de categoría imperial.

Tras un deslizamiento de tierras en el s. XII, la villa permaneció sepultada bajo 10 m de barro durante unos 700 años, lo cual la protegió de los efectos dañinos del aire, el viento y la lluvia. No fue hasta el inicio de las excavaciones, en la década de 1950, que los mosaicos vieron de nuevo la luz.

La forma más sencilla de llegar es en automóvil. Otra opción, aunque más complicada, es tomar un autobús de Interbus (☎ 095 53 03 96; www.interbus.it) desde Catania hasta Piazza Armerina (9 €, 1¾ h) y, una vez allí, completar los 5 km finales en un autobús local (0,70 €, 30 min, solo verano) o en taxi (20 €).

Para contratar un guía, contáctese la **Comune di Piazza Armerina** (☎ 093 598 22 46) o **STS Servizi Turistici** (☎ 093 568 70 27; www.guardalasicilia.it); si se prefiere, se puede concertar in situ.

LO ESENCIAL

☎ 093 568 00 36; www.villaromanadelcasale.it; adultos/reducida 10/5 €; ⏲ 9.00-18.00 verano, 9.00-16.00 invierno

PHILIP & KAREN SMITH/GETTY IMAGES ©

Indispensable
Monte Etna

Dominando el paisaje oriental de Sicilia, el monte Etna (3323 m) es el mayor volcán de Europa y uno de los más activos del mundo. Las erupciones son frecuentes y se producen tanto en los cuatro cráteres de la cima como en las fisuras de las laderas. La más devastadora ocurrió en 1669 y duró 122 días. En el 2002, varios ríos de lava provocaron una explosión y grandes destrozos en Sapienza, obligando a suspender temporalmente el servicio de teleférico. Hace poco, en el 2013, manaron varias fuentes espectaculares de lava del cráter sureste.

El volcán y sus laderas forman parte del Parco dell'Etna, la mayor área natural virgen de Sicilia. El ascenso más sencillo a los cráteres es por el flanco sur. Desde el Rifugio Sapienza (1923 m) un teleférico lleva hasta los 2500 m. Desde esta cota, una caminata de 3½ horas (ida y vuelta) recorre el sinuoso sendero hasta la zona autorizada de cráteres (2920 m). Hay que asegurarse de programar el tiempo preciso para subir y bajar antes de que salga el último teleférico (16.45).

Gruppo Guide Alpine Etna Sud (☎095 791 47 55; www.etnaguide.com) es el servicio oficial de guías del flanco sur del Etna, y cuenta con una oficina bajo el Rifugio Sapienza. **Gruppo Guide Alpine Etna** (☎095 777 45 02; www.guidetnanord.com) ofrece un servicio similar desde Linguaglossa, en el flanco norte. **STAR** (☎347 495 70 91; www.funiviaetna.com/star_etna_nord.html; 40 €) organiza excursiones en todoterreno hasta la cima desde Piano Provenzano (may-oct).

AST (☎095 723 05 35; www.aziendasicilianatrasporti.it) ofrece autobuses diarios entre Catania y el Rifugio Sapienza. También se puede rodear el Etna a bordo del tren **Ferrovia Circumetnea** (FCE; ☎095 54 12 50; www.circumetnea.it; Via Caronda 352a), que recorre la falda del volcán a lo largo de 114 km y regala vistas fabulosas. Para llegar a la estación de FCE de Catania, hay que tomar el metro en la estación principal de trenes hasta la parada de Borgo, en Via Caronda; o los autobuses nº 429 o 432 en Via Etnea y pedir al conductor que pare en la estación de metro Borgo.

nterbus (095 53 03 96; www.interbus.it) ambién opera un servicio de enlace regular entre el eropuerto y Taormina (7,90 €, 1½ h, 6-11 diarios).

Barco

La terminal de ferries se encuentra al suroeste le la estación de trenes, por Via VI Aprile.

TTT Lines (800 91 53 65, 095 34 85 86; www.tttlines.it) opera *ferries* nocturnos entre Catania y Nápoles (asiento 38-60 €, camarote 2-165 €/persona, 11 h).

Autobús

odos los autobuses interurbanos finalizan su ıta en la zona al norte de la estación de trenes de atania. Los autobuses de AST salen desde Piazza iovanni XXIII; los billetes se compran en el bar de la rminal, en el lado oeste de la plaza. Los servicios e Interbus/Etna y SAIS salen desde otra terminal, na manzana al norte; sus taquillas se encuentran uzando la calle en diagonal, en Via d'Amico.

Interbus (095 53 03 96; www.interbus. ; Via d'Amico 187) viaja a Siracusa (6 €, 1¼- ½ h, cada hora lu-vi, menor frecuencia fines e semana) y Taormina (4,90 €, 1¼-1¾ h, 8-17 arios).

SAIS Trasporti (095 53 61 68; www. istrasporti.it; Via d'Amico 181) va a Agrigento 2,40 €, 3 h, 9-14 diarios). Su compañía hermana, AIS Autolinee (www.saisautolinee.it), también rece servicios a Palermo (14,90 €, 2¾ h, cada ra lu-sa, 10 do).

Tren

esde la estación de Catania Centrale, en Piazza pa Giovanni XXIII, salen trenes frecuentes.

racusa (6,35-9,50 €, 1¼ h, 9 diarios)

rigento (10,40-14,50 €, 3¾ h)

lermo (12,50-15,30 €, 3-5¾ h, 1 diario)

tren privado Ferrovia Circumetnea rodea el nte Etna con paradas en varios pueblos a las das del volcán.

Cómo desplazarse

rios prácticos autobuses urbanos de AMT 095 751 96 11; www.amt.ct.it) terminan su a frente a la estación de trenes, incluidos los obuses nº 1-4 y 4-7 (ambos con salidas cada a entre la estación y Via Etnea) y el Alibus 457 (estación-aeropuerto 30 min). Un billete do durante 90 minutos cuesta 1 €. De junio a tiembre, un servicio especial (autobús D-Est) Piazza Raffaello Sanzio y las playas locales. Para pedir un taxi, se puede contactar Radio i Catania (095 33 09 66).

Taormina

Encaramada de forma espectacular sobre una ladera montañosa, Taormina es el destino de verano más popular de Sicilia y un elegante centro de vacaciones apreciado por ricos y famosos. Pese a ser turística y contar con una calle principal jalonada por tiendas de diseñadores de renombre mundial, sigue siendo un lugar bello, con iglesias medievales, un fabuloso teatro griego y vistas espectaculares del golfo de Naxos y el Etna.

Puntos de interés y actividades

Teatro Greco Anfiteatro

(094 22 32 20; Via Teatro Greco; adultos/reducida/menores de 18 años y mayores de 65 años UE 10/5 €/gratis; 9.00-1 h antes del anochecer) El mayor reclamo de Taormina, este anfiteatro está suspendido entre el mar y el cielo, con el monte Etna asomando en el horizonte, al sur. Construido en el s. III a.C., es el teatro griego de ubicación más espectacular del mundo y el segundo mayor de Sicilia, después del de Siracusa.

Lido Mazzarò Playa

Muchos de quienes se acercan a Taormina lo hacen por la escena playera. Para llegar a Lido Mazzarò, a los pies de Taormina, hay que tomar el **teleférico** (Via Luigi Pirandello; ida 3 €, bono de 1 día 10 €; 8.45-1.00, cada 15 min). La playa está bien surtida de bares y restaurantes, donde se alquilan sombrillas y tumbonas (10 €/persona y día, a descontar del precio en el caso de algunos hoteles).

Isola Bella Reserva natural

Al suroeste de la playa está Isola Bella, una pequeña isla frente a una cala preciosa. Se encuentra a un breve trayecto a pie, aunque es más divertido alquilar una barca en Mazzarò y rodear el Capo Sant'Andrea.

Dónde comer

Casa Grugno Alta cocina **€€€**

(094 22 12 08; www.casagrugno.it; Via Santa Maria dei Greci; comidas 70-80 €; cena lu-sa) Provisto de una terraza rodeada de plan-

tas, el restaurante de moda en Taormina se especializa en exquisita cocina moderna siciliana, bajo la dirección de David Tamburini, su nuevo chef.

Granduca Pizzería **€**

(**0942 2 49 83; Corso Umberto 172; pizzas 7-11 €; cena**) Una combinación inmejorable de vistas, precio y calidad. Olvídese del caro y formal restaurante de la planta de arriba; el principal motivo para venir a Granduca es su enorme terraza con vistas al Etna y al mar, ideal para probar su *pizza* en una noche de verano.

Cómo llegar y salir

La mejor forma de llegar a Taormina es en autobús. La estación está en Via Luigi Pirandello, 400 m a pie desde la Porta Mesina, la entrada noreste al casco antiguo. **Etna Trasporti** (**095 53 27 16; www.etnatrasporti.it**) ofrece servicios directos a/desde el aeropuerto de Catania (7,90 €, 1½ h, 6 diarios lu-sa, 4 do). **Interbus** (**0942 62 53 01; Via Luigi Pirandello**) viaja a/desde Catania (4,80 €, 1½ h, 14 diarios lu-sa, 8 do).

Siracusa

124 000 HAB.

Auténtico tapiz de culturas y civilizaciones superpuestas, Siracusa es una de las ciudades más atractivas de Sicilia. Fundada por colonos corintios en el 734 a.C., fue la ciudad más bella del mundo antiguo, rivalizando con Atenas er cuanto a poder y prestigio.

Con el declive de la Grecia antigua, Siracusa se convirtió en una colonia romana y sus tesoros fueron saqueados. Y aunque la actual Siracusa carece del dramatismo de Palermo o la energía de Catania, la antigua isla vecina de Ortigia aún seduce al visitante con sus plazas, sus callejas angostas y su delicioso paseo marítimo, mientras que el Parco Archaeologico della Neapolis, a 2 km del centro, sigue siendo uno de los mayores tesoros clásicos de Sicilia.

Puntos de interés

ORTIGIA

Duomo Catedra

(**Piazza del Duomo; 8.00-19.00**) Erigida sobre los restos de un templo griego del s. v a.C., cuyas columnas dóricas aún se atisban por debajo, la catedral de Siracus data de cuando la isla fue evangelizad por san Pablo. Su característica má notable es la fachada porticada (1728-1753), añadida por Andre Palma tras los daños causad por el terremoto de 1693.

Fontana Aretusa Fuent

En esta antigua fuente, el agua sigue brotando igual que hace 2500 añc cuando era la principal fuente de abastecimient de Ortigia. Cuenta la leye da que la diosa Artemisa transformó a su bella sier

Estatua de la Trinacria, Sicilia.

KATHRIN ZIEGLER/GETTY IMAGES ©

/GETTY IMAGES ©

Indispensable
Parco Archeologico della Neapolis

He aquí la verdadera atracción de Siracusa para cualquier clasicista que se precie, con su inmaculado **Teatro Greco** (Parco Archeologico della Neapolis), del s. v a.C., tallado en la roca por encima de la ciudad. Este teatro acogió las últimas tragedias de Esquilo (incluida *Los persas*), que fueron estrenadas aquí en su presencia. En verano recobra vida con el inicio de la temporada anual de teatro clásico.

Para llegar, tómese el autobús nº 1, 3 o 12 desde Piazza Pancali, en Ortigia, hasta la esquina de Corso Gelone y Viale Teocrito. Otra opción es recorrer el trecho a pie desde Ortigia (aprox. 30 min). Si se llega en automóvil, se puede estacionar en Viale Augusto (los boletos se compran en el cercano puesto de recuerdos).

LO ESENCIAL

☎ 093 16 50 68; Viale Paradiso; adultos/reducida 10 €/gratis-5 €; ⏲ 9.00-18.00 abr-oct, 9.00-16.00 nov-mar

etusa en un manantial para protegerla de feo, dios del río.

Giudecca Barrio

ambular por la maraña de callejas de tigia es una experiencia única, y sobre do recorrer los estrechos callejones **Via Maestranza,** corazón del antiguo rrio de los gremios, y la destartalada dería de **Via della Giudecca.**

SIRACUSA CONTINENTAL

Museo Archeologico Paolo Orsi Museo

(☎ 0931 46 40 22; Viale Teocrito; adultos/reducida 8/4 €; ⏲ 9.00-18.00 ma-sa, 9.00-13.00 do) Alojado en el recinto de Villa

Siracusa

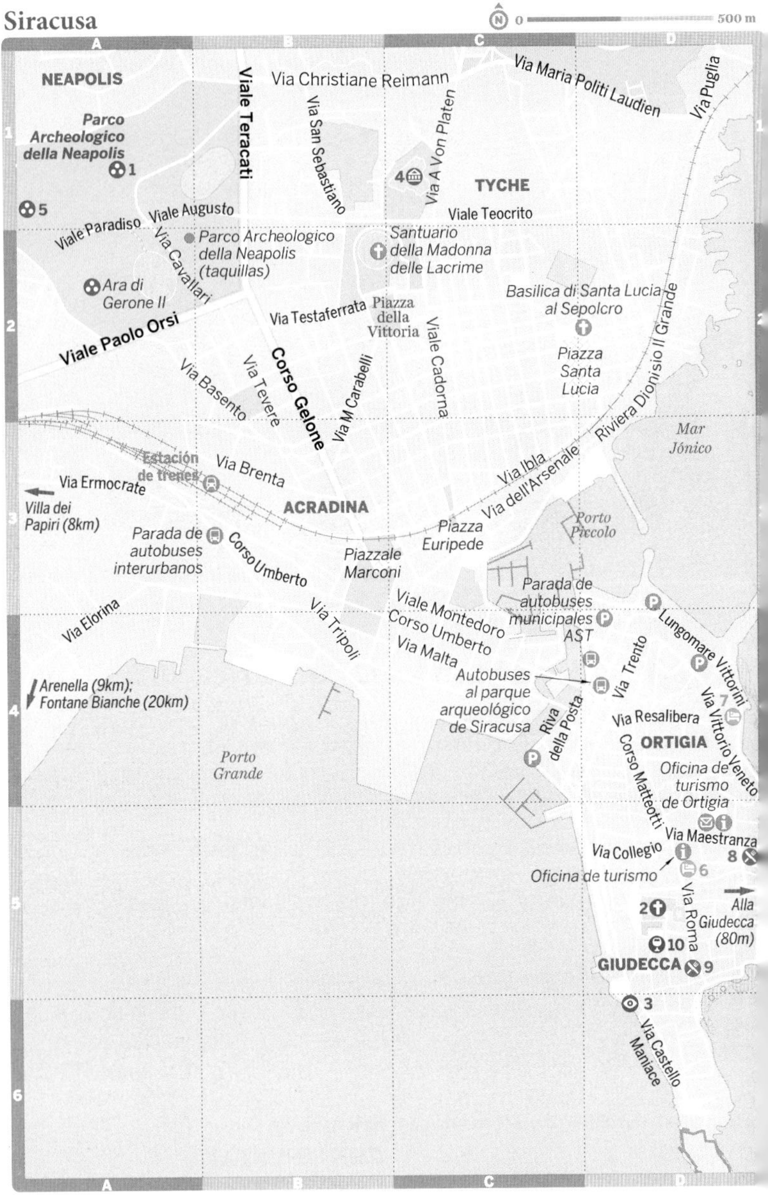

Landolina, unos 500 m al este del parque arqueológico, este museo accesible en silla de ruedas contiene una de las mejores colecciones de arquitectura de Sicilia.

Dónde dormir y comer

B&B dei Viaggiatori, Viandanti e Sognatori B&B

Siracusa

Principales puntos de interés
1 Parco Archeologico della Neapolis..... A1

Puntos de interés
2 Duomo D5
3 Fontana Aretusa..... D6
4 Museo Archeologico Paolo Orsi..... C1
5 Teatro Greco..... A1

Dónde dormir
B&B dei Viaggiatori, Viandanti e Sognatori.....(véase 9)
6 B&B L'Acanto D5
7 Hotel Gutkowski D4

Dónde comer
8 Don Camillo..... D5
9 Le Vin De L'Assasin Bistrot..... D5

Dónde beber y vida nocturna
10 Bar San Rocco D5

Ocio
Piccolo Teatro dei Pupi .....(véase 8)

)093 12 47 81; www.bedandbreakfastsicily.it; a Roma 156, Ortigia; i 35-50 €, d 55-70 €, tr 75- €;) Decorado con gusto y situado una ubicación privilegiada, en un antiguo *lazzo* al fondo de Via Roma, posee un cantador ambiente bohemio, con libros y uebles antiguos sobre paredes en tonos os. La soleada terraza asoma al mar y es eal para desayunar. Sus dueños también gentan el cercano **B&B L'Acanto** (**0931 11 29; www.bebsicily.com; Via Roma 15; i 35-50 €, 5-70 €, tr 75-85 €, c 100 €).**

otel Gutkowski Hotel €€

)0931 46 58 61; www.guthotel.it; Lungomare torini 26; i 60-80 €, d 75-130 €; @) Hay e reservar con antelación para conseguir una de las habitaciones con vistas al mar este estiloso y sereno hotel situado en paseo marítimo de Ortigia, en el límite de Giudecca. Las habitaciones se reparten dos edificios, ambos con bonitos suelos baldosados y una mezcla minimalista toques de época e industriales. Hay una tadora terraza soleada encarada al mar n acogedor salón con chimenea.

Vin De L'Assasin strot Mediterránea €€

)093 16 61 59; Via Roma 15; comidas 30-45 €; cena ma-do, almuerzo do) Estilosa propuesta, con una carta presentada en una pizarra, que incluye clásicos franceses como *quiche lorraine* y *croque-monsieur*, ostras bretonas, impecables ensaladas a la vinagreta, varios principales a base de carne o pescado y una espléndida *mille-foglie* (milhoja) de berenjenas y pimientos dulces. Es perfecto para una copa de vino o un irresistible postre de chocolate.

Don Camillo Siciliana moderna €€€

(**093 16 71 33; www.ristorantedoncamillosiracusa.it; Via Maestranza 96; comidas 55 €; comida y cena lu-sa)** Elegante y de servicio intachable, depara sorpresas como crema de almendras con langostinos negros, pargo rojo con higos y limón, o *tagliata di tonno* (atún a la plancha) con mermelada de pimiento morrón. De postre, pruébese el helado de sanguina. Recomendado por Slow Food.

Dónde beber y vida nocturna

Bar San Rocco Bar

(Piazzetta San Rocco; 17.00-tarde) El más relajado de los bares de Piazzetta San Rocco es perfecto para tomar unos *aperitivi* al atardecer y cócteles entrada la noche. El interior es un estrecho espacio de piedra abovedado, pero la acción se concentra fuera, en la vivaz *piazzetta*, donde los veraneantes se reúnen hasta la madrugada. La eventual música en vivo y DJ avivan el ambiente distendido.

Ocio

Piccolo Teatro dei Pupi Teatro de marionetas

(**0931 46 55 40; www.pupari.com; Via della Giudecca 17)** El floreciente teatro de marionetas de Siracusa acoge representaciones con regularidad; consúltese la programación en su web. En el taller adyacente venden marionetas.

Información

Oficina de turismo de Ortigia (**093 146 42 55; Via Maestranza 33; 8.00-14.00 y 14.30-**

Desvío: Valle de los Templos

Próximo a la población medieval de Agrigento, el **Valle de los Templos** (**092 262 16 11; www.parcovalledeitempli.it; adultos/menores 18 años y mayores 65 años UE/jóvenes 18-25 años UE 10 €/gratis/5 €, Quartiere Ellenistico-Romano incl., 13,50 €/gratis/7 €, Museo Archeologico incl.**) es uno de los yacimientos arqueológicos más importantes del sur de Europa. Las 1300 Ha del Parco Valle dei Templi engloban las ruinas de la antigua ciudad de Akragas, cuyo mayor atractivo es el impresionante Tempio della Concordia, uno de los templos griegos mejor conservados del mundo, perteneciente a una serie de estructuras erigidas sobre un terreno rocoso para servir de referencia a los barcos locales.

Al norte de los templos, el **Museo Archeologico** (**092 24 01 11; Contrada San Nicola; adultos/reducida 13,50/7 €, Valle de los Templos incl.; 9.00-19.00 ma-sa, 9.00-13.00 do y lu**), accesible en silla de ruedas, es uno de los mejores de Sicilia, con una enorme colección de objetos hallados en las excavaciones.

Ubicada en una callejuela, la rústica **Trattoria Concordia** (**092 22 26 68; Via Porcello 8; comidas 18-30 €; comida y cena**) se especializa en pescados a la parrilla, además de clásicos sicilianos como *casarecce con pesce spada, melanzane e menta* (pasta con pez espada, berenjenas y menta).

Desde la estación de Agrigento Centrale (Piazza Marconi) salen trenes directos regulares hasta Palermo (8,30 €, 2¼ h, 7-10 diarios). Los convoyes a Catania (10,40-14,50 €, 4 h) son menos frecuentes y suelen requerir un transbordo.

17.30 lu-vi, 8.00-14.00 sa) Su personal cuenta con mucha información útil.

Oficina de turismo (**0800 05 55 00; infoturismo@provsr.it; Via Roma 31; 8.00-20.00 lu-sa, 9.15-18.45 do**) Está bien surtida de planos e información de utilidad.

Cómo llegar y salir

Autobús

Los autobuses de largo recorrido operan desde la parada de autobuses en Corso Umberto, al este de la estación de trenes de Siracusa.

Interbus (**093 16 67 10; www.interbus.it**) ofrece autobuses a Catania (6 €, 1½ h, 15 diarios lu-sa, 8 do) y su aeropuerto, y a Noto (3,40 €, 55 min, 2-4 diarios) y Palermo (12 €, 3¼ h, 3 diarios).

Tren

Desde la **estación de trenes** de Siracusa (**Via Francesco Crispi**) salen varios trenes diarios a Mesina (Intercity/regional 18,50/9,70 €, 2½-3¼ h) vía Catania (9,50/6,35 €, 1¼ h). Para Palermo, el autobús es la mejor opción. También hay trenes locales que conectan Siracusa con Noto (3,45 €, 30 min) y Ragusa (7,65 €, 2¼ h).

Cómo desplazarse

Para viajar entre las estaciones de autobuses o trenes y Ortigia, tómese el autobús gratuito de enlace nº 20 de AST (cada 20-60 min). Para llegar al Parco Archeologico della Neapolis desde Ortigia, tómense los autobuses urbanos nº 1, 3 o 12 de AST (billete 1,10 € válido 2 h) en Piazza Pancali.

APULIA

Compuesta de paisajes marinos asoleados, campos de olivos plateados y poblaciones pintorescas de costa y montaña, Apulia es una frondosa región agrícola ribeteada por un extenso litoral que intercala relucientes precipicios calcáreos con largas playas de arena.

Bari

320 200 HAB.

La reputación de Bari ha ido mejorando con el tiempo y la ciudad, capital de Apulia y una de las más prósperas de la región, amerita algo más que un rápido

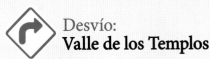

/istazo. Renovada y regenerada, Bari Vec- :hia, su casco histórico, es un interesante / emblemático laberinto de calles.

Puntos de interés

3asilica di San Nicola Basílica
www.basilicasannicola.it; Piazza San Nicola; 7.00-13.00 y 16.00-19.00 lu-sa, hasta 21.00 do) :s una de las primeras iglesias norman- ilas del sur y un magnífico ejemplo del estilo románico de Apulia. Fue construida para albergar las reliquias de san Nicolás más conocido como Papá Noel), robadas le Turquía en el año 1087. Se dice que de us restos mana un líquido milagroso con propiedades extraordinarias.

'iazza Mercantile Plaza
:sta preciosa *piazza* está dominada por l Sedile, sede del Consejo de los Nobles; en la esquina noreste, la **Colonna della iiustizia** (columna de la justicia), donde se zotaba a los morosos.

Dónde dormir

:&B Casa Pimpolini B&B €
080 521 99 38; www.casapimpolini.com; Via Calefati 249; i 45-60 €, d 70-80 €;) Encantador B&B de la ciudad nueva, a un corto paseo de las tiendas y restaurantes de Bari Vecchia. Las habitaciones son acogedoras y el desayuno casero, una delicia.

Villa Romanazzi Carducci Hotel €€€
(080 542 74 00; www.villaromanazzi.com; Via Capruzzi 326; d 79 €;) Aportando un toque de distinción aparece esta propuesta alojada en Villa Rachele, una casa rosa pastel del s. XIX con habitaciones que aúnan lo antiguo y lo moderno.

Dónde comer y beber

Terranima Puliesa €
(080 521 97 25; www.terranima.com; Via Putignani 215; comidas 8-15 €; 19.00-23.00 lu-sa, almuerzo do) Pasadas las cortinas de encaje de la entrada se llega a un fantástico interior rústico, cuyos suelos embaldosados y muebles de época le confieren un aire familiar.

La Locanda di Federico Puliesa €€
(080 522 77 05; www.lalocandadifederico.com; Piazza Mercantile 63-64; comidas 30 €; comida

mpio dei Dioscuri, Valle de los Templos.

JOHN ELK/GETTY IMAGES ©

Abajo: Alcachofas púrpura
Dcha.: Piazza del Duomo, Ortigia (p. 338).

y cena) A rebosar de carácter, con techos abovedados, arcadas y arte de estilo medieval. La carta es típica de Apulia; la comida, deliciosa; y los precios, razonables. Pídanse las *orecchiette con le cime di rape* ('orejitas' de pasta con grelos).

Información

Oficina de turismo (**080 990 93 41; www.viaggiareinpuglia.it;** 1er piso, **Piazza Moro 33a; 8.30-13.00 y 15.00-18.00 lu-vi, 10.00-13.00 sa)** También hay un puesto de información (**9.00-19.00 may-sep)** frente a la estación de trenes, en Piazza Aldo Moro.

Cómo llegar y salir

Avión

En el aeropuerto de Bari-Palese (**www.aeroportidipuglia.it)** operan compañías como British Airways, Alitalia y Ryanair.

Pugliairbus (**http://pugliairbus.aeroportidipuglia.it)** cubre el trayecto entre el aeropuerto de Bari y Matera (5 €, 1¼ h, 3 diarios) o Vieste (20 €, 3½ h, 4 diarios may-sep

Autobús

Desde Via Capruzzi, al sur de la estación principa de trenes, SITA (**080 579 01 11; www.sitabus.i** ofrece servicios a varios destinos locales. Tambié salen desde aquí los autobuses de Ferrovie Appulo-Lucane (**080 572 52 29; http://ferrovieappulolucane.it)** a Matera (4,50 €, 1¼ h, 6 diarios).

Los autobuses de Ferrovie del Sud-Est (**FSE; 080 546 21 11; www.fseonline.it)** salen desde Largo Ciaia, al sur de Piazza Aldo Moro, y van a Alberobello (3,90 €, 1¼ h, cada hora).

Tren

Desde la estación principal de trenes (**080 52 43 86)** salen convoyes a Apulia y destinos como Roma (desde 50 €, 4 h, cada 4 h). Ferrovie Appulo-Lucane viaja a Matera (5 €, 1½ h, 12 diarios).

Los trenes de FSE salen con destino a Alberobello (4,50 €, 1½ h, cada hora) desde la estación en Via Oberdan; para llegar, hay que cruzar por debajo de las vías, al sur de Piazza Luigi di Savoia, y dirigirse hacia el este por Via Capruzzi durante unos 500 m.

Cómo desplazarse

A/desde el aeropuerto

Para ir al aeropuerto, se puede tomar el autobús lanzadera de Tempesta (4 €, 30 min, cada hora) desde la estación principal de trenes, con recogidas en Piazza Garibaldi y la esquina de Via Andrea da Bari y Via Calefati. Un taxi del aeropuerto al centro cuesta unos 24 €.

Castel del Monte

En la cima de una colina apuliana se alza el enigmático **Castel del Monte** (☎0883 56 99 97; www.casteldelmonte.beniculturali.it; adultos/reducida 5/2,50 €; ⏰9.00-18.00 oct-feb, 10.15-19.45 mar-sep). Misterioso y perfectamente octogonal, es uno de los reclamos más populares del sur de Italia y, además, Patrimonio Mundial.

Se desconoce por qué Federico II lo mandó construir, ya que no hay poblaciones cercanas ni cruces estratégicos. Tampoco era un puesto defensivo, pues carece de foso o puente levadizo, y no presenta aspilleras ni trampillas para derramar aceite hirviendo sobre los invasores.

El castillo tiene ocho torres octogonales, y muchas de estas poseen baños, pero no tiene cocina ni defensas, con lo que se cree que tenía algún propósito espiritual.

Es difícil llegar en transporte público. Por carretera está a unos 35 km de Trani.

Vieste

13 900 HAB.

Atractivo pueblo de casas blancas que se adentra en el mar Adriático a lomos de un fotogénico promontorio. Es, además, la capital del Gargano y se eleva sobre la playa más espectacular de la zona, una deslumbrante franja de arena respaldada por impolutos acantilados y tachonada por el **Scoglio di Pizzomunno,** un enorme monolito de piedra.

Dónde dormir y comer

B&B Rocca sul Mare B&B €
(0884 70 27 19; www.roccasulmare.it; Via Mafrolla 32; 25-70 €/persona;) Alojado en un exconvento del casco antiguo, es una popular propuesta de precios razonables, con amplias y confortables habitaciones de techos altos. Hay una terraza con vistas en la azotea y una *suite* con sauna.

Osteria Al Duomo 'Osteria' €
(0884 70 82 43; www.osterialduomo.it; Via Alessandro III 23; comidas 25 €; comida y cena mar-nov) En esta agradable *osteria* del casco antiguo se puede elegir entre el acogedor interior de una cueva y su exterior a la sombra de un cenador. La carta pone énfasis en las pastas con salsas de marisco.

Cómo llegar y desplazarse

De mayo a septiembre, Pugliairbus (080 580 03 58; pugliairbus.aeroportidipuglia.it) opera un servicio al Gargano (Vieste incl.) desde el aeropuerto de Bari (20 €, 3½ h, 4 diarios).

Alberobello

11 000 HAB.

Declarado Patrimonio Mundial, Alberobello parece una ciudad de gnomos. La Zona dei Trulli, en la colina occidental, concentra unas 1500 casitas de piedra con forma de colmena y tejados cónicos con la punta pintada para que parezca nevada.

Trattoria Amatulli (080 432 29 79; Via Garibaldi 13; comidas 16 €; ma-do) es un excelente establecimiento, siempre abarrotado y tapizado con fotos de sonrientes comensales, en el que se sirven platos sencillos como *orecchiette scure con cacioricotta pomodoro e rucola* ('orejitas' de pasta con queso, tomate y rúcula).

Alberobello es fácilmente accesible desde Bari (4,50 €, 1½ h, cada hora) en los trenes de FSE que recorren la línea Bari-Tarento.

Ostuni

32 500 HAB.

La reluciente Ostuni se extiende por tres colinas y cuenta con una majestuosa catedral. Aquí termina la región de los *trulli* y comienza el seco y sofocante Salento.

Dónde dormir y comer

La Terra Hotel €€
(0831 33 66 51; www.laterrahotel.it; Via Petrarolo; d 130-170 €; P) Este antiguo palacio del s. XIII ofrece estilosas habitaciones con nichos originales, vigas y muebles de madera oscura, así como cantería clara y paredes de cal como contrapunto.

Osteria Piazzetta Cattedrale 'Osteria' €€
(0831 33 50 26; www.piazzettacattedrale.it; Via Arcidiacono Trinchera 7; comidas 25-30 €; mi-lu) Pasado el arco frente a la catedral de Ostuni, se yergue este diminuto mesón donde poder relamerse con suculenta comida en un ambiente auténtico. La carta incluye numerosas opciones vegetarianas.

Cómo llegar y desplazarse

Frecuentes trenes conectan con Bríndisi (4 €, 25 min) y Bari (9 €, 50 min). Un autobús urbano cubre los 2,5 km de trayecto entre la estación y el centro.

Lecce

95 000 HAB.

Histórica, bella y barroca, Lecce es una gloriosa creación arquitectónica salpicada de iglesias y palacios esculpidos con la delicada piedra arenisca local.

Puntos de interés

Basilica di Santa Croce Basílica
(0832 24 19 57; www.basilicasantacroce.eu; Via Umberto I; 9.00-12.00 y 17.00-20.00) Ovejas, dodos, querubines, bestias que se retuercen... A tenor del festival alegórico

DAMIEN SIMONIS/GETTY IMAGES ©

Indispensable Matera

Cuando se llega a Matera (Basilicata), lo primero que se ve son sus famosas *sassi* (casas excavadas en rocas y acantilados), un recuerdo que se graba en la retina del viajero.

El complejo monástico que conforman la **Chiesa di Madonna delle Virtù y** la **Chiesa di San Nicola del Greci** (Via Madonna delle Virtù; 10.00-19.00 sa y do), en el Sasso Barisano, es uno de los monumentos más destacados de Matera, compuesto por decenas de cuevas repartidas en dos niveles.

En el Sasso Caveoso se halla el **Museo della Scultura Contemporanea** (MUSMA; 366 9357768; www.musma.it; Via San Giacomo; adultos/reducida 5/3,50 €; 10.00-14.00 ma-do y 16.00-20.00 sa y do abr-sep, 10.00-14.00 ma-do oct-mar), un fabuloso museo de escultura contemporánea ubicado en el Palazzo Pomarici.

Se recomienda pernoctar en el **Hotel in Pietra** (0835 34 40 40; www.hotelinpietra.it; Via San Giovanni Vecchio 22; i 70-150 €, d 85-160 €, ste 180-230 €;), con un vestíbulo instalado en una antigua capilla del s. XIII y ocho habitaciones que combinan la dorada arenisca con el interior de una cueva natural.

Cerca de Piazza Vittorio Veneto, el pintoresco **Ristorante Il Cantuccio** (0835 33 20 90; Via delle Becchiere 33; comidas 25 €; ma-do) es una propuesta cálida y familiar, en consonancia con su chef y dueño Michael Lella.

Pugliairbus (080 580 03 58; http://pugliairbus.aeroportidipuglia.it) ofrece un servicio al aeropuerto de Bari (5 €, 1¼ h, 4 diarios). **Ferrovie Appulo-Lucane** (FAL; 0835 33 28 61; http://ferrovieappulolucane.it) opera trenes (4,50 €, 1½ h, 12 diarios) y autobuses (4,50 €, 1½ h, 6 diarios) regulares a Bari.

que recubre la fachada, bien podría decirse que sus autores sufrían alucinaciones. Su aspecto es fruto del trabajo de un equipo de artistas dirigido por Giuseppe Zimbalo en los ss. XVI y XVII.

Piazza del Duomo Plaza

Este súbito espacio abierto en medio de una maraña de callejas, es el barroco eje central de Lecce. En épocas de invasión, los habitantes se refugiaban en la plaza y bloqueaban sus estrechas entradas.

La **catedral** (8.30-12.30 y 16.00-18.30), del s. XII, es una de las mejores obras de Zimbalo, también autor del campanario (68 m).

Dónde dormir y comer

Palazzo Rollo Apartamentos €

(0832 30 71 52; www.palazzorollo.it; Corso Vittorio Emanuele II 14; i 50-60 €, d 70-90 €, ste 100-120 €, apt 70-90 €; P ❄ @) Las tres formidables *suites* del s. XVII lucen techos altos y arañas de luces. En el piso inferior, sus estudios de elegante estilo contemporáneo se abren a un patio cubierto de hiedra. Su azotea ajardinada regala vista sensacionales.

Risorgimento Resort Hotel €€

(0832 24 63 11; www.risorgimentoresort.it; Via Imperatore Augusto 19; d 145-165 €, ste 190-290 €; P ❄ @) Una cálida bienvenida aguarda en este estiloso y céntrico hotel de cinco estrellas. Las habitaciones son espaciosas y refinadas –con techos altos mobiliario moderno y detalles contemporáneos– y los baños, enormes. Hay un restaurante, un bar de vinos y una azotea ajardinada.

Mamma Lupa 'Osteria' €

(340 7832765; Via Acaja 12; comidas 20-25 € almuerzo do-vi, cena a diario) De aire rústico, sirve auténtica comida campesina (p. ej. patatas, alcachofas y tomates asados, o albóndigas de caballo) en un entorno cálido, con un puñado de mesas y techos abovedados.

Cucina Casareccia 'Trattoria' €€

(0832 24 51 78; Viale Costadura 19; principal 12 €; almuerzo ma-do, cena ma-sa) Basta con tocar el timbre para ser bienvenido en este lugar que recuerda una casa particular con sus suelos embaldosados, su

Trulli, Alberobello (p. 346).

OLIVER STREWE/GETTY IMAG

Desvío: **Otranto**

Situado unos 45 km al sureste de Lecce, Otranto asoma a un bonito puerto bañado por las aguas turquesa de la costa adriática. En su casco antiguo, unas murallas enormes encierran angostas calles peatonales donde proliferan las pequeñas tiendas para turistas. En julio y agosto es una de las poblaciones más animadas de Apulia.

Durante 1000 años fue el principal puerto italiano hacia Oriente y su historia es brutal. Se dice que el rey Minos estuvo aquí y que san Pedro la eligió para oficiar la primera misa en Occidente. En 1480, la ciudad fue sitiada y saqueada por 18 000 turcos liderados por Ahmed Pasha.

La **catedral de Otranto** (Piazza Basilica; 8.00-12.00 a diario, 15.00-19.00 abr-sep, 15.00-17.00 oct-mar) fue construida por los normandos en el s. XI, aunque ha sufrido muchos retoques desde entonces. En el suelo hay un enorme mosaico del árbol de la vida (s. XII). Los turcos la usaron como establo, tras decapitar a los mártires de Otranto en una piedra que se conserva en el altar de la capilla.

Al norte hay varias playas fantásticas, entre las que destaca la paradisíaca **Baia dei Turchi;** se alquilan sombrillas (20 €/día).

Junto a la enorme Porta Terra del casco antiguo se encuentra **La Bella Idrusa** (0836 80 14 75; Via Lungomare degli Eroi; pizzas 5 €; cena ju-ma), con buenas *pizzas* y mariscos pese a su ubicación turística.

Desde Lecce se puede viajar a Otranto en los trenes (2,60 €, 1½ h) y autobuses (2, 60 €, 1½ h) de FSE.

papeles amontonados y su encantadora dueña, Carmela Perrone. Se le conoce como *le Zie* (las tías) y es ideal para probar platos de *cucina povera* (cocina de pobres) como caballo en *salsa picante*. Hay que reservar.

Información

InfoLecce (0832 52 18 77; www.infolecce.it; Piazza del Duomo 2; 9.30-13.30 y 15.30-19.30 lu-sa, desde 10.00 do) Práctica oficina de turismo independiente. Ofrece circuitos guiados y alquiler de bicicletas (hora/día 3/15 €).

Cómo llegar y salir

Autobús

STP (0832 35 91 42; www.stplecce.it) Opera servicios a Bríndisi (6,30 €, 35 min, 9 diarios) y a toda Apulia desde la **estación de autobuses de STP** (800 43 03 46; Viale Porta D'Europa).

FSE (0832 66 81 11; www.fseonline.it) Ofrece autobuses a Gallipoli (2,60 €, 1 h, 4 diarios) y Otranto (2,60 €, 1½ h, 2 diarios), con salida desde Largo Vittime del Terrorismo.

Pugliairbus (http://pugliairbus.aeroportidipuglia.it) Pugliairbus viaja al aeropuerto de Bríndisi (7 €, 40 min, 9 diarios). **SITA** también va al aeropuerto de Bríndisi (6 €, 45 min, 9 diarios), desde Viale Porte d'Europa.

Tren

La **estación principal de trenes** ofrece servicios frecuentes a los siguientes destinos:

Bari desde 9 €, 1½-2 h

Nápoles desde 41 €, 5½ h (hay que hacer transbordo en Caserta)

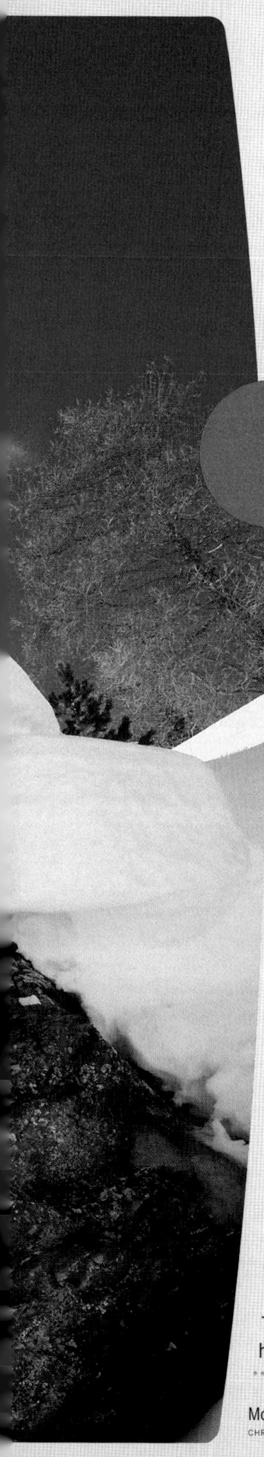

Italia
De cerca

Monte Rosa (p. 154), Aosta.

Italia hoy

> *El italiano medio esta acusando las políticas de austeridad*

Coliseo (p. 70), Roma.

Independiente de su signo político y circunstancias personales, todos los italianos coinciden en una cosa: el país se encuentra en un verdadero atolladero. La política es un problema desde hace tiempo y numerosos gobiernos han caído por su inestabilidad. Con cinco años en el cargo, Berlusconi ha sido el primer ministro que más tiempo ha aguantado al frente del Gobierno desde la II Guerra Mundial. La tasa de desempleo pasó del 6,2% del 2007 al 10,9%, en el 2012 mientras que la deuda pública rebasó el 130% del PIB en el 2013.

si Italia tuviera 100 habitantes

92 serían italianos
4 serían albaneses y de Europa del Este
3 serían de otras procedencias
1 sería norteafricano

grupos religiosos
(% de la población)

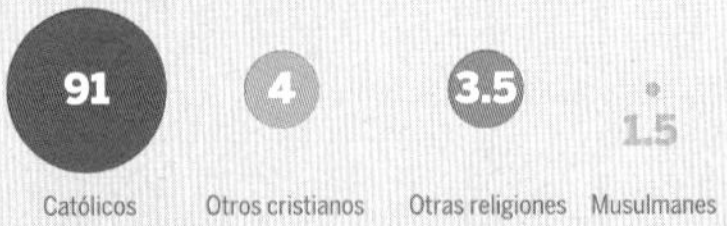
91
4
3.5
1.5
Católicos
Otros cristianos
Otras religiones
Musulmanes

población por km²

≈ 30 personas
Roma
Italia
España

La economía

El país está sufriendo económicamente y el italiano medio está acusando las políticas de austeridad, junto con una recesión que parece interminable. Para colmo, los gobiernos siguen mostrándose frágiles y divididos. Y a medida que los impuestos y los precios aumentan, las oportunidades laborales y los

WILL SALTER/GETTY IMAGES ©

ıeldos se reducen. Para muchos, futuro en Italia se antoja sombrío.

ˌas elecciones del 2013

ascenso del Movimiento Cinco Estreıs del excómico Beppe Grillo, respaldaɔ por el 25% de los votantes en febrero el 2013, es un indicador del grado de esencanto de los italianos –en especial s más jóvenes– con la política tradicioıl. Los resultados no fueron concluyens, lo que dio lugar a un Parlamento sin ayoría.

Y, pese a que Berlusconi no ocupaba la esidencia en el 2013, sí logró mantener poder, pues la inédita coalición de ırtidos de izquierda y de derecha de ırico Letta dependía del apoyo de su ırtido, el Pueblo de la Libertad (PdL) ıra formar Gobierno.

Los retos y dificultades de Berlusconi

En el verano del 2013, y tras haber agotado todos los recursos de apelación, Berlusconi fue declarado culpable de fraude fiscal. El Tribunal Supremo confirmó la condena de un año de prisión, aunque cuando se redactaba esta guía, la parte de la sentencia correspondiente a su inhabilitación se encontraba en proceso de apelación y, por ende, aún podía ejercer la política. Aunque cueste creerlo, es probable que esta condena no suponga el fin de su carrera política. Por su parte, Beppe Grillo, que no puede presentarse como candidato al haber sido condenado por homicidio involuntario tras un accidente de tráfico, continúa liderando el Movimiento Cinco Estrellas.

Berlusconi ha sido procesado por varios casos, como evasión fiscal o soborno, pero el más sonado de todos ha sido el "caso Ruby", donde fue acusado de pagar por tener relaciones sexuales con Karima El Mahroug, una *stripper* menor de edad conocida como Ruby Rubacuori (Robacorazones). Los encuentros tuvieron lugar en orgías celebradas en casas del exmandatario.

También fue acusado de mentir a un comisario de policía para lograr la puesta en libertad de El Mahroug, detenida por un delito de hurto. En mayo del 2013, un fiscal de Milán declaró ante un tribunal que Berlusconi había pagado a Ruby 4,5 millones de euros a finales del 2010.

A pesar de los numerosos procesos judiciales y causas abiertas en su contra, Il Cavaliere insiste en achacarlo todo a un complot de la izquierda. Ahora bien, ¿podría ser que la turbulenta relación de Italia con Berlusconi esté llegando a su fin?

Historia

Arco de Constantino (p. 63) y Coliseo (p. 70), Roma.

RUSSELL MOUNTFORD/GETT

Italia ha vivido la dominación imperial, las belicosas ciudades-Estado, la exploración internacional, la pobreza apabullante y los booms *de la posguerra. Su operística historia cuenta con un variopinto elenco de personajes, desde emperadores pervertidos a invasores ambiciosos, mentes maquiavélicas y, sobre todo, italianos de a pie capaces de cambiar la historia.*

Etruscos, griegos y la Antigua Roma

Antes de los palacios renacentistas y las iglesias barrocas, la península italiana tuvo cuevas y poblados etruscos quienes dominaban el territorio hacia el s. VII a.C. Poco se sabe de ellos, ya que hablaban una lengua que hoy en día apenas ha logrado descifrarse.

En el s. VIII los mercaderes griegos establecieron una serie de ciudades-

c. 700 000 a.C.

Tribus primitivas viven en cuevas y cazan elefantes y otros animales en la península italiana.

stado independientes a lo largo de la costa y en Sicilia, las que se llamó Magna Grecia y que prosperaron asta el s.III a.C. Hoy quedan restos de magníficos emplos dóricos al sur del país (Paestum) y en icilia (Agrigento, Selinunte y Segesta). Los etruscos ntentaron conquistar los asentamientos griegos sin éxito, pero la amenaza real de ambas civilizaciones llegó de donde menos lo esperaban: de la mugrienta pero próspera ciudad latina de Roma.

Según la leyenda, la capital de Italia fue fundada por los gemelos Rómulo y Remo el 21 de abril del 753 a.C. en el lugar donde una loba les había amamantado cuando eran dos bebés huérfanos. Ya mayores, Rómulo mató a Remo y dio nombre al asentamiento: Roma. Durante los siglos siguientes esta ciudad audaz e implacable se convirtió en el mayor poder de la península, arrollando a los etruscos hacia el s. II d.C.

Lo mejor
Tesoros arqueológicos

1 Museos Vaticanos (p. 85), Ciudad del Vaticano

2 Museos Capitolinos (p. 68), Roma

3 Museo Archeologico Nazionale (p. 287), Nápoles

4 Museo Archeologico Paolo Orsi (p. 340), Siracusa

5 Museo e Galleria Borghese (p. 88), Roma

La República romana

Aunque los monumentos romanos llevaban grabadas las iniciales SPQR (Senatus Populusque Romanus, "el Senado y el pueblo romano"), los romanos o tenían ni voz ni voto en su república. Denominados ebeyos (literalmente, "los que abundan"), la mayoría n derecho a voto logró alguna concesión de los atricios hacia el año 280 a.C., pero solo una reducida clase política cualificada podía cupar cargos de poder.

Poco a poco, el ejército romano conquistó la península italiana. Las ciudades-stado vencidas eran obligadas a convertirse en aliadas, reclutándose a sus efectivos ara el ejército de Roma. Las guerras con rivales como Cartago, al este, dieron a Roma control de Cerdeña, Sicilia, Córcega, Grecia continental, España, gran parte del rte de África y parte de Asia Menor hacia el año 133 a.C.

Roma se convirtió en la ciudad más importante del Mediterráneo, con una blación de 300 000 habitantes.

000 a.C.

Edad del Bronce ga a Italia. El cobre y bronce se emplean ra fabricar abalorios rmas.

264-241 a.C.

Guerras entre Roma y el Imperio cartaginés, en el norte de África, España, Sicilia y Cerdeña.

BATTISTERO DI SAN GIOVANNI (P. 224), FLORENCIA.
TRISH PUNCH/GETTY IMAGES ©

DE CERCA HISTORIA

Lo mejor
Antigüedad fascinante

1 El Panteón (p. 75), Roma

2 El Coliseo (p. 70), Roma

3 Pompeya (p. 302), Campania

4 Valle de los Templos (p. 342), Sicilia

5 Ostia Antica (p. 104), Lacio

Cuidado con los 'idus' de marzo

Nacido en el 100 a.C., Cayo Julio César llegó a ser uno de los más insignes generales, benévolos conquistadores y hábiles administradores de Roma. Tras sofocar las revueltas en España, César recibió un mandato romano en el año 59 a.C. para gobernar la Galia Narbonensis, el actual sur de Francia. Repelió con sus tropas una invasión de tribus helvéticas procedente de Suiza y, entre los años 52 y 51 a.C., atajó la última gran revuelta gala liderada por Vercingetórix.

Celoso ante el creciente poder del que antaño fuera su protegido, Pompeyo rompió su alianza política con César y en el año 49 a.C convenció al Senado para que le proscribiera. El 7 de enero César cruzó el río Rubicón hacia Italia desatando una guerra civil. Su campaña de tres años finalizó con una victoria decisiva y, tras regresar a Roma, en el 46 a.C. asumió poderes dictatoriales. Impuso reformas, revisó el Senado y se embarcó en un plan urbanístico, pero en el 44 a.C. quedaba claro que no iba a restaurar la república. En el Senado cada vez había más discrepancias y durante los *idus* de marzo (el día 15) del 44 a.C., un grupo de conspiradores le asesinaron en una sesión del Senado.

En los años sucesivos a su muerte, su lugarteniente Marco Antonio y su heredero designado, su sobrino nieto Octavio, se lanzaron a una guerra civil contra los asesinos de César. Octavio obtuvo el control de la mitad occidental del imperio y Marco Antonio fue hacia oriente, pero en el 31 a.C. cayó a los pies de Cleopatra VII, y Octavio y Marco Antonio se convirtieron en enemigos. Octavio venció a la pareja en Grecia, invadió Egipto, los dos amantes se suicidaron y Egipto pasó a ser provincia romana.

Augusto y la gloria del Imperio

En el 27 a.C. Octavio se cambió el nombre por Augusto ("su eminencia") y concedió poderes casi ilimitados al Senado, convirtiéndose en el emperador de Roma. Bajo su mandato prosperaron las artes y se restauraron y construyeron edificios, incluido el Panteón.

Hacia el 100 d.C. casi un millón y medio de habitantes abarrotaban los templos de mármol, baños públicos, teatros, circos y bibliotecas de la capital. Reinaba la pobreza y Augusto creó la primera fuerza policial de Roma, dirigida por un prefecto de la ciudad *(praefectus urbi)*, para atajar la violencia y cualquier muestra de desacuerdo las masas pobres y sin representación política.

79
El Vesubio sepulta Pompeya y Herculano en cenizas y lava.

312
Constantino se convierte en el primer líder cristiano del Imperio romano.

BUSTO DE CONSTANTINO, MUSEOS CAPITOLINOS (P. 68)

Bajo el mandato de Adriano (76-138), el Imperio alcanzó su máxima extensión, abarcando todo el continente (incluida Gran Bretaña), casi todo el Oriente Próximo y el territorio entre Turquía y el norte de Marruecos. Pero cuando Diocleciano (245-305) llegó al poder, el Imperio estaba amenazado por ataques externos y revueltas internas. Diocleciano persiguió el cristianismo, algo que cambiaría con el mandato de Constantino I (272-337).

Posteriormente el Imperio se dividió en dos, con una segunda capital en Constantinopla (actual Estambul) fundada por Constantino en el 330. El Imperio bizantino de oriente sobrevivió, pero Italia y Roma fueron invadidas.

Poder papal y feudos familiares

En un giro histórico, la religión minoritaria que Diocleciano había intentado aniquilar con todas sus fuerzas fue lo que conservó la gloria de Roma. Mientras una gran parte de Italia sucumbía ante las invasiones de las tribus germánicas, la reconquista bizantina y los lombardos en el norte, el papado se establecía en Roma como fuerza espiritual y secular.

A cambio de reconocer oficialmente el control papal de Roma y los estados papales que la rodeaban, los francos carolingios obtuvieron una posición de poder en Italia,

Demencia imperial

Los antiguos romanos también padecieron algunos líderes excéntricos.

Tiberio [14-37] Firme en el gobierno pero propenso a la depresión, tuvo una relación difícil con el Senado y en sus últimos años se retiró a Capri, donde se dedicó a la bebida, las orgías y los ataques de paranoia.

Calígula [37-41] Su concepto de la diversión se reducía al incesto con sus hermanas y a la violencia. Vacío las arcas del Estado y sugirió nombrar cónsul a su caballo, antes de morir asesinado.

Claudio [41-54] Aparentemente tímido de niño, ya adulto fue implacable con sus enemigos y disfrutaba viendo las ejecuciones. Según el historiador inglés Edward Gibbon, fue el único de los primeros 15 emperadores que no tuvo amantes masculinos.

Nerón [54-68] Mandó ejecutar a su propia madre, cortar las venas de su primera mujer, patear a la segunda hasta la muerte y asesinar al exmarido de la tercera. Se dice que tocaba la lira mientras Roma ardía en el año 64, pero él culpó a los cristianos del desastre. Ejecutó a los evangelistas Pedro y Pablo y arrojó a otros a las fieras.

962
Otón I es coronado emperador del Sacro Imperio Romano Germánico en Roma.

1309
Clemente V traslada la sede pontificia a Aviñón, Francia (durante casi 70 años).

1321
Dante Alighieri completa el poema épico *La Divina Comedia*. Muere este mismo año.

y su rey Carlomagno recibió el título de Emperador del Sacro Imperio Romano. El vínculo entre el papado y el Imperio bizantino se había roto, y el poder político se trasladó al norte de los Alpes, donde permaneció durante más de mil años. Mientras, las familias aristocráticas de Roma pugnaban por controlar el papado y por el derecho a elegir obispos políticamente influyentes.

El asombro del mundo

El matrimonio entre Enrique VI, hijo del emperador del Sacro Imperio Romano Federico I (Barbaroja) con Constanza I de Sicilia, heredera del trono normando de Sicilia, supuso la fusión definitiva. El hijo de tan poderosa pareja, Federico II (1194-1250), fue una de las figuras más interesantes de la Europa medieval. Era un alemán criado en el sur de Italia para el que Sicilia era su hogar y, como emperador del Sacro Imperio, permitió la libertad de culto a musulmanes y judíos. Guerrero e intelectual, se le apod *Stupor Mundi* ("el asombro del mundo") por su talento como poeta, lingüista, matemático, filósofo y estratega militar.

Tras emprender, muy a su pesar y por motivos diplomáticos, una cruzada en Tierra Santa en 1228-1229 amenazado con la excomunión, regresó a Italia cuando las tropas

---

Estatua, Pompeya (p. 302

NEIL SETCHFIELD/GETTY IMAGES

1452
El 15 de abril, cerca de Florencia, nace Leonardo da Vinci.

1506
En Roma comienzan los trabajos de la basílica de San Pedro, según un diseño de Donato Bramante.

1508-1512
El papa Julio II encarga a Miguel Ángel que pinte los frescos del techo de la restaurada Capilla Sixtina

apales invadían territorio napolitano. No tardó en encerlas, y expandió su influencia a las ciudades-:stado del centro y el norte de Italia. Pero las batallas ontinuaron, incluso tras su muerte en 1250.

:l auge de las ciudades-Estado

l sur de Italia tendía a un poder centralizado, pero l norte no. Ciudades porteñas como Génova, Pisa y, obre todo, Venecia ignoraban cada vez más a menudo s dictados de Roma; y Florencia, Milán, Parma, Bolo-ia, Padua, Verona y Módena se resistían a que Roma se ntrometiera en sus asuntos.

Entre los ss. XII y XIV estas ciudades desarrollaron uevas formas de gobierno. Venecia adoptó un sistema ligárquico 'parlamentario' en una democracia limitada. as ciudades-Estado de la Toscana y Umbría crearon na comune (consejo municipal), un tipo de gobierno epublicano dominado inicialmente por los aristócratas después por la clase media rica. Las dinastías amiliares dieron forma a las ciudades que s vieron nacer, como los Médici en Florencia. La uerra era constante entre las ciudades-Estado; y lorencia, Milán y Venecia fueron absorbiendo a sus ecinos. Las ciudades-Estado de Italia, dinámicas e dependientes, lideraron un cambio de mentalidad, Renacimiento, aportando a la nueva era un cúmulo de descubrimientos, casas ditoriales y una irresistible nueva visión del mundo del arte.

Lo mejor
Mística medieval

1 Siena (p. 248), la Toscana

2 Bolonia (p. 205), Emilia Romaña

3 San Gimignano (p. 254), la Toscana

4 Asís (p. 261), Umbría

5 Verona (p. 200), el Véneto

la nacido una nación

iglos de guerras, plagas y ocasionales purgas religiosas pasaron factura a las dividi-as ciudades-Estado de Italia, mermando su rol en el escenario mundial hacia el s. XVIII. apoleón entró en Venecia en 1797 sin hallar apenas resistencia y puso fin a mil años e independencia veneciana creando el Reino de Italia en 1805. Diez años después, el accionario Congreso de Viena restauró a todos los gobernantes extranjeros en Italia.

Inspirados por la Revolución Francesa e indignados por la dominación napoleónica austriaca, los italianos empezaron a luchar por una nación independiente y nificada. El conde De Cavour (1810-1861), primer ministro de la monarquía de aboya, fue la mente diplomática que forjó el movimiento por la unificación italiana. btuvo el apoyo de los británicos para crear un Estado italiano independiente y egoció con los franceses en 1858 para crear un reino italiano del norte a cambio de arte de Saboya y Niza. Enseguida estalló la guerra franco-austriaca (1859-1861), onocida como la guerra de la independencia italiana. Los independentistas tomaron

582
papa Gregorio XIII stituye el calendario iano (impuesto por ésar) por el actual egoriano.

1805
Napoleón es nombrado rey del recién constituido Reino de Italia, que comprende casi todo el norte del país.

1861
Al término de la guerra franco-austriaca (1859-1861), Víctor Manuel II es proclamado rey de la Italia unificada.

Florencia y las hogueras de las vanidades

En 1481 el fraile dominico Girolamo Savonarola empezó a profetizar el apocalipsis en Florencia a menos que la ciudad abandonara sus costumbres licenciosas. Con los horrores de la guerra todavía recientes y las crónicas de la plaga florentina de Boccacio y Dante, las espeluznantes predicciones de Savonarola pusieron los pelos de punta a muchos florentinos. Savonarola tenía seguidores y exigía un Gobierno estrictamente teocrático para Florencia.

Cuando los dirigentes del clan Médici cayeron en desgracia en 1494, los 'padres de la ciudad' cedieron a las demandas de Savonarola. Así, libros, ropas, joyas, muebles elegantes y obras de arte ardieron en las llamadas "hogueras de las vanidades". Se prohibió beber alcohol, la prostitución, las fiestas, el juego, la moda y otros comportamientos considerados pecaminosos; pero surgió un intenso ambiente clandestino. La economía de la ciudad se hundió; nadie sabía qué otros bienes o servicios iba a prohibir Savonarola.

Los florentinos se cansaron pronto de aquel fundamentalismo, y también la orden monástica rival –los franciscanos– y el papa Alejandro VI. Para poner a prueba el compromiso de Savonarola con su propio método, los franciscanos le invitaron a someterse al juicio del fuego. Savonarola envió a un sustituto, pero el desventurado joven se salvó de la quema cuando el juicio se canceló a causa de la lluvia. Finalmente el Gobierno de la ciudad arrestó al exaltado fraile. Savonarola fue ahorcado y quemado en la hoguera por hereje, junto a dos seguidores, el 22 de mayo de 1498.

Lombardía y forzaron a los austriacos a entregarles el Véneto. El revolucionario Giuseppe Garibaldi reclamó Sicilia en nombre del rey de Saboya Víctor Manuel II en 1860, y Cavour y el rey reclamaron partes del centro de Italia (incluidas Umbría y Las Marcas). El Estado italiano unificado se fundó en 1861, incorporando la Toscana, el Véneto y Roma en 1870, y estableciendo el parlamento en esta última en 1871.

Mussolini y las guerras mundiales

Al estallar la Gran Guerra en Europa en julio de 1914, Italia decidió permanecer neutra a pesar de integrar la Triple Alianza con Austria y Alemania. Dicha alianza obligaba a Austria a devolver el norte de Italia, pero Austria se negó, rompiendo la alianza. Italia se unió a los aliados y se enzarzó en una terrible guerra de tres años y medio contra Austria. Tras el desplome de las fuerzas austrohúngaras en noviembre de 1918, los

1915

Italia entra en la I Guerra Mundial del lado de los Aliados para ganar territorios aún en manos austriacas.

WILL SALTER/GETTY IMAGES ©

BASÍLICA DE SAN PEDRO (P. 86), ROMA.

1922

El rey Víctor Manuel II confía la formación del Gobierno a Mussolini y sus fascistas.

italianos invadieron Trieste y Trento, pero el Tratado de Versalles posterior les negó el resto de los territorios que exigían. Para Italia fue una humillación. Había perdido seiscientos mil hombres en la guerra y aunque unos pocos se habían beneficiado de ella, la población estaba sumida en la miseria. De la desesperación surgió un demagogo: Benito Mussolini (1883-1945).

Antiguo director de un periódico socialista y antaño desertor, Mussolini se alistó voluntario para ir al frente y regresó herido en 1917. Frustrado por el trato dado a Italia en Versalles, formó un grupo político de extrema derecha. En 1921 el partido fascista era temido y admirado. Tras desfilar por Roma en 1922 y ganar las elecciones de 1924, Mussolini asumió el control total del país en 1926, prohibiendo la existencia de otros partidos, sindicatos independientes y prensa libre.

En su primer paso para crear "el nuevo Imperio romano", Mussolini invadió Abisinia (Etiopía) en 1935-1936, lo que le supuso la condena de la Liga de las Naciones. Mussolini respondió aliándose con la Alemania nazi para apoyar al general fascista Franco en España.

Italia no entró en la II Guerra Mundial hasta el mes de junio de 1940, cuando el bombardeo alemán de Noruega, Dinamarca y una gran parte de Francia daba las de ganar a los fascistas. Pero la alianza con Italia causó a Alemania importantes reveses en los Balcanes y el norte de África.

Cuando los aliados llegaron a Sicilia en 1943, los italianos ya estaban hartos de Mussolini y de su guerra, y el rey mandó arrestarle. En septiembre, los alemanes liberaron a Mussolini, ocupando los dos tercios del norte del país y reponiendo al dictador.

La campaña aliada en la península italiana, dolorosa y lenta, tuvo la ayuda de la resistencia italiana, que saboteó las fuerzas alemanas, y el norte de Italia fue liberado en abril de 1945. Los partisanos le fusilaron junto a su amante, Clara Petacci, y colgaron sus cadáveres en Piazzale Lotto, Milán.

Lo mejor
Elegancia renacentista

1 Duomo (p. 228), Florencia

2 Galleria degli Uffizi (p. 225), Florencia

3 Urbino (p. 260), Las Marcas

4 *La última cena*, de Da Vinci (p. 124), Milán

El miedo rojo y los años de plomo

Después de la guerra, la resistencia fue desarmada y las fuerzas políticas se reagruparon. Con el Plan Marshall, EE UU obtuvo gran influencia política y la utilizó para mantener a la izquierda a raya. Tras la guerra se sucedieron tres gobiernos de coalición. El tercero, formado en diciembre de 1945, estaba dominado por el nuevo partido

1929
El catolicismo es declarado la única religión de Italia; y el Vaticano, estado independiente.

1940
Italia entra en la II Guerra Mundial en el bando de la Alemania nazi e invade Grecia.

1944
El 18 de marzo el Vesubio entra en erupción.

Todo por la resistencia

En 1943-1955, “los clandestinos de Asís” ocultaron a cientos de judíos italianos en conventos y monasterios de Umbría, mientras la resistencia toscana falsificaba documentos para ellos. Los refugiados necesitaban los papeles rápido, antes de que los fascistas los deportasen a campos de concentración. Aquí intervino el hombre más rápido de Italia: Gino Bartali, ciclista toscano mundialmente famoso, vencedor del Tour de Francia y tricampeón del Giro de Italia. Tras su fallecimiento en el 2003, unos documentos desvelaron que durante los ‘entrenamientos’ que realizaba en los años de la guerra, Bartali había llevado mensajes secretos de la resistencia y documentos falsificados para trasladar a los refugiados judíos hasta lugares seguros. Bartali fue interrogado en la temida Villa Triste de Florencia, donde habitualmente se torturaba a sospechosos de antifascismo, pero no reveló nada. Hasta su muerte, el héroe de la larga distancia restó importancia a sus esfuerzos para rescatar a refugiados judíos, diciendo: “Uno hace esas cosas, y ya está”.

Democracia Cristiana (DC), liderado por Alcide De Gasperi. Italia se convirtió en República en 1946 y la DC de De Gasperi ganó las primeras elecciones bajo la nueva Constitución en 1948.

A pesar de que fue apartado del poder de forma sistemática hasta la década de 1980, el Partido Comunista Italiano tuvo un papel vital en el desarrollo social y político del país. Su popularidad encendió las alarmas, lo que condujo al país a una de las épocas más grises de su historia, los *anni di piombo* (años de plomo). Los terroristas neofascistas golpearon Milán con un atentado con bomba en 1969. Coincidiendo con el auge de la economía italiana, la paranoia anticomunista europea desencadenó en Italia una reacción secreta orquestada por la CIA y la OTAN.

Los años setenta estuvieron dominados por el espectro del terrorismo y el descontento social. En 1978, las Brigadas Rojas (un grupo de militantes de izquierda responsable de varios actos criminales) acabaron con la vida del antiguo primer ministro Aldo Moro (DC). Su secuestro y posterior asesinato, 54 días después (relatado en la película *Buenos días, noche, del* 2003), conmocionó al país.

A pesar del desasosiego, los años setenta también trajeron algún cambio positivo. Se legalizaron el divorcio y el aborto, y las leyes permitieron a las mujeres conservar s apellido al casarse.

1946

En un referéndum nacional, los italianos votan la abolición de la Monarquía y la creación de la República.

1960

Roma acoge los XVII Juegos Olímpicos.

1980

El 25 de noviembre, un terremoto de 6,8 grados en la escala de Richter sacude Campania con cas tres mil víctimas mortales

Manos Limpias, Berlusconi y Cinco Estrellas

El auge económico posterior a la II Guerra Mundial permitió que Italia se convirtiera en una de las grandes economías mundiales. Aunque hacia mediados de los años setenta empezó a estancarse, y para mediados de los noventa una nueva crisis se había instalado. Tampoco ayudó el escándalo de la Tangentopoli (soborno en italiano), a raíz del cual la investigación conocida como Mani Pulite (Manos Limpias) sacó a la luz miles de casos de corrupción que implicaban a figuras públicas.

Tras los procesos judiciales, los partidos tradicionales de centro derecha fueron desmantelados, y de esas cenizas nació lo que muchos italianos esperaban que fuera un nuevo impulso político. Forza Italia –el partido del magnate de los medios de comunicación Silvio Berlusconi– llegó al poder en el 2001 (y lo haría de nuevo en el 2008). Una combinación de carisma, confianza, irreverencia y promesas de bajadas de impuestos sedujeron a la mayoría del electorado.

Sin embargo, durante el mandato de Berlusconi se aprobó una serie de leyes para proteger sus intereses empresariales, y la economía siguió languideciendo. En el 2011, Berlusconi fue obligado a dimitir a causa del empeoramiento de la situación económica en relación a la crisis de deuda soberana de la Eurozona. Un Gobierno

Panteón (p. 75), Roma.

1995
Maurizio Gucci, heredero del emporio de la moda Gucci, es tiroteado en el exterior de sus oficinas de Milán.

2001
La coalición derechista de Silvio Berlusconi obtiene la mayoría absoluta en las elecciones generales.

2005
Manifestaciones multitudinarias de dolor tras la muerte del papa Juan Pablo II a los 84 años.

de tecnócratas, encabezado por el economista Mario Monti, tomó las riendas del país hasta las elecciones de febrero del 2013, tras las cuales Enrico Letta, del Partito Democratico (PD), fue elegido primer ministro al frente de una frágil coalición de partidos de izquierda y de derecha.

Hoy, muchos italianos depositan sus esperanzas de un futuro político mejor en el Movimiento Cinco Estrellas, puesto en marcha por el activista y cómico Beppe Grillo. El movimiento obtuvo el 25% de los votos en las elecciones de febrero del 2013 y rechazó cualquier posible alianza postelectoral a fin de desmarcarse de la vieja clase política. Solo el tiempo dirá si el movimiento es capaz de generar la ola de cambio que tanto ansía.

San Gimignano (p. 254)
JEAN-PIERRE LESCOURRET/GETTY IMAGES

2009
El Tribunal Constitucional anula una ley que otorgaba a Berlusconi inmunidad jurídica mientras estuviese en el poder.

2011
Tras una serie de escándalos, Berlusconi dimite para restaurar la confianza en la maltrecha economía italiana.

2013
Berlusconi es procesado por fraude fiscal.

Viajar en familia

Pompeya (p. 302).

PHILIP AND KAREN SMITH/GETTY IMAGES ©

A los niños les encanta Italia: la pizza *y el helado son parte de la dieta básica, las playas ofrecen diversión ilimitada, las ruinas romanas animan a explorar, se puede esquiar en las montañas, y los lagos son ideales para chapotear y navegar. Gladiadores, volcanes, góndolas... Italia es un cuento hecho realidad. Y el sentimiento es mutuo, pues a los italianos les encantan los niños. El viajero podrá relajarse al comer fuera, nadie se extraña si los niños siguen despiertos entrada la noche y el recibimiento siempre es caluroso.*

Inspiración

¿Cómo conseguir que los más pequeños sigan el plan previsto y crean que es idea suya? En Italia se consigue gracias a puntos de interés y actividades que atraen a niños y adultos. Las extensas ruinas romanas permiten que los niños corran por ellas y los adultos imaginen la vida hace miles de años. Las cuevas y catacumbas merecen una visita, aunque estas últimas son demasiado angostas y espeluznantes para ir con niños pequeños. Las majestuosas villas poseen jardines en los que hacer *picnics* y jugar, y arte para contemplar y relajarse. El turismo rural ahorra dinero e incluye comidas rústicas, piscina y animales de granja.

Todo el mundo sale ganando en la playa de una isla: habrá otros niños y en ocasiones aguas termales para los padres. En las *piazzas* principales del país hay helados y una zona para corretear. Para más información e ideas, véase la web www.italiakids.com.

Lo mejor
Destinos para niños

1 Sicilia (p. 322)

2 Apulia (p. 343)

3 Capri (p. 296)

4 Roma (p. 60)

5 Costa Amalfitana (p. 306)

Antes de partir

A los italianos les encantan los niños y cuentan con actividades especiales para ellos. El icono 👪 resalta los lugares orientados a familias. Hay que reservar alojamiento con antelación y solicitar camas extra. Si es posible, reservar asientos en los trenes para no tener que viajar de pie.

Leche en polvo y solución esterilizadora Disponible en farmacias.

Pañales desechables Disponibles en supermercados y farmacias.

Tronas Disponibles en muchos restaurantes.

Áreas de cambio de pañales Escasas excepto en aeropuertos y museos modernos.

Cunas Solicitarlas por anticipado en hoteles.

Cochecito Llevar el propio.

Sillas de viaje Reservarlas en las oficinas de alquiler de automóviles.

Presupuesto

Para cuidar la economía familiar:

Puntos de interés La entrada a muchos puntos de interés es gratis o con descuento para menores de 18 años (listados como "reducida").

Transporte Normalmente hay descuentos para menores de 12 años.

Hoteles y agroturismo La pensión completa para niños suele tener precios especiales. Se recomienda comprobar la web www.booking.com, que detalla el "régimen para niños" de los hoteles que aparecen en ella, incluidos los cargos extra por desayunos infantiles y camas extra.

Restaurantes Los menús infantiles no abundan, pero ofrecen *mezzo piatto* (medio plato), normalmente a mitad de precio.

Arte y arquitectura

Trulli, Alberobello (p. 346).

OLIVER STREWE/GETTY IMAGES ©

Con más lugares Patrimonio Mundial de la Unesco que ningún otro país, es difícil tirar una piedra sin darle a una obra maestra. Su arquitectura es más que una pared en la que colgar arte y cuenta con genios como Miguel Ángel, cuyos espacios dan sensación de intimidad e inclusión, perseverancia e ímpetu.

Época clásica

Los antiguos romanos siguieron el ejemplo de los griegos, pero haciéndolo más grande. Los griegos inventaron el estilo dórico, jónico y corintio de las columnas, pero los romanos las colocaron en el Coliseo.

Las proporciones armoniosas eran un elemento clave del diseño romano, como las de la equilibrada y artesonada cúpula del Panteón, que posee una innovación romana: el cemento. A diferencia de los griegos, los escultores romanos esculpieron bustos fieles hasta la crudeza. A los emperadores Pompeyo, Tito y Augusto se les reconoce en las salas del Museo Palatino por sus respectivos rasgos faciales: nariz protuberante, cabeza cuadrada y ojos hundidos.

Algunos emperadores como Augusto utilizaron el arte como instrumento

Lo mejor **Museos**

1 Museos Vaticanos (p. 85), Ciudad del Vaticano

2 Gallerie dell'Accademia (p. 182), Venecia

3 Museo del Novecento (p. 120), Milán

4 Museo e Galleria Borghese (p. 88), Roma

5 Galería de los Uffizi (p. 225), Florencia

propagandístico y para celebrar victorias militares; la columna de Trajano y el Ara Pacis Augustae de Roma son bellas muestras.

Ostentación bizantina

Cuando Constantino se convirtió al cristianismo, los arquitectos vertieron su talento en las iglesias bizantinas, con cúpulas de ladrillo, exteriores sencillos e interiores con mosaicos. Un primer ejemplo es la catedral de Santa Maria Assunta de Torcello. En vez del realismo clásico, su mosaico *del Juicio Final* comunica un mensaje claro en un convincente lenguaje de viñetas: arrepentíos o los demonios os arrastrarán por los pelos. Sus dorados mosaicos bizantinos influyeron en los de la basílica de San Marcos de Venecia y en lugares tan remotos como la Cappella Palatina de Palermo.

Gracias medievales

A los italianos no les gustaban las desmesuradas catedrales góticas francesas, pero exageraron el estilo aún más. Un gótico morisco propio embellece palacios de Venecia como Ca' d'Oro. Milán llevó al extremo el gótico en su Duomo y los sieneses aportaron una novedad en su catedral: escenas con narraciones taraceadas en el suelo.

El pintor florentino Giotto di Bondone (1266-1337) añadió un nuevo cariz. En vez de santos en viñetas doradas bizantinas, incluyó burros peludos en la historia de la vida del santo que pintó en la basílica de San Francisco de Asís. Aparecen grupos de animales panzudos en sus frescos paisajísticos, y cuando el burro llora la muerte del patrón de las bestias, cuesta no llorar con él.

En Siena, Ambrogio Lorenzetti (1290-1348) inició una tendencia en la pintura secular con sus *Alegorías del buen gobierno y el mal gobierno* (1337-1340), utilizando una convincente perspectiva para que el buen gobierno pareciera alcanzable, con paz, prudencia, mercaderes felices y una boda; como la ilustración medieval de una novela romántica.

El Renacimiento

En el s. XIV la peste interrumpió el trabajo de muchos artistas y arquitectos, y los supervivientes se agruparon. Los santos bizantinos de grandes ojos parecían alejados de la realidad, dominada por guerras entre ciudades-Estado y desastres naturales. Escultores florentinos como Lorenzo Ghiberti (1378-1455) y Donatello (1386-1466) bajaron de las nubes los ideales bizantinos y crearon figuras anatómicamente fieles con los principios clásicos de la perspectiva y la escala.

El arquitecto Filippo Brunelleschi (1377-1446) se inspiró en los clásicos para realizar el Duomo de Florencia –concretamente en el Panteón de Roma– y creó una enorme cúpula con proporciones exactas para distribuir su colosal peso. Los críticos pensaron que se hundiría, pero no fue así. Si Brunelleschi estudió los clásicos, el neoclásico Palladio los saqueó y tomó elementos arquitectónicos de templos, villas y foros para San Giorgio Maggiore de Venecia. El reciclaje creativo no era algo nuevo, pues en Italia

evan siglos reutilizado edificios antiguos (*spolia*), sin embargo, Palladio llevó a cabo u *spolia* conceptual con elegancia.

La pintura romana no dominaba las proporciones armónicas de las leyes clásicas, ero Sandro Botticelli (1444-1510) se ocupó de ello. Si sus primeras obras parecen gidas, su *Nacimiento de Venus* (1485), en los Uffizi de Florencia, es un modelo de legancia. Leonardo da Vinci (1452-1519) no se sometió al clasicismo y difuminó los ontornos de sus figuras con la técnica del *sfumato,* todavía visible en su *Última Cena* n Milán. Miguel Ángel aplicó esa misma perfección al tallar su *David* de la Galleria ell'Accademia de Florencia y en la imagen de Dios dando vida a Adán en el techo e la Capilla Sixtina.

lanierismo

n 1520, artistas como Miguel Ángel y Rafael dominaban el naturalismo y habían escubierto sus limitaciones expresivas, pero los manieristas decidieron que a veces onvenía exagerar para conseguir un efecto. Un buen ejemplo es la *Ascensión* (1516-518) de Tiziano (1490-1576), en I Frari de Venecia, en la que la arrebolada Virgen se eva en un remolino de bermejos ropajes. A Miguel Ángel Merisi da Caravaggio (1573-510), nacido en Milán, no le interesaban las convenciones clásicas de la belleza ideal se concentró en mostrar y ocultar la verdad mediante unos inteligentes contrastes e luces y sombras –*chiaroscuro*– en su *Conversión de San Pablo* y en la *Crucifixión de an Pedro,* ambos en la Chiesa di Santa Maria del Popolo de Roma.

arroco

a insistencia del Renacimiento en la restricción y las formas puras produjo una vio-nta reacción. El arte religioso barroco se utilizó como aguijada espiritual, con obras el escultor Gianlorenzo Bernini (1598-1680) que simulaban el éxtasis religioso con na desesperada urgencia.

Basílica de San Marcos (p. 175), Venecia.

Lo mejor
Iglesias

1 Basílica de San Pedro (p. 86), Ciudad del Vaticano

2 Basílica de San Marcos (p. 175), Venecia

3 Duomo (p. 121), Milán

4 Basílica de San Francesco (p. 262), Asís

5 Duomo (p. 228), Florencia

La arquitectura barroca, con sus florituras esculturales, era apropiada para las *piazzas* turísticas de Roma y los relucientes reflejos del Gran Canal de Venecia, pero en la poblada Nápoles, solo podía acomodarse en interiores, de ahí el caleidoscopio de colores de mármol taraceado de la Certosa di San Martino.

Arte italiano de exportación

En el s. XVIII Italia sufría la dominación extranjera de Napoleón y de Austria. Dependiente de admiradores extranjeros, el empobrecido país produjo paisajes que los dandis europeos se llevaban como recuerdo de su Grand Tour. Los *vedutisti* (paisajistas) más famosos son Francesco Guardi (1712-1793) y Giovanni Antonio Canaletto (1697-1768). El escultor neoclásico Antonio Canova (1757-1822) planteó una propuesta más atrevida al esculpir desnuda a la hermana de Napoleón Paulina Bonaparte Borghese, en la Venus Victoriosa del Museo e Galleria Borghese de Roma.

Modernidad y contemporaneidad

Forzada por los convencionalismos y desfigurada por la industrialización, Italia encontró una salida creativa en el *art nouveau* europeo, al que llamó '*liberty*', aunque hubo quien lo consideró decadente y frívolo. Acaudillado por el poeta Filippo Tommaso Marinetti (1876-1944) y el pintor Umberto Boccioni (1882-1916), el *Manifiesto Futurista* de 1909 declaró: "Todo se mueve, todo corre, todo se transforma rápidamente". Aunque el fascismo fagocitó el estilo futurista, su nacimiento fue muy diferente: resultó de una extrema nostalgia por un heroico imperio italiano, que no era exclusivamente italiano ni heroico. En la actualidad, el futurismo destaca en el Museo del Novecento de Milán. En la década de 1960, el radical *arte povera* utilizó materiales reciclados para provocar asociaciones y su impacto sigue presente en la Galleria Civica d'arte Moderna e Contemporanea de Turín (GAM).

En arquitectura, uno de los pocos puntos culminantes de mediados del s. XX es la Torre Pirelli, de 1956, diseñada por el arquitecto Giò Ponti y el ingeniero Pier Luigi Nervi. En la actualidad, la arquitectura italiana ha regresado a la escena mundial con el extravagante velero de cristal de Fiera Milano, obra de Massimiliano Fuksas, y la fábrica Fiat de Turín que Renzo Piano ha transformado en Eataly, escaparate del movimiento Slow Food.

La mesa italiana

Tienda de comestibles, Nápoles (p. 282).

FRANK ROTHE/GETTY IMAGES ©

Seamos sinceros: la comida es uno de los principales reclamos de Italia. Basta con ponerse cómodo y prepararse para comer como un rey. Hay que olvidarse de los platos habituales que sirven en el italiano de la esquina. En realidad, "gastronomía italiana" es un término que aglutina las distintas cocinas regionales del país. ¿Ha probado algo mejor en la vida? Seguramente no. ¿Lo hará? Quizá mañana. Buon appetito.

Cocina regional

Las rivalidades entre las ciudades-Estado italianas que en tiempos se saldaban con asedios a castillos y lanzando aceite hirviendo a los enemigos, en la actualidad se dirimen en unas competiciones culinarias bastante más amistosas, aunque también utilicen aceite hirviendo. En primavera, los visitantes tal vez no puedan salir de Roma sin probar las *carciofi alla giudía* (alcachofas según la tradición judía, aplastadas y fritas), o de Venecia sin comer *violetti di Sant'Erasmo* (pequeñas alcachofas moradas, fritas o marinadas, que se comen de un bocado). Pero en esa férrea contienda regional para atraer a los gastrónomos hay un claro ganador: los viajeros, que prueban variedades regionales de los productos de temporada, los mariscos y las carnes.

Roma

La capital de Italia ofrece cafés más que potentes en el Caffè Tazza d'Oro y fabulosos *gelati.* Los integrantes obligatorios de una carta suelen incluir *pizza* de masa fina, *saltimbocca* (ternera salteada con *prosciutto* y salvia, literalmente "salto en boca") y caloríficos clásicos de la pasta, como espagueti a la carbonara (con *guanciale,* o carrillera de cerdo, huevo y queso) y *bucatini all'amatriciana* (tubos de pasta con tomate, *pecorino romano* y *guanciale*). Roma es el refugio espiritual de las comidas de la cabeza a los pies, en la que alimentos básicos como la *trippa alla romana* (tripa con tomate y menta) y la *pajata* (pasta de intestinos de lechazo con salsa de tomate) atraen a los más valientes.

Del Piamonte a Milán

La localidad de Bra, en el Piamonte, es la cuna del movimiento Slow Food, alternativa pausada de comida artesana italiana a la comida rápida, y Eataly, en Turín, ocupa una antigua fábrica de Fiat con las mejores especialidades artesanas italianas. Los inviernos alpinos del Piamonte son perfectos para un cremoso *risotto,* especialidades con quesos, trufas blancas de Alba y reconfortantes tintos Barolo. Ningún derroche culinario en el Piamonte está completo sin un café tostado y chocolate de Turín en sus famosos cafés. La costa de Liguria al sur de Turín es famosa por el pesto y la *focaccia,* que se disfrutan más observando las asombrosas calas de Cinque Terre.

La especialidad de Milán es el *risotto alla milanese con ossobucco* (ternera con arroz y azafrán estilo milanés) y *bresaola* (ternera salada y secada al aire). La última tendencia culinaria de Milán son las *latterie* (lecherías), en realidad restaurantes especializados en queso, verduras y pasta casera.

De Bolonia a Venecia

En el noreste quizá se produzca un sobresalto culinario entre el almuerzo y la cena; se puede almorzar *pasta alla bolognese* (ragú de ternera y panceta sobre *tagliatelle*) y después cenar polenta veneciana con *sarde in saor* (sardinas marinadas con cebollas, piñones y pasas).

Dos productos locales mundialmente conocidos: el *parmigiano reggiano* y el vinagre balsámico de Módena son los protagonistas de la cocina boloñesa. Los carnívoros se deleitan con *tortellini* rellenos de carne y bandejas de embutidos como *prosciutto di Parma* (jamón finamente cortado), salami, mortadela, *zampone* (con forma de manitas de cerdo) y *coppa,* un sabroso combinado de carne de cuello y manteca de cerdo curado en salmuera.

Venecia honra su ubicación en la laguna y su rico pasado en el comercio de especias con platos como *risotto* con tinta de calamares y *granseole* (centollo) realzado con anís estrellado. Los dandis venecianos iniciaron la moda del chocolate caliente en los cafés que bordean Piazza San Marco y todavía se puede disfrutar de una densa taza rodeado de esplendor barroco.

Toscana y Umbría

Los toscanos tienen una forma especial de preparar la carne, con hierbas y aceite de oliva, como jabalí, faisán o conejo asado en espetón o ternera de Maremma en *spiedino toscano* (parrillada). Otro plato obligado para carnívoros es la descomunal *bistecca alla fiorentina,* el bistec de tres dedos de grueso que sirven en la Trattoria Mario de Florencia. La *acquacotta* (sopa campesina, literalmente "agua cocida") se convierte en un festín en la localidad toscana de Lucca, con huevos de granja, queso pecorino local, pan tostado y su preciado y dorado aceite de oliva.

Quale Vino?

En un almuerzo o cena, la cuestión no es si se toma vino, sino cuál de los cientos de especialidades irá mejor con la comida. Si se duda, es mejor optar por los locales; este es un listado de los que pedir en cada región.

- **Roma y alrededores** Est! Est!! Est!!! (blanco seco vegetal/mineral).
- **Venecia y Verona** Prosecco (el blanco espumoso más popular de Italia), Amarone (tinto oscuro con aterciopelados taninos), Soave (blanco seco, mineral), Tocai (blanco untuoso, afrutado/floral), Valpolicella (tinto versátil, de medio cuerpo).
- **Bolonia** Lambrusco (tinto espumoso).
- **Milán y los lagos** Franciacorta (el mejor blanco espumoso de Italia), Bardolino (tinto suave y satinado).
- **Piamonte y alrededores** Barolo (el tinto favorito en Italia; elegante y estructurado), Asti (blanco espumoso), Cinque Terre (blanco mineral/herbáceo), Gavi (blanco seco y aromático), Barbera d'Alba (tinto agradablemente ácido, perfecto con el tomate), Dolcetto (tinto desenfadado y aromático), Sciacchetrá (el vino dulce y aromático de Cinque Terre).
- **Toscana** Chianti Classico (tinto generoso con carácter terroso), Brunello di Montalcino (la cosecha de tinto más compleja de Italia), Super Tuscan IGT (tintos ampulosos de uva sangiovese), Morellino di Scansano (tinto floral, peso medio).
- **Umbría** Orvieto (blanco ligero, herbáceo/floral), Sagrantino di Montefalco secco (tinto seco de Perugia, envejecido en toneles de roble).
- **Nápoles y la Costa Amalfitana** Falanghina (blanco seco, mineral).
- **Sicilia** Marsala (vino dulce enriquecido), Nero d'Avola (tinto volcánico, mineral).

En la vecina Umbría, los lugareños suelen buscar espárragos trigueros, setas y ufas negras junto a los jabalíes locales; si estas últimas se rallan un poco sobre unos *gliatelle* frescos de huevo, se descubre uno de los sabores más adictivos del planeta.

ápoles y Costa Amalfitana

os sabores mediterráneos inundados de sol centellean en Nápoles y su costa, donde los volcánicos suelos que enterraron Pompeya crecen *capsicums* (pimientos) cantes, cítricos y los preciados tomates de San Marzano. La mozzarella di bufala cal con albahaca y salsa de tomate sobre masa de *pizza* componen la más famosa portación de Nápoles: la *pizza margherita*. En el *centro storico* de Nápoles se puede obar excelente comida callejera en los *friggitorie* (puestos de comida rápida) que frecen desde *arancini* (croquetas de arroz rellenas de mozzarella) hasta berenjenas bozadas. Nápoles fue el paraíso de los conquistadores franceses y la realeza española, cuya influencia se saborea en los *sfogliatelle* (pasteles de ricota y canela) y *rum aba* (pastel de ron con crema).

Al sur de Nápoles el perfume de los limones avisa de que uno se acerca a la Costa malfitana. El limón es el protagonista en el pescado del día y en el *limoncello*, el suave gestivo de limón.

Sicilia y el sur de Italia

Nacida de la *cucina povera* (cocina de los pobres), la mesa de Apulia encandila con exquisiteces como la *burrata* (una versión más cremosa de la mozzarella) y platos a base de frescos mariscos locales como *strascinati con la mollica* (pasta con picatoste y anchoas) y *riso cozze patate* (arroz con patatas y mejillones al horno). La influencia árabe aterciopela y hace complejos los platos de pasta sicilianos, además de converti la región en uno de los mejores lugares del país para probar postres. El atún al horno con una capa de sal, las *fiori di zucca ripieni* (flores de calabaza rellenas de queso) cor anchoas y los *arancini siciliani* (bolas de risotto) no dejan indiferente a nadie.

Se empieza la aventura culinaria sureña en La Pescheria de Catania, el legendario mercado de pescados, donde se peina la zona en busca de *dolci* (dulces) sicilianos como helado de pistacho o figuritas de mazapán. Hay que dejar espacio para Apulia, que rivaliza con Lucca por el título de cocina campesina más gratificante de Italia y se lleva el premio del pan con más corteza del país.

Glosario gastronómico

Tutti a tavola! (¡A la mesa!) Todos los italianos obedecen esta orden sin rechistar. Desobedecerla sería inconcebible, ¿se va a comer la pasta fría e insultar al cocinero? No se está obligado a comer los tres platos –ni siquiera dos–, pero este es un resume de opciones.

'Antipasti' (aperitivo)

Sus tentadoras ofertas incluyen la *bruschetta* de la casa (pan tostado con distintos ingredientes encima, de tomate troceado con ajo a trufas negras), placeres de tempo rada como *prosciutto e melone* (jamón con melón) y delicias regionales como *friarelle con peperoncino* (brécol napolitano con chiles). Es el momento en el que sirven pan

Viñedos, Chianti (p. 25
DAMIEN SIMONIS/GETTY IMAGES

omo parte del *pane e coperto* (servicio de mesa), que uesta 1-4 €.

Primo' (primer plato)

.a fécula es la protagonista: pasta y ñoqui (en especial n el sur y centro de Italia), *risotto* y polenta (especialidades norteñas). Normalmente incluye opciones egetarianas o veganas como pasta con pesto –plato lásico del noroeste con albahaca, *parmigiano reggiano* piñones– o *alla Norma* (con berenjena y tomate, estilo iciliano), o el *risotto al Barolo* (risotto piamontés con ino Barolo). Pero incluso si en teoría un plato parece egetariano, hay que preguntar qué caldo se ha utiliado en ese *risotto* o polenta, o los ingredientes de esa ospechosamente sustanciosa salsa de tomate, pues uede que lleven ternera, jamón o anchoas.

Secondo' (segundo plato)

.os comensales menos glotones por lo general se lantan después del *primo*, o bien se lo saltan y optan nicamente por un secondo. Pero si se es de buen omer, al *primo* le podrá seguir un *secondo* a base de arne, pescado o *contorni* (guarniciones). Las opciones an de carnes (en especial en la Toscana y Roma) y marisco fresco (en Venecia y Sicilia) a verdura ligeramente sada como *radicchio di Treviso* (achicoria roja). Una pción menos sugerente es la *insalata mista*, lechuga in adornos, con vinagre y aceite. Los picatostes, queos, frutos secos y otros ingredientes no aparecen en as típicas ensaladas italianas.

Lo mejor
Cursos sobre vino y cocina

1 **Città del Gusto** (www.gamberorosso.it)

2 **Italian Food Artisans** (www.foodartisans.com/workshops)

3 **International Wine Academy of Roma** (www.wineacademyroma.com)

4 **Culinary Adventures** (www.peggymarkel.com)

Frutti e dolci'

iamo arrivati alla frutta es un dicho que significa "hemos tocado fondo", pero no asta que se toma un último y apetitoso bocado. La mejor opción es la fruta local de temporada. Los *formaggi* son una alternativa excepcional en el Piamonte, pero n el sur se recomiendan los *dolci*. *Los biscotti* (bizcochos cocidos dos veces) mojados n vino saben a gloria, y no hay que dejar de probar el *zabaglione* (natillas al Marsala), l tiramisú (huevos, mascarpone, café y Marsala; literalmente "levántame"), los profieroles rellenos de nata o los pasteles sicilianos rellenos de crema inmortalizados en *l padrino:* "Deja el arma. Toma un *cannoli*".

Café

char una siesta siempre es más tentador que ver monumentos después de una uena comida italiana. Por eso, si se quiere evitar sucumbir a la primera de cambio, mejor es cerrar el almuerzo con un *espresso.* El capuchino (llamado así por el color e los hábitos de los monjes capuchinos) se suele tomar por la mañana, antes de las 1.00. El resto del día es costumbre pedir *espressos* con un chorrito de leche; lo que e conoce como *caffè macchiato.* Los días estivales más sofocantes, nada supera una *ranita di caffè* (café con hielo picado y nata montada).

Estilo de vida

Cafetería, Milán (p. 120)

MARK HORN / GETTY IM

¿Cómo sería despertarse un día siendo italiano? Para empezar, quizá el pijama sería más elegante, pero la evidencia se impondría al abrir el armario y ver los zapatos: ¿cómo debe ser caminar con unos zapatos tan bonitos todo el día y qué se descubre andando con ellos?

Un día en la vida de Italia

Sveglia! No ha sido el despertador lo que anuncia la hora de levantarse, sino la *caffetiera*, omnipresente en los hogares italianos. Si se tienen entre 18 y 34 años hay un 60% de probabilidades de que el café lo prepare la *mamma* o el papá en lugar de un compañero de piso. Y no solo porque Italia sea un país de *mammoni* (niños de mamá) y *figlie di papá* (hijas de papá), sino porque el paro juvenil del 42% y los contratos a tiempo parcial de mucho universitarios dificultan que los jóvenes se independicen.

El tiempo apremia, así que no queda otra que beberse el café de un trago –quema, pero los italianos tienen práctica en esto– y caminar un par de manzanas para comprar el periódico al quiosquero de la esquina, Nicolai, que nació en Bucarest y forma parte de la mayor comunidad inmigrante de Italia, la rumana. De camino l trabajo, se ojean los titulares: el último juicio a Berlusconi, acusaciones de corrupción en otro ayuntamiento, el escándalo de amaño de partidos y la nueva normativa europea sobre el queso. ¡Vergonzoso! lo del queso, lo otro es el pan de cada día). En la oficina, se amontona el papeleo hasta la hora del almuerzo, l respiro para ir a comer con los amigos y tomar una copa de vino. Después, hay tiempo para otro café en el bar de siempre y preguntarle al camarero qué tal le fue la última audición; porque resulta que un conocido fue a la escuela con la hermana del director de la obra y el camarero iba bien recomendado. No se trata solo de echar una mano, es un impulso decisivo en la carrera de cualquiera. Como reveló un reciente estudio del Ministerio de Trabajo, la mayoría de los italianos encuentra trabajo a través de contactos personales; al menos un 30% han sido contratados gracias a vínculos familiares y, en las profesiones mejor pagadas, la cifra asciende al 40-50%. En la burocracia más antigua y atrincherada de Europa, las conexiones sociales también lo son todo cuando hay que cursar trámites: cada año, los italianos dedican el equivalente a dos semanas a temas burocráticos.

De vuelta al trabajo a las 14.00, la tarde transcurre entre tareas simultáneas: hablar con los colegas y enviar correos electrónicos, mandar un sms con el *telefonino* al conocido para contarle lo de la audición del camarero y buscar con disimulo ofertas de trabajo por internet (el contrato termina pronto). Después de un día tan agotador, un aperitivo lo pone todo en su sitio, así que a las 18.30 toca ir al bar de moda. La decoración es muy elegante; el ambiente, distendido, y el DJ, muy bueno; lástima que luego toque ir a clase de inglés; hoy en día, todo el mundo aprende inglés.

Lo mejor

Libros sobre italianos, por italianos

1 **Los italianos** (Luigi Barzini)

2 **Storia degli italiani** (Historia de los italianos, Giuliano Procacci)

3 **La cabeza de los italianos: manual de instrucciones para entender un país** (Beppe Severgnini)

La gente

Si el viajero fuera italiano, ¿cómo sería la gente con la que compartiría su día a día? Casi la mitad de sus colegas de trabajo serían mujeres –todo un cambio en los 10 últimos años, cuando ellas eran solo una cuarta parte de la fuerza productiva– y cada vez tendría más conocidos jubilados; uno de cada cinco italianos tiene más de 65 años. También se daría cuenta de que hay pocos niños. El índice de natalidad de Italia, con 1,2 hijos por mujer, es el más bajo de Europa.

Como el quiosquero, un 8,2% de la población italiana actual es inmigrante no europeo. Aunque la cifra sea pequeña, invierte una tendencia histórica: de 1876 a 1976 Italia fue un país de emigrantes, con casi 30 millones de italianos dispersos por Europa, América y Australia, y su dinero reflotó la economía italiana tras la independencia y la II Guerra Mundial.

La agitación política y social de la década de 1980 favoreció la inmigración de centroeuropeos, latinoamericanos y norteafricanos, así como de las antiguas colonias italianas en Túnez, Somalia y Etiopía. La nueva inmigración viene de Filipinas, China y Bangladesh, y es vital para la estabilidad económica del país. Pocos italianos trabajan en el campo y la industria, y si esos puestos no los ocuparan inmigrantes, Italia se paralizaría. Al asumir los oficios peor remunerados, como lavaplatos en un restaurante o camarera de hotel, los inmigrantes ayudan a mantener a flote la economía turística, esencial para el país. A su vez, los italianos siguen probando fortuna fuera de sus fronteras; hay 4,3 millones de italianos viviendo en el extranjero.

Pero no a todos los italianos les parece bien. En el 2010, el tiroteo de un trabajador inmigrante en Rosarno, Calabria, provocó los mayores disturbios raciales en años. Y en el 2013, el racismo de algunos sectores de las clases dirigentes se puso de manifiesto cuando el viceportavoz del Senado italiano, Roberto Calderoli, miembro de la Liga Norte, comparó a Cecile Kyenge, la primera ministra (para la Integración) de raza negra de Italia, con un orangután, lo que provocó la condena generalizada de sus palabras.

En el 2013, el papa Francisco viajó a Lampedusa para rezar por los refugiados africanos que perdieron la vida en un naufragio. En palabras del escritor Claudio Magris en *The Times*, recordando el pasado emigrante de Italia, "Nosotros mejor que nadie sabemos lo que es ser extranjeros en una tierra extranjera".

La religión

Aunque la Iglesia ocupe titulares en las noticias, el italiano medio no es muy religioso. Según los estudios más recientes, solo un 15% de la población va a misa los domingos.

La Iglesia sigue siendo una fuerza cultural, que abarca desde la labor de Cáritas hasta las bulliciosas celebraciones de Navidad y Pascua, más el sinfín de fiestas en honor de los santos patronos. En Nápoles, miles de personas se apiñan cada año en el Duomo para ver cómo la sangre de san Jenaro se licúa milagrosamente en su ampolla de cristal; y la ciudad respira aliviada porque ello augura otro año sin catástrofes. En 1944 no se licuó y el Vesubio entró en erupción. ¿Coincidencia?, quizá, pero incluso el

RICHARD I'ANSON/GETTY

Tifosi del Inter, Milán (p. 120).

Las italianas dicen '¡Basta!'

En el 2012, las mujeres italianas se echaron a las calles de todo el país en protesta por una carta del sacerdote Piero Corsi en la que culpaba a las mujeres de provocar la violencia doméstica tanto por su forma de vestir como por su comportamiento. En el 2011, casi un millón de italianas salieron a la calle con pancartas y un mismo mensaje: *Basta!* Indignadas por las orgías del primer ministro Silvio Berlusconi con una *stripper* menor de edad, no solo exigían su dimisión, también pedían acabar con los roles que los medios de Berlusconi asignan a las mujeres: o madres amantísimas o explosivas *veline* (modelos). Las italianas poco tienen que ver con la imagen que los medios dan de ellas. Son el 65% de los graduados universitarios, suelen seguir estudios superiores por delante de los hombres (el 53% frente al 45%) y tienen el doble de probabilidades de acabar ocupando puestos de responsabilidad en el funcionariado. Pese a todo, el informe de disparidad entre géneros del 2012 del Foro Económico Mundial situaba a Italia en el puesto 80º por su trato hacia la mujer, muy por debajo de países como Mozambique (23º) o Kazajistán (31º).

La situación en los hogares no es mejor: según los datos más recientes de la OCDE, los hombres italianos disfrutan de una hora más de tiempo libre que ellas. A pesar del indulgente estereotipo de la *mamma,* no todas las italianas quieren ser amas de casa. Según estadísticas oficiales, las de entre 29 y 34 años tienden cada vez más a priorizar sus carreras y una vida sin hijos. Así que, cuando lo dejan todo para salir a la calle y decir *Basta!,* por algo será.

napolitano más escéptico prefiere ver la sangre de san Jenaro en estado líquido..., por si acaso.

La otra religión: el '*calcio*'

La verdadera religión de los italianos es el *calcio* (fútbol). A finales del s. XIX, los barones de las fábricas británicas de Turín, Génova y Milán formaron equipos de fútbol para mantener en forma a sus trabajadores, y ahora, en la Copa del Mundo, los ingleses se arrepienten una y otra vez de haber iniciado a los italianos en ese deporte. No siempre es un combate justo; según el delantero francés Zinedine Zidane, su oponente italiano Marco Materazzi insultó a las mujeres de su familia en plena final del Mundial del 2006. Zidane vio la tarjeta roja por defender con violencia el honor de su familia e Italia se llevó la Copa. Aquel mismo año se destapó en Italia el escándalo de los partidos comprados, que acabó en la revocación de títulos y el descenso temporal de equipos de la Serie A (primera división), incluida la Juventus.

A pesar de los escándalos, los italianos están enamorados de este deporte. El tema de Rita Pavone *La partita di pallone* copó los primeros puestos de las listas de ventas en los sesenta con un estribillo popular en todo el país: *Perchè, perchè la domenica mi lasci sempre sola per andare a vedere la partita di pallone?* (¿Por qué, por qué los domingos me dejas siempre sola para ir a ver el partido?). Dicho esto, nueve meses después de la victoria italiana en la Copa del Mundo del 2006 los hospitales del norte del país anunciaron un *boom* de nacimientos.

Actividades al aire libre

Aosta (p. 154).

GARETH MCCORMACK / GETTY

Bendecida con colinas, montañas, lagos volcánicos y 7600 km de costa, Italia no solo ofrece ruinas romanas y arte renacentista. Las descargas de adrenalina van acompañadas de emocionantes vistas: natación y windsurf *en los lagos, bicicleta de montaña y esquí en los Dolomitas y volcanes y buceo en Sicilia. Menos desafiantes, los paisajes de la Toscana ofrecen pintorescos paseos en bicicleta entre viñedos, y Capri y la Costa Amalfitana, submarinismo.*

Excursionismo y paseos

Miles de kilómetros de *sentieri* (senderos) entretejen la península, tanto en la montaña como junto a los lagos. Para excursiones costeras con distinta dificultad y magníficas vistas hay que ir a las Cinque Terre. Aunque Capri es un paraíso veraniego, también ofrece senderos alejados de las multitudes de la playa. La Costa Amalfitana está surcada de caminos que serpentean por boscosas montañas y antiguos olivares.

La mejor ascensión a un volcán es la del Etna, en Sicilia, pero en la isla eolia de Vulcano se desciende al cráter de un volcán. Los picos de los Dolomitas del Véneto proporcionan soberbios paseos de finales (jun-sep), y en primavera los senderos están llenos de flores; no extraña que la Unesco declarara Patrimonio Mundial a este ecosistema de montaña en el 2009.

Las oficinas de turismo y los centros de visitantes proporcionan información y mapas de las rutas más sencillas. Para excursiones más largas y escaladas en los Dolomitas consultar en el **Club Alpino Italiano** (www.cai.it).

Esquí

Las mejores estaciones de esquí se encuentran en el norte de los Alpes. Las instalaciones más grandes de los Dolomitas y alrededores de Aosta son de talla mundial, cuyas pistas van de laderas de guardería a difíciles para expertos. La temporada es de diciembre a finales de marzo, aunque se puede esquiar todo el año en el Mont Blanc y el Cervino, en el valle de Aosta.

Lo mejor
Destinos para ciclistas

1 Chianti (p. 253)

2 Via Appia Antica (p. 81)

3 Lucca (p. 246)

4 Barolo (p. 151)

5 Bolonia (p. 205)

Ciclismo

Ya se desee pedalear entre *trattorias*, en una carretera de 100 km o en un traqueteante descenso de montaña, Italia ofrece la ruta adecuada. Las oficinas de turismo ofrecen detalles sobre caminos y circuitos guiados, y la guía *Cycling Italy* de Lonely Planet es muy útil.

El campo de la Toscana es uno de los favoritos, en especial la zona vinícola de Chianti, al sur de Florencia. Más al norte, los viñedos en terrazas de Barolo, en el Piamonte, son ideales para degustaciones de vino a golpe de pedal. El ondulante campo de Apulia y sus caminos costeros presentan una dificultad moderada y los Dolomitas son ideales para bicicleta de montaña en verano.

Submarinismo

Practicar submarinismo es una actividad muy popular en verano en Italia, y se ofrece una amplia gama de cursos, inmersiones para todos los niveles y equipo de alquiler. La mayoría abren de junio a octubre, pero hay que intentar evitar agosto, cuando la costa está llena de visitantes y los precios aumentan. Hay información en las oficinas de turismo locales y en **DiveItaly** (www.diveitaly.com).

Entre los mejores destinos figuran las sicilianas islas Eolias, con aguas cálidas y rutas marinas en torno a volcanes inactivos. En el golfo de Nápoles, los alrededores de las islas de Capri, Isquia y Prócida ofrecen magníficas oportunidades de submarinismo y fotografía subacuática. Al norte, la reserva marina de Cinque Terre está repleta de vida submarina en las inmediaciones de sus antiguas calas de piratas.

Moda y diseño

Milán (p. 120).

JACQUES PIERRE / GETTY IM

El diseño mejora la vida: no hay verdad más italiana que esa. Aunque podría apañárselas con su impresionante aspecto, Italia tiene siempre presente los detalles de diseño. Están allá donde se mire: el forro amarillo verdoso de la manga de un traje gris, la guantera de un Fiat 500 o el pato de juguete escondido en un sencillo uova di pasqua *(huevo de Pascua).*

Moda italiana

Los italianos tienen ideas muy claras sobre la estética y las manifiestan. Una expresión muy frecuente es *Che brutta!* (¡Qué feo!), que puede parecer falta de tacto a los visitantes. Pero desde el punto de vista italiano se anima a que se tenga mejor aspecto, así que ¿por qué quejarse? El dependiente que informa de que el amarillo no es el color que favorece hace un servicio público y considerará un triunfo que se elija el naranja. Está en juego la milenaria reputación del estilo italiano.

Iniciadores y víctimas de la moda

Los italianos han sido precursores de la moda desde la Edad Media, cuando los mercaderes venecianos importaban tintes y sedas de Oriente, y el gremio de la lana de Florencia alcanzó prominencia política y financió el Renacimiento. La ropa era un ndicador de estatus y no solo los nobles iniciaron modas: se imitaba tanto a las cortesanas y grandes señoras que se dictaron leyes que restringían los escotes pronunciados y la largura de las colas. Las modas italianas se transmitieron a través del arte florentino y los folletos ilustrados de las editoriales venecianas, auténticos predecesores de las vallas publicitarias y el *Vogue* italiano.

Italia también ha contado con víctimas de la moda. Cuando Savonarola exigió a los florentinos que renunciaran a sus lujosas joyas so pena de flagelación, fue quemado en la hoguera. Hubo tantas nobles venecianas que cojeaban por llevar los tacones altos de las cortesanas que en 1430 se promulgó una ley que establecía su altura máxima en 5 cm. Siena fue más práctica y requirió que sus prostitutas llevaran calzado plano. En la actualidad los impresionantes tacones y elegantes zapatos planos siguen presentes en las pasarelas Milán.

Lo mejor Iconos del diseño italiano

1 *Cafetera* Bialetti

2 Vermú Cinzano

3 Colonia Acqua di Parma

4 Vespa Piaggio

5 Máquina de escribir Valentine de Olivetti

Centros neurálgicos de la moda italiana

Los zapateros y sastres de Florencia, que realizaban diseños a medida, empezaron a mostrar sus líneas de temporada en las décadas de los cincuenta y sesenta, y crearon los imperios del maestro de los estampados psicodélicos Emilio Pucci, el magnate de los artículos de piel con logo Guccio Gucci y el experto en calzado Salvatore Ferragamo. Pero en 1958 Milán robó protagonismo a Florencia con la primera Semana de la Moda de Italia. Gracias a sus fábricas, trabadores cosmopolitas y consolidados medios de comunicación, creó moda *prêt-à-porter* de Armani, Missoni, Versace, Dolce & Gabbana y Prada para el mercado mundial. Roma es la capital política de Italia y cuna del vestido rojo de Valentino, pero en el 2011 Milán era el mayor exportador de moda de Italia (y el cuarto del mundo).

Hoy los diseñadores combinan moda para masas con estilos artesanos, más acordes a la recesión: sus artículos son únicos y duraderos, y menos sensibles a las modas. Los puntos calientes de la moda vanguardista son Florencia (zapateros y joyeros), Nápoles (sastres) y Venecia (gafas, moda y accesorios).

Moda a precios de rebajas

No hay que preocuparse de la recesión: a los italianos les siguen enloqueciendo los artículos de punto Missoni, los bolsos Fendi, los zapatos Prada y las gafas Gucci. Su secreto: los *saldi* (rebajas) de enero y julio, con descuentos del 30 al 50%. Los italianos se acercan durante todo el año a los *outlets* (tiendas de descuento) en las afueras de Milán, Florencia y Roma. Y hay quienes buscan gangas en mercadillos como el de Porta Portese, en Roma, o el Mercato Nolano, en Nápoles, repleto de artículos defectuosos de fábrica y objetos de otras épocas.

Diseño italiano moderno

Durante la dominación napoleónica y de otras potencias extranjeras, Italia perdió terreno como líder mundial ante el *art nouveau* francés y austriaco, y la artesanía britár ca, hasta la era industrial. El futurismo italiano inspiró una aerodinamización radical y neoclásica más apropiada a los fabricantes italianos que a los decoradores franceses o artesanos británicos. El estilo *déco* de la pintura futurista fue fagocitado en carteles de propaganda fascistas, arquitectura, mobiliario y diseño. El auge del fascismo requirió fábricas para la guerra y tras la II Guerra Mundial, los complejos industriales militares de Turín y Milán se convirtieron en piezas clave de una nueva economía mur dial centrada en el consumidor. Turín era fuerte en diseño industrial, desde cafeteras Lavazza al Fiat 500, y Milán se centró en la moda y la decoración del hogar. Tal como se puede ver en las películas y revistas pioneras italianas como *Domus,* los objetos de diseño fabricados en masa parecían envidiables y alcanzables.

Escaparates de diseño

Aunque el diseño italiano llega a todo el mundo, su ambiente original ofrece un nuevo dictamen y una perspectiva crítica. Si los Museos Vaticanos muestran objetos anteric res al s. XX –desde relicarios de santos a tronos papales– el museo del diseño Trienna di Milano se centra en talismanes seculares del s. XX, como vespas de los años cincuenta y sillas de los ochenta de Memphis Group. Al igual que las iglesias, los escaparates de lo diseñadores italianos están pensados para ofrecer belleza y pertenencia, desde la sa de exposiciones de Olivetti en los cincuenta, diseñada por Scarpa en la plaza de San Marcos de Venecia, a la nueva tienda de Alessi en Milán, aunque ese estilo dependiente de las marcas se considere impersonal. El Salone del Mobile de Milán es la mayor feria de diseño del mundo, con 2500 empresas, aunque las diferencias en el diseño corporativo puedan parecer ínfimas y eclipsables por los 700 diseñadores independientes de la feria satélite.

Fiat 5
ANGELA SORRENTINO / GETTY IMAGE

Guía de supervivencia

A-Z

Datos prácticos

Acceso a internet

- Roma, Bolonia, Venecia y otras ciudades cuentan con varios puntos de acceso.
- La pega es que escasean las redes wifi y los cibercafés (2-6 €/h), la intensidad de la señal es variable y el acceso no está tan extendido en las zonas rurales y en el sur de Italia como en el norte.
- Cada vez más hoteles, B&B, hostales e incluso *agroturismi* (turismo rural) ofrecen wifi gratis. Sin embargo, muchos hoteles de precio alto cobran por conectarse (10 €/día aprox.).
- Los cibercafés suelen pedir identificación a los usuarios

Aduana

Todo lo que sobrepase los siguientes límites debe declararse a la llegada y abonar la tasa correspondiente. Al salir de la UE, los ciudadanos extracomunitarios pueden reclamar el IVA de las compras más caras.

Concesiones aduaneras

Alcohol	1l
Perfume	50 g
Agua de colonia	250 m
Cigarrillos	200
Otros artículos	hasta un total de 175 €

Los productos libres de impuestos han dejado de existir dentro de la UE, pero si se visita Italia desde un país extracomunitario se pueden importar los artículos anteriores sin tener que declararlos.

Alojamiento

El alojamiento en Italia va de lo sublime a lo ridículo, con precios acordes. Las opciones son increíblemente variadas, desde *pensioni* (pensiones) familiares a hoteles de diseño, pasando por emblemáticos B&B, apartamentos, *agriturismi*, e incluso *rifugi* (refugios) para montañeros extenuados. Pero la oferta no termina aquí, pues hay propuestas aún más imaginativas, como lujosos castillos, casas de campo o tranquilos conventos y monasterios.

Tarifas

Los precios fluctúan mucho según la temporada, siendo Semana Santa, verano y Navidad los picos de la temporada alta. Los precios también varían según la temporada y en función del destino. En las montañas cabe esperar los precios más altos durante la temporada de esquí (dic-mar) y en la costa, en verano (jul-ago). En cambio, en las calurosas ciudades el verano suele corresponder a la temporada baja; en agosto muchos hoteles urbanos tienen tarifas por menos de mitad de precio.

Los precios también dependen sobremanera del destino: una opción de precio bajo en Venecia o Milán puede costar lo mism que un alojamiento de preci medio en la rural Campania. En esta guía se ha intentado presentar las tarifas de temporada alta para cada opción de alojamiento. La media pensión equivale a desayuno y almuerzo o cena la pensión completa incluye desayuno, almuerzo y cena.

B&B

Actualmente son un valor e alza dentro del sector italia del alojamiento, y los hay po doquier, tanto en zonas urb nas como rurales. Incluyen granjas restauradas, palazz urbanos, bungalós en la cos y casas familiares. Las tarifa por persona van de 30 a 100 Para más información, véas **Bed & Breakfast Italia** (www.bbitalia.it).

Conventos y monasterios

Algunos conventos y monas terios reservan unas cuanta celdas para turistas, como una modesta forma de gana unos ingresos extra; otros, cambio, solo aceptan a pere grinos o personas en busca de un retiro espiritual. Suel tener un horario muy estric pero los precios generalme son bastante razonables.

Una práctica publicación *The Guide to Lodging in Italy's Monasteries*, de Eileen Barish así como la más reciente *Beds and Blessings in Italy: A Guide*

Religious Hospitality, de Charles M. Shelton. Varias webs recomendables (en inglés) son:

MonasteryStays.com (www.monasterystays.com) Organizado portal de reservas para estancias en monasterios y conventos.

In Italy Online (www.initaly.com/agri/convents.htm) Muy indicado para estancias en los Abruzos, Emilia Romaña, el Lacio, Liguria, Lombardía, Apulia, Cerdeña, Sicilia, la Toscana, Umbría y el Véneto. Hay que abonar 6 US$ para acceder a su *newsletter* en línea con todas las direcciones.

Chiesa di Santa Susana (www.santasusanna.org/comingtorome/convents.html) Esta iglesia católica estadounidense de Roma ofrece un listado en línea de alojamientos en conventos y monasterios por todo el país. Nótese que algunos lugares son meros alojamientos de escaso ambiente monástico gestionados por órdenes religiosas. La iglesia no hace reservas, por lo que ha de contactarse con la institución elegida.

Hoteles y 'pensioni'

La diferencia entre un *albergo* (hotel) y una *pensione* suele ser mínima. Una *pensione* puede contar con entre una y tres estrellas, mientras que un *albergo* puede recibir hasta cinco estrellas. La categoría del *locande* (hostal) hace tiempo que es la misma que la de las *pensioni*, pero la palabra se ha puesto de moda en algunas regiones del país y puede decir poco de la calidad de un establecimiento. Las *affittacamere* son habitaciones de alquiler en casas privadas. Suelen ser bastante sencillas.

La calidad puede variar enormemente y el sistema oficial de clasificación por estrellas no siempre es revelador. Los hoteles y *pensioni* de una estrella tienden a lo básico y no suelen contar con baño privado. Los de dos estrellas son parecidos, pero las habitaciones tienen baño privado. En los de tres estrellas el estándar de calidad es razonable. Los de cuatro y cinco estrellas ofrecen todo tipo de servicios: de habitaciones, lavandería, lavado en seco, etc.

Las tarifas más altas se encuentran en los principales destinos turísticos. En el norte del país también suelen ser más caras. El precio de una *camera singola* (individual) parte de los 30 €, y el de una *camera doppia* (con dos camas) o una *camera matrimoniale* (doble con cama de matrimonio), de los 50 €.

Las oficinas de turismo suelen disponer de folletos con la oferta de alojamiento local. Muchos hoteles ofrecen servicio de reserva en línea; véanse los siguientes centros de reserva:

Alberghi in Italia (www.alberghi-in-italia.it)

All Hotels in Italy (www.hotelsitalyonline.com)

Hotels web.it (www.hotelsweb.it)

In Italia (www.initalia.it)

Travel to Italy (www.travel-to-italy.com)

Villas

Cuendet (www.cuendet.com) Veterano de este negocio, opera desde Mestre, a las afueras de Venecia.

Ilios Travel (www.iliostravel.com) Con sede en el Reino Unido, ofrece villas y apartamentos en Venecia, la Toscana, Umbría, el Lacio, Las Marcas, los Abruzos y Campania.

Invitation to Tuscany (www.invitationtotuscany.com) Amplia oferta de fincas, con un marcado enfoque en la Toscana.

Summer's Leases (www.summerleases.com) Propiedades en la Toscana y Umbría.

Long Travel (www.long-travel.co.uk) Especializada en Apulia, Sicilia, Cerdeña y otras regiones.

Think Sicily (www.thinksicily.com) Solo fincas sicilianas.

Cottages to Castles (www.cottagestocastles.com) Desde el Reino Unido, se especializa en villas.

Precios de alojamiento

Los precios reseñados se refieren a una habitación doble con baño (sin desayuno) en temporada alta.

	RESTO DE ITALIA	ROMA	VENECIA
€	hasta 110 €	120 €	120 €
€€	entre 110 y 200 €	120-250 €	120-220 €
€€€	más de 200 €	250 €	220 €

Parker Villas (www.parkervillas.co.uk) Su oficina en Italia tiene un listado de villas por todo el país.

Comida

Téngase presente que la mayoría de los restaurantes añaden un cargo por *coperto* (cubierto; 2-3 €) y algunos también incluyen el *servizio* (10-15%).

Precios de comida

En esta guía, una comida incluye dos platos, vino de la casa y *coperto* por persona.

€	menos de 25 €
€€	25-45 €
€€€	más de 45 €

Estos costes representan el precio medio entre ciudades caras como Milán o Venecia y las más económicas ciudades del sur. Así, el precio por comer en un restaurante de precio medio en un pueblo de Sicilia puede resultar una ganga comparado con los precios en Milán.

Clima

Roma

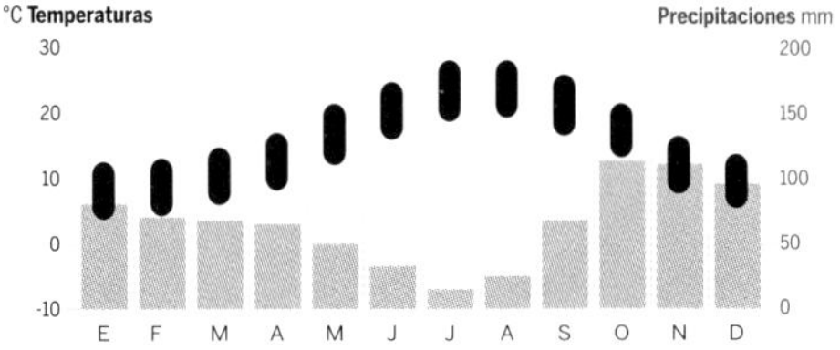

Palermo

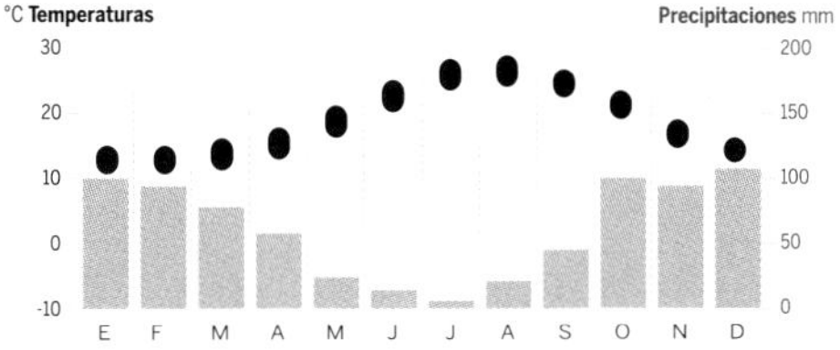

Venecia

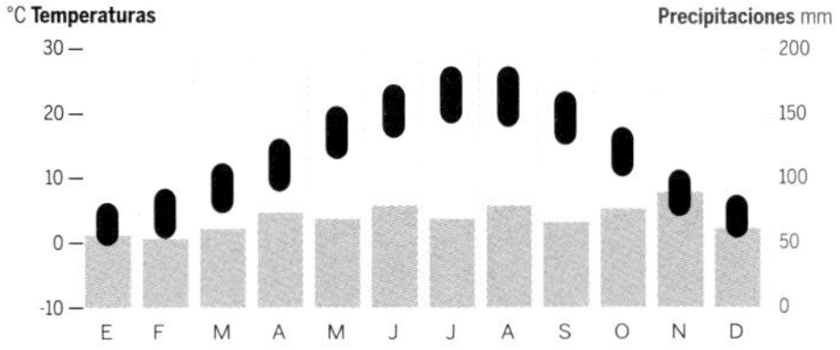

Comunidad homosexual

La homosexualidad es legal en Italia y está bien tolerada en las grandes ciudades. Sin embargo, las muestras públicas de afecto entre parejas del mismo sexo conllevan reacciones negativas en el sur del país, más conservador, y en los pueblos pequeños.

Hay numerosos clubes de ambiente en Roma, Milán y Bolonia, y un puñado de bares en Florencia y Nápoles. Algunas poblaciones costeras y centros vacacionales (p. ej. Viareggio en la Toscana, o Taormina en Sicilia) presentan más acción en verano.

Más información en las webs a continuación:

Arcigay (www.arcigay.it) Organización nacional para la comunidad LGBTI; con sede en Bolonia.

Circolo Mario Mieli (www.mariomieli.org) Centro cultural romano, fundador de la revista mensual gratuita *Aut*, que repasa las noticias, cultura y política del momento.

Gay.it (www.gay.it) Portal con noticias, artículos y chismes relacionados con el colectivo LGBT.

Pride (www.prideonline.it) Revista mensual de tirada nacional especializada en arte, política y cultura gay.

Cuestiones legales

El turista medio solo tendrá contacto con la policía si le roban.

Alcohol y drogas

- El límite de alcohol en sangre al conducir es de 0,05% y hay controles ocasionales.
- La posesión de estupefacientes está castigad con penas severas. Quienes sean sorprendidos en posesi

5 g de cannabis pueden ser
ocesados como traficantes.
mismo se aplica en cuanto
posesión de otras pequeñas
ntidades de droga. Si la
ntidad incautada está por
bajo del límite marcado
nlleva multas menores.

erechos

Debe ser informado
rbalmente y por escrito de
s cargos que se le imputan
las 24 horas siguientes a
detención, pero no tiene
recho a hacer una llamada.

En las siguientes 48 horas,
fiscal debe dirigirse a un
z para que se retenga al
tenido en prisión preventiva
espera de juicio, según la
avedad del presunto delito.
detenido tiene derecho a no
sponder preguntas si no es
presencia de un abogado.
el juez ordena prisión
eventiva, el acusado tiene
recho a recurrirla en los
días siguientes.

olicía

el viajero tiene problemas,
más probable es que acabe
udiendo a la *polizia statale*
olicía nacional) o a los *ca-
inieri* (policía militar). Los
meros visten pantalones de
lor azul claro con una raya
sia y chaqueta azul marino;
últimos, uniforme negro
con una raya roja, y conducen automóviles azul oscuro con una franja roja.

- Para contactar con la policía, márquese ☎113.

Descuentos

Muchos museos y puntos de interés ofrecen entrada gratuita a menores de 18 y mayores de 65 años; en ocasiones, los jóvenes entre 18 y 25 años pagan solo el 50%. A veces, estos descuentos solo se aplican a ciudadanos de la UE.

En muchas localidades italianas también se puede ahorrar comprando un *biglietto cumulativo*, un bono que permite entrar a varios lugares de interés asociados.

Dinero

La moneda de Italia es el euro. Cuenta con siete billetes por valor de 500, 200, 100, 50, 20, 10 y 5 €; y ocho monedas por valor de 2 y 1 € y 50, 20, 10, 5, 2 y 1 céntimos.

Cajeros automáticos y tarjetas de crédito o débito

- Hay cajeros automáticos (llamados bancomats) por toda Italia y son la mejor forma de obtener moneda local. Las tarjetas de crédito y débito internacionales pueden utilizarse en cualquier cajero automático que cuente con el correspondiente logo.

- Visa y MasterCard son las tarjetas de crédito más reconocidas, pero otras, como Cirrus y Maestro, también tienen buena cobertura. Solo algunos bancos conceden anticipos en efectivo, por lo que es mejor utilizar los cajeros. Las tarjetas también son útiles para pagar en la mayoría de los hoteles, restaurantes, tiendas, supermercados y peajes.

- Es importante comprobar con el banco los cargos a la cuenta. La mayor parte de los bancos aplican actualmente una tasa del 2,75% por cada transacción extranjera. Además, retirar dinero de un cajero automático puede conllevar una tasa del 1,5%, aprox.

Si el viajero pierde la tarjeta de crédito, se la roban o se la traga el cajero, puede llamar a un teléfono gratuito para bloquearla de inmediato:

Amex (☎ 800 928391)

Diners Club (☎ 800 393939)

MasterCard (☎ 800 870866)

Visa (☎ 800 819014)

Oficinas de cambio

Se puede cambiar dinero en bancos, en la oficina de correos o en una oficina de cambio. Las oficinas de correos y los bancos suelen ofrecer el mejor cambio; las oficinas de cambio abren

Impuesto sobre el alojamiento

Tras su entrada en vigor en el 2011, la controvertida *tassa di soggiorno* consiste en el cobro de entre 1 y 5 € adicionales por cada noche de alojamiento.

Casi ninguno de los establecimientos reseñados en esta guía incluye dicha tasa, aunque es conveniente asegurarse de que todos los impuestos estén incluidos al reservar.

hasta más tarde, pero cobran comisiones altas y la tasa de cambio es peor.

Propinas

A diferencia de otros países, en Italia no se espera ni se pide, aunque si el viajero queda muy satisfecho, puede mostrar su reconocimiento dejando una pequeña propina. La tabla siguiente puede servir como referencia.

LUGAR	PROPINA SUGERIDA
Restaurante	10-15%, si el servicio no está incluido
Bar	0,10-0,20 € en la barra, 10% en la mesa
Hotel de precio alto	2 €, a mozos, camareras, servicio de habitaciones
Taxi	Redondear la cuenta al alza

Rembolso de impuestos

En Italia, todo está gravado con un 22% de IVA. Si el viajero no es ciudadano de la UE y gasta más de 155 € (para ser exactos, 154,94 €) en una compra, puede pedir el rembolso de dicho impuesto al marcharse. Esto solo se aplica a las compras de artículos en tiendas con identificativo *tax free for tourists* o similar. Hay que rellenar un formulario en el punto de venta que debe sellarse en la aduana al salir del país. En los principales aeropuertos el reembolso se paga al instante; en otros, se abona a la cuenta asociada a la tarjeta de crédito. Para más información, visítese **Tax Refund for Tourists** (www.taxrefund.it).

Electricidad

Funciona con la tensión estándar europea (220V-230V/50Hz). Los enchufes suelen ser de dos o tres clavijas redondas.

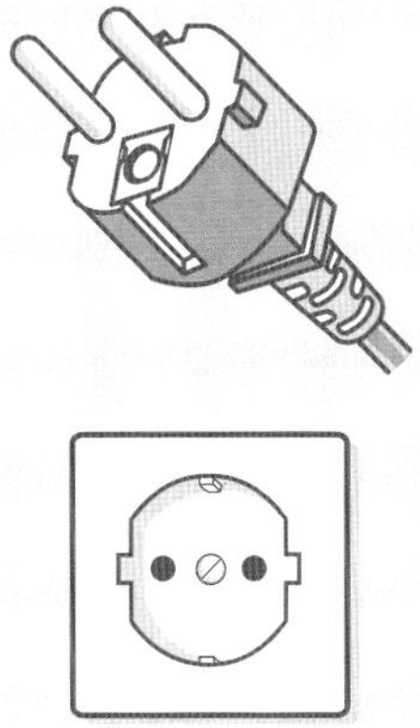

230V/50Hz

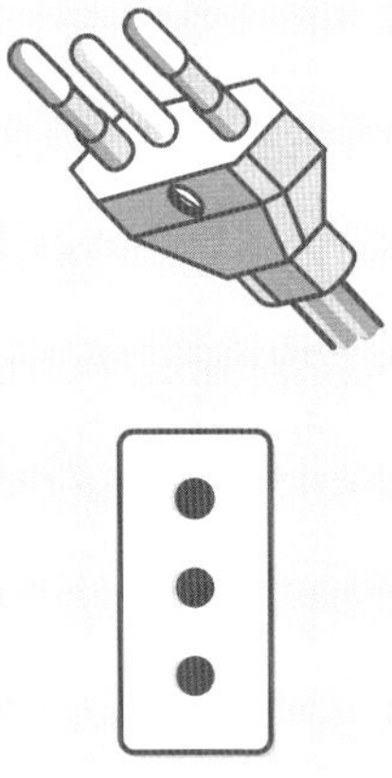

230V/50Hz

Fiestas oficiales

Casi todos los italianos hacen vacaciones en agosto, siendo la última quincena, Ferragosto, el período más solicitado. Como consecuencia, la mayoría de los establecimientos cierran su puertas, al menos durante esa quincena. Semana Sant es otro período vacacional importante para los italian Los festivos nacionales son

Año Nuevo (Capodanno or Anno Nuovo) 1 de enero.

Epifanía (Befana) 6 de ener

Lunes de Pascua (Pasquetta) marzo/abril.

Día de la Liberación (Gior della Liberazione) 25 de abril

Día del Trabajo (Festa del Lavoro) 1 de mayo.

Día de la República (Fest della Repubblica) 2 de junio.

Asunción (Assunzione or Ferragosto) 15 de agosto.

Todos los Santos (Ognissanti) 1 de noviembre.

Inmaculada Concepción (Immaculata Concezione) 8 d diciembre.

Navidad (Natale) 25 de diciembre.

San Esteban (Festa di Sant Stefano) 26 de diciembre.

Hora local

- Italia va una hora por delante de la hora GMT. A las 12.00 en Londres son las 13. en Italia.
- Para aprovechar las horas de luz, los relojes se avanzan una hora el ultimo domingo

e marzo y se retrasan otra el ltimo domingo de octubre, al gual que en España.

nformación uristica

xisten cuatro tipos de ficinas de turismo en Italia: ocales, provinciales, regiona-es y nacionales.

ficinas de urismo locales provinciales

ese a tener nombres distin-os, ambos tipos de oficinas frecen servicios similares. odas tratan directamente on el público y la mayoría e ellas dan información por a telefónica o escrita. El ersonal suele ofrecer un ano de la ciudad, listados de oteles e información de los rincipales puntos de interés. En las principales localidades y zonas turísticas se suele hablar inglés, junto con otros idiomas dependiendo de la región (p. ej. alemán en Alto Adigio, o francés en el Valle de Aosta).

Las oficinas principales suelen abrir de lunes a viernes; algunas también lo hacen los fines de semana, sobre todo en zonas urbanas o en temporada alta. Los puestos de información afiliados (p. ej. en estaciones de trenes y aeropuertos) suelen regirse por otros horarios.

Oficinas de turismo regionales

Las oficinas regionales se dedican más bien a temas de planificación, presupuesto, *marketing* y promoción que a ofrecer información turística al público. No obstante, cuentan con algunas webs muy prácticas. En algunos casos hay que consultar el link "Tourism" o "Turismo" de la página regional.

Abruzos (www.abruzzoturismo.it)

Apulia (www.viaggiareinpuglia.it)

Basilicata (www.aptbasilicata.it)

Calabria (www.turiscalabria.it)

Campania (www.incampania.com)

Cerdeña (www.sardegnaturismo.it)

Emilia-Romaña (www.emiliaromagnaturismo.it)

Friuli Venecia Julia (www.turismo.fvg.it)

Lacio (www.ilmiolazio.it)

lorario comercial

IEGOCIOS	HORARIOS HABITUALES	NOTAS
ancos	8.30-13.30 y 15.30-16.30 lu-vi	Las oficinas de cambio suelen tener horarios más amplios.
ficinas de correos	8.00-19.00 lu-vi, 8.30-12.00 sa	Las oficinas más pequeñas suelen cerrar entre semana a las 14.00.
estaurantes	12.00-14.30 y 19.30-23.00 o 24.00	A veces hasta más tarde en verano y en el sur; la cocina suele cerrar una hora antes del cierre del local; casi todos cierran al menos un día a la semana.
afés	7.30-20.00	
ares, 'pubs' y clubes	22.00-4.00	Puede que abran antes si hay restaurantes en las inmediaciones; el ambiente se anima pasada la medianoche.
iendas	9.00-13.00 y 15.30-19.30 (o 16.00-20.00) lu-sa	En ciudades importantes, grandes almacenes y supermercados a veces abren a mediodía o los domingos.

Pesos y medidas Sistema métrico decimal.

- **Fumar** Está prohibido en todos los espacios públicos cerrados.

- **Periódicos** Los principales diarios nacionales son de centro-izquierda; se recomiendan *La Republicca* (Roma) y el liberal-conservador *Corriere della Sera (Milán).*

- **Radio** Para conocer la actualidad pontificia, se puede sintonizar Radio Vaticana (www.radiovaticana.org; 93.3 FM y 105 FM en Roma); las estatales RAI-1, RAI-2 y RAI-3 (www.rai.it) emiten por todo el país y en el extranjero. Las emisoras comerciales como las romanas Radio Centro Suono (www.centrosuono.com) y Radio Città Futura (www.radiocittafutura.it), la napolitana Radio Kiss Kiss (www.kisskissnapoli.it) y la milanesa Radio Popolare (www.radiopopolare.it), progresista, son buenas emisoras de música actual.

- **Televisión** Entre los canales se incluyen los estatales RAI-1, RAI-2 y RAI-3 (www.rai.it) y los principales canales privados (casi todos propiedad de Mediaset, de Silvio Berlusconi): **Canale 5** (www.canale5.mediaset.it), **Italia 1** (www.italia1.mediaset.it), **Rete 4** (www.rete4.mediaset.it), y **La 7** (www.la7.it).

Las Marcas (www.le-marche.com)

Liguria (www.turismoinliguria.it)

Lombardía (www.turismo.regione.lombardia.it)

Molise (www.regione.molise.it/turismo)

Piamonte (www.piemonteitalia.eu)

Sicilia (www.regione.sicilia.it/turismo)

Trentino-Alto Adigio (www.visittrentino.it)

Toscana (www.turismo.intoscana.it)

Umbría (www.regioneumbria.eu)

Valle de Aosta (www.regione.vda.it/turismo)

Véneto (www.veneto.to)

Oficinas de turismo nacionales

La **Agenzia Nazionale del Turismo** (ENIT; www.enit.it) cuenta con oficinas en más de 23 ciudades en los cinco continentes. En su web aparece la información de contacto de todas ellas.

Mujeres viajeras

Italia no es un país peligroso para las mujeres. Sin embargo, las mujeres que viajen solas deben tomar una serie de precauciones y, en algunas partes del país, estar preparadas para despertar atenciones involuntarias. En Italia, el contacto visual es la forma de flirteo básica; un contacto que, a medida que se viaja hacia el sur, se convierte en miradas descaradas.

A las mujeres que viajen solas les costará permanecer sin compañía. En muchos sitios, los ligones locales intentarán conquistarlas con exasperante insistencia, lo cual puede resultar muy halagador o muy pesado, especialmente en Florencia y, sobre todo, el sur. Por lo general, la mejor respuesta a una atención no deseada es ignorarla. Si esto no funciona, se puede decir educadamente al interlocutor que se está esperando al *marito* (marido) o al *fidanzato* (novio); y la última opción es marcharse. Es recomendable no mostrarse agresiva, ya que podría conllevar un enfrentamiento incómodo. Y si nada funciona, acúdase al policía más cercano.

En los autobuses, cuidado con los hombres de mano larga. Una opción es colocarse con la espalda protegida; otra, gritar *"Che schifo!"*' (¡Qué asco!) si la viajera nota algún tocamiento. Si el incidente es más grave, hay que denunciarlo a la policía, que deberá presentar cargos contra el acosador.

Salud

Asistencia médica

Italia cuenta con un buen sistema de sanidad (aunque en el sur la calidad de los hospitales públicos no es la misma que en el norte). Los farmacéuticos pueden medicar y dar consejos para las dolencias leves.

Las farmacias se suelen

egir por el mismo horario ue el resto de los comercios, errando de noche y los omingos. En caso de mergencia, en cualquier armacia cerrada se puede onsultar un listado con las *armacie di turno* (de guardia) nás cercanas.

Si el viajero necesita na ambulancia en Italia, ebe llamar a ☎118. Para rgencias, dirigirse de nmediato a la sección de *ronto soccorso* de un hospital úblico, que también cuenta on asistencia odontológica de rgencia.

Seguro

os ciudadanos de la UE ue cuenten con la tarjeta anitaria europea (TSE) tienen a atención médica cubierta n los hospitales públicos, ero no repatriación, sea no urgente. Para ampliar etalles, visítese http:// c.europa.eu/social/main. sp?langId=es&catId=559. e recomienda que los ciuda-danos de otros países com-rueben si existe un acuerdo ecíproco de asistencia médica ratuita entre su país e Italia.

Si el viajero necesita n seguro de salud, debe rocurar que cubra cualquier ituación, como un accidente ue requiera repatriación e urgencia. Es aconsejable veriguar de antemano si l seguro efectuará los agos directamente a os proveedores o si embolsará los gastos al segurado a posteriori.

Vacunas recomendadas

lo hay vacunas obligato-as para viajar a Italia. No bstante, la OMS recomienda que todos los viajeros estén vacunados contra la difteria, el tétanos, el sarampión, las paperas, la rubeola, la polio y la hepatitis B.

Seguro de viaje

Es buena idea contratar una póliza de seguros que cubra posibles robos y pérdidas, así como problemas de salud. También las hay que cubren cancelaciones y retrasos del viaje. Pagar el billete con tarjeta de crédito a veces conlleva un seguro limitado de accidentes de viaje, y permite reclamar el dinero si el operador no da el servicio. Pregúntese en el banco asociado a la tarjeta.

En www.lonelyplanet.com/travel-insurance se ofrecen pólizas de viaje de cobertura mundial, pudiendo contratar, prorrogar o hacer reclamaciones en línea en todo momento, incluso ya iniciado el viaje.

Teléfono

Información telefónica

Para obtener información de números nacionales e internacionales, llamar al ☎1254 (en línea: 1254.virgilio.it).

Llamadas nacionales

- Los prefijos locales italianos empiezan por 0 y constan de hasta cuatro dígitos. Al prefijo de zona le sigue un número de entre cuatro y ocho dígitos. Este prefijo de zona es parte integral del número y debe marcarse siempre, incluso si se llama desde la casa de al lado. Los móviles empiezan por un prefijo de tres números, como ☎330.
- Los números gratuitos se conocen como *numeri verdi* y suelen empezar por ☎800.
- Los números no geográficos empiezan por ☎840, 841, 848, 892, 899, 163, 166 o 199.
- También están activos algunos números de teléfono de seis dígitos con prefijos comerciales (como los de Alitalia y los de información de trenes y correos).
- Como en otros países europeos, los italianos pueden elegir entre varios operadores de telefonía, que ofrecen distintas tarifas, por lo que es difícil generalizar sobre los costes.

Llamadas internacionales

- Las opciones más económicas son los programas informáticos o aplicaciones para teléfonos móviles tales como Skype o Viber.
- Los locutorios baratos de muchas ciudades también son una opción más económica. Se llama desde la cabina y se paga al terminar.

Teléfonos útiles

Prefijo de Italia ☎39

Prefijo internacional ☎00

Ambulancia ☎118

Policía ☎113

Bomberos ☎115

- En estancos y quioscos venden tarjetas telefónicas para llamadas internacionales, que también resultan económicas y se pueden utilizar desde teléfonos públicos. Se marca el prefijo ☎00 y después el código de país y de zona, seguidos del número de teléfono al que se llama.
- Para llamar a Italia desde el extranjero, marcar el prefijo internacional, después el código de Italia (☎39) y el de zona, incluido el 0.

Móviles

- Italia usa la frecuencia GSM 900/1800, compatible con el resto de Europa, pero no con el GSM 1900 de EE UU, totalmente diferente.
- Casi todos los *smartphones* modernos son multibanda y, por ende, compatibles con diferentes redes internacionales. Antes de viajar se recomienda consultar al operador para asegurarse de que el terminal sea compatible; ojo con las carísimas llamadas "locales" transferidas como internacionales.
- La opción más económica suele ser liberar el móvil y usar una tarjeta SIM italiana, aunque antes hay que asegurarse de que sea compatible.
- Si el viajero ya dispone de un móvil compatible, puede introducir una tarjeta SIM local (10 €) y activar una cuenta de prepago en tiendas de telefonía y electrónica.
- Las tarjetas de recarga *(ricariche)* se venden en muchos estancos, bares, supermercados y bancos.
- Otra opción es comprar un teléfono barato italiano para el viaje.
- Los operadores TIM (Telecom Italia Mobile), Wind y Vodafone tienen la red de tiendas más amplia del país.

Teléfonos públicos y tarjetas telefónicas

- Telecom Italia es la mayor compañía de comunicaciones; dispone de muchos teléfonos públicos en la calle y en las estaciones de trenes, además de sus propias oficinas.
- Casi todos los teléfonos públicos aceptan solo *carte/schede telefoniche* (tarjetas telefónicas), aunque algunos también aceptan tarjetas de crédito. Telecom ofrece una amplia gama de tarjetas telefónicas de prepago para uso nacional e internacional; para ver el catálogo completo, visítese www.telecomitalia.it/telefono/carte-telefoniche.
- Pueden comprarse en oficinas de correos, estancos o quioscos, y suelen costar 3 o 5 €. Hay que romper la esquina superior izquierda antes de utilizarla. Todas llevan la fecha de caducidad impresa.

Viajeros con discapacidades

Italia no es un país accesible para los viajeros con discapacidades y desplazarse en silla de ruedas puede ser problemático. Incluso un trayecto corto por una ciudad o un pueblo se convierte en una expedición si hay calles adoquinadas. Aunque muchos edificios cuentan con ascensor, a veces son demasiado pequeños para una silla de ruedas. Tampoco se ha hecho gran cosa para facilitar la vida a los ciegos y/o sordos.

La oficina de la Agenzia Nazionale del Turismo en el país de origen puede ofrecer información sobre asociaciones italianas de discapacitados y las ayudas disponibles.

Trenitalia (☎199 303 060; www.trenitalia.com), la compañía nacional italiana de ferrocarriles tiene una línea de información para pasajeros con discapacidades (6.45-21.30 diario).

Un puñado de ciudades publican guías para discapacitados, entre ellas Bolonia, Milán, Padua, Turín, Venecia y Verona. En Milán, **Milano per Tutti** (www.milanopertutti.it) es un recurso muy útil. Algunas organizaciones que pueden resultar de utilidad son:

Accessible Italy (☎378 94 11 11; www.accessibleitaly.com) Con sede en San Marino, está especializada en servicios para viajeros discapacitados. Es la mejor opción.

Cooperative Integrate Onlus (COIN; ☎06 712 90 11; www.coinsociale.it) Con sede en Roma, ofrece información sobre la capital (incluidos transporte y acceso) y comparte sus contactos, repartidos por todo el país.

Italia (www.italia.it) El portal oficial de turismo de Italia ofrece enlaces para viajeros con discapacidades, relativos a destinos como Roma, Campania, el Piamonte y Alto Adigio.

Visados

- A los ciudadanos de los países dentro del Tratado

Schengen UE les basta
pasaporte o un carné de
entidad en vigor para entrar
Italia.

Los residentes de 28 países
tracomunitarios, entre
los Argentina, Brasil, Chile,
osta Rica, El Salvador, EE UU,
uatemala, Honduras, México,
caragua, Panamá, Paraguay,
uguay y Venezuela, no
ecesitan visados para visitas
rísticas de hasta 90 días.

Los ciudadanos
tracomunitarios y los de
íses fuera del Tratado de
chengen que pasen en Italia
ás de 90 días o que viajen
r razones de estudios o
abajo, pueden necesitar un
sado especial. Para más
formación, visítese www.
teri.it/visti/home_eng.asp
contáctese con el consulado
aliano.

Los ciudadanos de la UE
necesitan ningún permiso
ra vivir o trabajar en Italia,
ro pasados tres meses de
sidencia, deberían darse
alta en el registro municipal
demostrar que se tiene un
npleo o fondos suficientes
ra mantenerse.

Los ciudadanos
tracomunitarios con más de
nco años de residencia legal
ntinua pueden solicitar la
sidencia permanente.

Permesso di oggiorno'

Los ciudadanos
tracomunitarios que
ngan previsto alojarse
ás de una semana en una
rección deben comunicarlo
la comisaría de policía
ra obtener un *permesso
soggiorno* (permiso de
tancia en el país). Los turistas que se alojen en hoteles no necesitan tramitarlo. El *permesso di soggiorno* solo es necesario si se desea estudiar, trabajar (legalmente) o vivir en Italia. Tramitarlo nunca es tarea fácil, pues implica largas colas y la frustración de llegar al mostrador y descubrir que no se tienen todos los documentos necesarios.

- Los requisitos siempre están sujetos a cambios. Para ampliar detalles, consúltese www.poliziadistato.it (en castellano, púlsese "Ciudadanos extranjeros").
- Los ciudadanos de la UE no necesitan obtener un *permesso di soggiorno.*

Transporte

Cómo llegar y salir

La competencia entre líneas aéreas hace que sea posible encontrar un billete para ir a Italia a precio razonable. Abundan las conexiones en tren y autobús, sobre todo con el norte del país. Vuelos, circuitos y billetes de tren pueden reservarse en línea en lonelyplanet.es

Llegada al país

- Los ciudadanos de la UE pueden viajar a Italia con su documento nacional de identidad. El resto deben hacerlo con un pasaporte válido.
- Por ley hay que llevar siempre encima un documento identificativo. Son necesarios para el registro policial cada vez que se hace el check in en un hotel.
- En teoría, no hay control de pasaportes en las fronteras terrestres con países vecinos, salvo ocasionalmente en la frontera con Suiza.

Avión

Aeropuertos y compañías

Los dos principales aeropuertos intercontinentales son el **aeropuerto Leonardo da Vinci** (☎ 06 65 9 51; www.adr.it/fiumicino), en Roma, y el **aeropuerto Malpensa** (☎ 02 23 23 23; www.milanomalpensa1.eu/en); ambos reciben vuelos internacionales. El **aeropuerto Marco Polo** de Venecia (☎ 041 260 92 60; www.veniceairport.it; Viale Galileo Galilei 30/1, Tessera) también recibe vuelos intercontinentales.

Por tierra

Las opciones de entrar en Italia en tren, autobús o vehículo privado son múltiples.

Fronteras

Al margen de las carreteras costeras que conectan Italia con Francia y Eslovenia, la mayor parte de los pasos fronterizos hacia Italia consisten en túneles a través de los Alpes (abiertos todo el año) o en puertos de montaña (en invierno pueden estar cerrados al tráfico u obligarse a circular con cadenas). Entre los principales pasos figuran los siguientes:

Austria De Innsbruck a Bolzano por la A22/E45 (puerto de montaña de Brenner); de Villach a Tarvisio por la A23/E55.

Francia De Niza a Ventimiglia por la A10/E80; de Modane a Turín por la A32/E70 (túnel de Fréjus); de Chamonix a Courmayeur por la A5/E25 (túnel del Mont Blanc).

Eslovenia De Sežana a Trieste por la SS58/E70.

Suiza De Martigny a Aosta por la SS27/E27 (túnel de Grand St Bernard); de Lugano a Como por la A9/E35.

Automóvil y motocicleta

- Todo vehículo que cruce una frontera internacional debe contar con un indicativo del país al que pertenece.

- Siempre hay que tener a mano los papeles del vehículo, incluido el seguro a terceros. Si se conduce un vehículo con matrícula europea, el seguro del país de origen es suficiente. Se puede pedir un parte europeo de accidentes (EAS) a la compañía aseguradora, que simplificará las cosas en caso de accidente. Es buena idea contratar una póliza europea de asistencia en caso de avería; puede obtenerse a través del Automobile Club d'Italia.

- Las espectaculares carreteras de Italia parecen hechas adrede para ser recorridas en motocicleta, y son muchos los motoristas que visitan el país en verano. Casi nunca es necesario reservar plaza en los *ferries* y se tiene acceso a las zonas de tráfico restringido en las ciudades. El carné de motocicleta y el uso del casco son obligatorios.

- La estadounidense **Beach's Motorcycle Adventures** (www.bmca.com) ofrece circuitos de dos semanas por los Alpes, la Toscana, Umbría, Sicilia o Cerdeña (abr-oct).

- Si se desea alquilar un vehículo por un período largo de tiempo (14 días o más), una furgoneta o autocaravana, contáctese con **IdeaMerge** (www.ideamerge.com).

Tren

Dos líneas occidentales conectan Italia con Francia (una por la costa, y otra desde Turín hacia los Alpes franceses). Desde Milán salen trenes hacia el norte, en dirección a Suiza y los países del Benelux. Al este, dos líneas conectan con las principales ciudades de Europa central y del este; la que cruza el puerto de Brenner llega a Innsbruck, Stuttgart y Múnich; la que cruza por Tarvisio continúa hasta Viena, Salzburgo y Praga. La principal línea de ferrocarril a Eslovenia cruza cerca de Trieste.

Según la distancia a recorrer, el tren puede ser un método de transporte más práctico que el avión. Si se viaja desde un país vecino hasta el norte de Italia, suele resultar mucho más cómodo y económico. El tiempo de trayecto es un poco más largo, pero no mucho.

Si se viaja desde un destino más alejado (p. ej. Londres, España, el norte de Alemania o Europa del este), el avión resulta indudablemente más económico y rápido. No obstante, hay que tener presente que el tren es una opción de mucho menor impacto sobre el medio ambiente.

- El *European Rail Timetable* (15,99 £) se actualiza cada mes (**http://www.europeanrailtimetable.eu/**). Siempre es aconsejable –y a veces, indispensable– reservar plaza en los trenes internacionales a/desde Italia. Algunos servicios internacionales incluyen el transporte de vehículos privados. Es interesante valorar la opción de viajar de noche, ya que el suplemento del coche cama es bastante más económico que las tarifas de algunos hoteles italianos.

Cómo desplazarse

La red italiana de trenes, autobuses, *ferries* y vuelos nacionales permite al viajero desplazarse a su destino de forma eficiente y asequible. Si uno se desplaza en vehículo propio, la libertad de movimientos es mayor pero la benzina (gasolina) y los peajes de la *autostrada* (autopistas) son caros, y habituarse al estilo de conducción local puede resultar un reto. Para muchos, el estrés de conducir y aparcar en zonas urbanas puede superar el encanto de recorrer el campo. Una opción es utilizar el transporte público entre grandes ciudades y alquilar un vehículo solo para ir a las zonas rurales.

Avión

Italia posee un sinnúmero de rutas nacionales. La aerolínea nacional privatizada, Alitalia, es la principal línea aérea del país. **AZfly** (www.azfly.it) cuenta con un práctico motor de búsqueda que compara los precios de varias aerolíneas y permite comprar vuelos nacionales de bajo coste.

Entre las compañías que ofrecen vuelos nacionales económicos se encuentran:

Air One (☎ 89 24 44; www.flyairone.com)

AirAlps (☎ 06 22 22; www.airalps.at)

Blu-express (☎ 06 9895 6666; www.blu-express.com)

Darwin Airline (☎ 06 8997 0422; www.darwinairline.com)

EasyJet (☎ 199 201840; www.easyjet.com)

Meridiana (☎ 89 29 28; www.meridiana.it)

Ryanair (☎ 899 552589; www.ryanair.com)

Volotea (☎ 895 8954404; www.volotea.com)

Bicicleta

Las bicicletas son muy populares en Italia. A continuación, varios consejos útiles para disfrutar de un viaje placentero:

- Si el viajero lleva consigo su propia bicicleta, deberá desmontarla y embalarla para el viaje; y puede que deba pagar un sobrecoste para el vuelo. No hay que olvidar incluir herramientas, recambios, casco, luces y un buen candado.
- Está prohibido circular en bicicleta por las autostradas (autopistas).
- Las bicicletas pueden transportarse en cualquier tren nacional que cuente con el logotipo de una bicicleta. Solo hay que comprar un billete para la bicicleta, válido durante 24 h (3,50€). Algunos trenes internacionales, listados en la página In treno con la bici de Trenitalia, permiten el transporte de bicicletas por 12 €. Si la bicicleta va desmontada y en bolsa, viaja gratis incluso en los trenes nocturnos. La mayor parte de los ferries también permiten el transporte de bicicletas.
- En la mayoría de las ciudades italianas se alquilan bicicletas: las de ciudad se alquilan desde 10/50 € por día/semana; las de montaña cuestan un poco más. Algunas poblaciones (p. ej. Rímini y Rávena), y cada vez más hoteles, ofrecen bicicletas gratuitas a los visitantes.

Barco

Embarcaciones Los *navi* (*ferries* grandes) dan servicio a Sicilia y Cerdeña, mientras que los *traghetti* (*ferries* pequeños) y los *aliscafi* (hidroplanos) dan servicio a

Trenes directos a Italia desde Europa continental

DE	A	FRECUENCIA	DURACIÓN (H)	PRECIO (€)
Ginebra	Milán	4 diarios	4	78
Ginebra	Venecia	1 diario	7	108
Múnich	Florencia	1 cada noche	9¼	111
Múnich	Roma	1 cada noche	12¼	145
Múnich	Venecia	1 cada noche	9	116
París	Milán	3 diarios	7	98
París	Turín	3 diarios	5½	98
París	Venecia	1 cada noche	13½	120
Viena	Milán	1 cada noche	14	109
Viena	Roma	1 cada noche	14	99
Zúrich	Milán	6 diarios	3¾	69

las islas más pequeñas. Casi todos los *ferries* transportan vehículos; los hidroplanos, no.

Rutas Los principales puntos de embarque para Sicilia y Cerdeña son Génova, Livorno, Civitavecchia y Nápoles. Los *ferries* a Sicilia también zarpan dese Villa San Giovanni y Reggio Calabria. Los principales puntos de llegada en Cerdeña son Cagliari, Arbatax, Olbia y Porto Torres; en Sicilia son Palermo, Catania, Trapani y Mesina.

Horarios y tarifas La completa web **Traghettionline** (www.traghettionline.com) cuenta con enlaces a varias compañías de ferries, permitiendo al usuario comparar precios y comprar billetes.

'Ferries' nocturnos Se puede reservar un camarote (máx. 4 personas) o una *poltrona* (butaca similar a la de un avión). Solo algunos *ferries* disponen de asientos en *deck class* (cubierta).

Autobús

Rutas Las opciones son varias, desde serpenteantes y tediosas rutas locales hasta rápidas y fiables conexiones interurbanas, operadas por numerosas compañías.

Horarios y billetes De venta en línea y en oficinas de turismo, los billetes suelen tener precios competitivos frente a los del tren; a menudo, el autobús es la única forma de viajar a poblaciones pequeñas. En las ciudades más grandes casi todas las compañías de autobuses interurbanos cuentan con oficinas o agencias que venden sus billetes. En los pueblos pequeños –e incluso en algunas ciudades medianas– los billetes se venden en bares o en el mismo autobús.

Reservar billete con antelación No es imprescindible, pero sí aconsejable para los viajes más largos en temporada alta.

Automóvil y motocicleta

La red de carreteras de Italia se compone de numerosos tipos de vías, entre las que se incluyen:

Autostradas Una extensa red privatizada de autopistas, representadas por una A blanca sobre fondo verde seguida por un número. La principal vía norte-sur es la Autostrada del Sole (autopista del Sol), que va de Milán a Reggio di Calabria (A1 de Milán a Roma, A2 de Roma a Nápoles y A3 de Nápoles a Reggio di Calabria).

La mayor parte de las autopistas son de peaje; se paga a la salida, en efectivo o con tarjeta de crédito.

Strade statali Las carreteras nacionales están codificadas en los mapas con las letras S o SS. Las hay sin peaje, de cuatro carriles o de dos. Estas últimas suelen ser lentas, sobre todo en zonas montañosas.

Strade regionali Carreteras regionales que conectan pueblos pequeños. Codificadas como SR o R.

Strade provinciali Carreteras provinciales. Codificadas como SP o P.

Strade locali Carreteras locales. A menudo no están codificadas, ni asfaltadas. Para información sobre distancias, tiempos de conducción y precio del combustible, visítese http://es.mappy.com. En www.autostrade.it se informa sobre el estado del tráfico y el precio de los peajes.

Clubes automovilísticos

El **Automobile Club d'Italia** (ACI; ☎ desde un móvil con tarjeta SIM extranjera 800 116800, asistencia en carretera 803116; www.aci.it) es el mejor recurso para un conductor en Italia. Los extranjeros no tienen que hacerse socios para solicitar el servicio de emergencia 24 h, pagan por servicio prestado.

Permiso de conducir

Los permisos de conducir de todos los países miembros de la UE son válidos en toda Europa. En la práctica, las compañías de alquiler de coches en Italia aceptan muchos permisos no europeos (p. ej. de EE UU). Los viajeros de otros países deben obtener un Permiso Internacional de Conducción (IDP) a través de su asociación automovilística local.

Combustible y piezas de recambio

El precio del combustible en Italia es de los más caros de Europa y varía de una estación de servicio *(benzinaio, stazione di servizio)* a otra. En el momento de redactar esta guía, la gasolina sin plomo (*senza piombo;* 95 octanos) tenía un precio medio de

,79 €/l y el diésel *(gasolio)* e 1,69 €/l.

Se pueden conseguir epuestos en numerosos alleres o llamando al servicio e asistencia en carretera 4 horas del ACI: ✆803116 ✆800 116800, desde móvil on tarjeta SIM extranjera).

lquiler

Jna reserva previa vía internet suele ser más económica ue alquilar el vehículo en Itaa. La agencia de reservas en nea **Rentalcars.com** (www. entalcars.com) compara las arifas de varias compañías. l cliente debe tener 25 años más.

- Conviene alquilar un ehículo pequeño, se gastará nenos combustible y será más ácil de aparcar y manejar por as estrechas calles de algunas iudades.
- Compruébese si la ompañía emisora de la tarjeta e crédito incluye una exención e responsabilidad por daños e colisión.
- También hay compañías or todo el país que alquilan notocicletas de diferente ilindrada. Los precios parten e 35/150 € por día/semana or un ciclomotor de 50 c, y de 80/400 € para una notocicleta de 650 cc.

Agencias de alquiler e vehículos:

Auto Europe (www. utoeurope.com)

Avis (www.avis.com)

Budget (✆800 472 33 25; www.budget.com)

Europcar (www.europcar.com)

Hertz (www.hertz.it)

Holiday Cars (www. holidaycars.com)

Italy by Car (✆334 6481920; www.italybycar.it)

Maggiore (✆199 151120; www.maggiore.it)

Normas de circulación

- El uso del cinturón de seguridad (delante y detrás) es obligatorio; los infractores deben abonar la multa al momento. En vehículos de dos ruedas es obligatorio el uso del casco.
- Todos los vehículos están obligados a llevar los faros encendidos en las autopistas, tanto de día como de noche. Es aconsejable que las motocicletas también los enciendan en carreteras secundarias.
- En caso de avería, es obligatorio contar con un triángulo señalizador, así como con una armilla reflectante homologada si se sale del vehículo. Otros accesorios recomendados son un kit de primeros auxilios, un recambio de bombillas y un extintor.
- No es necesario un permiso de conducir para manejar ciclomotores de 50 cc o menos, pero hay que ser mayor de 14 años y no se pueden llevar pasajeros ni circular por la autopista. Para conducir una motocicleta de 125 cc hay que ser mayor de 16 años y contar con permiso de conducir (el carné de coche es válido). Para motocicletas de más de 125 cc es necesario tener carné de motocicleta. No está permitido circular por la autopista con motocicletas de cilindradas inferiores a 150 cc.

En las ciudades italianas, las motocicletas tienen acceso a la mayor parte de las zonas de tráfico restringido y la policía de tráfico suele hacer la vista gorda si están aparcadas en la acera.

- La tasa límite de alcohol en sangre en Italia es del 0,05%, y se realizan controles aleatorios. Si el viajero se ve envuelto en un accidente bajo los efectos del alcohol, las sanciones son muy elevadas.

Las multas por exceso de velocidad siguen los estándares de la UE, y son proporcionales a los kilómetros excedidos, alcanzando un máximo de 3119 € y la posible retirada del carné (de 6 meses a 1 año). Los límites de velocidad son los siguientes:

Autopistas 130-150 km/h

Otras carreteras principales 110 km/h

Carreteras secundarias no urbanas 90 km/h

Zonas urbanas 50 km/h

Ciclomotor 40 km/h

Transporte local

Las principales ciudades cuentan con una buena red de transporte público, incluidos autobuses y metros. En Venecia, el principal transporte público son los *vaporetti* (pequeños *ferries* de pasajeros).

Autobús y metro

- Hay extensas redes *metropolitane* (de metro) en Roma, Milán, Nápoles y Turín, y metros más pequeños en Génova y Catania. El futurista

Minimetrò de Perugia conecta la estación de trenes con el centro.

- Las ciudades más o menos grandes cuentan con eficaces autobuses urbanos y extraurbanos (suburbanos). Normalmente los servicios se reducen los domingos y festivos.

- Los billetes de autobús o de metro deben adquirirse antes de subir al vehículo y se validan a bordo. Los pasajeros con un billete sin validar están expuestos a una multa (50-75 €). Los billetes se compran en *tabaccaio* (estancos), quioscos, taquillas o máquinas expendedoras de las estaciones de autobuses y de metro. Suelen costar entre 1,30 y 1,80 €. En la mayor parte de las ciudades hay tiques turísticos o de 24 horas a buen precio.

Taxi

- Se puede tomar un taxi en las paradas que hay fuera de las principales estaciones de trenes y autobuses, o llamar a uno, pero téngase en cuenta que el taxímetro empieza a contar en el momento que el taxi se dirige a buscar al cliente, y no cuando lo recoge.

- Las tarifas varían de una región a otra. La mayor parte de los trayectos cortos urbanos cuestan 10-15 €. Por lo general, no se admiten más de cuatro personas en un mismo taxi.

Tren

Viajar en tren por Italia es cómodo, práctico y relativamente económico, comparado con otros países europeos. **Trenitalia** (☎ 199 303060; www.trenitalia.com) es la compañía ferroviaria nacional, parcialmente privatizada, que ofrece la mayor parte de los servicios. **Italo** (☎ 06 07 08; www.italotreno.it), su competidor, opera trenes de alta velocidad en dos líneas: Turín-Salerno y Venecia-Nápoles.

Para evitar multas, antes de subir al tren hay que validar los billetes en las máquinas amarillas que suelen encontrarse en la cabecera del andén.

En Italia operan varios tipos de trenes:

Regionale/interregionale Lentos y baratos, con paradas en todas o en las principales estaciones.

InterCity (IC) Servicios más rápidos entre grandes ciudades. En otros países se les conoce como Eurocity (EC).

Alta Velocità (AV) Los modernos trenes de alta velocidad (Frecciarossa, Frecciargento, Frecciabianca e Italo) alcanzan los 300 km/h y conectan las principales ciudades. Resultan más caros que los InterCity, pero los tiempos de viaje se reducen casi a la mitad.

Clases y tarifas

Las tarifas varían según el tipo de servicio, la duración del trayecto y la antelación con la que se hace la reserva La mayoría de los trenes italianos cuentan con asientos de 1ª y 2ª clase, y un billete de 1ª suele costar un 25-50% más que uno de 2ª clase.

Al viajar en los trenes InterCity y Alta Velocità (Frecciarossa, Frecciargento Frecciabianca) de Trenitalia se ha de abonar un suplemento según los kilómetros del trayecto (va incluido en el billete). Si el viajero tiene billete para un tren normal y acaba montándose en un IC, tendrá que abonar la diferencia de precio a bordo (a los trenes de alta velocidad solo se puede subir con reserva).

Trenes: alta velocidad (AV) frente a InterCity (IC)

DESDE	HASTA	AV DURACIÓN (H)	PRECIO (€)	IC DURACIÓN (H)	PRECIO (€)
Turín	Nápoles	5½	105	9¾	70,50
Milán	Roma	3¼	86	6¾	55,50
Venecia	Florencia	2	45	3	27
Roma	Nápoles	1¼	43	2¼	24,50
Florencia	Bolonia	37 min	24	1	11,50

Bonos Eurail e InterRail

Hay que hacer muchos viajes en tren para que uno de estos bonos sea rentable. Antes de adquirirlo, conviene saber adónde se quiere viajar y comparar el precio de un bono con el del billete individual en la web de **Trenitalia** (www.trenitalia.com).

INTERRAIL

Los bonos **InterRail** (www.interrailnet.com), disponibles en línea, en las principales estaciones de trenes y en las agencias de viajes para jóvenes, son para aquellos que lleven residiendo en Europa más de seis meses. El Global Pass que incluye 30 países se presenta en cinco modalidades, que van desde los cinco días de viajes en un período de 10 días hasta un mes de viajes ilimitados. Hay cuatro franjas de edad: niños (4-11 años), jóvenes (12-25), adultos (26-59) y séniors (más de 60), con diferentes precios en 1ª y 2ª clase. El bono InterRail de un país para Italia puede utilizarse tres, cuatro, seis u ocho días en un mes y no ofrece descuentos sénior. Visítese la web para más información sobre precios. Los que tengan la tarjeta se benefician de descuentos para viajar por el país donde la han comprado.

EURAIL

Los bonos **Eurail** (www.eurail.com), disponibles para los no residentes en Europa, sirven para viajar por 24 países europeos. Están disponibles en línea y en agencias de viajes de toda Europa.

El bono Eurail original, ahora llamado **Global Pass,** es válido para un período de tiempo continuado de 10, 15 o 21 días, así como 1, 2 o 3 meses. Los jóvenes menores de 26 años pueden optar a un bono de 2ª clase; el resto deben adquirir el de 1ª clase, más caro (aunque se ofrece a mitad de precio para niños de 4 a 11 años).

Eurail ofrece varias alternativas al clásico Global Pass:

Select Pass Da derecho a entre 5 y 15 días de viajes, en un período de dos meses, por entre tres y cinco países limítrofes para elegir.

Regional Pass Da derecho a entre 4 y 10 días de viajes, en un período de dos meses, por dos países a elegir (España-Italia, Francia-Italia o Grecia-Italia).

One Country Pass Da derecho a 10 días de viajes por Italia, en un período de dos meses.

Reservas

- Son obligatorias en los trenes AV; no en el resto, fuera de temporada alta.
- Se pueden reservar los billetes en las webs de Trenitalia e Italo, en las taquillas de las estaciones de trenes, en las máquinas de autoservicio o en agencias de viajes.
- Tanto Trenitalia como Italo ofrecen diferentes descuentos al comprar anticipadamente (a mayor antelación, mayor descuento). El número de billetes con descuento es limitado, y las devoluciones o cambios están muy restringidos. Para información sobre billetes y tarifas, visítense las webs de Trenitalia e Italo.

Bonos de tren

Trenitalia ofrece varios bonos-descuento, incluida la Carta Verde para jóvenes y la Carta d'Argento para jubilados, pero por lo general solo salen a cuenta a los residentes o a los viajeros de estancias largas. Los bonos Eurail e InterRail son los más interesantes para los viajeros de estancias cortas.

Idioma

La pronunciación del italiano no es difícil, ya que muchos sonidos coinciden con los del español. Hay que recordar que las consonantes dobles se pronuncian más largas y con más fuerza que si fueran simples.

Para mejorar el viaje con una guía de conversación, se recomienda *Italiano para el viajero,* de Lonely Planet.

VOCABULARIO BÁSICO

Hola. *Buongiorno./Ciao.* (formal/informal)
¿Qué tal está? *Come sta?*
Bien, gracias. *Bene, grazie.*
Disculpe. *Mi scusi.*
Sí./No. *Sí./No.*
Por favor (al preguntar) *Per favore.*
Gracias. *Grazie.*
Adiós. *Arrivederci./Ciao.* (formal/informal)
¿Habla inglés? *Parla inglese?*
No comprendo. *Non capisco.*
¿Cuánto cuesta? *Quanto costa?*

ALOJAMIENTO

Quisiera reservar una habitación.
Vorrei prenotare una camera.
¿Cuánto cuesta una noche?
Quanto costa per una notte?

COMIDA Y BEBIDA

Querría ..., por favor. *Vorrei . . ., per favore.*
¿Qué me recomienda? *Cosa mi consiglia?*
¡Era delicioso! *Era squisito!*
La cuenta, por favor.
Mi porta il conto, per favore.
Soy alérgico/a (a los cacahuetes).
Sono allergico/a (alle arachidi). (m/f)
No como ... *Non mangio . . .*
pescado *pesce*
carne *carne*
aves *pollame*

URGENCIAS

Estoy enfermo. *Mi sento male.*
¡Socorro! *Aiuto!*
¡Llame a un médico! *Chiami un medico!*
¡Llame a la policía! *Chiami la polizia!*

DIRECCIONES

Estoy buscando (un/una/el/la) ...
Cerco. . .

banco	*la banca*
embajada de ...	*la ambasciata de . . .*
mercado	*il mercato*
museo	*il museo*
restaurante	*un ristorante*
servicio	*un gabinetto*
la oficina de turismo	*l'ufficio del turismo*

Entre bastidores

Iuestros lectores

acias a los viajeros que consultaron
última edición de Lo mejor de Italia y
cribieron a Lonely Planet para enviar
formación, consejos útiles y anécdotas
teresantes: Andrea Mancini, Andrew Volin,
arol Buchman, Cheryl Dunne, Gustavo
chelli, Ken Ohlsen, Kim Dorin, Linda
erner, Nick Radloff, Paul Guz, Paul Seaver,
ob McDonald.

gradecimientos e la autora

bigail Blasi

enorme gracias a Joe Bindloss y Helena
nith por brindarme, una vez más, la
ortunidad de escribir acerca de mi país
vorito. Mi agradecimiento también a todos
autores que han colaborado en esta
ra (¡habéis hecho un trabajo estupendo!)
todo el personal de Lonely Planet, en
pecial a Angela Tinson. *Molto grazie* a
ca, Gabriel, Jack y Valentina, y a *la famiglia*
si por su amabilidad y generosidad al
mpartir conmigo sus conocimientos
bre la vida italiana.

econocimientos

pa con datos climáticos adaptado de
C. Peel, B. L. Finlayson y T. A. McMahon
007) "Updated World Map of the Köppen-
iger Climate Classification", *Hydrology*
d Earth System Sciences, 11, 163344.
Ilustraciones de las pp. 64-65, 176-177,
6-227 y 304-305 de Javier Martínez
rracina.
Fotografía de portada: el Duomo,
rencia, Medioimages/Photodisc;
ntraportada: Burano, el Véneto, © José
sté Raga/Corbis.

Este libro

Esta es la traducción al español de la 3ª edición de Discover *Italy,* escrita y documentada por Abigail Blasi, Cristian Bonetto, Kerry Christiani, Gregor Clark, Duncan Garwood, Paula Hardy, Virginia Maxwell, Brendan Sainsbury, Helena Smith y Donna Wheeler. La edición anterior fue coordinada por Alison Bing.
Agradecimientos Lauren Egan, Ryan Evans, Larissa Frost, Genesys India, Jouve India, Kate Mathews, Virginia Moreno, Chad Parkhill, Mazzy Prinsep, Wibowo Rusli, Gerard Walker

Versión en español

GeoPlaneta, que posee los derechos de traducción y distribución de las guías Lonely Planet en los países de habla hispana, ha adaptado para sus lectores los contenidos de este libro.
Lonely Planet y geoPlaneta quieren ofrecer al viajero independiente una selección de títulos en español; esta colaboración incluye, además, la distribución en España de los libros de Lonely Planet en inglés y francés, así como un sitio web, www.lonelyplanet.es En este portal encontrará el lector amplia información de viajes y servicios, incluyendo las actualizaciones de las guías y las opiniones de los viajeros.

LA OPINIÓN DEL LECTOR

Las cosas cambian: los precios suben, los horarios varían, los sitios buenos empeoran y los malos se arruinan. Por lo tanto, si el lector encuentra los lugares mejor o peor, recién inaugurados o cerrados desde hace tiempo, le agradeceremos que escriba para ayudar a que la próxima edición sea más útil y exacta. Todas las cartas, postales y correos electrónicos se leen y se estudian, garantizando de esta manera que hasta la mínima información llegue a los redactores, editores y cartógrafos para su verificación. Se agradece cualquier información recibida por pequeña que sea. Quienes escriban verán su nombre reflejado en el capítulo de agradecimientos de la siguiente edición. Puede ocurrir que determinados fragmentos de la correspondencia de los lectores aparezcan en nuevas ediciones de las guías Lonely Planet, en la web de Lonely Planet, así como en la información personalizada. Se ruega a todo aquel que no desee ver publicadas sus cartas ni que figure su nombre que lo haga constar.

Toda la correspondencia debe enviarse, indicando en el sobre Lonely Planet/Actualizaciones, a la siguiente dirección de geoPlaneta en España:

Av. Diagonal 662-664. 08034 Barcelona.

También puede remitirse un correo electrónico a la dirección siguiente: viajeros@lonelyplanet.es

Para información, sugerencias y actualizaciones, se puede visitar la página web www.lonelyplanet.es.

Índice

D

Mapas 000

E

F

G

H

Mapas 000

I

Mapas 000

N

O

P

Q

R

Mapas 000

S

T

U

V

W

Z

NOTAS

Cómo utilizar este libro

Simbología para encontrar el tema deseado:

- Puntos de interés
- Actividades
- Cursos
- Circuitos
- Fiestas y eventos
- Alojamiento
- Dónde comer
- Dónde beber
- Ocio
- Comercios
- Información/transporte

Simbología de información práctica:

- Teléfono
- Horario
- Aparcamiento
- Prohibido fumar
- Aire acondicionado
- Acceso a internet
- Acceso wifi
- Piscina
- Buena selección vegetariana
- Menú en inglés
- Apto para niños
- Apto para mascotas
- Autobús
- *Ferry*
- Metro
- Subway
- London Tube
- Tranvía
- Tren

Las reseñas aparecen en orden de preferencia del autor.

Atención a estos iconos:

- GRATIS Gratis
- Propuesta sostenible
- Recomendación del autor

Los autores han seleccionado lugares que han demostrado un gran sentido de la responsabilidad, apoyando a comunidades y productores locales, habiendo creado un entorno laboral sostenible o llevando a cabo proyectos de conservación.

Leyenda de los mapas

Puntos de interés

- Playa
- Templo budista
- Castillo
- Templo cristiano
- Templo hindú
- Templo islámico
- Templo judío
- Monumento
- Museo/Galería de arte
- Ruinas
- Lagar/viñedo
- Zoo
- Otros puntos de interés

Actividades, cursos y circuitos

- Submarinismo/buceo
- Canoa/kayak
- Esquí
- Surf
- Natación
- Senderismo
- *Windsurf*
- Otras actividad/curso/circuito

Alojamiento

- Alojamiento
- *Camping*

Dónde comer

- Lugar donde comer

Dónde beber

- Lugar donde beber
- Café

Ocio

- Ocio

De compras

- Comercio

Información

- Oficina de correos
- Información turística

Transporte

- Aeropuerto
- Puesto fronterizo
- Autobús
- Teleférico/funicular
- Ciclismo
- *Ferry*
- Metro
- Monorraíl
- Aparcamiento
- S-Bahn
- Taxi
- Tren
- Tranvía
- Estación de metro
- U-Bahn
- Otros transportes

Red de carreteras

- Autopista
- Autovía
- Ctra. principal
- Ctra. secundaria
- Ctra. local
- Callejón
- Ctra. sin asfaltar
- Zona peatonal
- Escaleras
- Túnel
- Puente peatonal
- Circuito a pie
- Desvío del circuito
- Camino de tierra

Límites

- Internacional
- 2º rango, provincial
- En litigio
- Regional, suburbano
- Parque marino
- Acantilado
- Muralla

Núcleos de población

- Capital (nacional)
- Capital (provincial)
- Ciudad/gran ciudad
- Pueblo/aldea

Otros

- Cabaña/refugio
- Faro
- Puesto de observación
- Montaña/volcán
- Oasis
- Parque
- Puerto de montaña
- Zona de *picnic*
- Cascada

Hidrografía

- Río/arroyo
- Agua estacional
- Pantano/manglar
- Arrecife
- Canal
- Agua
- Lago seco/salado/estacional
- Glaciar

Áreas delimitadas

- Playa, desierto
- Cementerio cristiano
- Cementerio (otro tipo)
- Parque/bosque
- Zona deportiva
- Edificio de interés
- Edificio de especial interés

Duncan Garwood

Roma y el Vaticano Nacido en Reino Unido, Duncan vive en la actualidad en las afueras de Roma. Se enamoró de la capital italiana en 1996 tras bajar del tren al amanecer y recorrer las calles semidesiertas iluminadas por la hermosa luz de la mañana. Desde entonces ha colaborado en las últimas cinco guías de Roma y en muchos otros títulos de Lonely Planet. También escribe en periódicos y revistas.

Paula Hardy

Milan y los Lagos, Venecia y el Véneto Ha trabajado en la guía *Italia* de Lonely Planet como jefa de sección (2006-2010) y colaboradora más de diez años. En ese tiempo disfrutó heroicamente de miles de platos de pasta, escaló volcanes y subió y bajó los Apeninos y los Alpes, desde el tacón pullés de Italia a los majestuosos lagos de Lombardía. Cuando no está recorriendo el *bel paese,* escribe sobre el norte y este de África (donde creció), contribuye en *Lonely Planet Magazine* y escribe para distintas publicaciones y webs dedicadas a viajes. Su correo electrónico es tweeting@paula6hardy.

Virginia Maxwell

Florencia y la Toscana Vive en Australia, pero pasa parte del año en Italia dedicada a su pasión por la historia, el arte, la arquitectura, la comida y el vino. Es coordinadora y autora de las guías *Florencia y la Toscana* y *Sicilia* de Lonely Planet y ha cubierto otras zonas del país para la guía *Western Europe.* Aunque reticente a mencionar su destino preferido en Italia (arguyendo que todos son maravillosos), si se la presiona se inclina por la Toscana.

Brendan Sainsbury

Liguria, el Piamonte y la Riviera italiana, Bolonia Expatriado británico que vive en Vancouver, visitó por primera vez Italia en la década de 1980; se quedó sin *soldi* en Venecia y tuvo que volver a Londres con un presupuesto de 5 £. En 1992 regresó con algo más de dinero, una bicicleta y fue a Sestriere para ver a su héroe italiano, Claudio Chiappucci, ganar una legendaria etapa del Tour de Francia. Además de contribuir en dos ediciones de Italia, es autor de *Hiking in Italy* de Lonely Planet.

Helena Smith

Sur de Italia Helena visitó Italia por primera vez a los cinco años. Lo que más le atrajo entonces fue el pan con chocolate, pero ahora acude en busca de la calidez, el arte y la atmósfera. Para esta guía ha recorrido desde los pueblos de montaña de Abruzzo a la barroca Lecce y la antigua ciudad excavada en la roca de Matera.

Donna Wheeler

Los Dolomitas Las regiones del noroeste fueron su tarea soñada: compleja historia, montañas y mar, más pastel austrohúngaro y un vino blanco espectacular. Ha viajado por Italia dos décadas y el año pasado vivió en el norte del país. Fue la autora de la primera guía Milan Encounter, además de otros títulos de Lonely Planet. Antigua editora y productora, escribe sobre comida, arte y arquitectura para varias publicaciones sobre viajes.

Los autores

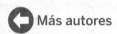

Abigail Blasi

Autora coordinadora Llegó a Roma en el 2003 y vivió allí tres años; se casó a orillas del lago Bracciano, donde nació su primer hijo. En la actualidad divide su tiempo entre Roma, Apulia y Londres. Ha trabajado en tres ediciones de las guías *Italia* y *Roma* de Lonely Planet, escrito *Lo mejor de Roma* y coescrito la primera edición de *Puglia & Basilicata.* También escribe para varias publicaciones italianas, como *Lonely Planet Magazine, Wanderlust* e *i-escape.com.*

Cristian Bonetto

Nápoles, Pompeya y la Costa Amalfitana Antiguo escritor de farsas y telenovelas, no sorprende que conecte con Campania. Este escritor italo-australiano lleva años enganchado a esa región y sus reflexiones aparecen impresas de Sídney a Londres. Ha contribuido en una docena de títulos de Lonely Planet, como *Naples & the Amalfi Coast, Roma De cerca* y *Copenhague De cerca.* Cuando no está engordando en Italia, se le encuentra tomando café en Nueva York, Escandinavia o en Melbourne, su ciudad natal. Pueden seguirse sus aventuras en Twitter @ CristianBonetto.

Kerry Christiani

Umbría La relación de Kerry con Italia empezó un verano cuando, al terminar la universidad, emprendió un *grand tour* en una vieja furgoneta. Entre los momentos memorables que ha vivido investigando para esta edición, se incluyen excursiones por el Golfo di Orosei, visitar pequeños pueblos de Umbría y quedarse atrapada en una excepcional tormenta de nieve en Urbino. Kerry es la autora de alrededor de 20 guías de viaje, incluyendo *Sardinia* de Lonely Planet, y colabora con publicaciones como *bbc.com/travel* y *Lonely Planet Traveller.* Se la puede encontrar en Twitter @kerrychristiani y en su web www.kerrychristiani.com.

Gregor Clark

Sicilia Le picó el gusanillo de Italia a los 14 años en Florencia, donde su padre, catedrático, llevó a su familia a ver todos los frescos, mosaicos y museos a 1 000 km a la redonda. Ha vivido en Venecia y Las Marcas, hecho circuitos en bicicleta en el norte del país y jadeado en los Dolomitas mientras se documentaba para *Cycling Italy* de Lonely Planet. En su último viaje a Sicilia celebró su cumpleaños en Segesta y subió al Etna al anochecer para ver una erupción inesperada.

Más autores

geoPlaneta
Av. Diagonal 662-664. 08034 Barcelona
viajeros@lonelyplanet.es
www.geoplaneta.com - www.lonelyplanet.es

Lonely Planet Publications (oficina central)
Locked Bag 1, Footscray, Victoria 3011, Australia
61 3 8379 8000 - fax 61 3 8379 8111
(Oficinas también en Reino Unido y Estados Unidos)
talk2us@lonelyplanet.com.au

Lo mejor de Italia
3ª edición en español – septiembre del 2014
Traducción de *Discover Italy*, 3ª edición – abril de 2014
1ª edición en español – noviembre del 2010

Editorial Planeta, S.A.
Con la autorización para la edición en español de Lonely Planet Publications Pty Ltd A.B.N. 36 005 607 983, Locked Bag 1, Footscray, Melbourne, VIC 3011, Australia

ISBN: 978-84-08-13209-7
Depósito legal: B. 18.083-2014
Impresión y encuadernación: Talleres Gráficos Soler
Printed in Spain – Impreso en España

El papel utilizado para la impresión de este libro es cien por cien libre de cloro y está calificado como papel ecológico.